REVISTA DE DIREITO MERCANTIL
industrial, econômico e financeiro

118

Publicação do
Instituto Brasileiro de Direito Comercial Comparado
e Biblioteca Tullio Ascarelli
do Departamento de Direito Comercial
da Faculdade de Direito da Universidade de São Paulo

Ano XXXIX (Nova Série)
abril-junho/2000

MALHEIROS EDITORES

REVISTA DE DIREITO MERCANTIL

industrial, econômico e financeiro

Nova Série — Ano XXXIX — n. 118 — abril-junho de 2000

REVISTA DE DIREITO MERCANTIL
publicação trimestral de
MALHEIROS EDITORES LTDA.
Rua Paes de Araújo, 29, conjunto 171
CEP: 04531-940
São Paulo, SP - Brasil - Tel. 3842-9205
Fax. 3849-2495

Assinaturas e comercialização:
CATAVENTO DISTRIBUIDORA DE LIVROS S.A.
Rua Conselheiro Ramalho, 928
CEP 01325-000
São Paulo, SP - Brasil
Tel. 289-0811 - Fax. 251-3756

Diretor Responsável: Álvaro Malheiros
Diretora: Suzana Fleury Malheiros

Supervisão Gráfica: Vânia Lúcia Amato
Composição: *Scripta*

SUMÁRIO

DOUTRINA

O ESTABELECIMENTO COMERCIAL

— Paula Castello Miguel 7

O PODER DE CONTROLE NA SOCIEDADE ANÔNIMA — ALGUNS ASPECTOS

— Marcelo M. Bertoldi 62

ATUALIDADES

AS RAZÕES DO DIREITO DA CONCORRÊNCIA

— Luis Fernando Schuartz 77

AGENTE FIDUCIÁRIO DO CONSUMIDOR EM COMPRAS PELA INTERNET: UM NOVO NEGÓCIO NASCIDO DA CRIATIVIDADE MERCANTIL

— Haroldo Malheiros Duclerc Verçosa 88

NOVAS ALTERNATIVAS E DERIVAÇÕES JURÍDICAS PARA A AGREGAÇÃO EMPRESARIAL

— João Luiz Coelho da Rocha 94

A OBRIGAÇÃO DO CONTRAFATOR DE MARCA FAMOSA EM RESSARCIR O LEGÍTIMO TITULAR DO REGISTRO POR PREJUÍZO À IMAGEM E CONSEQÜENTE DANO MORAL

— Mauricio Lopes de Oliveira 101

UMA NOVA VISÃO DO DIREITO FALIMENTAR — A obrigatoriedade de adequação e interpretação à luz da Constituição Federal

— Carlos Alberto Farracha de Castro 106

ACCIONES PREFERIDAS CON PAGO DE DIVIDENDO GARANTIZADO, INDEPENDIENTEMENTE DE LOS RESULTADOS

— José Edwaldo Tavares Borba 112

O RESPEITO À MARCA SOB A PERSPECTIVA DO CONSUMIDOR

— Roberto Benjó 118

CONCEITOS, REGRAS E SITUAÇÃO ATUAL DO "TRANSFER PRICE" NO BRASIL

— Almir Rogério Gonçalves 123

O CHEQUE "PÓS-DATADO": A REALIDADE BRASILEIRA E A SOLUÇÃO LEGAL ARGENTINA

— Roberta Nioac Prado 135

ASPECTOS ATUAIS DA DUPLICATA

— Roberto Caldeira Barioni 159

ESPAÇO DISCENTE

LIMITES DE EFETIVIDADE DO DIREITO SOCIETÁRIO NA REPRESSÃO AO USO DISFUNCIONAL DO PODER DE CONTROLE NAS SOCIEDADES ANÔNIMAS
— Ricardo Ferreira de Macedo 167

CONCORDATA PREVENTIVA E SUSPENSIVA (ALGUNS ASPECTOS ECONÔMICOS E CONTÁBEIS)
— Sandra de Medeiros Nery 199

PARECERES

PRIVATIZAÇÃO PARCIAL DA CEMIG — ACORDO DE ACIONISTAS — IMPOSSIBILIDADE DE O CONTROLE SOCIETÁRIO SER COMPARTILHADO ENTRE O ESTADO DE MINAS GERAIS E O ACIONISTA ESTRANGEIRO MINORITÁRIO
— Lucia Valle Figueiredo 219

AQUISIÇÃO DE ATIVOS E ASSUNÇÃO DE PASSIVOS EMPRESARIAIS
— Luiz Gastão Paes de Barros Leães 236

COLABORAM NESTE NÚMERO

ALMIR ROGÉRIO GONÇALVES
Advogado atuante na área de Direito Bancário

CARLOS ALBERTO FARRACHA DE CASTRO
Professor da Universidade Tuiuti do Paraná. Mestrando da Universidade Federal do Paraná. Advogado

HAROLDO MALHEIROS DUCLERC VERÇOSA
Mestre e Doutor em Direito Comercial pela Faculdade de Direito da Universidade de São Paulo

JOÃO LUIZ COELHO DA ROCHA
Professor de Direito Comercial da Pontifícia Universidade Católica do Rio de Janeiro. Advogado

JOSÉ EDWALDO TAVARES BORBA
Professor de Direito Comercial. Autor de livros sobre a matéria. Advogado no Rio de Janeiro

LUCIA VALLE FIGUEIREDO
Professora Titular de Direito Administrativo da Pontifícia Universidade Católica de São Paulo. Juíza Aposentada do Tribunal Regional Federal da 3ª Região. Advogada em São Paulo

LUIS FERNANDO SCHUARTZ
Mestre em Direito Constitucional e Doutor em Filosofia do Direito pela Universidade de Frankfurt, Alemanha

LUIZ GASTÃO PAES DE BARROS LEÃES
Professor Titular da Faculdade de Direito da Universidade de São Paulo. Advogado

MARCELO M. BERTOLDI
Mestre e Doutorando em Direito pela Pontifícia Universidade Católica de São Paulo. Professor de Direito Comercial nos Cursos de Graduação e Pós-Graduação da Pontifícia Universidade Católica do Paraná. Membro da Academia Brasileira de Direito Empresarial. Advogado em Curitiba/PR

MAURICIO LOPES DE OLIVEIRA
Mestre em Direito das Criações Imateriais pela Universidade de Montpellier. Diplomado pelo *Centre D'Études Internationales de la Propriété Industrielle* (CEIPI) da Universidade *Robert Schuman* de Strasbourg. Diplomado em *International Intellectual Property Law* pela Universidade da Flórida (*French Itinerary Program*). Professor Visitante do Centro de Pesquisa em Direito das Criações Imateriais (ERCIM) da Universidade de Montpellier. Coordenador e Professor do Curso de Pós-Graduação em Direito da Propriedade Intelectual da Fundação Getúlio Vargas. Advogado

PAULA CASTELLO MIGUEL
Professora da Faculdade de Direito de Vitória/ES

RICARDO FERREIRA DE MACEDO
Mestrando em Direito Comercial pela Faculdade de Direito da Universidade de São Paulo. Advogado em São Paulo

ROBERTA NIOAC PRADO
Pós-Graduanda da Faculdade de Direito da Universidade de São Paulo

ROBERTO BENJÓ
Procurador-Geral do Poder Legislativo do Município do Rio de Janeiro

Roberto Caldeira Barioni
Pós-Graduando da Faculdade de Direito da Universidade de São Paulo

Sandra de Medeiros Nery
Pós-Graduanda da Faculdade de Direito da Universidade de São Paulo

Doutrina

O ESTABELECIMENTO COMERCIAL*

PAULA CASTELLO MIGUEL

Introdução. 1. Conceito de estabelecimento empresarial: 1.1 O estabelecimento comercial; 1.2 O estabelecimento empresarial: 1.2.1 Teoria dos atos de comércio e teoria da empresa; 1.2.2 Conceituação moderna; 1.3 Sinônimos de estabelecimento empresarial. 2. O estabelecimento empresarial na legislação nacional: 2.1 Referências legais; 2.2 Estabelecimento principal, agências, filiais e sucursais. 3. Natureza jurídica do estabelecimento empresarial: 3.1 Considerações gerais; 3.2 Teoria da personalidade jurídica: 3.2.1 Autonomia do estabelecimento para fins fiscais; 3.3 Teoria do patrimônio separado; 3.4 Teoria do bem imaterial; 3.5 Teorias das universalidades: 3.5.1 Bens singulares e coletivos (universalidades); 3.5.2 Universalidades de fato e de direito. 4. A composição do estabelecimento empresarial e sua proteção jurídica: 4.1 Considerações gerais; 4.2 Bens: 4.2.1 Bens corpóreos; 4.2.2 Bens incorpóreos; 4.3 Direitos e obrigações: 4.3.1 Contratos de trabalho; 4.4 Ponto empresarial: 4.4.1 Do direito à renovação do contrato de locação; 4.5 Elementos fáticos: 4.5.1 Clientela ou freguesia; 4.5.2 Aviamento; 4.6 Proteção jurídica ao estabelecimento empresarial. Conclusão. Bibliografia.

Introdução

O comércio, na Antigüidade, caracterizava-se pelo nomadismo. Os comerciantes lançavam-se em viagens para obter mercadorias diferentes das que existiam em sua região para revender. Os mercadores adquiriam em um lugar o que faltava em outro, e, assim, faziam o intercâmbio de mercadorias entre as diferentes regiões.

O surgimento das feiras dá-se quando as rotas dos mercadores nômades coincidem com os santuários. A concentração de devotos era propícia para o desenvolvimento do comércio. Os mercadores, diante da aglomeração de pessoas, estabeleciam-se em feiras para agilizar a venda de suas mercadorias. Com o tempo, as feiras passaram a ser esperadas em determinadas festividades religiosas. Ainda na Antigüidade elas adquiriram regularidade, deixando de ser acidentais, tornando-se, posteriormente, independentes das festividades.

O comércio da Antigüidade, ainda pouco desenvolvido, foi praticamente abolido com o sistema feudal.

"Com o fim do isolamento do sistema feudal, a população voltou a grupar-se em povoados que se transformaram em cidades, desenvolvidas pelo incentivo comercial. Os servos, vilões e nobres que se haviam transformado em aventureiros ou assaltantes de estrada foram trocando as atividades ilegais pelo comércio legal. Compravam aqui e iam vender adiante. No inverno abrigavam-se nos castelos e palácios episcopais. Os locais passaram a funcionar como pólos de comércio. Com o tempo, estabelecimentos surgiram fora dos muros

* Trabalho agraciado com "Menção Honrosa" no "Prêmio Tullio Ascarelli — 1998"

dos castelos. (...) O desenvolvimento comercial formava novas cidades, e estas intensificavam o comércio."[1]

Com o desenvolvimento das cidades, os comerciantes sentiram a necessidade de se estabelecerem em construções próprias. Os comerciantes deixam de ser nômades e feirantes para montar o seu estabelecimento comercial em ponto fixo, em imóvel. A fixação do comerciante em ponto determinado fê-lo desenvolver melhor sua atividade. O comerciante passa a organizar uma estrutura que atenda às suas necessidades no trabalho.

A reunião de elementos diversos pelo comerciante para o exercício do comércio surge da sua necessidade de viabilizar essa atividade. A atitude do comerciante não se limita à reunião de bens; ele também os organiza para que atinjam sua finalidade. O estabelecimento, que é a reunião de bens promovida pelo comerciante para o desenvolvimento de sua atividade, surge juntamente com o desenvolvimento do comércio, quando este deixa de ser praticado apenas por viajantes para ser praticado por aqueles que se estabelecem montando uma estrutura para o seu exercício. "A organização de um conjunto de bens, como meio instrumental para o desempenho de atividade produtora, é um fato que data de séculos, se não de milênios. Surgiu por mera intuição empírica; se impôs e generalizou por sua comprovada eficiência".[2]

Num primeiro momento, o estabelecimento comercial não suscitou conflitos que provocassem a manifestação do direito. Até a metade do século XIX, predominava o pequeno comércio, não havendo muita concorrência. Os comerciantes estabeleciam-se em prédios próprios ou locados, que, por serem encontrados em abundância, não davam origem a conflitos. A fartura de espaços não permitia que o comerciante sofresse grandes prejuízos com a troca de local. A mudança era fácil, mesmo para local próximo.

A Revolução Industrial mudou esse quadro, ou, mais precisamente, o que os historiadores chamam de "Segunda Revolução Industrial". "A Segunda Revolução Industrial, iniciada em meados do século XIX, corresponde às inovações técnicas e econômicas que acabaram por modificar a estrutura de produção capitalista".[3] "Com o desenvolvimento da grande indústria, o aperfeiçoamento das máquinas, a concentração dos capitais e o aumento vertiginoso da produção, houve necessidade premente de colocar as mercadorias, o que intensificou o comércio, agravou a concorrência e tornou mais raros os lugares destinados à atividade mercantil".[4] "Com a aceleração do processo produtivo, o mercado consumidor não conseguia mais absorver o volume de produtos ofertados".[5] Coube, então, ao comerciante desenvolver mecanismos para a atração da clientela. O incremento do estabelecimento comercial foi um destes mecanismos.

É com a intensificação do comércio e o surgimento da concorrência que a importância do estabelecimento comercial é destacada. A crescente concorrência faz que o comerciante aprimore os mecanismos para atrair a clientela. O reconhecimento da importância do estabelecimento comercial é verificado quando os comerciantes começam a utilizá-lo como objeto de alienação. Os bens que compõem o estabelecimento comercial passam a ser vendidos conjuntamente, adquirindo um sobrevalor. O sobrevalor pago por esse conjunto de bens chama a atenção do fisco francês. Surge na França o primeiro regramento relativo ao estabelecimento comercial.

1. José Jobson de A. Arruda e Nelson Piletti, *Toda a História — História Geral e História do Brasil*, p. 103.

2. Hernani Estrella, *Curso de Direito Comercial*, p. 233.

3. Alceu Luiz Pazzinato e Maria Helena Valente Senise, *História Moderna e Contemporânea*, p. 171.

4. Alfredo Buzaid, *Da Ação Renovatória*, p. 65.

5. Alceu Luiz Pazzinato e Maria Helena Valente Senise, *História Moderna e Contemporânea*, p. 175.

Embora a eclosão do estabelecimento comercial como fato econômico relevante seja quase simultâneo à eclosão do comércio, o nascimento jurídico tardou. O estabelecimento comercial teve sua importância reconhecida pelo direito em 1872, na França. A Lei Fiscal de 28 de fevereiro de 1872, editada na França, determinava que as transferências de propriedade a título oneroso do estabelecimento ou da clientela eram tributáveis na base de 2% (dois por cento) sobre o valor da operação. Para Rubens Requião o surgimento do estabelecimento comercial como categoria jurídica dá-se com a Lei Fiscal francesa.[6]

Em 1909, outra lei francesa dirige-se ao estabelecimento comercial. "A lei de 17 de março de 1909 proclamou o direito de propriedade do comerciante sobre todos os elementos do fundo, notadamente sobre o direito à locação, à clientela, à freguesia; ela permitiu que se dispusesse desse direito, vendendo-o; de fazer dele um instrumento de crédito, dando-o em penhor".[7]

É também nesse momento de intensificação das atividades comerciais que o local onde é desenvolvida a atividade comercial, o ponto comercial, passa a ter maior atenção do comerciante. A concentração populacional nas cidades torna mais escassos os espaços urbanos. O fim do contrato de locaçao e a possibilidade de perda do ponto geravam preocupação para o locatário. A perda do local e a conseqüente mudança de endereço causavam prejuízos ao comerciante.

A proteção ao ponto comercial surge na França em 1926. Trata-se da ação renovatória, que permite ao locador renovar o contrato de locação, quando estiverem presentes certos pressupostos, mesmo sem a vontade do locador.

A importância do estabelecimento comercial na história do comércio não pára aqui. A busca de métodos eficientes para atender o consumidor prossegue assimilando as evoluções sociais e tecnológicas. Após a Segunda Guerra Mundial, a intensa urbanização faz surgir regiões residenciais à margem das cidades. Surge, assim, a necessidade de criação de centros de atividade comercial nesses locais para atender aos moradores dessas regiões.

As concentrações de lojas, nesses subúrbios, organizam-se de maneira racional para oferecer maior conforto ao consumidor. Dentro de um contexto de urbanização, em que há necessidade de racionalização do tempo na compra e se possível sua associação ao lazer, escasso nas grandes cidades, surge o *shopping center*.

A organização do estabelecimento comercial, as mercadorias nele vendidas, o treinamento do pessoal, com o desenvolvimento de técnicas de administração e de técnicas de *marketing*, passam a adquirir maior importância no comércio. A capacidade de atração de clientela pela organização dos elementos do estabelecimento é uma realidade em uma sociedade de consumo de massa, onde o *marketing* tem grande força.

Diante dessa nova visão, surge um novo tipo de negócio em torno do estabelecimento comercial. São empresas que vendem o *know how* para a instalação de um estabelecimento. Pode-se dizer que se oferece uma "receita de sucesso" àquele que deseja estabelecer-se em uma atividade. Por meio do contrato de franquia, o franqueador oferece ao franquiado um "pacote" no qual existem, em regra, uma marca a ser comercializada, um padrão de loja, a escolha do ponto comercial, treinamento dos funcionários, e, também, mecanismos de administração, como sistemas de controle de estoque, sistema de caixa e outros elementos importantes para a atividade.

Na franquia, o franquiado recebe um modelo de estabelecimento a ser seguido. Esse modelo foi estudado previamente a fim de alcançar o sucesso desejado pelo comerciante. A organização do estabelecimento, que surgiu de uma forma intuitiva, agora

6. *Curso de Direito Comercial*, v. I, p. 204.
7. Alfredo Buzaid, *Da Ação Renovatória*, p. 68.

pode ser encontrada pronta e testada. Antes, o empresário, caminhando entre erros e acertos, chegava a um método de trabalho eficiente. Hoje, esse método pode ser adquirido, havendo assim maiores chances de sucesso. Essa é a essência do contrato de franquia.

Diante do breve relato sobre a evolução do estabelecimento comercial identifica-se a importância que este foi adquirindo com o passar do tempo, durante o qual o comércio foi assimilando as técnicas disponíveis para incrementá-lo. Tudo aquilo que tem relevância para o mundo do comércio pode ser retratado num valor monetário. A importância do estabelecimento comercial vem se refletindo em diversos negócios que o circundam. O estabelecimento comercial ou seus elementos mais importantes passam a ser objetos de contratos, em razão do valor que representam. Neste panorama citou-se a alienação do estabelecimento comercial, a locação comercial, o contrato de *shopping center* e o contrato de franquia.

Neste trabalho, o objetivo é elucidar a figura do estabelecimento empresarial, não mais estabelecimento comercial, abordando-se o seu conceito atual, a sua natureza jurídica, a sua composição e a proteção que o direito lhe confere. Estas análises são fundamentais para que possam ser estudados os negócios relacionados ao estabelecimento empresarial, tão presentes na economia atual.

Esse trabalho objetiva oferecer o estudo jurídico do estabelecimento empresarial enquanto conjunto de bens, e indicar o mecanismo de proteção de seus elementos individualmente e em conjunto. Oferece-se, dessa forma, base para o estudo dos negócios jurídicos que o têm por objeto.

1. Conceito de estabelecimento empresarial

1.1 O estabelecimento comercial

O direito positivo brasileiro não regula o estabelecimento comercial. Não há disciplina jurídica que o regulamente. Não há, tampouco, em nosso ordenamento, o conceito de estabelecimento comercial. A legislação nacional refere-se, por vezes, ao estabelecimento comercial, deixando para a doutrina a tarefa de conceituá-lo.

Encontram-se na doutrina nacional diferentes formas de se apresentar o fenômeno do estabelecimento comercial. Fábio Ulhoa Coelho o define como "o complexo de bens reunidos pelo comerciante para o desenvolvimento de sua atividade comercial".[8] Hernani Estrella destaca a organização ou coordenação dos elementos em busca de um determinado objetivo, ao dizer que "o estabelecimento é, basicamente, um conglomerado de fatores da produção; verificado que, pela coordenação harmônica destes fatores, se logra impulsionar a oferta e ativar a demanda".[9] José Xavier Carvalho de Mendonça entende o estabelecimento comercial como "o complexo de meios idôneos, materiaes e imateriaes, pelos quaes o commerciante explora determinada especie de commercio; é o organismo economico apparelhado para o exercicio do commercio",[10] indicando a necessidade de exploração dos elementos que o compõem.

O conceito de estabelecimento comercial é, porém, compreendido mais profundamente quando se conhece a origem dessa expressão, do que quando se é posto como um conceito estanque.

A expressão fundo de comércio[11] nasce no Direito francês. Este direito, contudo, antes de estudar o fundo de comércio — *fonds de commerce*[12] — propriamente

8. *Manual de Direito Comercial*, p. 47.

9. *Curso de Direito Comercial*, p. 234.

10. *Tratado de Direito Commercial Brazileiro*, v. V, p. 15.

11. A expressão *fundo de comércio* é sinônima de *estabelecimento comercial*. Sobre as diferentes denominações oferecidas ao estabelecimento comercial, ver o item 1.3.

12. A expressão fundo de comércio tem origem na tradução da expressão francesa *fonds de commerce*. Fábio Ulhoa Coelho adverte, corretamente, que a tradução mais ajustada seria fundos de comércio (*Curso de Direito Comercial*, v. I, p. 93).

dito, dedicou-se ao *fonds de boutique*. *Fonds de boutique* correspondia ao conjunto de elementos materiais reunidos pelo comerciante (as mercadorias, as instalações).

Com o tempo, percebeu-se que os bens materiais não eram o único valor econômico que o comerciante possuía. O trabalho desenvolvido pelo comerciante, que era reconhecido pelo público consumidor, passou a ser visto como um valor econômico. É nesse momento que a expressão francesa *fonds de commerce* ganha contorno próprio, como explica Mário Figueiredo Barbosa: "Sob novo regime econômico, a expressão *fonds de commerce* ganhou sentido próprio e específico, resultante da atividade do comerciante que, gradativamente, com trabalho, alcançou prestígio ao nome do seu estabelecimento, produzindo valor econômico suscetível de alienação".[13]

A expressão *fonds de boutique*, que se referia apenas aos elementos materiais reunidos pelo comerciante, foi substituída por fundo de comércio, de concepção mais ampla. "O fundo de comércio veio consagrar, como parte integrante do estabelecimento comercial, não só os bens corpóreos como os incorpóreos".[14]

Quando se fala num valor imaterial, não se fala apenas nos elementos incorpóreos tutelados individualmente pelo direito, como a marca ou o desenho industrial, p. ex. Fala-se também do valor extra adquirido pela notoriedade e reputação da atividade desenvolvida.

No conceito norte-americano, de *goodwill*, esta idéia fica mais evidente: "An intangible but recognized business asset that is the result of such features of an ongoing enterprise as the production or sale of reputable brand-name products, a good relationship with customers and suppliers, and the standing of the business in its community. Goodwill can become a balance sheet asset when a going business is acquired at a price exceeding the net asset value (assets less liabilities)".[15]

É exatamente sobre essa concepção de sobrevalor, que supera os elementos que compõem o estabelecimento, que o direito passa a ocupar-se do estabelecimento comercial. A lei fiscal francesa preocupou-se em taxar a alienação do estabelecimento e outros ramos do direito ocuparam-se da proteção desse sobrevalor. Há, ainda, os contratos desenvolvidos em função dessa importância no mundo empresarial.

Encontra-se fartamente na doutrina a expressão estabelecimento comercial ou fundo de comércio. Deve-se atentar, porém, para o fato de que o Direito Comercial brasileiro se encontra em evolução. Lentamente, nosso direito reconhece a necessidade de abandonar a teoria dos atos de comércio e de adotar a teoria da empresa. É imprescindível que o estabelecimento seja estudado, hoje, diante da teoria da empresa.

1.2 O estabelecimento empresarial

1.2.1 Teoria dos atos de comércio e teoria da empresa

O Código Comercial brasileiro, de 1850, adota o critério de enumeração dos atos de comércio para a identificação do objeto do direito comercial. O critério, portanto, em vigor, hoje, no Brasil, é a teoria dos atos de comércio.

Os atos de comércio estão elencados no já revogado Regulamento 737, de 1850.[16] De acordo com esse regulamento são considerados, no Brasil, atos de comércio:

a) a compra e venda ou troca de bem móvel ou semovente, para sua revenda, por

13. *Valor da Clientela no Fundo de Comércio*, p. 5.

14. Mário Figueiredo Barbosa, *Valor da Clientela no Fundo de Comércio*, p. 6.

15. Steven H. Gifis, *Legal Terms*, p. 201.

16. O Regulamento 737/1850 tinha por objetivo definir a competência da Jurisdição Civil e Comercial, que, na época, não era unificada.

atacado ou a varejo, industrializado ou não, ou para alugar seu uso;

b) as operações de câmbio, banco e corretagem;

c) as empresas de fábricas, de comissões, de depósitos, de expedição, consignação e transporte de mercadorias, de espetáculos públicos;

d) seguros, fretamentos, riscos;

e) quaisquer contratos relativos ao comércio marítimo e à armação e expedição de navios.

O desenvolvimento econômico exigiu que o direito comercial revisse os critérios da definição de seu objeto. Com o passar do tempo, novos critérios foram utilizados para submeter outras atividades à legislação mercantil. As sociedades por ações e as empresas de construção civil passaram a integrar o objeto do direito comercial por determinação legal. A Lei 6.404/76, em seu art. 2º, § 1º, diz que "qualquer que seja o objeto, a companhia é mercantil e se rege pelas leis e usos do comércio". A Lei 4.068/62 incluiu no regime comercial as empresas de construção.

Pela teoria dos atos de comércio, encontram-se fora do âmbito do direito comercial as sociedades de prestação de serviços. São sociedades civis com fins lucrativos que se regem pelas normas do direito civil e não pelas do direito comercial. É impossível, todavia, nos dias atuais, sustentar diferenças entre empresas comerciais e empresas de prestação de serviços que justifiquem esse tratamento legal diferenciado. Ambas têm relevância no mercado, explorando atividade econômica.

O direito brasileiro vem, aos poucos, adaptando-se a essa nova realidade econômica. Apesar de o Código Comercial brasileiro ainda estampar a teoria dos atos de comércio como vigente no país, o direito brasileiro já se encontra a caminho da adoção da teoria da empresa. "A teoria da empresa tem o sentido prático de ampliar o campo de incidência do direito comercial, introduzindo neste, precisamente, a prestação de serviços. A empresa, assim, é entendida como exploração econômica da produção e circulação de riquezas".[17] Encontra-se, hoje, o direito brasileiro em fase de transição entre as duas teorias.

Hoje, restam apenas duas diferenças relevantes no tratamento legal para as empresas comerciais e as empresas civis. As empresas comerciais ainda possuem alguns privilégios. Os livros comerciais possuem valor probatório em juízo, privilégio não estendido à escrituração das empresas civis. O sistema de execução judicial coletivo para os comerciantes é a falência, mais vantajosa ao insolvente do que o instituto da insolvência civil destinada aos empresários não comerciantes.

O insolvente civil, para que tenha suas obrigações extintas, deve efetuar o pagamento integral de todos os credores, enquanto o comerciante falido, com o pagamento de mais de quarenta por cento de seus débitos, extingue suas obrigações.[18] O comerciante conta, também, com o benefício da concordata, que lhe é outorgado pelo Estado, diante de certos pressupostos. A adoção de outra forma de pagamento, em especial, novos prazos, só é possível ao insolvente civil com a anuência de todos os seus credores.[19]

Percebe-se que o tratamento diferenciado ainda existe, mas as diferenças vêm diminuindo. O direito à ação renovatória, antes concedido apenas ao empresário comerciante, foi estendido aos empresários civis pela nova Lei de Locações de Imóveis Urbanos (Lei 8.245/91).

17. Fábio Ulhoa Coelho, *Manual de Direito Comercial*, p. 8.

18. O art. 786 do CPC dispõe que "liquidada a massa sem que tenha sido efetuado o pagamento integral a todos os credores, o devedor insolvente continua obrigado pelo saldo". Já a Lei de Falências, em seu art. 135, II, prevê que "o rateio de mais de quarenta por cento, depois de realizado todo o ativo, extingue as obrigações do falido".

19. O art. 795 do CPC dispõe que "é lícito ao devedor insolvente, depois da aprovação do quadro, acordar com seus credores, propondo-lhes a forma de pagamento, caso em que, não havendo oposição, o juiz aprovará por sentença".

1.2.2 Conceituação moderna

Com o desenvolvimento da teoria da empresa, o sentido conferido ao estabelecimento comercial ampliou-se. O estabelecimento comercial passa a ser estabelecimento empresarial. Admite-se também que o empresário, que explora atividade civil, possua um complexo de bens organizados para o desenvolvimento de sua atividade. Todo aquele que exerce atividade economicamente organizada para a produção ou circulação de bens ou serviços é capaz de formar um estabelecimento empresarial.

Deixa, portanto, o estabelecimento comercial de limitar-se às atividades mercantis, abrangendo todas as atividades com fins lucrativos.

Diz Waldemar Martins Ferreira que "o estabelecimento é, em suma, a universalidade de bens constituintes do organismo por via do qual o comerciante exercita sua função medianeira entre a produção e o consumo. É esse o estabelecimento mercantil. É industrial quando por via dele o que explora exercita sua função produtora de mercadorias a fim de serem entregues ao consumo".[20] Diante desta nova visão, acrescenta-se que é também estabelecimento, a universalidade de bens constituintes do organismo por via do qual o prestador de serviços exercita sua função. Reúnem-se essas idéias em um único conceito de estabelecimento empresarial: a universalidade de bens constituintes do organismo por via do qual o empresário exerce sua atividade.

O Código Civil italiano, de 1945, que promoveu a unificação do direito das obrigações, já apresenta o conceito de *azienda*[21] como complexo de bens do empresário. Diz seu art. 2.555: "L'azienda è il complesso dei beni organizzati dall'imprenditore per l'esercizio dell'impresa".

O direito colombiano apresenta, também, o conceito de estabelecimento empresarial. Diz o art. 515 de seu Código de Comércio: "Se entiende por establecimiento de comercio un conjunto de bienes organizados por el empresario para realizar los fines de la empresa (...)".

A aceitação do conceito de estabelecimento empresarial, também pelo direito positivo brasileiro, está refletida na nova Lei de Locações Urbanas (Lei 8.245/91). A Lei de Locações vem proteger o ponto empresarial formado pela atividade empresarial civil. As sociedades com fins lucrativos têm, também, direito de renovação do contrato de locação, desde que sejam cumpridos os requisitos impostos por lei.

Confirmando essa tendência, tem-se o Projeto do Novo Código Civil brasileiro — Projeto de Lei 634-C, de 1975[22] — que traz o conceito de estabelecimento como instrumento de atividade da empresa. Diz o art. 1.176 do citado Projeto: "Considera-se estabelecimento todo complexo de bens organizados, para o exercício da empresa, por empresário, ou sociedade empresária".

A idéia de estabelecimento empresarial não encontra barreiras em nosso direito. Como já foi observado, a Lei de Locações Urbanas (Lei 8.245/91) reconhece o estabelecimento empresarial, oferecendo proteçao ao ponto empresarial e não somente ao ponto comercial. Os demais negócios jurídicos relacionados ao estabelecimento não possuem regramento específico, limitando-os aos estabelecimentos comerciais, apenas. São contratos que surgem do interesse econômico em torno do estabelecimento, e esse interesse há não só nos estabelecimentos comerciais, mas também nos estabelecimentos empresariais em geral.

Algumas disposições legais aplicáveis aos contratos de alienação do estabelecimento não fazem, tampouco, distinção entre estabelecimento empresarial ou comer-

20. *Instituições de Direito Comercial*, v. II, p. 32.

21. *Azienda* é sinônimo de *estabelecimento comercial*. Sobre as diferentes denominações oferecidas ao estabelecimento comercial ver o item 1.3.

22. Publicado no *Diário da Câmara dos Deputados*, Ano LIII, Suplemento ao n. 21, em 5.2.98 (Brasília/DF).

cial. A Consolidação das Leis do Trabalho, ao regulamentar os contratos de trabalho em caso de alienação do estabelecimento, refere-se a "empresa". O Código Tributário Nacional, ao tratar da responsabilidade tributária em casos de alienação do estabelecimento, refere-se aos comerciais, industriais e profissionais, não ficando restrito às atividades comerciais.

1.3 Sinônimos de estabelecimento empresarial

A diversidade de nomes pelos quais é conhecido o estabelecimento empresarial merece destaque. O estabelecimento empresarial é também conhecido por estabelecimento comercial ou mercantil, negócio comercial, casa de comércio ou casa comercial, propriedade comercial, fundo de comércio e *azienda.*

A expressão *negócio comercial* foi empregada pelo Regulamento 738, de 1850, e pela Lei 2.024, de 1908,[23] não tendo sido adotada posteriormente por outras leis e não se tornando conhecida pela doutrina. O Código Comercial brasileiro, em seus arts. 75 e 301, refere-se a casa de comércio e casa comercial, atingindo a idéia de estabelecimento.

A expressão propriedade comercial surgiu em projeto de lei francesa, de 19 de dezembro de 1912, que não chegou a ser aprovado. Essa expressão foi adotada pela legislação portuguesa. Explica Barbosa de Magalhães que essa expressão foi utilizada por ser o estabelecimento comercial objeto das relações jurídico-comerciais. O mesmo autor adverte que tal denominação, aplicada apenas ao estabelecimento, não é adequada, visto que pode também ser aplicada a qualquer das outras coisas susceptíveis de relações jurídico-comerciais.[24]

A expressão *propriedade comercial,* na doutrina brasileira, não é muito utilizada como sinônimo de *estabelecimento comercial.* Waldemar Martins Ferreira emprega a expressão propriedade comercial quando trata do ponto ou do local onde o estabelecimento comercial está instalado.[25]

Já para Maria Helena Diniz, "o direito do comerciante de permanecer até mesmo contra a vontade do locador no local onde exerce sua atividade mercantil, desde que atendidos certos requisitos, de ceder a locação ou de obter indenizações se despejado, designa-se propriedade comercial".[26] Este é o conceito mais utilizado em nossa doutrina para a expressão propriedade comercial, ou seja, o direito conquistado pelo empresário de renovar o contrato.

Além da crítica feita por Barbosa de Magalhães, que adverte para o caráter inadequado da expressão, deve-se evitar o nome "propriedade comercial", em vista das diferentes conceituações que possui.

Apesar dos diferentes nomes utilizados por nossa legislação para referir-se ao estabelecimento empresarial, a expressão fundo de comércio adquiriu importância por ter sido adotada pela Lei de Luvas, Decreto 24.150/34, uma vez que este foi o primeiro texto legal a reconhecer expressamente o valor do fundo de comércio. Adotam esta denominação Fran Martins[27] e Mário Figueiredo Barbosa.[28]

Explica Fran Martins a sua preferência pela expressão fundo de comércio: "Empregamos, contudo, a designação fundo de comércio pela generalização que vem tendo em todo o mundo e porque o Decreto 24.150, de abril de 1934, que regula as condições e processo de renovação dos con-

23. Fran Martins, *Curso de Direito Comercial,* p. 475.

24. Barbosa de Magalhães, *Do Estabelecimento Comercial,* p. 11.

25. *Instituições de Direito Comercial,* p. 56.

26. *Tratado Teórico e Prático dos Contratos,* v. 2, p. 91.

27. *Curso de Direito Comercial,* p. 474.

28. *Valor da Clientela no Fundo de Comércio.*

tratos de locação de imóveis destinados a fins comerciais e industriais — um dos elementos mais destacados do fundo de comércio, ou seja, a propriedade comercial — a ela fez referência especial, destacando que 'o valor incorpóreo do fundo de comércio se integra em parte no imóvel'".[29]

Embora não tenha sido encontrado nenhum autor que denomine o estabelecimento empresarial de fundo de negócio, alguns doutrinadores advertem para a distinção existente entre fundo de comércio e fundo de negócio. Fundo de negócio é "o conjunto de mercadorias, remanescentes, móveis e utensílios etc. de um estabelecimento comercial em fase de liquidação, o remanescente não realizado e inerte de um estabelecimento em liquidação. Não se confunde com fundo de comércio".[30]

A expressão comumente adotada pela doutrina e por muitos dispositivos legais é *estabelecimento comercial*. Essa denominação é utilizada por Fábio Ulhoa Coelho,[31] Hernani Estrella,[32] João Eunápio Borges,[33] e José Xavier Carvalho de Mendonça.[34]

Neste trabalho optou-se por adotar a denominação *estabelecimento*, seguindo a maioria da doutrina e entrando em consonância com o Projeto do Código Civil — Projeto de Lei 634/75. E, em razão de a teoria da empresa estar sendo assimilada por nosso direito, principalmente no que se refere ao estabelecimento, deixa-se a expressão estabelecimento comercial para se adotar a expressão *estabelecimento empresarial*. Em citações de outros autores, porém, serão encontradas as diversas denominações apontadas.

29. *Curso de Direito Comercial*, p. 475.

30. Pedro Nunes, *Dicionário de Tecnologia Jurídica*, s.v. *fundo de negócio*.

31. *Manual de Direito Comercial*, p. 47.

32. *Curso de Direito Comercial*, p. 233.

33. *Curso de Direito Comercial Terrestre*, p. 184.

34. *Tratado de Direito Commercial Brazileiro*, p. 11.

2. O estabelecimento empresarial na legislação nacional

2.1 Referências legais

O direito positivo brasileiro não regulamenta o estabelecimento empresarial ou comercial. Este fato, porém, não significa que nossa legislação desconheça a figura do estabelecimento. Por diversas vezes os textos legais fazem referência a ele.

Já em nosso Código Comercial, datado de 1850, encontramos referências ao estabelecimento. Logo no art. 1º, que trata da capacidade para comerciar, a segunda parte do 3, diz: "O filho maior de 21 (vinte e um) anos, que for associado ao comércio do pai, e o que com sua aprovação, provada por escrito, levantar algum estabelecimento comercial, será reputado emancipado e maior para todos os efeitos legais nas negociações mercantis".[35]

Também no Código Comercial, em seu art. 75, que trata da responsabilidade do comerciante pelo atos de seus auxiliares, há outra referência ao estabelecimento comercial, sob o nome casa de comércio: "Os preponentes são responsáveis pelos atos dos feitores, guarda-livros, caixeiros e quaisquer prepostos, praticados dentro de suas casas de comércio que forem relativos ao giro comercial das mesmas casas, ainda que se não achem autorizados por escrito".

No art. 75, temos a referência à casa de comércio mais como local em que o comerciante exerce sua atividade do que como idéia de instrumento de trabalho do comerciante.

E por fim, o art. 301 do Código Comercial, que repete a denominação casa de comércio, estabelece a obrigatoriedade de registro das sociedades comerciais no Registro do Comércio. Enuncia o citado arti-

35. A segunda parte do n. 3 foi revogada pelo art. 9º, *caput*, do Código Civil, que preceitua que "aos 21 (vinte e um) anos completos acaba a menoridade, ficando habilitado o indivíduo para todos os atos da vida civil".

go: "O teor do contrato deve ser lançado no Registro do Comércio do Tribunal do distrito em que houver de estabelecer a casa comercial da sociedade (art. 10, 2), e se esta tiver outras casas de comércio em diversos distritos, em todos eles terá lugar o registro".[36]

Tem-se aqui, também, a referência à casa comercial como o local onde o comerciante exerce sua atividade. Não traduz propriamente a idéia atual de estabelecimento comercial.

O Decreto 916, de 24.10.1890, em seu art. 7º, refere-se ao estabelecimento comercial e à sua alienação, quando diz: "É proibida a aquisição de firma sem a do estabelecimento a que estiver ligada. Parágrafo único. O adquirente por ato 'inter vivos' ou 'causa mortis' poderá continuar a usar a firma antecedendo-a da que usar com a declaração — 'sucessor de ...'".

Embora essas legislações já se referissem ao estabelecimento comercial, foi com o advento do Decreto 24.150/34, conhecido por Lei de Luvas, que esse instituto comercial começou a ser reconhecido como possuidor de valor específico. O estabelecimento comercial surge em nosso direito positivo com a denominação de fundo de comércio. Esse decreto regulamentava a renovação do contrato de locação de imóveis para fins comerciais com a finalidade de proteger o comerciante que havia formado seu fundo de comércio em imóvel locado.[37]

No terceiro "*considerando*" do Decreto 24.150/34, surge o estabelecimento comercial com denominação de fundo de comércio: "Considerando que, se de um modo geral, essa necessidade se impôs, mais ainda se torna impreterível, tendo em vista os estabelecimentos destinados ao comércio e à indústria: por isso que o valor incorpóreo do 'fundo de comércio' se integra em parte no valor do imóvel, trazendo destarte pelo trabalho alheio benefícios ao proprietário".

O Código Tributário Nacional refere-se ao fundo de comércio ou estabelecimento comercial a fim de criar maiores garantias no recebimento dos créditos tributários, para as situações em que esse tem sua titularidade transferida. Em seu art. 133, preceitua: "A pessoa natural ou jurídica de direito privado que adquirir de outra, por qualquer título, fundo de comércio ou estabelecimento comercial, industrial ou profissional, e continuar a respectiva exploração, sob a mesma ou outra razão social ou sob firma ou nome individual, responde pelo tributos, relativos ao fundo ou estabelecimento adquirido, devidos até a data do ato: I — integralmente, se o alienante cessar a exploração do comércio, indústria ou atividade; II — subsidiariamente, com o alienante, se este prosseguir na exploração ou iniciar dentro de seis meses, a contar da data da alienação, nova atividade no mesmo ou em outro ramo de comércio, indústria ou profissão".

A Lei de Falências, Decreto-lei 7.661 de 1945, refere-se ao estabelecimento em algumas oportunidades. De início enuncia como ato de falência a transferência do estabelecimento a terceiro, sem consentimento dos credores, salvo se o comerciante ficar com bens suficientes para solver o seu passivo (art. 2º, V). E declara que essa alienação não produz efeitos relativamente à massa falida (art. 52, VIII).

Já o art. 116 da Lei de Falências, que trata da realização do ativo do falido, diz que: "Se o contrato de locação estiver protegido pelo Decreto 24.150, de 20 de abril de 1934, o estabelecimento comercial ou industrial do falido será vendido na sua integridade, incluindo-se na alienação a transferência do mesmo contrato".[38]

36. Hoje, a matéria de Registro de Comércio encontra-se regulada pela Lei 8.934/94, que dispõe sobre registro público de empresas mercantis e atividades afins.

37. A Lei de Luvas, Decreto 24.150/34, foi revogada pela Lei 8.245/91, que dispõe sobre as locações dos imóveis urbanos — Lei do Inquilinato — que mantém as regras de proteção ao estabelecimento comercial.

38. Hoje, com a revogação do Decreto 24.150, consideram-se para fins deste artigo, os preceitos da Lei 8.245/91.

Esse artigo garante a unidade do estabelecimento, em que o titular tenha direito à ação renovatória. Trata-se do reconhecimento do sobrevalor do estabelecimento empresarial, pois prefere-se sua venda conjunta à venda de seus bens separadamente.

Ainda na Lei de Falências, tem-se a determinação do juízo competente para a falência em função da sede do principal estabelecimento do comerciante (art. 7º). Esse preceito da Lei de Falências levanta a questão sobre a identificação do estabelecimento principal, que será analisado em tópico separado.

Por fim, o art. 35 do Código Civil utiliza a noção de estabelecimento para definir o domicílio da pessoa jurídica, *in verbis*: "Quanto às pessoas jurídicas, o domicílio é: (...) IV — das demais pessoas jurídicas, o lugar onde funcionarem as respectivas diretorias e administrações, ou onde elegerem domicílio especial nos seus estatutos ou atos constitutivos. (...) § 3º. Tendo a pessoa jurídica de direito privado diversos estabelecimentos em lugares diferentes, cada um será considerado domicílio para os atos nele praticados. § 4º. Se a administração, ou diretoria, tiver a sede no estrangeiro, haver-se-á por domicílio da pessoa jurídica, no tocante às obrigações contraídas por cada uma das suas agências, o lugar do estabelecimento, sito no Brasil, a que ela corresponder".[39]

2.2 Estabelecimento principal, agências, filiais e sucursais

É possível que um empresário possua mais de um estabelecimento. Ter-se-ia, então, um único sujeito de direito, podendo ser comerciante individual ou sociedade empresária, com vários locais de exploração de sua atividade.

Não é incomum encontrar na doutrina a tentativa de conceituação de estabelecimento principal e estabelecimento secundário, subdividindo-se este último em filial, agência ou sucursal.

Estabelecimento principal é definido como o "lugar em que o comerciante tem a sede de sua atividade ou, melhor, de onde governa e dirige seus negócios".[40] Já a filial é conceituada como "estabelecimento auxiliar, fundado pela casa principal ou matriz e dela dependente".[41] A sucursal é tida como "estabelecimento auxiliar e dependente da casa matriz, criado por esta para a expansão dos seus negócios. É subordinado à administração central, embora em certos casos goze de relativa autonomia".[42] A agência apresenta proporções menores. É um simples ponto de conclusão de negócios com autonomia mínima.

Deve-se lembrar, todavia, que toda classificação deve visar um objetivo. Não há por que se conceituar estabelecimento principal e secundários, e ainda, filial, sucursal e agência, se diferença alguma trouxer para o direito. Não há por que criar classificações que não apresentem conseqüências práticas.

É preciso identificar a necessidade de classificar os diversos estabelecimentos do empresário. Extrai-se da análise feita à legislação nacional que a classificação dos diversos estabelecimentos empresarias, de um só sujeito de direito, não é relevante para o Direito Processual Civil. Tal não ocorre com o Direito Falimentar, que se utiliza do conceito de estabelecimento principal para definir o foro competente para o processo de falência.

39. "Dá-se, portanto, a despeito da unidade pessoal, a pluralidade domiciliar, da mesma fórma, à pessoa jurídica, cuja administração ou diretoria tenha sede no estrangeiro. Tem-se por seu domicílio, pelo disposto no § 4º do mesmo artigo do Código Civil, no tocante às obrigações contraídas por cada uma das agências, o lugar do estabelecimento, sito no Brasil, a que ela corresponda" (Waldemar Ferreira Martins, *Instituições de Direito Comercial*, v. II, p. 44).

40. Waldemar Martins Ferreira, *Instituições de Direito Comercial*, p. 34.

41. Pedro Nunes, *Dicionário de Tecnologia Jurídica*, s.v. *filial*.

42. Pedro Nunes, *Dicionário de Tecnologia Jurídica*, s.v. *sucursal*.

O Código de Processo Civil, quando trata da competência territorial, demonstra a desimportância da identificação do estabelecimento principal, ao estipular que cada estabelecimento, seja principal seja secundário, responde pelas obrigações que ele contraiu. Dispõe o art. 100 do citado Código: "É competente o foro: (...) IV — do lugar: a) onde está a sede, para a ação em que for ré a pessoa jurídica; b) onde se acha a agência ou sucursal, quanto às obrigações que ela contraiu; c) onde exerce a sua atividade principal, para a ação em que for ré a sociedade, que carece de personalidade jurídica; d) onde a obrigação deve ser satisfeita, para a ação em que se lhe exigir o cumprimento".

A identificação de estabelecimento principal ou secundário é irrelevante para a fixação de competência. O empresário com mais de um estabelecimento poderá ser acionado em diferentes foros. Cada estabelecimento responde por seus atos no foro de sua localidade. A disposição do Código de Processo Civil coincide com a regra de fixação de domicílio do art. 35 do Código Civil, que entende que cada estabelecimento é o domicílio do comerciante para os atos nele praticados. Nosso direito sanciona o princípio da pluralidade de domicílios. Percebe-se que não há motivos, no direito civil e processual civil, para buscar a classificação dos estabelecimentos do empresário em principal e secundários.

A preocupação em classificar os vários estabelecimentos de um só empresário em principal e secundários justifica-se no art. 7º da Lei de Falências. O conceito de estabelecimento principal é utilizado para a determinação do juízo competente para a declaração da falência. Este é o texto da lei: "É competente para declarar a falência o juiz em cuja jurisdição o devedor tem o seu principal estabelecimento ou casa filial de outra situada fora do Brasil. Resumindo o comércio do devedor insolvente a uma única unidade, o problema é simples, uma vez que o processo deverá ser instaurado no lugar da situação, até porque essa unidade será também a sua sede. No entanto, havendo pluralidade de estabelecimentos, a coisa se complica, porque a solução não é a mesma preconizada pelo Código de Processo Civil. Não. A solução é outra. O foro competente é o da situação do principal estabelecimento, ainda que a obrigação tenha sido contraída pela agência, filial ou sucursal".[43] O princípio da pluralidade de domicílios desaparece diante da Lei de Falências.

Identificado o motivo que leva a buscar a diferenciação entre estabelecimento principal e secundários, passa-se à procura do conceito de estabelecimento principal para fins da Lei de Falências.

É pacífico, na doutrina e jurisprudência, que o principal estabelecimento não corresponde necessariamente à sede estatutária da empresa, ou seja, a sede que consta em seu ato constitutivo. Rubens Requião deixa claro que o conceito de estabelecimento principal tem conotação especial para o direito falimentar quando diz que: "Em matéria falimentar, portanto, o juízo competente não é o determinado pelo domicílio civil ou estatutário, mas pela localização do domicílio real, onde se situa o principal estabelecimento, como uma nau capitânea numa frota marítima".[44]

Este posicionamento é também encontrado na jurisprudência: "O principal estabelecimento não é aquele a que os estatutos da sociedade conferem o título de principal, mas o que forma concretamente o corpo vivo, o centro vital das principais atividades comerciais do devedor, a sede ou núcleo dos negócios em sua palpitante vivência material".[45]

Apesar de ser unânime o entendimento de que não há, necessariamente, corres-

43. Rubem Ramalho, *Curso Teórico e Prático de Falências e Concordatas*, p. 103.

44. *Curso de Direito Falimentar*, p. 81.

45. 9ª Câmara da Seção de Direito Privado do TJSP, agravo de instrumento 275.328-1/7-00, da Comarca de São Vicente, Relator Min. Franciulli Netto, j. 13.2.96, v.u., in *RT* 731/281.

pondência entre a sede estatutária da empresa e o estabelecimento principal, divergências surgem quando se tenta identificar o conceito de estabelecimento principal. Há corrente que entende ser ele o centro das ordens diretivas da empresa, o local em que se encontra sua direção e, conseqüentemente, sua contabilidade. Outra corrente identifica como principal estabelecimento aquele em que se localiza o maior número de bens do devedor.

Rubens Requião deixa claro, citando outros autores e julgados, que o domicílio real do empresário é aquele em que se concentram seus bens principais, móveis e imóveis, todos os seus aparelhos e instalações, os seus negócios e interesses.[46] Também, para Fábio Ulhoa Coelho, "por principal estabelecimento se entende não a sede estatutária ou contratual, a que vem mencionada no ato constitutivo, nem aquele estabelecimento maior física ou administrativamente falando. Principal estabelecimento é aquele em que se encontra centrado o maior volume de negócios da empresa; é o principal estabelecimento do ponto de vista econômino".[47]

Já Rubem Ramalho ensina que, "por principal estabelecimento entende a doutrina, sem discrepância, ser aquele donde emanam os ordens diretivas; onde os diretores exercem as suas atividades de comando; onde se localiza a contabilidade geral. Nem sempre há coincidência entre o principal estabelecimento, assim classificado pela sua boa localização, pela suntuosidade, pelo aparato arquitetônico ou ainda pelo movimento comercial, com aquele donde os diretores dirigem o complexo empresarial, que pode correr na unidade mais modesta. Esta sim, e não aquele, é, no sentido jurídico, o principal estabelecimento. Não se pode nem se deve confundir o conceito jurídico de estabelecimento principal com o seu conceito meramente econômico".[48]

Luiz Tzirulnik aponta como estabelecimento principal "o local onde a sua atividade se mantém centralizada, daí irradiando a direção de todos os seus negócios e o governo de todas as operações profissionais. Adiciona-se o fato de ser, também, o local onde é processada a contabilidade geral de suas operações, mantendo aí os livros legais de escrituração".[49]

Também para Trajano de Miranda Valverde, a sede administrativa da empresa é o seu estabelecimento principal para efeitos da lei de falência. Explica que "a sede administrativa é, com efeito, o ponto central dos negócios, de onde partem todas as ordens, que imprimem e regularizam o movimento econômico dos estabelecimentos produtores. As relações externas, com fornecedores, clientes, bancos etc. (...) Na sede da administração é que se faz a contabilidade geral das operações, onde, por isso, devem estar os livros legais da escrituração, os quais, mais do que o valor pecuniário, ou a importância do estabelecimento produtor, interessam, na falência ou concordata, à Justiça".[50]

Em julgamento de conflito de competência, o Superior Tribunal de Justiça entendeu que o estabelecimento principal é o lugar onde se localiza a diretoria, onde esta exerce suas funções, onde são praticados os atos de empresa, onde são registrados seus livros contábeis.[51]

Percebe-se que duas são as principais preocupações na definição de estabelecimento principal. Uma corrente preocupa-se em declarar a falência no local onde se encontra o maior número de bens do comerciante. A facilidade na arrecadação do bens é intenção desses. Na outra corrente há preocupação em identificar a sede administrativa com o intuito de obter o maior número de informações sobre a atividade

46. *Curso de Direito Falimentar*, p. 81.
47. *Manual de Direito Comercial*, p. 299.
48. *Curso Teórico e Prático de Falências e Concordatas*, p. 104.

49. *Direito Falimentar*, p. 60.
50. *Comentários à Lei de Falências*, p. 84.
51. 2ª Sessão do STJ, conflito de competência 8.050-9-SP, Relator Min. Costa Leite, j. 25.5.94, v.u., in *RT* 714/244.

da empresa. Vê-se, nesta corrente, a busca pela contabilidade.

Tendo a falência o objetivo principal de arrecadar do falido o seu maior número de bens, para que se consiga a satisfação dos credores, opta-se por adotar o primeiro entendimento, ou seja, a falência deve ser declarada no local onde o falido possui o maior volume de suas atividades e consequentemente o maior número de bens. J. C. Sampaio Lacerda explica que "a lei, fixando o foro competente com base no principal estabelecimento, teve em vista naturalmente, facilitar a arrecadação dos bens do devedor e nem sempre a sede representa volume considerável de bens, capazes de representar valores de maior interesse para a massa".[52]

Conclui-se, então, que a classificação dos vários estabelecimentos de um só comerciante ou sociedade comercial interessa ao direito falimentar. O direito falimentar, porém, necessita apenas da classificação dos estabelecimentos em principal e secundários. Por estabelecimento principal, para efeitos da lei de falência, entende-se aquele em que o comerciante possui o maior número de bens.

Não possui o direito falimentar interesse na classificação dos diferentes estabelecimentos secundários em filiais, agências e sucursais. A preocupação da doutrina em classificar os estabelecimentos secundários em filial, agência e sucursal é absolutamente irrelevante. Essa classificação para o direito não apresenta utilidade alguma. Waldemar Ferreira Martins, referindo-se às filiais, agências e sucursais, aponta a irrelevância da classificação para o direito: "Exprimem os três vocábulos, intuitivamente, estabelecimentos subordinados ao principal, dêle recebendo o influxo e os meios de exercício de sua atividade. Nem na doutrina, nem legislativamente, existe diferença conceitual que os extreme".[53]

3. *Natureza jurídica do estabelecimento empresarial*

3.1 Considerações gerais

Definir a natureza jurídica de um instituto é identificar o regime jurídico a ele aplicável. Após o conhecimento das características do estabelecimento empresarial, cabe identificar sua natureza jurídica, a fim de apontar o regramento jurídico a que está ele submetido. "O interesse prático na qualificação jurídica do estabelecimento reside na circunstância de que os problemas relativos aos negócios jurídicos, feitos com ou sobre o estabelecimento, dependem — quanto à forma de realização e quanto aos efeitos jurídicos — da natureza de que o mesmo se revista perante a lei".[54]

Diversas foram as teorias que tentaram explicar a natureza jurídica do estabelecimento empresarial. Muitas delas são trazidas do direito alienígena e não se adaptam ao nosso ordenamento jurídico.

É preciso lembrar que a questão da natureza jurídica do estabelecimento empresarial é de direito positivo. Embora o estabelecimento empresarial seja um fenômeno comum em todos os países, cada um possui um regramento próprio que a ele se aplica. Assim, de acordo com as regras de cada país, será definida a natureza jurídica do estabelecimento. Logo, a natureza jurídica variará conforme o ordenamento jurídico de cada local. Importa-nos, primordialmente, identificar a natureza jurídica do estabelecimento empresarial no direito brasileiro.

Predomina, hoje, na doutrina brasileira o entendimento de que o estabelecimento empresarial é uma universalidade de fato. Discorre-se, mesmo assim, sobre as teorias mais relevantes que foram levantadas acerca da problemática da natureza jurídica do estabelecimento empresarial. Será destaca-

52. *Manual de Direito Falimentar*, p. 49.
53. *Instituições de Direito Comercial*, p. 41.
54. Oscar Barreto Filho, *Teoria do Estabelecimento Comercial*, p. 78.

da a incompatibilidade dessas teorias com a legislação nacional.

Inicialmente, aponta-se a teoria da personalidade jurídica, surgida na Alemanha, desenvolvida por Endeman. Em seguida, fala-se sobre a teoria do patrimônio separado, desenvolvida por Brinz e aplicada ao direito comercial por Bekker, também surgida na Alemanha. Fala-se também sobre a teoria do bem incorpóreo. E, por fim, chega-se às teorias das universalidades, onde encontramos o direito brasileiro. No Brasil, tem-se o estabelecimento empresarial como universalidade de fato.

3.2 Teoria da personalidade jurídica

Segundo esta teoria, "criado pelo proprietário, o estabelecimento adquire vida própria e autônoma. Os bens e direitos, suja organização deu origem ao estabelecimento, passam a pertencer a êste e não ao proprietário que, também êle, sujeito ao estabelecimento, decai de sua qualidade de dono para transformar-se apenas no primeiro empregado do estabelecimento".[55]

A adoção dessa teoria teria por conseqüência conferir autonomia patrimonial ao estabelecimento. Haveria um outro sujeito de direito, que seria titular dos direitos e obrigações relativos à exploração da atividade empresarial; logo, as obrigações contraídas pelo estabelecimento teriam como garantia apenas os seus bens componentes. Em síntese, separar-se-ia do patrimônio pessoal do comerciante, utilizado por ele para a exploração de sua atividade empresarial, do seu patrimônio pessoal.

"Segue-se que a mudança do titular seria irrelevante para a existência do estabelecimento, que permaneceria como centro unitário das relações de emprego, e de todas as relações de crédito e débito compreendidas no patrimônio do estabelecimento."[56]

A teoria da personalidade jurídica, porém, é incompatível com nosso direito positivo. "A personalidade jurídica é um atributo que a ordem jurídica estatal outorga a entes que o merecem".[57] O Código Civil brasileiro, em seu art. 16, aponta as pessoas jurídicas de direito privado, ou seja, aponta os entes que, segundo nossa ordem jurídica, merecem a outorga da personalidade jurídica, *in verbis*: "Art. 16. São pessoas jurídicas de direito privado: I — as sociedades civis, religiosas, pias, morais, científicas ou literárias, as associações de utilidade pública e as fundações; II — as sociedades mercantis; III — os partidos políticos".

O direito brasileiro não reconhece outros entes (de direito privado) com personalidade jurídica senão aqueles elencados no art. 16 do Código Civil. O estabelecimento empresarial não se encontra entre as figuras às quais a lei brasileira atribui personalidade jurídica; logo, essa teoria não se adapta ao nosso ordenamento jurídico. Vê-se, dessa forma, a impossibilidade de se atribuir personalidade jurídica ao estabelecimento empresarial.

João Eunápio Borges[58] e Márcio Antônio Incarato[59] advertem que nem a legislação alemã, pátria dessa teoria, atribui personalidade jurídica ao estabelecimento empresarial.

3.2.1 Autonomia do estabelecimento para fins fiscais

Quanto à teoria da personalidade jurídica, é interessante apontar que o Regulamento do Imposto de Renda — Decreto 1.041/94 — equipara a empresa individual à pessoa jurídica para efeitos de imposto

55. João Eunápio Borges, *Curso de Direito Comercial Terrestre*, p. 198.

56. Oscar Barreto Filho, *Teoria do Estabelecimento Comercial*, p. 80.

57. Maria Helena Diniz, *Curso de Direito Brasileiro*, p. 118.

58. *Curso de Direito Comercial Terrestre*, p. 198.

59. "O fundo de comércio ou estabelecimento comercial", in *Revista de Direito Civil, Imobiliário, Agrário e Empresarial* 16/130.

de renda. Preceitua o citado regulamento: "Art. 127. As empresas individuais, para efeitos do imposto de renda, são equiparadas às pessoas jurídicas. § 1º. São empresas individuais: a) as firmas individuais; b) as pessoas físicas que em nome individual explorem, habitual e profissionalmente, qualquer atividade econômica de natureza civil ou comercial, com o fim especulativo de lucro, mediante a venda a terceiros de bens ou serviços".

Não se trata, neste caso, de conferir à empresa individual personalidade jurídica, fato esse que poderia levar ao entendimento de concessão de personalidade jurídica àqueles que possuíssem estabelecimento empresarial. Trata-se, aqui, de equiparação para um único e determinado fim.

João Eunápio Borges explica as conseqüências dessa equiparação: "O exercício do comércio e, pois, o estabelecimento comercial, para efeitos do lançamento do imposto de renda, transforma o comerciante individual em pessoa jurídica. Isto é, os lucros auferidos no estabelecimento comercial destacam-se dos outros rendimentos do comerciante para o fim de constituírem objeto de uma dupla declaração: como pessoa jurídica o comerciante declarará o lucro do estabelecimento, pagando sôbre êle o impôsto de renda que recai sôbre as pessoas jurídicas. E o mesmo lucro, levado à cédula F de sua declaração de pessoa física, irá somar-se a seus demais rendimentos para dar a renda total sôbre a qual o comerciante pagará a parte complementar, pregressiva de seu impôsto de renda".[60]

Não se pode confundir essa simples equiparação com a concessão de personalidade jurídica ao comerciante individual. A exigência de duas declarações não transforma o comerciante individual em pessoa jurídica. Apenas cumpre ele uma exigência referente às pessoas jurídicas.

Não houvesse essa regra, o empresário individual teria apenas uma declaração de imposto de renda, como pessoa física que é. Com esse dispositivo, porém, para efeito de imposto de renda, o empresário individual passa a fazer duas declarações, separando dessa forma os bens e os lucros referentes à sua atividade empresarial dos bens e rendimentos pessoais. Essa separação, todavia, existe apenas para efeito de imposto de renda, não gerando efeitos no patrimônio do empresário.

3.3 Teoria do patrimônio separado

Para os defensores desta teoria "o estabelecimento se constitui em patrimônio autônomo, que se destaca dos demais bens integrados no patrimônio geral do proprietário. Essa separação se opera por simples vontade do criador do estabelecimento e resulta exclusivamente do fato dele reservar determinada porção de seus bens, com a precisa finalidade de que sirva de instrumento a certa exploração industrial ou mercantil".[61] Seguindo esse entendimento tem-se um único sujeito com dois patrimônios distintos: o seu patrimônio civil e o patrimônio empresarial, ou seja, o patrimônio que se destina à exploração de sua atividade lucrativa.

Esta teoria traz a mesma conseqüência da teoria da personalidade jurídica, a saber, a autonomia patrimonial do estabelecimento. As obrigações assumidas pelo empresário no exercício de sua atividade teriam como garantia o patrimônio destinado à atividade empresarial. "A separação patrimonial constituiria para o comerciante individual a possibilidade de limitar sua responsabilidade apenas àquela parcela patrimonial que destinou ao comércio."[62]

Essa teoria também não se adapta a nossas regras de direito positivo. O direito brasileiro consagra a unicidade patrimonial. A separação patrimonial é uma exceção.

60. *Curso de Direito Comercial Terrestre*, p. 198.

61. Hernani Estrella, *Curso de Direito Comercial*, p. 245.

62. Waldirio Bulgarelli, *Sociedades, Empresa e Estabelecimento*, p. 53.

Existe somente nos casos expressamente fixados por lei.[63]

São exemplos de patrimônio separado, no direito brasileiro, o dote (CC, art. 278), a massa da comunhão matrimonial, que coexiste ao lado dos bens pessoais dos cônjuges (CC, art. 262). O patrimônio do ausente (CC, arts. 463 e ss.), a herança jacente (CC, art. 1.591 e art. 1º do Decreto-lei 8.207/45).

Como já foi visto, o patrimônio separado no direito brasileiro é exceção, sendo prevista apenas em alguns casos determinados por lei. A vontade do proprietário de destinar uma parcela dos seus bens a determinada finalidade não institui a separação patrimonial. A vontade do proprietário não é capaz de pôr fim à unidade do seu patrimônio.

Como, então, o estabelecimento não está previsto entre os casos de separação patrimonial do ordenamento jurídico brasileiro, conclui-se que essa teoria não é admitida em nosso direito. A teoria do patrimônio separado, para explicar a natureza jurídica do estabelecimento empresarial, não se adapta à nossa realidade.

Hernani Estrella aponta seus ensinamentos neste sentido: "Também essa segunda doutrina peca pela base, porquanto os raros casos de separação patrimonial são taxativamente enumerados na lei. Inadmite-se que o indivíduo, por ato exclusivo de vontade, tome uma porção qualquer de seus bens e dela faça um segundo patrimônio, sob seu domínio, mas imune às suas dívidas".[64]

3.4 Teoria do bem imaterial

Para os adeptos dessa teoria, o estabelecimento é um bem imaterial com existência distinta dos demais elementos que o compõem. Explica Rubens Requião: "Somos da opinião que o estabelecimento comercial pertence à categoria dos bens móveis, transcendendo às unidades de coisas que o compoem e são mantidas unidas pela destinação que lhes dá o empresário, formando em decorrência dessa unidade um patrimônio comercial, que deve ser classificado como incorpóreo. O estabelecimento comercial constitui, em nosso sentir, um bem incorpóreo, constituído de um complexo de bens que não se fundem, mas mantém unitariamente sua individualidade própria".[65]

Para Hernani Estrella, a teoria do bem incorpóreo veio justificar a titularidade do empresário sobre o estabelecimento empresarial, diante da possibilidade de este ser composto de bens que não lhe pertencem, porque alguns dos bens componentes do estabelecimento podem ser apenas locados pelo titular. Diz esse autor que "ante essa dualidade de situações, isto é, a titularidade do estabelecimento sem a propriedade, no sentido do direito real, de alguns de seus elementos, pôs-se o problema de como legitimar qualquer daqueles atos translativos, abrangendo neles todos os componentes do fundo de comércio".[66]

"A imaterialização serviria para lastrear um novo direito, a coexistir com os diferentes direitos sobre cada um dos elementos aglutinados, que formam a unidade econômica. Desapareceria aquele antagonismo. As diferentes cousas singulares permaneceriam como tais e continuariam sujeitas à sua própria lei de circulação, ao passo que o estabelecimento, como um bem imaterial autônomo, teria o seu próprio regime legal."[67]

Deve-se pesquisar, a fim de corroborar ou contestar essa teoria, a possibilidade de caracterização do estabelecimento em-

63. O patrimônio separado, em nosso direito, surge da necessidade prática de impedir a junção de bens de procedência diversa. "Interesses valiosos se interpõem, mantendo a distinção dos patrimônios, impedindo-lhes a natural unificação" (Clóvis Beviláqua, *Teoria Geral de Direito Civil*, p. 168).

64. *Curso de Direito Comercial*, p. 246.

65. *Curso de Direito Comercial*, v. I, p. 210.

66. *Curso de Direito Comercial*, p. 249.

67. Hernani Estrella, *Curso de Direito Comercial*, p. 250.

presarial como bem imaterial, pois não é toda e qualquer coisa imaterial que se enquadra no conceito de bem imaterial. O aprofundamento no conceito de bens permitirá maior aproximação do conceito de bem incorpóreo.

A primeira preocupação da doutrina é diferenciar *bens* de *coisas*, para identificar aquilo que tem valor jurídico. "Juridicamente falando, bens são valores materiais ou imateriais, que podem ser objeto de uma relação de direito".[68] "Os bens são as coisas materiais ou imateriais que têm valor econômico e que podem servir de objeto a uma relação jurídica".[69] "Bens são coisas que por serem úteis e raras, são suscetíveis de apropriação e contêm valor econômico".[70] As coisas só são consideradas bens se tiverem valor econômico, sendo, então, passíveis de ser objeto de relação jurídica, passíveis de apropriação.

Maria Helena Diniz[71] enumera as características necessárias para que uma coisa seja considerada um bem:

1) idoneidade para satisfazer um interesse econômico, excluindo-se, então, da noção de bem os elementos morais da personalidade, inapreciáveis economicamente, como a vida, a honra, o nome, a liberdade, a defesa etc.;

2) gestão econômica autônoma, pois o bem deve possuir uma autonomia econômica, constituindo uma entidade econômica distinta;

3) subordinação jurídica ao seu titular, pois só é bem jurídico aquele dotado de uma existência autônoma, capaz de ser subordinado ao domínio do homem.

Depois da enumeração das características necessárias para a caracterização de um bem jurídico, passa-se à análise do conceito de bem incorpóreo.

68. Washington de Barros Monteiro, *Curso de Direito Civil*, v. I, p. 135.

69. Maria Helena Diniz, *Curso de Direito Civil Brasileiro*, v. I, p. 153.

70. Caio Mário da Silva Pereira, *Instituições de Direito Civil*, p. 110.

71. *Curso de Direito Civil Brasileiro*, v. I, p. 154.

Caio Mário da Silva Pereira diz que: "Valores existem que se não corporificam em coisas, mas que, por terem um conteúdo econômico, são objeto de regulamentação por parte do Direito Civil. São os bens incorpóreos".[72]

Tem-se então que determinadas coisas imateriais possuem valor econômico. Em função do seu valor e sua conseqüente importância para o homem, o direito achou por bem regulamentá-las a fim de conferir-lhes proteção jurídica. A proteção oferecida pelo direito viabiliza a possibilidade de apropriação pelo homem.

Sintetiza Washington de Barros Monteiro: "Incorpóreos são os bens que, embora de existência abstrata ou ideal, são reconhecidos pela ordem jurídica, tendo para o homem valor econômico".[73]

Diante dessa conceituação, pode-se concluir que o estabelecimento empresarial não se enquadra no conceito de bem incorpóreo.

Primeiramente, constata-se que o direito brasileiro não protege o estabelecimento enquanto conjunto de bens. Viu-se que não há surgimento de bem incorpóreo sem proteção jurídica específica. A proteção oferecida ao estabelecimento empresarial faz-se pela proteção aos seus elementos individualmente considerados ou à sua capacidade de atrair clientela. P. ex., a patente de invenção, que pode ser um dos elementos incorpóreos do estabelecimento empresarial, recebeu proteção específica. Essa proteção, porém, restringe-se à invenção. Não se estende ao conjunto de bens formado pelo estabelecimento.

Viu-se que o bem deve possuir gestão econômica autônoma, deve constituir uma entidade econômica distinta. É impossível constatar, também, a autonomia do estabelecimento empresarial para que se caracterize como bem incorpóreo.

O estabelecimento não é um bem criado meramente pelo intelecto. O estabeleci-

72. *Instituições de Direito Civil*, p. 110.

73. *Curso de Direito Civil*, v. I, p. 137.

mento surge da união de vários elementos, materiais e imateriais, e só existe enquanto tais elementos estiverem a seu serviço. Não há como se falar em estabelecimento empresarial absolutamente independente de seus elementos. Aquele sempre dependerá destes. O estabelecimento somente seria um bem imaterial se sobrevivesse mesmo com a desarticulação total dos bens que o compõem. Esta seria a única forma de reconhecer sua autonomia.

Sem dúvida, os bens que compõem o estabelecimento não têm a mesma representação sem a atividade do intelecto humano que age sobre eles. É a organização promovida pelo homem que cria de fato a figura do estabelecimento. Os bens desarticulados e desorganizados não têm a mesma utilidade para o empresário. Ocorre que a idéia organizadora do homem sem os bens nada representa.

A simples organização, isolada dos demais elementos, porém, não tem significância para o direito. A organização desligada dos demais elementos não sobrevive; logo, não seria um bem. A idéia organizadora do estabelecimento empresarial carece tanto de proteção jurídica específica quanto de autonomia, para que seja considerada um bem imaterial.

Oscar Barreto Filho contesta a teoria do bem imaterial: "Não se pode, portanto, identificar o estabelecimento com a organização, que é um conceito abstrato inferido do modo de ser dos elementos ou fatores da produção, esquecendo a sua própria essência. Se o estabelecimento pressupõe a organização, esta por sua vez pressupõe a materialidade dos bens de produção em que se concretiza, e sem os quais o estabelecimento não existe, porque não é possível a atividade produtiva".[74]

Comparando a idéia organizadora do estabelecimento com os direitos intelectuais, Oscar Barreto Filho deixa mais clara a impossibilidade de caracterização daquele como um bem incorpóreo. Diz esse autor: "A idéia organizadora não é absolutamente objeto de tutela específica do direito objetivo, como a obra artística, ou a invenção, porque não é suscetível de reprodução e não existe senão dentro do estabelecimento, é imanente e inseparável deste. Ora, se inexiste a possibilidade de uso, fruição ou disposição autônomas, não se pode falar na idéia de organização como objeto de direitos autônomos".[75]

3.5 Teorias das universalidades

3.5.1 Bens singulares e coletivos (universalidades)

O estabelecimento comercial, para essa teoria, nada mais é que um objeto de direito. É ele um complexo de bens. É um bem coletivo ou universal, ou seja, uma universalidade de bens.

Os bens são classificados, no direito civil, tomando-se por base alguns critérios.[76] Neste momento, cabe analisar a classificação dos bens considerados em si mesmos, ou seja, "examinando-os objetivamente, independente de qualquer relação com outros, ou com a pessoa de seus proprietários etc.".[77] Mais precisamente, importa a classificação dos bens em singulares e coletivos.

Diz o art. 54 do Código Civil brasileiro: "As coisas simples ou compostas,[78] mate-

74. *Teoria do Estabelecimento Comercial*, p. 93.

75. *Teoria do Estabelecimento Comercial*, p. 94.

76. O direito civil classifica os bens considerando-os em si mesmos, considerando-os uns em relação aos outros, tendo em vista a relação com o titular do domínio, examinando a circunstância de poderem ou não ser negociados, e ainda, cuidou do bem de família. Esta classificação encontra-se no Livro II da Parte Geral do CC (arts. 43 a 73).

77. Sílvio Rodrigues, *Direito Civil*, v. I, p. 113.

78. "Coisas simples são aquelas cujas partes se acham ligadas pela própria natureza, como um cavalo, uma árvore; compostas, as que têm suas partes ligadas pela indústria humana, como um navio, um edifício. O critério diferenciador é a coesão natural de suas partes, ou o fato de estarem artificial-

riais ou imateriais,[79] são singulares ou coletivas: I — singulares, quando, embora reunidas, se consideram de per si, independentemente das demais; II — coletivas, ou universais, quando se encaram agregadas em todo".

"As coisas coletivas ou universais são as constituídas por várias coisas singulares, consideradas em conjunto, formando um todo único, que passa a ter individualidade própria, distinta da dos objetos componentes, que conservam sua autonomia funcional".[80] As universalidades nada mais são que coisas singulares consideradas em conjunto. "Vê-se, portanto, que se trata das mesmas coisas, e que a distinção advém da diversa maneira de as encarar. Se consideradas de per si, serão singulares, ainda que estejam em grupo; se consideradas em conjunto, serão coletivas, ainda que se mire uma delas individualmente".[81] "Coletivas, ou universais, são as que, embora constituídas de duas ou mais coisas singulares, se consideram, todavia, agrupadas num único todo. Esse todo, que tem individualidade distinta das unidades que o compõem, é geralmente designado por um nome genérico".[82]

Nessa classificação pode-se encaixar o conceito de estabelecimento empresarial. O estabelecimento empresarial nada mais é que a reunião de vários bens singulares, que, em dado momento, são encarados em conjunto. A herança também se enquadra nessa classificação. A diferença que se pode estabelecer entre estas duas universalidades são as causas dessa união.

3.5.2 Universalidades de fato e de direito

A união em conjunto de bens singulares dá-se em função da lei da vontade do titular dos bens. Surge daí a distinção entre universalidade de direito e universalidade de fato. Temos a universalidade de direito quando o conjunto de bens se forma por determinação legal. A universalidade de fato é formada por vontade do titular de seus bens, que os reúne para determinado fim.

As bibliotecas e os rebanhos são exemplos clássicos de universalidades de fato. Animais e livros são coisas que podem ser consideradas individualmente, mas, por vontade do titular, são tratadas coletivamente, em grupo.

O direito brasileiro aponta como universalidades de direito o patrimônio, a herança.[83]

A lei brasileira refere-se, diversas vezes, ao estabelecimento empresarial, mas em nenhuma de suas regras determina ou garante a unidade do estabelecimento. De forma diferente, age em relação ao patrimônio e à herança, ao dizer que constituem coisas universais e, como tais, subsistem embora não constem de objetos materiais (art. 57 do CC).

A ausência de dispositivo legal que regulamente e una os elementos do estabelecimento empresarial leva esse instituto a enquadrar-se no conceito de universalidade de fato. Sobre essa classificação disserta Manuel Vieira da Costa: "Sabendo-se, como se sabe, que no Brasil não há, ainda, nenhum diploma legal protegendo, especificamente, o fundo de comércio em toda sua plenitude, não há como negar que em nosso país o estabelecimento é uma universalidade de fato, não obstante muitos dos seus elementos se acharem regulados por nor-

mente unidas" (Marco Aurélio S. Viana, *Curso de Direito Civil — Parte Geral*, p. 143).

79. "Bens corpóreos são os dotados de existência física, material, que incidem ou recaem sob os sentidos. Bens incorpóreos são os que, embora de existência abstrata ou ideal, são reconhecidos pela ordem jurídica, tendo para o homem valor econômico (exs.: propriedade literária, científica e artística; propriedade industrial)" (Washington de Barros Monteiro, *Curso de Direito Civil — Parte Geral*, p. 137).

80. Maria Helena Diniz, *Curso de Direito Civil Brasileiro*, v. I, p. 167.

81. Sílvio Rodrigues, *Direito Civil*, v. I, p. 127.

82. Washington de Barros Monteiro, *Curso de Direito Civil — Parte Geral*, p. 147.

83. Art. 57 do CC brasileiro.

mas esparsas, insertas em alguns institutos jurídicos, entre os quais podemos citar a chamada Lei de Luvas, a Lei de Falências e o Código de Propriedade Industrial".[84]

Identificar o estabelecimento empresarial como universalidade de fato possui importância para o direito. Os elementos que compõem essas universalidades são diversos. Na universalidade de direito tem-se um conjunto de direito, enquanto na universalidade de fato encontram-se apenas bens que formam esse conjunto.

Sílvio Rodrigues salienta essa distinção existente entre as universalidades de fato e de direito: "Quando se trata de um agrupamento de coisas (*objeto de direito*), (...) fala-se em universalidade de coisas, ou universalidade de fato, ou *universitas rerum*. Quando a universalidade é composta de um conjunto de direitos (*relações ativas e passivas*), tem o nome de *universitas juris*"[85] (grifos nossos).

Somente a universalidade de direito possui entre seus elementos relações ativas e passivas, pois somente a lei tem o poder de unir essas relações jurídicas. A universalidade de fato não pode ser composta por direitos, pois seu titular não poderá dispor deles da forma que melhor lhe convier. A vontade do titular somente é capaz de unir bens, objetos do direito.

Diz Vicente Ráo que "a chamada universalidade de direito consiste em uma união puramente ideal, que só pela lei pode ser criada, pois somente a lei — e jamais a vontade dos titulares — poderia despojar cada unidade, que desta união participa, de sua peculiar qualificação jurídica para considerar o todo sob um só e novo aspecto, isto é, como um *universum jus*".[86]

Os doutrinadores, em sua maioria, consideram o estabelecimento como uma universalidade de fato, a saber, Hernani Estrella,[87] Waldemar Martins Ferreira,[88] José Xavier Carvalho de Mendonça,[89] Oscar Barreto Filho,[90] J. C. Sampaio Lacerda,[91] Dávio A. Prado Zarzana,[92] João Eunápio Borges,[93] Manuel Vieira da Costa,[94] Luiz da Cunha Gonçalves[95] e Waldirio Bulgarelli.[96]

Também no direito italiano, o estabelecimento empresarial é uma universalidade de fato. Diz César Vivante: "Ma l'azienda mercantile, complesso di merci e di diritti, non è riconosciuta dalla legge come un organismo autonomo. Se la legge accenna alla universalità di cose (art. 424 Cod. Comm.), fra cui può stare anche l'azienda, è solo per riconoscere ai contraenti la facoltà di fissarne il contenuto. Essa è una mera universalitá di fatto costituita dalla volontà del commerciante".[97]

Este autor indica, ainda, ser esse o entendimento prevalecente na doutrina e jurisprudência italianas.

No direito argentino, o tratamento legal confere ao estabelecimento esta mesma natureza jurídica. Trata-se de uma universalidade de fato. Antonio Cammarota explica que "el negócio sería una reunión de valores pecuniarios, juridicamente divisibles, económicamente indivisibles (contemplando su finalidad), de consideración análoga a un cojunto de bienes o de cosas nítidamente caracterizadas como una universalidad de hecho y cuya existencia de-

84. *Introdução ao Direito Comercial e Fundo de Comércio*, p. 84.
85. *Direito Civil*, p. 128.
86. *O Direito e a Vida dos Direitos*, p. 769.

87. *Curso de Direito Comercial*, p. 248.
88. *Instituições de Direito Comercial*, v. II, p. 31.
89. *Tratado de Direito Commercial Brazileiro*, v. V, p. 17.
90. *Teoria do Estabelecimento Comercial*, p. 109.
91. *Lições de Direito Comercial Terrestre*, p. 115.
92. In *Enciclopédia Saraiva do Direito*, p. 354.
93. *Curso de Direito Comercial Terrestre*, p. 205.
94. *Introdução do Direito Comercial e Fundo de Comércio*, p. 84.
95. *Da Compra e Venda no Direito Comercial Brasileiro*, p. 165.
96. *Sociedades Comerciais*, p. 322.
97. *Trattado di Diritto Commerciale*, p. 6.

pende pura y exclusivamente del arbitrio de su propietario".[98]

Definir o estabelecimento empresarial como universalidade de fato é entendê-lo simplesmente como uma realidade econômica. A universalidade de fato nada mais é do que um conjunto de bens delimitados pelo seu proprietário. O empresário, proprietário do estabelecimento, somente reunirá bens economicamente relevantes para o desempenho de sua atividade. Tratar o estabelecimento empresarial como uma universalidade de fato é conceder ao interesse econômico o poder de compô-lo. De nada adianta enumerar bens que compõem o estabelecimento, como fazem algumas legislações, se, para determinados estabelecimentos, certos bens não apresentam qualquer relevância. Reconhecer o estabelecimento como universalidade de fato é reconhecer sua heterogeneidade. É, repete-se, reconhecê-lo como uma realidade econômica.

Sabe-se, pois, que os interesses econômicos afetam diretamente o mundo jurídico. Cabe ao direito, diante de um valor econômico, manifestar-se. Bem se expressa o autor argentino Jorge O. Zunino, quando diz que o estabelecimento empresarial é um instituto nascido de prioridades econômicas o qual invade o direito privado ante a necessidade de regulamentação em alguns de seus aspectos.[99]

O direito encontra-se diante de um valor econômico extremamente relevante para o mundo empresarial. Esse valor, porém, não encontra objeto específico que lhe dê origem. É um conjunto de bens e a organização desses bens que faz surgir esse valor. A fluidez do conceito de estabelecimento empresarial e a dificuldade de delimitá-lo tornam o trabalho do jurista extremamente difícil. Essa dispersão de origem do valor do estabelecimento empresarial traz dificuldades para que o direito consiga protegê-lo.

A proteção ao estabelecimento é feita indiretamente, pela proteção oferecida aos seus elementos individualmente considerados. Ocorre que o estabelecimento não se restringe aos bens que o compõem. Não apenas estes podem ser agredidos. Há um valor superior a todos eles, que resulta do trabalho do empresário e da clientela por este adquirida. A proteção desse valor imaterial é garantida pelo direito por meio das regras que visam a coibir a concorrência desleal.[100]

4. A composição do estabelecimento empresarial e sua proteção jurídica

4.1 Considerações gerais

Viu-se que o estabelecimento é o conjunto de bens organizados pelo empresário para o exercício de sua atividade. Viu-se, também, que esse conjunto de bens é uma universalidade de fato, ou seja, é a vontade do titular que reúne aqueles bens que julga convenientes para formar o instrumento de sua atividade. Portanto, para formar o seu estabelecimento empresarial, o empresário identificará os bens que são necessários para o desenvolvimento de sua atividade, promovendo a sua reunião com a organização que considerar mais conveniente e funcional.

Vários são os bens de que necessita o empresário para instrumentalizar sua atividade. Esses bens, porém, não são de fácil enumeração. Cada estabelecimento explora um determinado ramo de atividade, e cada atividade requer um agrupamento de bens diferentes para ser viabilizada. Para que se identifiquem os elementos do estabelecimento empresarial, é necessário visualizar cada estabelecimento especificamente. Cada tipo de estabelecimento necessita de um tipo de bens. "Esses bens variam, como é óbvio, em

98. *Casa de Comercio — Compra-Venta de Negocios*, p. 51.

99. *Fondo de Comercio — Régimen Legal de su Transferencia*, p. 1.

100. No item 4.6 será tratada a questão de sua proteção jurídica.

relação ao tipo de estabelecimento, ao seu objeto e a técnica empregada".[101]

Os elementos de um estabelecimento podem sofrer alterações. Alguns bens podem ser acrescentados ou mesmo retirados sem que se afete o estabelecimento enquanto instrumento de trabalho do empresário. Enquanto o conjunto de bens for capaz de atender às necessidades do empresário, permanece intacta a idéia de estabelecimento. Segundo Fábio Ulhoa Coelho, "admite-se, até certos limites, que os seus bens componentes sejam desagregados do estabelecimento comercial, sem que este tenha sequer o seu valor diminuído. Claro está que a desarticulação de todos os bens, a desorganização daquilo que se encontrava organizado, importa em desativação do estabelecimento comercial, em sua destruição, perdendo-se o seu valor".[102]

Jean Escarra diz que: "Les biens composant le fonds de commerce sont essentiellement fongibles, de telle sorte que leur disparition et leur remplacement n'affectent en rien l'existence du fonds, non plus que l'assiette du nantissement et du privilège du vendeur, lesquels porteront automatiquement sur les biens acquis en remplacement. C'est qu'ils sont considérés moins dans leur individualité que dans leur valeur pécuniaire. Suivant l'expression d'un auteur, l'objet s'efface devant sa valeur abstraite".[103]

Algumas legislações, seguindo a tendência do direito francês, optaram por indicar os elementos componentes do estabelecimento empresarial. A Lei francesa, de 17 de março de 1909, que regulamenta a alienação do estabelecimento empresarial, divide em três categorias os elementos suscetíveis de compor o estabelecimento: as mercadorias; o material que serve para a exploração da atividade (mobiliário e equipamentos); e os elementos incorpóreos, onde estão a insígnia, o nome comercial, o direito ao local, a clientela, os direitos de propriedade industrial, literária ou artística. Essa enumeração tem por objetivo delimitar os elementos que serão objeto de transferência por ocasião da alienação do estabelecimento. Oscar Barreto Filho indica que essa enumeração legal não é limitativa, ou seja, aos bens enumerados por lei podem ser acrescentados outros por opção do empresário.[104]

A Lei argentina 11.867, em seu art. 1º, indica também os bens que compõem o estabelecimento empresarial. Por essa lei, as instalações, mercadorias, nome e insígnia comercial, a clientela, o direito ao local, as patentes de invenção, as marcas de fábrica, os desenhos e modelos industriais, as distinções honoríficas e todos os outros direitos derivados da propriedade comercial e industrial ou artística são elementos integrantes do estabelecimento empresarial. Essa enumeração, porém, adverte a doutrina, é meramente exemplificativa. Há, dessa forma, o reconhecimento da heterogeneidade do estabelecimento e de sua especificidade, de acordo com o ramo de atividade desenvolvido.

Essa lei argentina destina-se a regular especificamente a transferência do estabelecimento empresarial. A intenção dessa lei, assim como faz a lei francesa, é definir quais são os elementos objetos de transferência e não indicar exaustivamente os bens que integram o estabelecimento.

Jorge O. Zunino tece comentários sobre o estabelecimento empresarial e sua composição diante das peculiaridades da legislação de seu país: "Como ya señalamos, la Ley 11.867 no lo define, dado que la intención del legislador no fue la de normar la institución, sino el aspecto parcial de su transferencia. En ese sentido le bastó enumerar demonstrativamente los elementos que consideró integrativos del mismo (...)".[105]

101. Waldirio Bulgarelli, *Sociedades, Empresa e Estabelecimento*, p. 60.

102. *Manual de Direito Comercial*, p. 48.

103. *Principes de Droit Commercial*, p. 495.

104. *Teoria do Estabelecimento Comercial*, p. 153.

105. *Fondo de Comercio — Régimen Legal de su Transferencia*, p. 105

Segue essa técnica a lei colombiana. O art. 516 do seu Código de Comércio enumera os bens que compõem o estabelecimento empresarial. Essa disposição tem também a finalidade de identificar os bens que serão transferidos por ocasião da alienação do estabelecimento. Essa enumeração é exemplificativa, uma vez que o próprio texto legal permite que se convencione contrariamente a ele. Destaca o artigo que os bens enumerados serão transferidos por ocasião da alienação do estabelecimento, salvo disposição em contrário.

A técnica de enumerar os elementos componentes do estabelecimento empresarial não se demonstra eficiente. A diversidade de bens que compõem o estabelecimento e a variedade que estes podem adquirir, em função dos diferentes ramos de atividade desenvolvidos, tornam a enumeração falha. A enumeração feita por certas legislações tem como única vantagem indicar os elementos envolvidos no negócio da alienação do estabelecimento, não pretendendo abranger a sua totalidade de bens.

Não se tem, na legislação brasileira, a regulamentação do estabelecimento empresarial, não havendo, conseqüentemente, enumeração legal dos elementos que o integram. A identificação dos elementos do estabelecimento empresarial, no direito brasileiro, é feita pela doutrina. Esta deve considerar a natureza jurídica daquele, a fim de concluir quais os elementos que podem ser considerados ligados em torno da figura do estabelecimento.

Deve-se lembrar que a identificação dos elementos que integram o estabelecimento empresarial é, primeiramente, uma preocupação acadêmica. Diante da definição da natureza jurídica do estabelecimento empresarial perante o direito positivo nacional, concluir-se-á as especificações dos elementos que podem ser considerados reunidos em um conjunto pela simples vontade do indivíduo.

Num primeiro momento, serão analisados os bens integrantes do estabelecimento empresarial. Em seguida, far-se-á uma análise das obrigações do empresário diante do estabelecimento. Verificar-se-á que certas obrigações aderem ao estabelecimento por imposição legal.

Em tópico separado, será abordado o ponto empresarial, elemento de extrema importância para o sucesso do estabelecimento empresarial. Este será analisado fora de classificações em função das diferentes vestes que pode assumir, se for o imóvel locado ou de propriedade do empresário. Por fim, serão analisados elementos fáticos (sem existência jurídica) que existem na vida do estabelecimento empresarial: a clientela e o aviamento.

Associou-se, neste capítulo, a composição do estabelecimento empresarial à sua proteção jurídica. Esta opção decorreu da dupla proteção que possui o estabelecimento empresarial: a proteção de seus elementos individualmente considerados e a proteção oferecida ao conjunto dos bens. Juntamente com a análise de cada elemento, será apresentada a sua forma de proteção individual, para, então, posteriormente, se dissertar sobre a proteção do conjunto do estabelecimento empresarial oferecida pelo direito.

4.2 Bens

"Os bens são coisas materiais ou imateriais que têm valor econômico e que podem servir de objeto a uma relação jurídica".[106] São objetos de direito, e, como tais podem ser destinados pelo empresário para um determinado fim. A vontade do titular é capaz de uni-los para a exploração de uma determinada atividade. Podem os bens, portanto, integrar a universalidade de fato que é o estabelecimento empresarial.

A doutrina costuma classificar os bens componentes do estabelecimento empresarial, indicando, dessa forma, os que compõem a maior parte deles. A mais comum e

106. Maria Helena Diniz, *Curso de Direito Civil Brasileiro*, p. 153.

correta classificação proposta pela doutrina é de, apenas, dividir os elementos do estabelecimento em bens corpóreos e bens incorpóreos.[107]

4.2.1 Bens corpóreos

Bens corpóreos são bens dotados de corpo físico, são bens que ocupam lugar no espaço. Podemos distinguir dois tipos de bens corpóreos: os bens móveis e os bens imóveis, que serão tratados separadamente.

Diz Fábio Ulhoa Coelho, com relação aos bens corpóreos integrantes do estabelecimento empresarial, que "a sua proteção jurídica não é diferente da liberada às demais coisas corpóreas. Quer dizer, se o empresário tem desrespeitado seu direito de propriedade sobre uma mercadoria do estoque, a sua proteção, no âmbito penal e civil, será idêntica à que o direito dá a qualquer outra pessoa não empresária, na mesma condição".[108]

4.2.1.1 Bens móveis — "São móveis os bens suscetíveis de movimento próprio, ou de remoção por força alheia".[109] Inúmeros bens móveis são escolhidos pelo empresário para compor o seu estabelecimento.

Cada estabelecimento, de acordo com seu ramo de atividade, agrupa uma determinada espécie de bens para desempenhar sua atividade. É possível, porém, apontar os bens móveis que são encontrados na maioria dos estabelecimentos empresariais. Rubens Requião subdivide os bens móveis em: a) as mercadorias; b) as instalações; c) máquinas e utensílios, diante da impossibilidade de enumerá-los.[110] Waldemar Martins Ferreira aponta como propriedade mobiliária "as instalações materiais, o mobiliário; os utensílios; os veículos; as máquinas, maquinismos, acessórios e pertences; a matéria-prima; os produtos manufaturados ou semimanufaturados; as mercadorias ou fazendas em geral; os títulos ou efeitos de comércio etc."[111]

Enumerar os bens móveis dos estabelecimentos empresariais é, de fato, tarefa impossível. A primeira dificuldade dá-se pela diversidade de bens que podem ser necessários ao empresário. A segunda dificuldade decorre das diversidades de atividades que são exploradas. Cada atividade exige um tipo de agrupamento de bens, tornando ainda mais difícil a enumeração genérica dos elementos.

4.2.1.1 Bens imóveis — Bens imóveis, por natureza, são aqueles que não podem ser transportados de um lugar para outro sem destruição. Além destes, a lei cria bens imóveis por acessão física, por acessão intelectual e, também, por determinação legal.[112]

Rubens Requião vê dificuldades em enquadrar os bens imóveis dentre os elementos do estabelecimento empresarial, por ser este um bem móvel. *In verbis*: "Ora, se considerarmos o estabelecimento, na sua unidade, uma coisa móvel, claro está, desde logo, que o elemento imóvel não o pode constituir. É preciso, e é de bom aviso aqui frisar, que não se deve confundir todo o patrimônio, mas é parte ou parcela do patrimônio do empresário. A empresa, que é o exercício da atividade organizada pelo em-

107. Esta classificação é adotada por Fran Martins, Oscar Barreto Filho e Rubens Requião.

108. *Curso de Direito Comercial*, p. 95.

109. Art. 47 do CC.

110. *Curso de Direito Comercial*, v. I, p. 213.

111. *Instituições de Direito Comercial*, v. II, p. 55.

112. Diz o art. 43 do CC: "São bens imóveis: I — o solo com a sua superfície, os seus acessórios e adjacências naturais, compreendendo as árvores e frutos pendentes, o espaço aéreo e o subsolo; II — tudo quanto o homem incorporar permanentemente ao solo, como a semente lançada à terra, os edifícios e construções, de modo que se não possa retirar sem destruição, modificação, fratura ou dano; III — tudo quanto no imóvel o proprietário mantiver intencionalmente empregado em sua exploração industrial, aformoseamento ou comodidade".

Diz, ainda, o art. 44 do mesmo diploma legal: "Consideram-se imóveis para os efeitos legais: I — os direitos reais sobre imóveis, inclusive o penhor, e as ações que os asseguram; II — as apólices da dívida pública oneradas com a cláusula de inalienabilidade; III — o direito à sucessão aberta".

presário, conta com vários elementos patrimoniais, por este organizado, para a produção ou troca de bens ou serviços que não integram o estabelecimento comercial. O imóvel pode ser elemento da empresa, mas não o é do fundo do comércio. Fica, assim, esclarecida a questão".[113]

Esse entendimento, porém, não é o dominante na doutrina nacional. Waldemar Martins Ferreira[114] coloca a propriedade imobiliária dentre os elementos corpóreos do estabelecimento empresarial. Fran Martins[115] e João Eunápio Borges[116] entendem que, se o imóvel em que está sendo explorada a atividade pertence ao proprietário, é elemento do estabelecimento empresarial.

A resposta a essa questão está novamente relacionada à natureza jurídica do estabelecimento empresarial. Temos, no estabelecimento, uma universalidade de fato.

Assim, sua composição depende da vontade do seu titular. Sendo o bem de propriedade do titular do estabelecimento, e pretendendo este fazer com que seja elemento da exploração de sua atividade, ele pode integrar o estabelecimento empresarial.

A natureza jurídica do instituto conflita com o entendimento de Rubens Requião, que classifica o estabelecimento empresarial como um bem móvel.[117] O estabelecimento é formado por bens que, em função de um interesse econômico, são encarados conjuntamente. Não se pode classificar esse conjunto de bens como móvel ou imóvel. Essa classificação cabe ser feita aos bens individualmente considerados. Estes, sim, aceitam essa classificação. O conjunto de bens, que pode ser formado por móveis e imóveis, não permite esta classificação, justamente por não se tratar de um único bem, mas de um conjunto deles.

A identificação dos elementos do estabelecimento é extremamente relevante por ocasião de sua alienação. É no momento da alienação que se torna imprescindível identificar os bens que mudarão de titularidade. Sendo o imóvel alienado, juntamente com os demais bens, pela importância que este tem na exploração da atividade, temos o bem imóvel como elemento do estabelecimento empresarial.

Em países onde há regras específicas sobre o estabelecimento empresarial, encontra-se a resposta a essa questão de forma mais precisa. A legislação argentina, p. ex., não inclui os bens imóveis entre os elementos do estabelecimento empresarial. Nesse país é consenso que os imóveis não são elementos do estabelecimento. Sua transmissão, portanto, não se presume com a alienação do estabelecimento.

A intenção das partes poderá, na prática, alterar esse quadro. No momento da alienação, poderão as partes estabelecer a venda do imóvel junto com os bens que compõem o estabelecimento "cuando la intención es, entonces, transferir el fondo de comercial juntamente con el inmueble en que funciona, las operacionais han de ser dos: una (comercial) por la que se enajena el fondo y otra (civil) por la que se escritura el inmueble a nombre del adquirente".[118]

Como na Argentina, o direito colombiano não inclui o bem imóvel entre os elementos do estabelecimento empresarial. Sua transmissão não se presume com a alienação do estabelecimento. "Para que este último se entienda comprendido en la enajenación, ahí sí se necesita estipulación expressa de las partes".[119]

113. *Curso de Direito Comercial*, v. I, p. 214.

114. *Instituições de Direito Comercial*, v. II, p. 62.

115. *Curso de Direito Comercial*, p. 481.

116. *Curso de Direito Comercial Terrestre*, p. 187.

117. *Curso de Direito Comercial*, v. I, p. 214.

118. Jorge O. Zunino, *Fondo de Comercio — Régimen Legal de su Transferencia*, p. 255.

119. Carlos Alberto Velásquez Restrepo, *Instituciones de Derecho Comercial*, p. 362.

No direito francês, os imóveis são excluídos taxativamente da composição do estabelecimento empresarial.[120] Já a legislação portuguesa inclui claramente os imóveis que, pertencentes ao comerciante, estão adstritos ao exercício do comércio, entre os elementos do estabelecimento.[121]

4.2.2 Bens incorpóreos

"Um dos elementos mais importantes para o exercício da atividade empresarial é a criatividade do titular, seja quanto à capacidade de introdução de novos e competitivos produtos, ou serviços, no mercado, seja quanto à arte de apresentar-se, ou a seus produtos, ao público consumidor".[122] Essa criatividade exterioriza-se por diferentes formas: um nome atrativo com o qual o empresário se apresenta no comércio; um produto inventado pelo empresário; uma forma nova oferecida a um produto já existente; um *layout* inovador em sua loja, dentre outros.

Percebe-se que a intenção do empresário, ao utilizar-se de criatividade em sua atividade, é diferenciar-se dos demais, seja por meio de seu nome, seja por meio de seus produtos ou mesmo da forma de servir ao público. Para que o empresário alcançasse seu objetivo, a saber, diferenciar-se dos demais, foi necessário que o direito desenvolvesse mecanismos que garantissem exclusividade de uso ao criador da idéia. Coube ao direito oferecer mecanismos para que as idéias do empresário não fossem utilizadas por seus concorrentes. O direito procura garantir ao empresário a utilização exclusiva dos "produtos" originados de sua criatividade.

O direito desenvolveu, basicamente, dois mecanismos para oferecer proteção aos produtos do intelecto do empresário utilizados em sua atividade: a propriedade intelectual e a repressão à concorrência desleal.

"A propriedade intelectual pode ser conceituada como o direito de uma pessoa sobre um bem imaterial".[123] O direito eleva um produto da criatividade humana, não materializado, mas apenas essa idéia, à condição de objeto de direito. Desenvolveu-se a concepção da propriedade imaterial, a fim de oferecer exclusividade de uso aos criadores.

Pontes de Miranda disserta sobre a propriedade intelectual: "Com a concepção da propriedade intelectual e da propriedade industrial, venceu-se o obstáculo de ordem conceptual-histórica à construção dos direitos que têm por objeto a criação literária, artística e científica e assinalações industriais ou inventos, como direitos reais. Os chamados bens imateriais passaram a ser suscetíveis de direitos dominicais e de outros direitos reais. Elaborações de conceitos, de sentimento e de vontade, de prevalecente valor intelectual ou prático, foram postas ao lado dos objetos triviais, como as pedras, os metais e os sêres vivos apropriáveis. Note-se que se saiu do espaço das três energias utilizáveis, se reconheceu a objetividade jurídica a fatos de dimensões sociais – da arte, da ciência e da economia. Não só o que tem valor resultante da composição da matéria, como as partes integrantes e os produtos do solo e os animais, ou as obras manuais e fabricadas, há de ser possível objeto de direito real. Também o que significa altura da psique humana, ou expediente para o tráfico das mercadorias".[124]

Sabe-se que o reconhecimento por parte do direito é fundamental para a caracterização de um produto do intelecto humano como um bem imaterial. Certos pro-

120. Oscar Barreto Filho, *Teoria do Estabelecimento Comercial*, p. 153.

121. Barbosa de Magalhães, *Do Estabelecimento Empresarial*, p. 38.

122. Carlos Alberto Bittar, *Teoria e Prática da Concorrência Desleal*, p. 5.

123. Gabriel Di Biasi, Mário Soarensen Garcia, Paulo Parente M. Mendes, *A propriedade Industrial*, p. 16.

124. *Tratado de Direito Privado*, v. 16, p. 7.

dutos do intelecto humano, porém, ainda que a lei pretendesse protegê-los com o direito de propriedade, seriam de difícil proteção. Viu-se que a autonomia é essencial para a caracterização de um bem jurídico, e várias das idéias utilizadas pelo empresário em sua atividade carecem dessa característica. Embora possuam valor econômico, algumas idéias só se sobressaem quando são aplicadas ao conjunto de elementos do estabelecimento, tornando-se dependente deles.

Estes outros produtos da criatividade do empresário, frutos do seu trabalho intelectual, não reconhecidos como bens pela ordem jurídica, não ficam, todavia, desprovidos de proteção. A legislação que coíbe a concorrência desleal protege o empresário do concorrente que se utiliza indevidamente de suas idéias. A concorrência desleal apenas impede a prática de atos que lesam deslealmente o concorrente. Não há correlação entre a propriedade intelectual com a concorrência desleal. O objeto de tutela da concorrência desleal não é a coisa incorpórea.[125]

"A repressão à concorrência desleal é um capítulo na propriedade industrial que objetiva reprimir ou atacar frontalmente os atos de concorrência contrários aos usos éticos e honrados em matéria de indústria ou de comércio. Considera-se concorrência desleal quando se utiliza de artifícios repreensíveis, capazes de captar a clientela de empresas com intenções de auferir vantagens a estas pertencentes. A repressão à concorrência desleal não trata, no entanto, da concessão de direitos de proteção. Objetiva a disciplina dos meios e recursos contra os atos de competidores que infrinjam os usos honrados. Atua contra os atos que induzam a confundir o público quanto a produtos e atividades, industriais, comerciais ou de serviços, de um competidor. Por outro lado, age contra falsas alegações que tendam a promover o descrédito da empresa, do produto ou da sua atividade e que induzam o público consumidor a erros quanto às características do produto e aos meios de produção."[126]

A legislação da concorrência desleal, ao proteger o empresário de atos lesivos praticados pelo seu concorrente, oferece proteção a certas idéias do empresário. Não se restringe a concorrência desleal à proteção de produtos da criatividade do empresário, mas também o faz. Ao proteger o empresário contra o desvio de sua clientela de forma não leal, as regras de concorrência desleal acabam por proteger o trabalho intelectual do empresário despendido na formação do seu estabelecimento empresarial.

No presente item serão tratados os elementos do estabelecimento empresarial protegidos pela propriedade intelectual, mais exatamente os bens protegidos pela propriedade industrial. Tem-se, na propriedade intelectual, tanto os direitos relativos às produções intelectuais do domínio literário, científico e artístico, quanto os que têm por objeto as concepções humanas voltadas para o campo empresarial, a propriedade industrial.

Os bens imateriais aplicáveis às indústrias são as invenções, os modelos de utilidade, os desenhos industriais e as marcas. Relacionado à atividade empresarial tem-se o nome comercial, também objeto do direito de propriedade. Juntamente com o nome empresarial, serão vistos outros elementos de identificação do empresário: a insígnia e o título do estabelecimento.

4.2.2.1 Propriedade industrial — "A propriedade industrial é um episódio da propriedade intelectual que trata dos bens imateriais aplicáveis nas indústrias".[127] "A lei de propriedade industrial não protege, entretanto, todas as invenções técnicas, mas

125. Cf. José de Oliveira Ascensão, *Concorrência Desleal*, p. 47.

126. Gabriel Di Biasi, Mário Soarensen Garcia e Paulo Parente M. Mendes, *A Propriedade Industrial*, p. 17.

127. Gabriel Di Biasi, Mário Soarensen Garcia e Paulo Parente M. Mendes, *A Propriedade Industrial*, p. 17.

apenas as invenções industriais, ou seja, as que consistam em um novo produto ou processo industrial".[128] A propriedade industrial protege as invenções, os modelos de utilidade, os desenhos industriais e as marcas.

"Invenção é o ato original do gênio humano. Toda vez que alguém projeta algo que desconhecia, estará produzindo uma invenção".[129] Invenção é "o bem imaterial, resultado da atividade inventiva, o qual define algo, enquadrado nos diversos campos da técnica, anteriormente não conhecido e utilizado".[130] "Modelo de utilidade é o objeto de uso prático suscetível de aplicação industrial, com novo formato de que resulta melhores condições de uso ou fabricação. Não há, propriamente, invenção, mas acréscimo na utilidade de alguma ferramenta, instrumento de trabalho ou utensílio, pela ação da novidade parcial que se lhe agrega".[131] "Modelo de utilidade é toda a forma nova — envolvendo esforço intelectual criativo que não tenha sido obtido de maneira comum ou óbvia (ato inventivo, ou seja, atividade inventiva em menor grau) — a um objeto de uso prático, ou parte deste, suscetível de aplicação industrial, desde que com isto se proporcione um aumento de sua capacidade de utilização".[132] Desenho Industrial é "a forma plástica ornamental de um objeto ou o conjunto ornamental de linhas e cores que possa ser aplicado a um produto, proporcionando resultado visual novo e original na sua configuração externa e que possa servir de tipo de fabricação industrial".[133] As marcas são símbolos visualmente perceptíveis que têm a finalidade de identificar produtos ou serviços.

A fim de se obter o direito de uso exclusivo dos direitos de propriedade industrial necessária se faz a solicitação junto ao instituto nacional de propriedade industrial. O direito ao uso exclusivo será obtido mediante concessão de patente de invenção, patente de modelo industrial, registro de marca e registro de desenho industrial.

O titular de patente de invenção ou de patente de modelo industrial tem o direito de impedir que terceiro, sem seu consentimento, produza, use, coloque à venda produto objeto da patente ou de processo ou produto obtido diretamente pelo processo patenteado.[134] Esses direitos estendem-se, também, aos titulares de registro de desenho industrial, nos pontos que forem aplicáveis.[135] Já ao titular de marca é garantido, por meio do registro, o direito de uso exclusivo em todo o território nacional.[136]

A patente de invenção vigorará por 20 anos, enquanto a patente do modelo de utilidade vigorará por 15 anos.[137] Já o registro do desenho industrial vigorará por 10 anos, podendo ser prorrogado por três períodos sucessivos de 5 anos cada um.[138] O registro da marca vigorará pelo prazo de 10 anos, podendo ser prorrogado por períodos iguais e sucessivos ilimitados.[139]

4.2.2.2 Elementos de identificação do empresário — Nome empresarial, título do estabelecimento e insígnia — O empresá-

128. Newton Silveira, *A Propriedade Intelectual e a Nova Lei de Propriedade Industrial*, p. 6.
129. Fábio Ulhoa Coelho, *Manual de Direito Comercial*, p. 53.
130. Gabriel Di Biasi, Mário Soarensen Garcia e Paulo Parente M. Mendes, *A Propriedade Industrial*, p. 19.
131. Fábio Ulhoa Coelho, *Manual de Direito Comercial*, p. 53.
132. Gabriel Di Biasi, Mário Soarensen Garcia e Paulo Parente M. Mendes, *A Propriedade Industrial*, p. 26.
133. Definição oferecida pelo art. 95 do Código de Propriedade Industrial — Lei 9.279/96.
134. Esses direitos estão assegurados pelo art. 42 do Código de Propriedade Industrial — Lei 9.279/96.
135. Esses direitos estão assegurados pelo art. 109 do Código de Propriedade Industrial — Lei 9.279/96.
136. Esse direito está assegurado pelo art. 129 do Código de Propriedade Industrial — Lei 9.279/96.
137. Art. 40 do Código de Propriedade Industrial — Lei 9.279/96.
138. Art. 108 do Código de Propriedade Industrial — Lei 9.279/96.
139. Art. 133 do Código de Propriedade Industrial — Lei 9.279/96.

rio possui diferentes formas para se diferenciar dos demais. O nome empresarial, o título do estabelecimento e a insígnia são meios utilizados pelo empresário para ser reconhecido pelo consumidor em sua atividade. São elementos de identificação do empresário.

O nome empresarial é aquele com o qual o empresário se apresenta para o exercício de sua atividade. João da Gama Cerqueira aponta o nome empresarial com dupla função: a função subjetiva de designar o sujeito de direito; e a função objetiva, de caracterizar, individualizar e distinguir a atividade do empresário.[140] Como elemento de identificação do empresário, o nome empresarial o individualiza no mercado consumidor e no mundo empresarial. Com relação aos consumidores, o nome empresarial tem o papel de diferenciar o empresário dos demais que levam os seus produtos e serviços ao mercado. No mundo empresarial, o nome identifica sua reputação junto a fornecedores e financiadores.[141]

Já o título do estabelecimento é o nome utilizado pelo empresário para a sua identificação com o público. O empresário pode ter um nome empresarial indicado em seus atos constitutivos e utilizar-se de outra expressão para se fazer conhecido da clientela. Poderá o nome empresarial coincidir com o título do estabelecimento, mas poderá, também, ser totalmente diferente.

"Insígnia, vocábulo que vem do latim *signus* (sinal), é justamente o sinal, formado por palavras ou por figuras com o qual se distingue a sede do estabelecimento comercial. (...) É qualquer inscrição que o comerciante coloca no frontispício da sua casa comercial para chamar atenção do público e distinguir o seu estabelecimento de outros".[142] "A insígnia é o emblema, consistente em figuras, desenhos, símbolos, conjugados ou não a expressões nominativas (nome, siglas etc.), que sirva para distinguir externamente a loja ou escritório do comerciante ou industrial".[143]

Vê-se, então, que o nome empresarial, o título do estabelecimento e a insígnia são importantes instrumentos utilizados pelo empresário para ser reconhecido por sua clientela. Como são elementos de identificação, o direito preocupou-se em oferecer exclusividade de seu uso ao empresário. A proteção do nome empresarial e dos sinais distintivos do empresário é um capítulo da propriedade industrial destinado a proteger os esforços do comerciante na formação da reputação de sua empresa e na conquista da confiança do consumidor. O nome empresarial e os sinais distintivos passam a integrar o estabelecimento empresarial.[144]

Na Constituição Federal de 1988, entre os direitos fundamentais (art. 5º, XXIX) está o fundamento da proteção aos elementos de identificação do empresário. Diz o citado inciso: "A lei assegurará aos autores de inventos industriais privilégio temporário para sua utilização bem como proteção às criações industriais, à propriedade das marcas, aos *nomes de empresas* e a *outros signos distintivos*, tendo em vista o interesse social e o desenvolvimento tecnológico" (o original não contém grifos).

O texto constitucional deixa a cargo da legislação ordinária a tarefa de regulamentar a proteção do nome empresarial e dos outros sinais distintivos, entre os quais se incluem o título de estabelecimento e a insígnia. A proteção legal encontra-se hoje na Lei de Registros de Empresas e no Código de Propriedade Industrial. Todavia, ao longo do tempo, essa proteção foi feita por diferentes instrumentos e diferentes registros.

140. *Tratado da Propriedade Industrial*, v. II, p. 1.160.

141. Cf. Fábio Ulhoa Coelho, *Curso de Direito Comercial*, p. 170.

142. J. C. Sampaio Lacerda, *Lições de Direito Comercial Terrestre*, p. 139.

143. Cf. Gabriel F. Leonardos, "A proteção ...", in *RDM* 95/27.

144. Cf. Gabriel F. Leonardos, "A proteção ...", in *RDM* 95/26.

O Decreto 916/1890, que criou o registro de firmas ou razões comerciais, garantia ao dono da firma o direito de uso exclusivo na localidade onde houvesse sido feito o registro. Previa o referido decreto o registro autônomo do nome empresarial. Sob a égide desse decreto, não bastava a constituição da empresa. Era igualmente necessário o registro autônomo do nome comercial.

O Código de Propriedade Industrial, de 1945 — Decreto-lei 7.903 — reafirmou o direito ao uso exclusivo do nome comercial na localidade do registro por meio do seu registro na Junta Comercial. Permitiu, contudo, que fosse feito o registro do nome comercial no então Departamento Nacional de Propriedade Industrial.[145] O registro no Departamento Nacional de Propriedade Industrial conferia a seu titular exclusividade do uso do nome comercial em todo o território nacional. O título do estabelecimento e a insígnia também podiam ser registrados no Departamento Nacional de Propriedade Industrial. Esse registro, porém, garantia a proteção somente no município em que estivesse situado o estabelecimento.

A Lei de Registro do Comércio e Atividades Afins — Lei 4.726/65 — estabeleceu que os nomes comerciais seriam registrados nas Juntas Comerciais. Tal registro decorria simplesmente do arquivamento dos atos constitutivos da empresa. A exclusividade de uso do nome dava-se somente na jurisdição da Junta Comercial que tivesse efetuado o registro.[146] Nesse período contava o nome comercial com dois registros (na Junta Comercial e no Departamento Nacional de Propriedade Industrial), enquanto o título do estabelecimento e insígnia se registravam apenas no Departamento Nacional de Propriedade Industrial.

O regramento que substituiu o Código de 1945, o Código de Propriedade Industrial de 1967 — Decreto-lei 254 —, manteve inalterado o sistema de proteção ao nome comercial, ao título de estabelecimento e à insígnia.

Provocando maior alteração no registro do nome comercial, o Código de Propriedade Industrial de 1969 — Decreto-lei 1.005 — retira a competência do Departamento Nacional de Propriedade Industrial para o registro do nome comercial. A proteção passa a ser adquirida, em todo o território nacional, por meio do arquivamento dos atos constitutivos da sociedade no Registro do Comércio ou no Registro Civil das pessoas jurídicas.[147] Foi mantido o registro do título do estabelecimento. Sobre a insígnia não havia previsão alguma.

O Código de Propriedade Industrial de 1971 — Lei 5.772 — manteve afastado o registro do nome comercial da competência do Instituto Nacional de Propriedade Industrial.[148] Foi afastado, também, o registro do título de estabelecimento.[149] Novamente nada foi dito em relação ao registro da insígnia.

A Lei de Registro do Comércio e Atividades Afins — Lei 4.726/65 — foi substituída pela Lei 8.934/94, ainda em vigor, que regula o Registro de Empresa e Atividades Afins. Este regramento manteve a

145. A Lei 5.648/70 extinguiu o Departamento Nacional de Propriedade Industrial e criou o Instituto Nacional de Propriedade Industrial.

146. A Instrução Normativa 5, do Departamento Nacional do Registro do Comércio, determinou que a proteção em jurisdição de outra Junta Comercial dependia de arquivamento de certidão de breve relato na Junta Comercial do Estado em que se objetivava a proteção.

147. O *caput* do art. 166 previa que "a proteção ao nome comercial ou de empresa, em todo o território nacional, é adquirida através do arquivamento ou registro dos atos constitutivos da forma ou sociedade no Registro do Comércio ou no Registro Civil das Pessoas Jurídicas, conforme o caso".

148. Destaca-se que em 1970, a Lei 5.648 extinguiu o Departamento Nacional de Propriedade Industrial e criou o Instituto Nacional de Propriedade Industrial.

149. O *caput* do art. 119 previa que "o nome comercial ou de empresa e o título de estabelecimento continuarão a gozar de proteção, através de legislação própria, não se lhes aplicando o disposto neste Código".

aquisição da proteção do nome comercial, por meio do arquivamento dos atos constitutivos da sociedade no registro de empresa. Essa regra está contida no art. 33 da Lei 8.934/94, *in verbis*: "A proteção ao nome comercial decorre automaticamente do arquivamento dos atos constitutivos de firma individual e de sociedades, ou de suas alterações".

A exclusividade de uso vem garantida nos arts. 34 e 35. O art. 34, quando diz que o nome empresarial obedecerá ao princípio da novidade, exige que o nome não coincida com outros já arquivados.[150] O art. 35 reafirma o direito de exclusividade, ao dispor sobre as proibições de arquivamento na Junta Comercial. Diz o art. 35: "Não podem ser arquivados: (...) V — os atos de empresas mercantis com nome idêntico ou semelhante a outro já existente".

Em relação ao regramento sobre o nome empresarial, conclui-se que, hoje, a formação do nome empresarial se encontra, ainda, regulado pelo Decreto 916/1890. Já a proteção do nome empresarial surge com o registro do empresário ou da sociedade empresária na Junta Comercial, em conformidade com o disposto no art. 35, V, da Lei 8.934/94.

Deve-se destacar que a tutela do nome empresarial se restringe a jurisdição da Junta Comercial. O Decreto 1.800/96, que dispõe sobre o Registro Público de Empresas e Atividades Afins, limita a proteção oferecida ao nome empresarial à unidade federativa de jurisdição da Junta Comercial em que se procedeu o arquivamento. O referido decreto destaca a necessidade de se observar instrução normativa do Departamento Nacional do Registro do Comércio, para que essa proteção seja estendida a outras unidades da federação.[151] Deve-se observar a Instrução Normativa 5, do Departamento Nacional do Registro do Comércio. De acordo com essa Instrução, para proteção em outro Estado da Federação, é necessário o arquivamento de certidão de breve relato na Junta Comercial do Estado em que se objetiva a proteção.

É importante lembrar que o regime de proteção do nome empresarial, anteriormente à Lei 8.934/94, era distinto para os nomes empresariais das sociedades civis com fins lucrativos e para as sociedades comerciais ou comerciantes individuais. Esta diferença decorria dos registros a que eles estavam sujeitos. A sociedade civil registrava-se no Cartório de Registro Civil das Pessoas Jurídicas e o comerciante individual e as sociedades comerciais registravam-se na Junta Comercial.

O nome empresarial da sociedade civil com fins lucrativos não possuía proteção específica assegurada por lei. O registro civil é regulado pela Lei de Registros Públicos, que não garante a exclusividade de uso do nome empresarial das sociedades civis com fins lucrativos.[152] A doutrina, todavia, defende o direito de exclusividade de uso do nome empresarial, o que vem sendo assimilado pela jurisprudência.

150. É o texto do art. 34 da Lei 8.934/94: "O nome empresarial obedecerá aos princípios da veracidade e da novidade".

151. Eis o texto do art. 61 do Decreto 1.800/96: "A proteção ao nome empresarial, a cargo das Juntas Comerciais, decorre, automaticamente, do arquivamento da declaração de firma mercantil individual, do ato constitutivo de sociedade mercantil ou de alterações desses atos que impliquem mudanças do nome. § 1º. A proteção ao nome empresarial circunscreve-se à unidade federativa de jurisdição da Junta Comercial que procedeu ao arquivamento de que trata o *caput* deste artigo. § 2º. A proteção ao nome empresarial poderá ser estendida a outras Unidades da Federação, a requerimento da empresa interessada, observada instrução normativa do Departamento Nacional do Registro do Comércio — DNRC".

152. A Lei de Registros Públicos não se refere ao registro de nomes idênticos ou semelhantes, mas, em regra, a Corregedoria de Justiça dos Estados determina aos cartórios que não efetuem registros de nomes idênticos. A Corregedoria-Geral da Justiça do Estado de São Paulo veda o registro de sociedade, associações e fundações com a mesma denominação num mesmo cartório (Capítulo XVII, item 2, das Normas de Serviço da Corregedoria do Estado de São Paulo, postas em vigor pelo Provimento 5/81).

Com a Lei 8.934/94, surge o entendimento de que toda atividade com finalidade econômica passa a registrar-se na Junta Comercial.[153] A proteção ao nome empresarial da sociedade civil com fins lucrativos registrada na Junta Comercial passa a gozar da proteção oferecida pela Lei 8.934/94. Para as sociedades civis que mantêm seu registro no Cartório de Registro Civil das Pessoas Jurídicas, não há proteção legal, uma vez que a Lei de Registros Públicos não se preocupa com essa matéria. Deve-se destacar, novamente, que independente de proteção legal, a jurisprudência já reconheceu a exclusividade do uso desse nome.

Discussão de relevo sobre a proteção ao nome comercial surge quando se confronta a Lei de Registro de Empresa com a Convenção da União de Paris.[154] Para a Convenção da União de Paris a proteção ao nome comercial independe de registro. É o texto de seu art. 8º: "O nome comercial será protegido em todos os países da União sem obrigação de depósito ou de registro, quer faça ou não parte de uma marca de fábrica ou de comércio".

Gabriel F. Leonardos entende que a proteção do nome comercial independe do registro na Junta Comercial, ou de qualquer outro registro. Para esse autor, o direito brasileiro deve obedecer ao texto da Convenção de Paris. Diz esse autor: "Contrariamente à percepção comum de que a proteção ao nome comercial nasce com o arquivamento dos atos constitutivos perante o Registro do Comércio, na verdade tal arquivamento é meramente um dos meios de prova do nome comercial. O art. 8º da Convenção de Paris não permite que se condicione a proteção ao nome comercial a nenhum registro especial no DNPI (já extinto), e tampouco pode estar condicionado ao registro de atos empresariais no Registro do Comércio. A proteção ao nome comercial decorre do seu simples uso, ou seja, pelo fato de determinada empresa ou empresário apresentar-se ao público sob aquele nome".[155]

Ressalta-se, porém, que a última aprovação do texto da Convenção de Paris, pelo Brasil, ocorreu com o Decreto 635, de 1992. Posteriormente, em 1994, a Lei de Registro de Empresas trouxe novas regras sobre a proteção ao nome comercial, prevendo-a a partir do arquivamento dos atos constitutivos de firma individual ou sociedade comercial.

Essa questão encaminha-se para a análise do conflito entre norma interna e tratado internacional. A jurisprudência brasileira adota o entendimento de que ambos devem ter o mesmo tratamento, ou seja, não há hierarquia entre a norma interna e o tratado internacional. Diante dessa posição, conclui-se que prevalece o diploma posterior,[156] independentemente de ser ele tratado internacional ou lei interna.

Conclui-se, dessa forma, que a Lei de Registro de Empresas, posterior à última aprovação da Convenção de Paris, prevalece. A Lei de Registro de Empresas, que reconhece a proteção ao nome comercial a partir do arquivamento dos atos constitutivos na Junta Comercial, revogou tacita-

153. O art. 2º da Lei 8.934/94 promoveu a ampliação da competência registral da Junta Comercial, ao estabelecer que: "Os atos das firmas mercantis individuais e das sociedades mercantis serão arquivados no Registro Público de Empresas Mercantis e Atividades Afins, *independentemente de seu objeto*, salvo as exceções previstas em lei" (grifos nossos).

154. Trata-se de Convenção Internacional que institui uma união entre os países contraentes para a proteção da propriedade industrial. O Brasil foi signatário desta Convenção, tendo sido promulgada, a sua primeira versão, pelo Decreto 9.233/1884. O Brasil promulgou a adesão à última revisão do texto pelo Decreto 635/1992.

155. Gabriel F. Leonardos, "A Proteção ...", in *RDM* 95/28.

156. Cf. Jacob Dolinger, *Direito Internacional Privado*, p. 106 e Marcus Elidius Micheli de Almeida, *O Tratado Internacional em Face da Constituição Federal*, p. 114.

mente o texto da Convenção de Paris. Assim, conclui-se que vigora atualmente, sobre a proteção do nome empresarial, a Lei de Registros de Empresa.

Tem-se, então, a proteção ao nome comercial oferecida a partir do registro da empresa na Junta Comercial. Já o título de estabelecimento e a insígnia não têm registro específico. Nem o Instituto de Propriedade Industrial, nem o Registro do Comércio receberam competência, pela legislação atual, para a realização destes registros. Permanece a proteção simplesmente pela legislação de concorrência desleal.

O Código de Propriedade Industrial — Lei 9.279/96 —, em seu art. 191 define como crime a reprodução ou a imitação de título de estabelecimento, nome comercial, insígnia ou sinal de propaganda de modo que possa induzir em erro ou confusão. Essa mesma lei, em seu art. 195, tipifica como crime de concorrência desleal a utilização indevida de nome comercial, de título de estabelecimento ou de insígnia alheios.

Há no direito brasileiro um sistema relativamente frágil de proteção aos elementos de identificação do empresário. Para nome empresarial da sociedade civil com fins lucrativos, que mantém seu registro no Cartório de Registro Civil das Pessoas Jurídicas, não é reservada proteção específica. Ao nome empresarial, dos empresários e sociedades empresárias registrados na Junta Comercial, a garantia de exclusividade de registro limita-se a jurisdição da Junta Comercial. O título do estabelecimento e a insígnia recebem apenas a proteção através das regras de concorrência desleal.

Em razão da fragilidade dessa proteção, os empresários têm optado por registrar esses elementos como marcas no Instituto Nacional de Propriedade Industrial. Esse registro confere ao titular a exclusividade de uso em todo o território nacional. Deve-se destacar, porém, que essa exclusividade se limita à classe de atividade explorada pelo empresário.

4.3 Direitos e obrigações

A classificação mais comum proposta pela doutrina é de apenas dividir os elementos do estabelecimento em bens corpóreos e bens incorpóreos.[157] Os bens, objetos de direito, podem ser destinados pelo empresário a um determinado fim. A vontade do titular é capaz de uni-los para a exploração de uma determinada atividade.

Deve-se, todavia, analisar a classificação proposta por Barbosa de Magalhães.[158] Esse autor separa os elementos dos estabelecimentos em dois grupos: ativo e passivo. No ativo estão os bens e direitos do comerciante; no passivo estão os débitos contraídos no exercício do comércio. Também para Waldemar Martins Ferreira, as dívidas formam o conjunto orgânico para o exercício da atividade mercantil ou industrial. Segundo esses autores, os direitos e obrigações também integram o estabelecimento empresarial. Necessário se faz, porém, identificar a possibilidade desse agrupamento, em função da natureza jurídica do estabelecimento empresarial.

Perante o direito brasileiro, o estabelecimento empresarial é simplesmente um conjunto de bens. Não é o estabelecimento empresarial um sujeito de direito, capaz de possuir direitos ou obrigações. É um objeto de direito, e, como tal não é passível de ser titular de direitos e obrigações. Tem-se o estabelecimento empresarial como uma simples universalidade de fato. A universalidade de fato forma-se pela vontade do titular dos bens, e, em nossa legislação, a vontade do titular não é capaz de conferir direitos ou deveres a um agrupamento de bens.

"Obrigação é o vínculo de direito pelo qual alguém (sujeito passivo) se propõe a dar, fazer ou não fazer qualquer coisa (objeto), em favor de outrem (sujeito ativo)".[159]

157. Esta classificação é adotada por Fran Martins, Oscar Barreto Filho e Rubens Requião.

158. *Do Estabelecimento Comercial*, p. 37.

159. Sílvio Rodrigues, *Direito Civil*, v. 2, p. 4.

A obrigação, conforme se depreende da definição, é um vínculo entre sujeitos de direito e não entre um sujeito de direito e um bem ou objeto de direito. Como é objeto de direito, o estabelecimento não pode este ser titular de direitos ou obrigações.

A discussão doutrinária centra-se na questão do passivo do titular do estabelecimento. Questiona-se a responsabilidade do adquirente do estabelecimento em relação ao passivo do alienante. Sendo o passivo "o conjunto de dívidas ou obrigações a pagar do proprietário",[160] não poderá pertencer ao estabelecimento, mas sim ao seu titular. O titular do estabelecimento será o responsável pelo passivo e não o estabelecimento em si. "Os débitos do alienante não se transferem ao adquirente pelo fato da transferência do estabelecimento comercial, uma vez que o débito é da pessoa comerciante, não do estabelecimento, que não é pessoa jurídica, mas bem patrimonial e, portanto, insusceptível de adquirir direitos e de assumir obrigações".[161]

O conceito de estabelecimento empresarial de Cristiano Romano confirma este entendimento: "É um conjunto de bens, organizado pelo empresário (singular ou coletivo) para o exercício da atividade empresarial. Bens do ativo, apenas, uma vez que eles constituem mera universalidade de fato, não abrangendo elementos obrigacionais passivos. Bens heterogêneos, mas todos devendo servir para uma única finalidade, devendo, por isso, ser utilizados harmonicamente".[162]

Oscar Barreto Filho corrobora as afirmações antecedentes: "Configurado como universalidade de fato, não se pode dizer que, em nosso direito, o estabelecimento ou casa comercial constitua um patrimônio separado, de forma que possa compreender elementos do ativo e do passivo do empresário, em cujo patrimônio se insere. Sendo essencialmente um complexo de bens, o estabelecimento somente compreende elementos do ativo do comerciante, pessoa física ou jurídica. O passivo não entra na sua composição".[163]

A prova de que o passivo não integra o estabelecimento empresarial, e conseqüentemente, não se transfere com ele, está na obrigação imposta ao alienante do estabelecimento empresarial de solicitar a anuência dos credores para a prática de tal ato.[164]

Lembra Fábio Ulhoa Coelho: "O passivo do alienante — em consonância com os princípios de que se valeu o legislador para criar a obrigação da anuência dos credores para a eficácia do ato — não se transfere ao adquirente do estabelecimento comercial, salvo disposição contratual específica".[165]

Solucionada a questão do passivo, parte-se para discutir a problemática do ativo do titular do estabelecimento empresarial. O ativo compreende bens e direitos. Os bens, objetos de direito de propriedade, podem ser dispostos pelo titular da forma que melhor lhe convier. Pode o titular dos bens reuni-los para um determinado fim, como faz no caso do estabelecimento empresarial, e também oferecer a tais bens o destino que desejar. Esses bens, por simples vontade do titular, e independentemente da vontade de qualquer outro sujeito de direito, podem ser doados, vendidos, abandonados.

Os direitos, assim como as obrigações, porém, não pertencem ao conjunto de bens que forma o estabelecimento empresarial, mas ao seu titular. Apenas o sujeito de direito é capaz de ser titular de direitos. Um

160. Pedro Nunes, *Dicionário de Tecnologia Jurídica*, p. 912.

161. Geraldo Magela Leite, *O Estabelecimento Comercial como Objeto de Negócio Jurídico*, p. 48.

162. *Personificação da Empresa*, p. 75.

163. *Teoria do Estabelecimento Comercial*, p. 154.

164. A exigência de anuência dos credores por ocasião da alienação do estabelecimento empresarial é imposta pela Lei de Falências — Decreto 7.661/45, em seu art. 2º, V. A forma dessa anuência encontra-se disciplinada no art. 52, VIII, da mesma lei.

165. *Manual de Direito Comercial*, p. 51.

objeto de direito, um conjunto de bens, como o estabelecimento empresarial, não possui personalidade jurídica para ser titular de direitos ou de obrigações.

Portanto, os direitos e obrigações são de um sujeito. Como o estabelecimento empresarial é uma universalidade de fato, um agrupamento de bens, conclui-se que obrigações e direitos não compõem esse grupo. Os direitos e obrigações permanecem ligados ao titular do estabelecimento empresarial.

A regra de que direitos e obrigações não compõem o estabelecimento empresarial comporta exceções. A lei estabelece que alguns direitos e obrigações ficam aderidos ao estabelecimento empresarial. Isso só é possível por expressa disposição legal. Temos, no direito brasileiro, a aderência dos contratos de trabalho ao estabelecimento empresarial.[166] A identificação das obrigações e direitos que integram o estabelecimento empresarial é fundamental para a contratação da alienação do estabelecimento empresarial. Diante da identificação dos direitos e obrigações que aderem ao estabelecimento empresarial, será possível identificar os elementos que serão transferidos ao adquirente do estabelecimento com a aquisição do conjunto de bens.

Os outros direitos e obrigações, que não aderem por força de lei ao estabelecimento, poderão ser também transferidos, mas dependerão de instrumentos próprios para tal. O direito brasileiro admite expressamente a transmissão de direitos, por meio da cessão de crédito.[167] A cessão de débito, embora não prevista expressamente em nosso ordenamento jurídico, pode ser ajustada entre as partes em face do princípio da liberdade das convenções. É indispensável, para sua validade, haver o assentimento do credor.[168]

4.3.1 Contratos de trabalho

O estabelecimento empresarial adquire importância em função da sua capacidade de atrair clientela. Não somente os bens reunidos pelo empresário e a organização a estes oferecida são responsáveis pela atração e manutenção da clientela. O estabelecimento empresarial completa-se com mão-de-obra qualificada e treinada para o atendimento ao público. O trabalho desenvolvido pelos funcionários do estabelecimento empresarial é elemento dinâmico da maior importância para o seu sucesso.

As pessoas que trabalham no estabelecimento empresarial podem vincular-se ao seu titular de diferentes formas. O trabalhador pode ser sócio da sociedade empresarial titular do estabelecimento. Poderá também prestar serviços esporádicos como autônomo. O mais usual, porém, é que o trabalhador seja contratado da empresa. O vínculo com o titular do estabelecimento, neste último caso, é o contrato de trabalho.

Em razão da natureza jurídica do estabelecimento empresarial, uma universalidade de fato, concluiu-se que os contratos, em regra, não são elementos que o compõem. Essa regra, porém, comporta uma exceção: os contratos de trabalho. Essa exceção é imposta por lei. O art. 448 da Consolidação das Leis do Trabalho — CLT — insere os contratos de trabalho entre os elementos do estabelecimento empresarial, ao estabelecer que "a mudança na propriedade ou na estrutura jurídica da empresa não afetará os contratos de trabalho dos respectivos empregados".

166. Embora alguns autores incluam os débitos fiscais dentre as obrigações que aderem por força de lei ao estabelecimento empresarial, esta não é uma afirmação correta. A assunção das dívidas fiscais do alienante do estabelecimento pelo adquirente é um dos casos de responsabilidade tributária previstos pelo Código Tributário Nacional, não se tratando de transmissão pura e simples de obrigações. Em casos de responsabilidade tributária do adquirente do estabelecimento empresarial, cabe, após o pagamento ao fisco, o direito de regresso contra o alienante.

167. A cessão de crédito encontra-se regulada nos arts. 1.065 a 1.078 do CC.

168. Cf. Sílvio Rodrigues, *Direito Civil*, v. 2, p. 341.

Trata-se de um dos dispositivos legais que corporificam o Princípio da Continuidade do Emprego, também conhecido como Princípio da Permanência do Contrato de Trabalho.[169] "O princípio da continuidade é aquele em virtude do qual o contrato de trabalho perdura até que sobrevenham circunstâncias previstas pelas partes ou em lei como idôneas para fazê-lo cessar".[170]

Esse princípio tem por objetivo a estabilidade do emprego. "Tudo, no direito do trabalho contemporâneo leva a esta estabilidade no emprêgo, a fazer com que o empregado fique aderido ao organismo empresário, ao estabelecimento, enquanto êste durar e tiver uma possibilidade mínima de prosseguimento".[171] "O princípio da continuidade da relação de emprego fundamenta-se na necessidade que o trabalhador tem de um emprego que lhe assegure o sustento próprio e da família. Outro fundamento, de ordem moral, é o direito que toda pessoa tem ao trabalho".[172]

169. O Princípio da Permanência do Contrato de Trabalho, na Consolidação das Leis do Trabalho, está presente nos arts. 443, § 2º, 445, 451 e 452, quando prefere os contratos de trabalho de duração indeterminada aos contratos de duração determinada; no art. 449, ao estabelecer a subsistência dos direitos oriundos da existência do contrato de trabalho, por ocasião da falência, concordata do titular do estabelecimento ou dissolução da sociedade empresarial, no art. 438, § 2º, ao determinar que a morte ou incapacidade superveniente do empregador não extingue o contrato de trabalho; nos arts. 471 a 476, que impõem a suspensão ou interrupção do contrato de trabalho, e não sua extinção, em casos de impossibilidades temporárias do contrato de trabalho; no art. 477 que impõe a indenização ao empregado em caso de rescisão imotivada entre outros casos. Este princípio encontra-se presente, também, na Súmula 212 do Tribunal Superior do Trabalho que diz que "o ônus de provar o término do contrato de trabalho, quando negados a prestação de serviços e o desempedimento, é do empregador, pois o princípio da continuidade da relação de emprego constitui presunção favorável ao empregado".

170. Luiz de Pinho Pedreira da Silva, *Principiologia do Direito do Trabalho*, p. 109.

171. Evaristo de Moraes Filho, *Do Contrato de Trabalho como Elemento da Empresa*, p. 230.

172. Francisco Meton Marques Lima, *Os Princípios de Direito do Trabalho na Lei e na Jurisprudência*, p. 101.

A regra do art. 448 da CLT impõe a manutenção do contrato de trabalho em casos de alteração na estrutura jurídica da empresa. A terminologia empregada no art. 448 é criticada pelos juristas. O artigo utiliza-se da expressão *empresa*, que não possui conceito jurídico.

Eduardo Gabriel Saade[173] diz que empresa não tem estrutura jurídica, logo a denominação utilizada é manifestamente imprópria. Embora a denominação não seja adequada, o artigo em questão tem atendido o seu objetivo. Os dizeres "alteração na estrutura jurídica da empresa" tem abrangido uma série de situações. Evaristo de Moraes Filho entende que esse dispositivo abrange praticamente todas as hipóteses que podem surgir, a saber, "mudança de propriedade, admissão de novos sócios, saída de antigos, venda, doação, cessão, transformação de sociedade, fusão, encampação, liquidação, arrendamento, usufruto, traspasse, sucessão, e assim por diante".[174]

Tem-se, então, um dispositivo do direito do trabalho, que com objetivo de garantir a manutenção do emprego, acaba por interferir na composição do estabelecimento empresarial. Como já foi dito, em decorrência da natureza jurídica do estabelecimento, os contratos não fazem parte de sua composição. Os contratos de trabalho, porém, por expressa disposição legal, são exceção a essa regra.

Délio Maranhão explica que "uma das fontes das obrigações é a lei. Por que o novo empregador responde pelos contratos de trabalho concluídos pelo antigo, no caso de transferência do estabelecimento? Porque a lei assim o determina".[175]

Tem-se então a aderência do contrato de trabalho à base física da empresa. Embora o contrato de trabalho seja celebrado

173. *CLT Comentada*, p. 43.

174. *Do Contrato de Trabalho como Elemento da Empresa*, p. 232.

175. Arnaldo Sussekind, Délio Maranhão e Segadas Viana, *Instituições do Direito do Trabalho*, p. 288.

com o titular da empresa, pessoa física ou jurídica, este não é afetado por qualquer alteração no lado patronal. Importa ao contrato de trabalho, uma vez firmado, a manutenção da atividade produtiva e não mais o contratante em si. O contrato de trabalho liga-se mais fortemente à organização produtiva que ao contratante.[176]

Incluem-se, então, os contratos de trabalho, regulados pela Consolidação das Leis do Trabalho, entre os elementos do estabelecimento empresarial.

4.4 Ponto empresarial

Para muitos ramos da atividade empresarial,[177] a localização do estabelecimento tem grande importância. Estar em local adequado para a exploração de sua atividade empresarial sempre foi preocupação do empresário. A boa localização, por si só, é fator de atração de clientela. O conceito de boa localização varia, porém, conforme o ramo de atividade desenvolvida.[178]

Jean Escarra disserta sobre a importância da localização para o sucesso da atividade empresarial: "L'importance économique de cet élement est évidente, notamment dans le commerce de détail. La clientèle est, dans une large mesure, fonction de l'emplacement du fonds. Le public est essentiellement routinier. Il obéit à la loi du moindre effort qui lui commande d'entrer dans la boutique établie sur son passage ou à proximité de son domicile. Il est évident que le magasin ouvert sur une voie 'passante' offre plus d'attrait et de commodité que celui qui est établi dans une rue déserte".[179]

O local onde o empresário se estabelece para desenvolver sua atividade passou a ser conhecido por ponto comercial. Ponto comercial é o lugar do comércio, o local em que se situa o estabelecimento e para onde se dirige a sua clientela.[180] Diante do conceito de estabelecimento empresarial necessário se faz adaptar esta denominação para ponto empresarial, pois trata-se do local da empresa, local onde se situa o estabelecimento empresarial.

A importância do local para o sucesso do estabelecimento, ou seja, a importância do ponto empresarial faz com que este assuma valor patrimonial. Esse valor patrimonial foi protegido pelo direito. Importa saber, neste momento, qual o direito do empresário sobre o ponto empresarial, para, então, apresentar a tutela oferecida pelo direito.

Pedro Nunes entende que o ponto empresarial é um dos elementos do estabe-

176. Este entendimento é possível diante da adoção da despersonalização do empregador. O contrato de trabalho é *intuitu personae* somente no tocante ao empregado, não o sendo em relação ao empregador. Não sendo *intuitu personae* em relação ao empregador, este pode ser substituído (estabelecimento empresarial alienado, locado ou arrendado) ou sofrer alterações (sociedade empresarial sofre alteração em sua estrutura, p. ex., mudança de sócios) que os contratos de trabalho mantêm-se inalterados.

177. Diz-se que o local onde se estabelece é importante para muitos ramos da atividade empresarial, e não todos, porque algumas atividades não têm o local como fator importante para atração da clientela. As empresas que prestam serviços ou vendem produtos a domicílio entre outras, embora possuam estabelecimento empresarial, conjunto de elementos organizados para o desenvolvimento da atividade, não têm o local onde se instalam como fator relevante para atração da clientela.

178. "Em função do vulto do empreendimento, do tipo da atividade, do perfil da clientela potencial, tem importância fundamental o local exato em que se situa o estabelecimento. Para determinadas hipóteses de comércio varejista de produtos alimentícios, será útil a proximidade a alguns equipamentos urbanos, como paradas de ônibus, estações do metropolitano, vias de grande fluxo de pessoas etc. Para a venda de material escolar, xerox, livros etc., é importante a vizinhança com uma instituição de ensino. Por outro lado, alguns ramos de comércio acabam se concentrando em certas regiões da cidade, que se transformam em referência para os consumidores. Criam-se, por assim dizer, ruas especializadas em certos produtos" (Fábio Ulhoa Coelho, in *Comentários à Lei de Locações de Imóveis Urbanos*, coord. Juarez de Oliveira, p. 319).

179. *Principes de Droit Commercial*, p. 430.

180. Rubens Requião, *Curso de Direito Comercial*, v. I, p. 216.

lecimento.[181] Também para Dylson Dória, o ponto comercial é elemento do estabelecimento empresarial. Esse autor classifica-o como elemento incorpóreo.[182] Rubens Requião é outro autor que aponta o ponto comercial como elemento incorpóreo do estabelecimento empresarial.[183]

Voltando novamente ao conceito de bem incorpóreo, desclassifica-se o ponto empresarial como tal. O ponto empresarial não é figura autônoma ao qual o direito ofereceu proteção específica. Não é o direito de propriedade que protege o valor do ponto comercial, mas sim o direito ao contrato de locação ou o direito de propriedade sobre o imóvel em que se localiza o ponto empresarial, que possui o valor do ponto a ele agregado.[184]

O estudo mais aprofundado na forma de proteção do ponto empresarial leva-nos à conclusão de que ele não recebe proteção semelhante à dos bens incorpóreos, assim conceituados pelo direito. João Eunápio Borges bem soluciona essa questão, apresentando o ponto empresarial como coisa incorpórea de grande valor,[185] e não como bem jurídico, pois, para sê-lo, precisaria de cumprir certos requisitos não verificados neste caso.

Para compreender o ponto empresarial e a proteção que o direito lhe oferece, necessário se faz estabelecer uma distinção básica: o estabelecimento empresarial pode localizar-se em imóvel próprio do empresário ou localizar-se em imóvel locado pelo empresário. Em ambos os casos, o direito oferece proteção ao empresário para casos de perda do ponto empresarial. As formas de proteção, todavia, são diferenciadas.

Se o empresário é proprietário do imóvel, é o próprio direito de propriedade que possui sobre o imóvel que garantirá a proteção ao seu ponto empresarial. As possibilidades de perda do ponto empresarial são mínimas, em se tratando de ponto localizado em imóvel próprio. Portanto não foi preciso que o direito criasse proteção específica para esse valor.

Embora as possibilidades de perda do ponto, em caso de imóvel próprio, sejam menores, elas não são nulas. Identifica-se um caso em que o empresário poderá ser obrigado a desarticular seu ponto comercial para mudar o seu estabelecimento de lugar: a desapropriação do imóvel. Nestes casos, é admitido pela jurisprudência que o empresário deva ser indenizado não apenas pelo valor do imóvel, mas também pela perda do ponto empresarial. Exemplifica-se: "Tratando-se de desapropriação de imóvel com destinação comercial, há necessidade de que na indenização seja computado também o valor do fundo de comércio, por se cuidar de bem móvel indenizável, dado o dano que sua perda, indiscutivelmente, ocasiona".[186]

Ao desapropriar um imóvel em que se encontra instalado um estabelecimento empresarial, deve o expropriante indenizar o empresário pelo desmantelamento do estabelecimento. Esse pensamento é construção doutrinária e jurisprudencial.

Sobre o valor da indenização merecida pelo empresário que teve o imóvel em que explorava sua atividade empresarial desapropriado, disserta Rubens Requião: "A indenização legal a que faz jus o empresário não é propriamente sobre o valor do estabelecimento comercial, pois este continua sob o seu domínio e posse, cabendo-lhe a indenização apenas sobre o valor do ponto, que independe, como se sabe, do valor da propriedade imóvel quando arrendada. Uma análise mais profunda, contudo, nos levaria a concluir que ao empresário comercial, desalojado em conseqüência de ação desapropriatória incidente so-

181. *Dicionário de Tecnologia Jurídica*, v. II, p. 949.

182. *Curso de Direito Comercial*, v. I, p. 125.

183. *Curso de Direito Comercial*, v. I, p. 215.

184. A análise detalhada da caracterização do bem imaterial encontra-se no item 3.4.

185. *Curso de Direito Comercial Terrestre*, p. 100.

186. 14ª Câmara Cível do TJSP, apelação cível 152.260, da Comarca de Cubatão, Relator Des. Franciulli Netto, j. 3.4.90, m.v., in *RT* 659/05.

bre o imóvel de sua situação, caberia o direito à indenização pela perda ou depreciação do aviamento. O estabelecimento comercial desmantelado pela ação desapropriatória, embora transferido para outro local, sofreria rude golpe em seu aviamento, isto é, na sua qualidade funcional de proporcionar lucros".[187]

A jurisprudência confirma esse entendimento: "O intuito da desapropriação não se refere exclusivamente aos bens imóveis, mas aos danos patrimoniais de toda natureza (propriedade mobiliária, material ou imaterial e outros direitos)".[188]

Em se tratando de desenvolvimento do ponto em imóvel locado, aumenta a vulnerabilidade do empresário. A possibilidade de retomada do imóvel por parte do locador era temida pelo empresário, pois, nesses casos, configurar-se-ia a perda do ponto comercial. Para proteger o empresário que criara ponto comercial em imóvel locado, o direito desenvolveu um mecanismo para permitir-lhe a permanência no imóvel, ainda que contra a vontade de proprietário-locador: o direito de inerência ao ponto empresarial,[189] que possui ação própria para protegê-lo, a ação renovatória.

O direito de inerência ao ponto empresarial apareceu após um longo processo de tentativas de criação de institutos para proteger o empresário que desenvolvia sua atividade em imóvel locado. A necessidade de criação de mecanismos para proteger o ponto empresarial locado surgiu assim que o comércio nas cidades foi intensificado, após a Revolução Industrial, e os locais para o desenvolvimento das atividades empresariais ficaram mais escassos em função da concentração populacional nas cidades.

Já nesse momento, os comerciantes que locavam os espaços para exercer o seu comércio passaram a ter problemas. O fim do contrato de locação era um momento difícil para o comerciante-locatário. Alfredo Buzaid narra os problemas da época: "No fim da locação, o lojista, que não tinha muitas vezes senão relações longínquas com o representante do locador, achava-se em estado de manifesta inferioridade para discutir a renovação. O locatário estaria exposto à ruína se não pudesse conservar sua loja. Transportá-la para lugar vizinho era para ele muitas vezes coisa impossível, porque os locais livres eram raros nos centros de negócios; o afastar tinha por conseqüência comprometer sua clientela, e, em qualquer hipótese, obrigar a grandes despesas de publicidade e de instalação para estimulá-la a acompanhar a deslocação do fundo. O prejuízo era sempre certo. O comerciante ficava então na contingência de submeter-se às condições que o locador lhe impusesse".[190]

O ponto empresarial, como já dito, torna-se fonte de conflitos. A perda do contrato de locação do imóvel onde era explorada a atividade comercial era uma injustiça em determinados casos. O locatário valorizava o imóvel ao torná-lo conhecido da população como local onde se exercia determinado ramo de comércio. Ao deixar o imóvel esta popularização do local era utilizada pelo locador ou novo locatário que se aproveitava do trabalho anteriormente desenvolvido.

Num primeiro momento a solução para este conflito foi tentada através da repressão à concorrência desleal. Um projeto de lei francês, apresentado em 5 de dezembro de 1911, que não chegou a ser aprovado, vedava a exploração de comércio similar no mesmo lugar onde o comerciante desa-

187. Rubens Requião, *Curso de Direito Comercial*, p. 212.

188. 14ª Câmara Câmara Cível do TJSP, apelação cível 70.352-2, da Comarca de São Paulo, Relator Des. Franciulli Netto, j. 21.8.84, m.v., in RJTJSP 91/131.

189. Essa denominação é proposta por Fábio Ulhoa Coelho para sintetizar o interesse juridicamente protegido do empresário relativo à permanência de sua atividade no local onde se encontra estabelecido (*Comentários à Lei de Locações de Imóveis Urbanos*, p. 320).

190. Alfredo Buzaid, *Da Ação Renovatória*, p. 66.

lojado exercia sua atividade. O locador ou locatário posterior estavam impedidos de usufruir do ponto desenvolvido pelo antigo locador. O locador que não quisesse sofrer esta restrição deveria pagar o valor do fundo, que seria apurado por perícia. Caso esta indenização fosse paga ao locatário, este estaria proibido de exercer a mesma atividade por um determinado tempo, próximo ao seu antigo estabelecimento.

A proteção ao ponto comercial da forma que hoje é feita, por meio da ação renovatória, foi consagrada por lei, em 1926, na França. Essa lei surge num momento em que os espaços urbanos se encontravam ainda mais escassos. A Segunda Grande Guerra causou uma crise imobiliária. Essa lei veio proteger o comerciante que desenvolvia sua atividade comercial em imóvel locado de maneira mais efetiva, num momento em que a dificuldade de encontrar imóvel crescia. Nesse momento, surge a ação renovatória, que permite ao locador renovar o contrato de locação, quando presentes certos pressupostos, mesmo sem a vontade do locador.

A proteção ao ponto comercial, no direito francês, foi sendo aperfeiçoada por diversos diplomas legais que se sucediam. Outros países adotaram o modelo, surgido na França, para conceder proteção ao ponto comercial. Na Inglaterra, a proteção ao ponto comercial por meio da ação renovatória surge em 1927; na Bélgica, em 1946; na Itália, em 1963. No Brasil, em 1934, a ação renovatória surge pelo Decreto 24.150/34. A ação renovatória encontra-se regulada, hoje, no direito brasileiro, pela Lei de Locações de Imóveis Urbanos — Lei 8.245/91.

4.4.1 Do direito à renovação do contrato de locação

De início deve-se destacar a extensão expressa do direito à renovação do contrato de locação às sociedades civis com fins lucrativos oferecida pela Lei de Locações de Imóveis Urbanos — Lei 8.245/91. A Lei de Luvas, Decreto 24.150/34, previa o direito à ação renovatória exclusivamente para os comerciantes. Previa em seu art. 1º: "Não havendo acordo entre os interessados, a renovação dos contratos de arrendamento de prédio, urbano ou rústico, *destinado, pelo locatário, a uso comercial ou industrial*, será sempre feita na conformidade do disposto nesta lei" (grifos nossos).

A Lei de Locações de Imóveis Urbanos de 1991 uniformiza o tratamento oferecido às sociedade empresariais, seja civis seja comerciais. Ressalta-se que, mesmo antes da previsão legal, a jurisprudência já reconhecia esse direito às sociedades civis com fins lucrativos. A atual lei de locações traz essa previsão em seu art. 51, § 4º: "O direito à renovação do contrato estende-se às locações celebradas por indústrias e sociedades civis com fim lucrativo, regularmente constituídas, desde que ocorrentes os pressupostos previstos neste artigo".

Tem-se, com tal dispositivo, a adoção, em matéria de locação, da teoria da empresa. A adoção dessa teoria justifica a adoção da denominação ponto empresarial, uma vez que este, e não só o ponto comercial, tem proteção prevista em lei.

O direito de manter-se no ponto locado não é concedido a todo locatário. Não é todo e qualquer contrato de locação que pode ser renovado compulsoriamente. O direito para renovar compulsoriamente o contrato de locação exige o cumprimento de certos requisitos. O art. 51 da Lei 8.245/91 indica os requisitos necessários para a aquisição, *in verbis*: "Nas locações de imóveis destinados ao comércio, o locatário terá direito à renovação do contrato, por igual prazo, desde que, cumulativamente: I — o contrato a renovar tenha sido celebrado por escrito e com prazo determinado; II — o prazo mínimo do contrato a renovar, ou a soma dos prazos ininterruptos dos contratos escritos, seja de cinco anos; III — o locatário esteja explorando seu comércio, no mesmo ramo, pelo prazo mínimo e ininterrupto de três anos".

Em alguns casos, mesmo que o locatário tenha preenchido todos os requisitos exigidos por lei, não terá o locador obrigação de renovar o contrato. A lei enumera exceções de retomada, ou seja, a lei prevê certos casos em que o direito de retomada do imóvel por parte de seu proprietário prevalece sobre o direito de renovação do contrato. As hipóteses de retomada estão elencadas no art. 52 da Lei 8.245/91.

"As situações previstas na lei são as seguintes: a) realização de obras no imóvel, que importem em sua radical transformação, por exigência do Poder Público (art. 52, I); b) reformas no imóvel, que o valorizem, por vontade do locador (art. 52, I, *in fine*); c) uso próprio do locador (art. 52, II); d) transferência de estabelecimento comercial existente há mais de 1 ano, pertencente ao locador, seu cônjuge, ascendente ou descendente ou a sociedade por eles controlada (art. 52, II, *in fine*); e) insuficiência da proposta do locatário (art. 72, II); f) proposta melhor de terceiro (art. 72, III)".[191]

Fábio Ulhoa Coelho adverte para o caráter exemplificativo dessa enumeração. Quando o direito de propriedade, preceito constitucional, conflitar com o direito de renovação do contrato de locação, prevalecerá o primeiro. Assim, ainda que a causa não esteja prevista nos arts. 52 e 72 como fundamento para a retomada do imóvel, havendo ofensa ao direito de propriedade, não subsistirá o direito à renovação compulsória do contrato de locação.[192]

Em casos expressamente previstos em lei ou em casos de locupletamento ilícito por parte do locador, a não renovação do contrato de locação dá ao locatário direito de ser indenizado pela perda do ponto empresarial. "Esta indenização compreende o ressarcimento dos prejuízos, dos lucros cessantes e da desvalorização do estabelecimento comercial relacionados com a mudança do local de exploração da atividade econômica".[193]

Terá o locatário direito à indenização se a renovação não ocorrer por proposta melhor de terceiro. Terá, também, direito à indenização se o locador não der a destinação que ensejou a retomada do imóvel num prazo de 3 meses. Esses prazos têm seu início contado a partir da entrega do imóvel. Esse elenco não é taxativo. Caracterizado o locupletamento ilícito, por parte do locador, terá o locatário direito à indenização.

Preenchendo o locatário os requisitos para propositura da ação renovatória e não se enquadrando o locador em nenhuma das situações que lhe asseguram o direito de retomada, haverá a renovação compulsória do contrato de locação pelo mesmo período do último contrato firmado. O prazo do novo contrato está previsto no *caput* do art. 51, que diz que o locatário tem direito à renovação pelo mesmo prazo.

4.5 Elementos fáticos

O estabelecimento empresarial coloca o seu estudioso diante de duas figuras de extrema relevância econômica: a clientela e o aviamento. São conceitos que surgem da observação do dia-a-dia do estabelecimento empresarial e que são apresentados a quem se decide estudar o estabelecimento empresarial.

Proponho denominar a clientela e o aviamento de "elementos fáticos" do estabelecimento empresarial, por não se enquadrarem nas figuras jurídicas às quais o direito oferece proteção direta. Embora não possuam existência jurídica, não é possível ignorá-los. Não tratar desses elementos seria promover um distanciamento da realidade.

191. Fábio Ulhoa Coelho, in *Comentários à Lei de Locações de Imóveis Urbanos*, coord. Juarez de Oliveira, p. 333.

192. Cf. Fábio Ulhoa Coelho, *Curso de Direito Comercial*, v. I, p. 103.

193. Fábio Ulhoa Coelho, in *Comentários à Lei de Locações de Imóveis Urbanos*, coord. Juarez de Oliveira, p. 338.

4.5.1 Clientela ou freguesia

A atividade empresarial não se desenvolve unilateralmente. O trabalho do empresário não é um fim em si mesmo. O objetivo da atividade empresarial — colocação de bens e serviços no mercado — só se completa com a figura daquele que os adquire.

Quando fala em estabelecimento empresarial, a doutrina jurídica refere-se aos adquirentes, de produtos ou serviços como clientela ou freguesia. Estas expressões traduzem a idéia de "hábito ou costume de comprar de determinado vendedor".[194] Não se refere a um comprador, mas ao conjunto deles, que se direcionam ao estabelecimento. "Cliente é a pessoa que mantém com o estabelecimento comercial relações contínuas para a aquisição de bens ou serviços. Clientela é o conjunto dessas pessoas".[195] "Freguesia é, portanto, o complexo de pessoas acostumadas a procurar o estabelecimento para seus negócios".[196]

Conclui-se, então, que, todo o trabalho desempenhado pelo empresário ao aparelhar-se, produzir bens de boa qualidade, oferecer um bom atendimento, entre outras preocupações, tem por objetivo conquistar para si uma clientela, que é de extrema importância para o estabelecimento empresarial. Para a clientela vive o estabelecimento.

Diante dessa afirmação, necessário se faz identificar a posição da clientela no estudo da estrutura jurídica do estabelecimento empresarial. Alguns autores consideram a freguesia elemento integrante do estabelecimento empresarial. J. C. Sampaio Lacerda diz que a freguesia ou clientela constitui o elemento essencial, a alma do estabelecimento comercial.[197] Mário Figueiredo Barbosa também considera a clientela elemento do estabelecimento empresarial, *in verbis*: "Ela é um bem imaterial, incorpóreo e inconcreto, que se vai desenvolvendo com maior ou menor intensidade e fixando-se à medida do que lhe é oferecido, a ponto de ser considerada como elemento de maior valor do próprio fundo de comércio".[198]

A Lei argentina 11.867 inclui a clientela entre os elementos do estabelecimento empresarial.

De fato, a presença de clientela é fundamental para o estabelecimento empresarial, mas não se chega à conclusão de que a clientela é bem incorpóreo que compõe, junto com os demais bens, corpóreos e incorpóreos, o estabelecimento empresarial.

Volta-se ao conceito de bem incorpóreo para concluir-se que a clientela não se enquadra nele. Possuir autonomia, ou seja, constituir uma entidade econômica independente, possuir valor economicamente apreciável e ser capaz de subordinar-se juridicamente a um titular são características dos bens jurídicos. O bem imaterial deverá, também, ser reconhecido pela ordem jurídica para caracterizar-se como tal.[199]

A impossibilidade de a clientela subordinar-se juridicamente ao titular do estabelecimento empresarial é patente. Não há como dispor da clientela, não há como impedir que esta abandone o estabelecimento.

A clientela é apenas resultado de contingências, criadas ou não pelo empresário, mas nunca um bem pertencente a ele ou integrante do conjunto de seus bens. "A freguesia é uma simples situação de fato, um fenômeno econômico, resultante da chamada economia de mercado. Não chega a ser uma instituição jurídica, embora seja um bem em sentido lato. Carece, no entanto, daquela existência exterior, que se faz imprescindível para ser havida como objeto de um direito específico. Mesmo porque

194. Aurélio Buarque de Holanda Ferreira, *Novo Dicionário da Língua Portuguesa*, s.v. *freguesia*.

195. Rubens Requião, *Curso de Direito Comercial*, v. I, p. 243.

196. J. C. Sampaio Lacerda, *Lições de Direito Comercial Terrestre*, p. 112.

197. *Lições de Direito Comercial Terrestre*, p. 111.

198. *Valor da Clientela no Fundo de Comércio*, p. 18.

199. A caracterização detalhada de bem imaterial encontra-se no item 3.4.

seria um não senso que o inculcado proprietário da clientela dispusesse de algum meio legal coercitivo para compelir aquelas pessoas a freqüentar obrigatoriamente sua casa de comércio!"[200] "A clientela, simples liame da freguesia à empresa, é, apenas, um efeito do dinamismo (aviamento) empresarial. Pelo seu constante fluxo e refluxo a clientela não oferece o requisito de fixação para se constituir em elemento estável da empresa".[201] "A clientela é valor, mas valor que flutua, que se vai, que pode voltar. Seria difícil criar-se um direito real à clientela ou sobre a clientela. (...) A clientela é mais transitória que o pássaro, ou o peixe que entra e sai da piscina".[202]

A clientela também carece de autonomia. A clientela existe somente enquanto os elementos do estabelecimento estiverem a seu serviço. A clientela não sobrevive sem a figura do estabelecimento, pois a situação de pessoas que consomem habitualmente só é possível quando se refere a um determinado estabelecimento. Hernani Estrella, comparando a clientela com os bens que compõem o estabelecimento, conclui que ela não possui a autonomia necessária para integrá-lo na qualidade de bem jurídico: "Estas conservam suas individualidades e continuam sujeitas à disciplina que lhes é peculiar, a despeito de estarem chumbadas como peças necessárias desse complexo instrumental. Podem, todavia, por simples vontade de quem as uniu separar-se, readquirindo a todo momento a sua autonomia. Tal não sucede, porém, com o aviamento e a clientela".[203]

Outra característica dos bens imateriais, não encontrada na clientela, é a proteção oferecida pelo direito. Os bens imateriais recebem do direito uma proteção específica que os torna suscetíveis de ser objetos de direito. A clientela não recebe uma regulamentação dessa espécie. As normas legais que se referem à clientela são as regras de concorrência desleal. Essas normas não conferem a um determinado sujeito de direito poderes sobre a clientela. Elas apenas impedem que os concorrentes se utilizem de meios fraudulentos para atrair clientela alheia. Não há qualquer proteção para que a clientela de determinado estabelecimento se mantenha indeterminadamente. Tratam-se de regras que exigem lealdade de concorrência e nada mais. "Le droit à la clientèle n'a pas pour objet le client. Il a pour objet une abstention. Les tiers, et en particulier, les concurrentes, ont l'obligation de ne point détourner, à l'aide de procédés délayaux, la clientèle attachée à un fonds".[204]

Vê-se, dessa forma, que a clientela não se enquadra no conceito de bem jurídico, não integrando o estabelecimento na qualidade de elemento componente. A clientela é apenas um objetivo do estabelecimento empresarial, ou seja, desenvolve-se a estrutura do estabelecimento empresarial para que ele seja capaz de atrair e fixar a clientela. Darcy Bessone afirma que "é realmente no sentido da formação e da conservação da clientela que funcionam os elementos do fundo de comércio".[205]

Jean Escarra também entende que a clientela não constitui uma noção de ordem jurídica. Diz esse autor que a clientela não é um bem, não sendo, então, possível falar em direito à clientela. Assim como Darcy Bessone, Jean Escarra vê a clientela como conseqüência dos elementos do estabelecimento empresarial. O direito à clientela origina-se dos direitos sobre os diversos elementos do estabelecimento, que trabalham no sentido de captar clientela.

Nas palavras de Jean Escarra: "Le droit à l'clientèle est lié aux droits divers que le propriétaire du fonds de commerce possède

200. Hernani Estrella, *Curso de Direito Comercial*, p. 243.

201. Hermano Duval, *Concorrência Desleal*, p. 128.

202. Pontes de Miranda, *Tratado de Direito Privado*, t. XVII, p. 272.

203. *Curso de Direito Comercial*, p. 242.

204. Jean Escarra, *Principes de Droit Commercial*, p. 433.

205. *Renovação de Locação*, p. 26.

sur les éléments du fonds. Compris comme tel, le droit à l'clientèle se révèle comme un produit du droit au bail, du droit au nom, du droit à l'enseigne, du droit aux brevets d'invention et aux marques de fabrique, du droit de propriété portant sur l'outillage, le matériel, les marchandises".[206]

Carlos Alberto Velásquez Restrepo ensina que, embora não exista um direito de propriedade sobre a clientela, não está o empresário totalmente desamparado pelo direito, no que se refere à proteção dela. A forma de proteção da clientela não se efetiva por meio do direito de propriedade, mas existe. "No hay un derecho sobre la clientela, pero sí un derecho a impedir que ésta sea desviada por métodos desleales".[207]

4.5.2 Aviamento

Quando se estuda o estabelecimento empresarial depara-se forçosamente com a figura do aviamento. Importa, neste momento, definir o aviamento e qualificá-lo juridicamente.

Para Césare Vivante vê "l'avviamento cioè l'aspettativa de lucri futuri, fondata sovra i due gruppi precedenti di cose e di diritti, e specialmente sull'assortimento delle merci, sul nome, sull'insegna, sulla posizione locale che serve di richiamo ai vecchi e ai nuovi clienti, sull'abilità dei commesi, sulle pratiche tradizionali di correntezza, di fido, di piccoli servigi".[208] Fran Martins diz que "por aviamento se compreende o bom aparelhamento do comerciante para que o seu negócio obtenha sucesso e possibilite lucros. É, assim, o aviamento o resultado de um, alguns ou todos os elementos do fundo de comércio. O aviamento será, assim, a fusão de todos esses elementos - nome comercial, boa localização do estabelecimento, capital, pessoal adestrado para atender à freguesia — tudo criando possibilidade de lucro para o comerciante".[209]

O aviamento, em síntese, é conceituado pela doutrina como a capacidade do estabelecimento de produzir lucros. Essa capacidade de produzir lucros tem origem no conjunto de bens selecionados pelo empresário e na organização a eles oferecida. O trabalho desenvolvido pelo empresário tem um único objetivo: atrair clientela. A capacidade de atração de clientela é possibilidade de lucros para o estabelecimento. A expressão aviamento traduz essa idéia: organização eficiente que resulta na atração de clientela que se reflete na capacidade lucrativa do estabelecimento.

O aviamento é conseqüência do trabalho intelectual do empresário ao escolher e organizar os seus bens. Carlos Alberto Bittar diz que o aviamento revela exatamente o gênio do empresário ao reunir os diferentes fatores da produção a serviço de seus objetivos.[210] Aviamento é "o 'engenho & arte' com que o empresário organiza e gestiona a empresa".[211]

Geraldo Magela Leite destaca o trabalho do empresário como fator capaz de agregar valor aos bens por ele reunidos: "Quando uma pessoa, física ou jurídica, dá início à exploração de uma atividade comercial, ela necessariamente deve organizar um conjunto de bens, corpóreos e incorpóreos, à exploração do seu negócio. Esta organização de bens relacionados com a atividade econômica desenvolvida resulta de um certo investimento de dinheiro e de trabalho. Desde a aquisição ou locação de mobiliários, utensílios, estoque, até o equacionamento de questões relativas à otimização do espaço, quantificação de equipamentos, escolha do local etc., a organização de um estabelecimento comercial con-

206. *Principes de Droit Commercial*, p. 434.
207. *Instituciones de Derecho Comercial*, p. 361.
208. *Trattato di Diritto Commerciale*, v. III, p. 2.
209. *Curso de Direito Comercial*, p. 527.
210. *Teoria e Prática da Concorrência Desleal*, p. 7.
211. Hermano Duval, *Concorrência Desleal*, p. 128.

some uma considerável soma de recursos e tempo. Aliás, muito do sucesso do negócio depende das soluções encontradas e dos acertos obtidos pelo comerciante na organização do seu estabelecimento comercial. O imperfeito dimensionamento, quantitativo ou qualitativo, dos bens reunidos para a exploração da atividade econômica pode gerar prejuízos ou, se não, perda de faturamento".[212]

Pode-se dizer que a organização é uma fórmula adotada para que o estabelecimento obtenha sucesso. Escolhem-se os bens que integrarão o estabelecimento e oferece-se-lhes uma organização que se supõe funcional. Ao montar o estabelecimento, o empresário tem a intenção de montar uma estrutura que atraia a clientela. Destaca-se que, se o estabelecimento já se encontra em funcionamento há certo tempo e já possui boa reputação no mercado, a ponto de já possuir sua clientela, o valor que a ele é agregado é ainda maior. Nesses casos, tem-se o trabalho desenvolvido pelo empresário com seu resultado, a clientela. A notoriedade adquirida pelo estabelecimento que se encontra no mercado, com sucesso, há certo tempo, é, também, fator que lhe confere maior valor.

A expressão aviamento vem justificar o sobrevalor pago pelo estabelecimento quando este é objeto de algum negócio jurídico. Quando se paga pelo estabelecimento empresarial mais que a soma dos bens que o compõem, paga-se pelo seu aviamento. O aviamento nada mais representa que o trabalho desempenhado pelo empresário na organização do estabelecimento e a notoriedade que este já adquiriu junto à clientela. Rubens Requião explica que o direito reconhece no aviamento a mais-valia adquirida pelo estabelecimento, *in verbis*: "Sendo um fato evidente que a empresa constitui uma atividade organizada contendo vários elementos, ou o estabelecimento comercial vários bens, o valor decorrente desse complexo é maior do que a soma dos elementos isolados, essa mais-valia constitui, precisamente, o que o direito denomina de aviamento".[213]

Hernani Estrella ao explicar o aviamento refere-se ao valor a este conferido: "Na prática mercantil, a noção de fundo de comércio próspero e lucrativo costuma ser definida por aviamento, que vem a ser afinal, o resultado máximo colimado pela organização. Por obra desta, que já se explicou em que consiste, o estabelecimento, que se torna reputado, próspero e produtor de lucros, se diz bem aviado. O seu bom aviamento, cuja função primacial é captar e fixar clientela, passa a constituir uma mais-valia, a ser considerada quando da alienação da casa comercial. Daqui dizer-se comumente que tal ou qual estabelecimento tem aviamento valioso (...)".[214]

Conclui-se, então, que o sobrevalor do estabelecimento empresarial é decorrente do seu aviamento.

Alguns autores, como J. C. Sampaio Lacerda e José Xavier Carvalho de Mendonça, incluem o aviamento entre os elementos do estabelecimento empresarial. José Xavier Carvalho de Mendonça aponta o aviamento como um dos principais elementos do estabelecimento.[215] J. C. Sampaio Lacerda coloca o aviamento como integrante do ativo do estabelecimento.[216]

Viu-se que os elementos do estabelecimento empresarial se dividem em bens corpóreos e incorpóreos. O aviamento não dispõe de materialidade para se enquadrar no primeiro desses grupos. O conceito de bem incorpóreo também não é adequado à noção de aviamento. O aviamento carece de autonomia e proteção jurídica específica para caracterizar-se como tal. O aviamento não possui vida própria e autônoma,

212. *O Estabelecimento Comercial como Objeto de Negócio Jurídico*, p. 57.

213. *Curso de Direito Comercial*, p. 242.

214. *Curso de Direito Comercial*, p. 241.

215. *Tratado de Direito Commercial Brazileiro*, p. 19.

216. *Lições de Direito Comercial Terrestre*, p. 110.

pois não pode conceber o aviamento senão conectado a um estabelecimento constituído de fato.

Repete-se o texto de Hernani Estrella que destaca a diferença de tratamento jurídico oferecido ao aviamento e à clientela dos demais bens que integram o estabelecimento. Ressalta esse autor a falta de autonomia do aviamento e explica que os bens componentes do estabelecimento "conservam suas individualidades e continuam sujeitas à disciplina que lhes é peculiar, a despeito de estarem chumbadas como peças necessárias desse complexo instrumental. Podem, todavia, por simples vontade de quem as uniu separar-se, readquirindo a todo momento a sua autonomia".[217] Isso não acontece, porém, com o aviamento que existe inteiramente na dependência do estabelecimento.

A idéia predominante é a de que o aviamento não é um bem do estabelecimento empresarial, mas uma simples qualidade deste.[218]

Transcreve-se entendimento da doutrina italiana: "La qualitá di bene aziendale immateriale viene da taluno riconosciuta anche all'aviamento. Questa interpretazione dottrinale è stata criticata principalmente sulla base dell'assunto che il bene immateriale à sempre considerable singolarmente e può essere oggeto di valutazione patrimoniale, scisso da ogni altro elemento. Non à cosi per l'avviamento che, pur avendo um valore economico autonomo, non è concepibile isolatamente e non è suscettibile di separazione dall'azienda. L'avviamento, secondo il criterio elaborato dalla Corte di Cassazione, è una qualità dell'azienda e consiste nell'attitudine della stessa a produrre beni e servizi e ad attirare clienti".[219]

Todo e qualquer estabelecimento empresarial possui o seu aviamento. A qualidade desse aviamento certamente varia de um estabelecimento para o outro. Certos estabelecimentos são mais bem organizados, com a utilizaçao de diferentes técnicas pelo empresário, no intuito de agradar a clientela e mantê-la. Por mais simples que seja o estabelecimento, porém, sempre haverá uma organização de bens para viabilizar a atividade empresarial. "Pelo simples fato de existir, e por mais rudimentar que seja sua organização, todo o estabelecimento tem seu aviamento. A diferença será apenas o grau, mas o aviamento é atributo necessário e essencial de qualquer estabelecimento. É, porém, repita-se, uma qualidade, um atributo do estabelecimento, não um elemento autônomo que se possa considerar isoladamente como os demais de que se compõe o estabelecimento".[220]

4.5.2.1 O valor do aviamento — Identificaram-se, até o momento, os bens que compõem o estabelecimento empresarial, seja ele corpóreos seja incorpóreos. Cada um destes bens, individualmente, possui o seu valor. Quando esses bens se encontram agrupados, organizados e destinados a um determinado fim, assumem um outro valor.

Fábio Ulhoa Coelho disserta sobre o valor do estabelecimento: "O estabelecimento comercial é a reunião dos bens necessários ao desenvolvimento da atividade comercial. Quando o comerciante reúne bens de variada natureza, como as mercadorias, máquinas, instalações, tecnologia, prédio etc., em função do exercício de uma atividade, ele agrega a este conjunto de bens uma organização racional que importará em aumento do seu valor *enquanto* continuarem reunidos".[221]

O estabelecimento empresarial possui um valor maior do que a soma dos valores dos bens individualmente considerados.

217. *Curso de Direito Comercial*, p. 242.

218. Consideram o aviamento uma qualidade do estabelecimento empresarial, Hernani Estrella, Dylson Dória, João Eunápio Borges, Rubens Requião e Waldirio Bulgarelli.

219. Marco Levis e Emanuela Gromis Di Trana, *Affito d'Azienda*, p. 2.

220. João Eunápio Borges, *Curso de Direito Comercial Terrestre*, p. 193.

221. Fábio Ulhoa Coelho, *Manual de Direito Comercial*, p. 47.

Tem-se, então, um valor para o ativo do estabelecimento, ou seja, a soma dos valores dos seus bens, e o valor do estabelecimento em si. O valor do estabelecimento é maior que o valor da soma dos bens individualmente considerados, basicamente, em função de dois fatores: o trabalho de organização realizado pelo empresário e o reconhecimento e notoriedade do estabelecimento pela clientela.

A reunião de bens que formam o estabelecimento não se dá de forma aleatória. O empresário, além de dinheiro na aquisição dos bens que compõem o estabelecimento, consumiu tempo, trabalho, idéias com o propósito de sucesso, e, conseqüentemente, de lucros. O empresário utiliza-se de técnicas de administração, de técnicas de *marketing* e de seu "tino" comercial, para oferecer a esses bens uma organização racional que resulte na atração de clientela. Essa organização, alcançando sucesso, ou seja, tornando-se um estabelecimento conhecido e procurado pelo público consumidor, ou apenas possuindo perspectivas de alcançar o sucesso, adquire um valor próprio, que se soma aos bens que compõem o estabelecimento. O trabalho desenvolvido pelo empresário é reconhecido economicamente, ou seja, passa a representar um valor monetário.

Em diferentes ocasiões, o valor do estabelecimento empresarial é constatado.

O principal e mais comum desses momentos é o de sua alienação. O valor pago pelo adquirente é, em regra, superior à soma dos bens que compõem o estabelecimento. O alienante é ressarcido pela organização racional que ofereceu a esses bens e pelo sucesso dessa organização. O sobrevalor cresce de acordo com o sucesso do empreendimento. Quanto melhor o desempenho do estabelecimento no mercado, maior o valor a ele conferido.

A Lei de Falências, em seu art. 116, tratando da realização do ativo do falido, reconhece o sobrevalor do estabelecimento empresarial. Eis o texto da lei: "Se o contrato de locação estiver protegido pelo Decreto 24.150, de 20 de abril de 1934, o estabelecimento comercial ou industrial do falido será vendido na sua integridade, incluindo-se na alienação a transferência do mesmo contrato".[222]

Esse artigo determina a alienação conjunta dos bens que integram o estabelecimento empresarial. Trata-se do reconhecimento do sobrevalor do estabelecimento empresarial, pois prefere-se sua venda em conjunto à venda de seus bens separadamente. Entende-se que, com a venda conjunta, o alienante obterá um valor maior do que com a venda isolada dos bens.

A Lei de Falências reconhece a possibilidade de obtenção de um valor maior quando se vende o estabelecimento conjuntamente, do que quando se vendem separadamente os elementos do estabelecimento. Essa lei, todavia, utiliza-se de um critério objetivo para identificar os estabelecimentos capazes de produzir um sobrevalor por ocasião de sua alienação. Para a Lei de Falências, os estabelecimentos que possuírem contrato de locação que preencha os requisitos para a propositura da ação renovatória são estabelecimentos que devem ser vendidos conjuntamente. Esses estabelecimentos, segundo essa lei, possuem um sobrevalor.

Quando se vai alienar a participação societária constata-se a existência do sobrevalor do estabelecimento empresarial. O valor da participação societária em sociedades prósperas não se limita ao valor patrimonial correspondente àquele percentual de participação. É comum que a essas participações sejam atribuídos um valor maior em função da capacidade de geração de lucros que aquela sociedade possui.

Não é difícil verificar a existência de sobrevalor dos estabelecimentos empresariais nem os momentos em que ele é cons-

222. Hoje, com a revogação do Decreto 24.150, considera-se, para fins deste artigo, os preceitos da Lei 8.245/91.

tatado. Difícil é a tarefa de quantificar esse sobrevalor.

Pode parecer, à primeira vista, que a identificação do valor do estabelecimento somente será verificada quando este for de fato alienado, ou seja, só se saberá o valor do estabelecimento, e, conseqüentemente, identificar o seu sobrevalor, quando o mercado se dispuser a pagar por ele determinado preço. Esta, porém, não é a visão que possui a Ciência da Administração, em especial na área de finanças. Essa ciência tem proposto diversos métodos de avaliação de investimento, considerando como investimento a aquisição de empresas.

A Administração fornece aos empresários mecanismos racionais de aferição do valor de uma empresa. "Um postulado do investimento seguro é que um investidor não pague mais por um ativo do que ele realmente vale".[223] É interessante notar que o valor procurado pela avaliação de investimento vai ao encontro do conceito de aviamento. Diz Aswath Damodaran que "o preço pago por qualquer ativo deve refletir os fluxos de caixa que se espera sejam por ele gerados".[224] O avaliador de investimento busca quantificar o aviamento da empresa, ou seja, a sua capacidade de produzir lucros, para então chegar ao seu valor.

Ultrapassados estão os métodos de avaliação com base exclusiva no valor patrimonial. Embora existam métodos mais modernos, as avaliações com base no valor patrimonial contábil ou com base no valor patrimonial real são ainda muito utilizadas.

Destacam-se dois métodos de avaliação muito utilizados para se determinar o valor de um investimento, que pode ser tanto um determinado estabelecimento empresarial quanto o valor da participação societária da sociedade que o detém.

O primeiro e mais difundido modelo de avaliação é o fluxo de caixa descontado. A avaliação por fluxo de caixa descontado reflete o valor de todos os ativos que produzam lucros, ou seja, a avaliação do ativo é feita com base numa projeção de lucros que esse ativo é capaz de gerar. Essa projeção é baseada nos fluxos de caixa da empresa. Sobre essa projeção dos lucros que o ativo é capaz de gerar, dá-se um desconto em função do grau de risco inerente aos fluxos de caixa estimados. O grau de risco do negócio deve ser abatido do valor dos lucros estimados.

Há, também, a avaliação relativa. Nesse modelo de avaliação, o valor do ativo é obtido por meio do valor de ativos já valorados pelo mercado de empresas similares. Para identificar a similaridade entre as empresas, a fim de poderem fazer comparações entre os seus valores, os avaliadores utilizam-se de variáveis comuns que essas empresas apresentam, como valor contábil, vendas médias, fluxos de caixas, lucros ou outros. "Na avaliação relativa, o valor de um ativo deriva da precificação de ativos 'comparáveis' padronizados pelo uso de uma variável comum, como lucros, fluxos de caixa, valores contábeis ou receitas".[225]

Embora tenham sido desenvolvidos diferentes métodos para se avaliar o valor do estabelecimento, encontra-se referência à avaliação intuitiva que é realizada pelo dono do empreendimento no caso de venda, denominada "preço do vendedor" ou *askin price*. Muitas vezes este método prevalece sobre todos os outros métodos científicos de avaliação.[226]

4.6 Proteção jurídica ao estabelecimento empresarial

Os elementos que compõem o estabelecimento empresarial recebem a proteção que todo e qualquer bem recebe do direito.

223. Aswath Damodaran, *Avaliação de Investimentos*, p. 2.

224. *Avaliação de Investimentos*, p. 2.

225. Aswath Damodaran, *Avaliação de Investimentos*, p. 17.

226. "Como fazer a avaliação", *Gazeta Mercantil* de 25.7.96, p. A-10, São Paulo.

Tem-se a proteção ao estabelecimento feita indiretamente por meio da proteção oferecida aos seus elementos individualmente considerados. Ocorre que o estabelecimento não se restringe aos bens que o compõem. Não apenas estes podem der agredidos. Há um valor superior a todos eles, que resulta do trabalho do empresário e da clientela que ele adquire. A proteção desse valor imaterial é garantida pelo direito por intermédio das regras que visam a coibir a concorrência desleal.

"A proteção do estabelecimento, encarado como unidade ou atomizado em seus elementos, se exerce, diretamente, através da repressão à concorrência desleal, ou, indiretamente, mediante a tutela dos bens imateriais."[227]

A legislação de concorrência desleal visa a impedir a prática de atos que atinjam a atividade do concorrente em violação aos preceitos éticos da correção profissional.[228] "A conduta ilícita reflete-se por expedientes captativos de clientela alheia".[229] Percebe-se que as regras de concorrência desleal visam a proteger o estabelecimento empresarial em sua essência, ou seja, em sua capacidade de atração de clientela.

Destaca-se que não é vedada toda e qualquer forma de captação de clientela alheia. A livre concorrência é preceito constitucional; no entanto, ela não pode ser exercida de forma desleal. Diferenciar a concorrência natural, saudável e leal da concorrência desleal é tarefa árdua. Diz Fábio Ulhoa Coelho: "Não é simples diferenciar a concorrência *leal* da *desleal.* Em ambas, o empresário tem o intuito de prejudicar concorrentes, retirando-lhes, total ou parcialmente, fatias do mercado que haviam conquistado. A intencionalidade de causar dano a outro empresário é elemento presente tanto na concorrência lícita com na ilícita. Nos efeito produzidos, a alteração nas opções dos consumidores, também se identificam a concorrência leal e a desleal. São os meios empregados para a realização dessa finalidade que as distinguem. Há meios idôneos e meios inidôneos de ganhar consumidores".[230]

Completa Pontes de Miranda: "No fundo, o que se condena, na repressão à concorrência desleal, é o emprego de certos meios de luta".[231]

A dificuldade de conceituar genericamente a concorrência desleal com a finalidade de identificar os atos que se enquadram como tal, levou a adoção de outro método. João da Gama Cerqueira[232] indica que a maioria dos autores se limitam a agrupar de modo objetivo em várias categorias os atos que mais comumente se caracterizam como concorrência desleal.

Este também é o método apontado por Carlos Alberto Bittar: "No conceito de 'concorrência desleal' podem ingressar inúmeras práticas — que se perdem ao infinito, dentro da inesgotável gama de ações e procedimentos que a maquinação humana engendra — muitas delas já bem delineadas (...) Assim, tem sido destacadas, na casuística da matéria, certas ações, que vêm sendo caracterizadoras de concorrência desleal, em virtude do grau de maturação alcançado a seu respeito, na vivência jurídica".[233]

Os atos que mais comumente estão relacionados à concorrência desleal são aqueles que têm por objetivo criar confusão entre estabelecimentos, produtos ou serviços; os que procuram denegrir a reputação do concorrente; os que buscam atribuir méritos não verdadeiros ao estabelecimento ou aos produtos; o suborno de

227. Oscar Barreto Filho, *Teoria do Estabelecimento Comercial,* p. 186.

228. Cf. Hermano Duval, *Concorrência Desleal,* p. 126.

229. Carlos Alberto Bittar, *Teoria e Prática da Concorrência Desleal,* p. 30.

230. *Curso de Direito Comercial,* v. I, p. 184.

231. *Tratado de Direito Privado,* t. XVII, p. 270.

232. *Tratado de Propriedade Industrial,* v. II, p. 1.275.

233. "A concorrência desleal e a confusão entre produtos", in *RT* 550/21, ago. 81.

empregados do concorrente; e a divulgação e exploração de segredos de empresa.

A repressão aos atos de concorrência desleal, no direito brasileiro, é feita por um sistema misto. Há a repressão através da tipificação de crimes de concorrência desleal. Existe, ainda, a repressão civil que tem como sanção simplesmente a ação civil de perdas e danos.

João da Gama Cerqueira divide a concorrência desleal em concorrência desleal específica e genérica. "Toma o nome de específica quando se refere a certos atos, particularmente graves, que a lei considera crimes (...) Diz genérica quando se trata de fatos não previstos nessas leis, caindo, assim sob o domínio do Direito Comum".[234] Fábio Ulhoa Coelho aperfeiçoa tal divisão tratando por específica a concorrência desleal sancionada civil e penalmente, e por genérica a concorrência desleal sancionada apenas no âmbito civil.[235]

A repressão penal à concorrência desleal encontra-se no art. 195 do Código de Propriedade Industrial — Lei 9.279/96 —, que tipifica os crimes de concorrência desleal.[236] É o texto do referido artigo: "Comete crime de concorrência desleal quem: I — publica, por qualquer meio, falsa informação, em detrimento de concorrente, com o fim de obter vantagens; II — presta ou divulga, acerca de concorrente, falsa informação com o fim de obter vantagens; III — emprega meio fraudulento, para desviar, em proveito próprio ou alheio, clientela de outrem; IV — usa expressão ou sinal de propaganda alheios, ou os imita, de modo a criar confusão entre os produtos ou estabelecimentos; V — usa, indevidamente, nome comercial, título de estabelecimento ou insígnia alheios ou vende, expõe ou oferece à venda ou tem em estoque produto com essas referências; VI — substitui, pelo seu próprio nome ou razão social, em produto de outrem, o nome ou razão social deste, sem o seu consentimento; VII — atribui-se, como meio de propaganda, recompensa ou distinção que não obteve; VIII — vende ou expõe à venda, em recipiente ou invólucro de outrem, produto adulterado ou falsificado, ou dele se utiliza para negociar com produto da mesma espécie, embora não adulterado ou falsificado, se o fato não constitui crime mais grave; IX — dá ou promete dinheiro ou outra utilidade a empregado de concorrente, para que o empregado, faltando ao dever do emprego, lhe proporcione vantagens; X — recebe dinheiro ou outra utilidade, ou aceita promessa de pagamento ou recompensa, para, faltando ao dever de empregado, proporcionar vantagem a concorrente do empregador; XI — divulga, explora ou utiliza-se, sem autorização, de conhecimentos, informações ou dados confidenciais, utilizáveis na indústria, comércio ou prestação de serviços, excluídos aqueles que sejam de conhecimento público ou que sejam evidentes para um técnico no assunto, a que teve acesso mediante relação contratual ou empregatícia, mesmo após o término do contrato; XII — divulga, explora ou utiliza-se, sem autorização, de conhecimentos ou informações a que se refere o inciso anterior, obtidos por meios ilícitos ou a que teve acesso mediante fraude; ou XIII — vende, expõe ou oferece à venda produto, declarando ser objeto de patente depositada, ou concedida, ou de desenho industrial registrado, que não o seja, ou menciona-o, em anúncio de papel comercial, como depositado ou patenteado, ou registrado, sem o ser; XIV — divulga, explora ou utiliza-se, sem autorização, de resultado de testes ou outros dados não divulgados, cuja elaboração envolve esforço considerável e que tenham sido

234. *Tratado da Propriedade Industrial*, v. II, p. 1.271.

235. *Curso de Direito Comercial*, v. I, p. 185.

236. Anteriormente à promulgação do atual Código de Propriedade Industrial, de 1996 — Lei 9.279 — os crimes de concorrência desleal estavam tipificados pelo Código de Propriedade Industrial, de 1945 — Decreto-lei 7.903. O Código de Propriedade Industrial, de 1971 — Lei 5.772 — determinou a permanência da vigência do art. 178 do Código de Propriedade Industrial, de 1945, que tipificava os crimes de concorrência desleal.

apresentados a entidades governamentais como condição para aprovar a comercialização de produtos. Pena: detenção de 3 (três) meses a 1 (um) ano, ou multa".

Todos os atos tipificados em lei têm um único objeto: captar a clientela alheia por meios ilícitos ou desleais, seja causando confusão ao consumidor, seja utilizando informação, método ou técnica de trabalho do concorrente, seja, ainda, criando um conceito do seu estabelecimento que não corresponde à verdade.

A repressão civil está prevista no art. 209 do mesmo diploma legal. Eis o texto desse art.: "Fica ressalvado ao prejudicado o direito de haver perdas e danos e ressarcimento de prejuízos causados por atos de violação de direitos de propriedade industrial e atos de concorrência desleal não previstos nesta Lei, tendentes a prejudicar a reputação ou os negócios alheios, a criar confusão entre estabelecimentos comerciais, industriais ou prestadores de serviços, ou entre os produtos e serviços postos no comércio".

Percebe-se que, mesmo não estando previsto como tipo penal, um ato pode ser caracterizado como de concorrência desleal. Basta que o concorrente procure denegrir a imagem do empresário ou use mecanismos para confundir os consumidores. Para estes atos não tipificados como crime resta a sanção civil. O concorrente desleal deverá indenizar o prejudicado pelo ato de concorrência desleal.

Vê-se que todos os atos de concorrência desleal, sejam dos tipos penais ou não, têm uma preocupação em comum: impedir que a clientela seja retirada do empresário de forma desleal. Se o estabelecimento empresarial tem por objetivo final a captação e a manutenção da clientela, temos nas regras de concorrência desleal uma proteção direta a estabelecimento empresarial.

Conclusão

O estabelecimento empresarial é figura antiqüíssima, que surge juntamente com o comércio. É, ao mesmo tempo, figura de atualidade gritante, pois o instrumento de trabalho do empresário adquire importância cada vez maior. Se, nos tempos remotos, a figura do empresário era motivo de atração de clientela, ou seja, se o conceito e o carisma pessoal tinham influência na captação de clientela, hoje esse fator tem cada vez menos relevância. O *marketing*, as marcas, o bom treinamento do pessoal, o produto de qualidade ou o produto conhecido são os maiores fatores de atração em uma sociedade de consumo de massa. A relação de consumo perde seu caráter pessoal. O mercado utiliza-se de armas mais poderosas que o contato humano.

A importância do estabelecimento empresarial, nos dias atuais, faz que estudemos mais detidamente as regras de concorrência desleal. É pelas regras de concorrência desleal que se protege o estabelecimento empresarial enquanto conjunto. A proteção ao estabelecimento empresarial é realizada por meio da proteção da clientela, que é o seu objetivo final. Proteger a clientela de determinado empresário é impedir que ela seja desviada por meios desleais. Não há garantia absoluta de manutenção da clientela, uma vez que convivemos com a livre concorrência. Impede-se, apenas, que sejam usados meios desleais para a sua captação.

Além da proteção ao conjunto do estabelecimento empresarial, cada um dos seus elementos componentes possui sua proteção específica. O empresário possui proteção, oferecida pelo direito de propriedade, para cada um dos bens que formam o seu estabelecimento. Trata-se da proteção indireta ao estabelecimento empresarial, ou seja, a proteção conferida aos seus elementos.

Compreender a figura do estabelecimento empresarial é fundamental num momento em que a forma de consumo se utiliza desse instrumento como fator fundamental para a atração da clientela. A importância desse instituto é demonstrada pelo interesse que surge por parte do empresário em negociá-lo cada vez mais.

O estudo do estabelecimento empresarial enquanto complexo de bens do empresário vem proporcionar ao jurista base para que se estabeleçam negócios jurídicos tendo esse como objeto.

Entendê-lo juridicamente é imprescindível para que os negócios jurídicos que o circundam sejam feitos com segurança. Definir a natureza jurídica do estabelecimento empresarial como uma universalidade de fato é conceder ao empresário total liberdade em sua composição e conseqüentemente na delimitação dos negócios jurídicos que o envolvem. É evidente que o empresário poderá compor o seu estabelecimento empresarial com os bens que julgar conveniente. Tais bens são materiais (móveis ou imóveis) e bens imateriais. Os direitos e obrigações não integram o estabelecimento empresarial, porque estão ligados ao titular do estabelecimento. Somente os contratos de trabalho, por expressa disposição legal, aderem ao conjunto de bens, garantindo desta forma a manutenção do emprego.

Bibliografia

ALMEIDA, Amador Paes. *Curso de Falência e Concordata*. 13ª ed. São Paulo: Saraiva, 1996.

ALMEIDA, Marcus Elidius Micheli. *O Tratado Internacional em face da Constituição Federal*. Dissertação de Mestrado. São Paulo: Pontifícia Universidade Católica, 1995, inédita.

ÁLVARES, Walter T. *Direito Comercial*. 2ª ed. V. I. São Paulo: Sugestões Literárias, 1971.

——— *Curso de Direito Falimentar*. 7ª ed. São Paulo: Sugestões Literárias, 1979.

ARRUDA, José Jobson de A. e PILETTI, Nelson. *Toda a História — História Geral e História do Brasil*. São Paulo: Ática, 1994.

ASCENSÃO, José de Oliveira. "Estabelecimento comercial", *Revista da Faculdade de Direito da Universidade Federal de Juiz de Fora* 16/75-90, Juiz de Fora, set. 1987.

——— *Concorrência Desleal*. Lisboa: Associação Acadêmica da Faculdade de Direito de Lisboa, 1994.

ASWATH, Damodara. *Avaliação de Investimentos*. Rio de Janeiro: Qualitymark, 1997.

ATALIBA, Geraldo e GIARDINO, Cleber. "Responsabilidade tributária — ICM — Substituição tributária (Lei Complementar 44/83)", *Revista de Direito Tributário* 34/204-229, São Paulo: Ed. RT, out.-dez. 1995.

——— e BARRETO, Aires F. "Substituição e responsabilidade tributária", *Revista de Direito Tributário* 49/73-49, São Paulo: Ed. RT, jul.-set. 1989.

AZARA, Antonio e EULA, Ernesto. *Novissimo Digesto Italiano*. Torino: Editrice Torinese, 1957.

BARBOSA, Mário Figueiredo. *Valor da Clientela no Fundo de Comércio*. Rio de Janeiro: Forense, 1989.

BARBOSA, Ruy. *As Cessões de Clientela e a Interdicção da Concorrencia nas Alienações de Estabelecimentos Commerciaes e Industriaes*. Rio de Janeiro: Impressões Artísticas, 1913.

BARRETO FILHO, Oscar. *Teoria do Estabelecimento Comercial*. 2ª ed. São Paulo: Saraiva, 1988.

BEVILAQUA, Clóvis. *Teoria Geral do Direito* Civil. 2ª ed. (revista e atualizada por Caio Mário da Silva Pereira). Rio de Janeiro: Rio, 1980.

BITTAR, Carlos Alberto. *Teoria e Prática da Concorrência Desleal*. São Paulo: Saraiva, 1989.

——— "A concorrência desleal e a confusão entre produtos", *RT* 550/20-32, São Paulo: Ed. RT, ago. 1981.

BORGES, João Eunápio. *Curso de Direito Comercial Terrestre*. 5ª ed. Rio de Janeiro: Forense, 1971.

BULGARELLI, Waldirio. *Sociedades, Empresa e Estabelecimento*. São Paulo: Atlas, 1980.

BUSHATSKY, Jaques. "Renovatória de locação e sociedades comerciais atípicas", *RT* 687/233-252, São Paulo: Ed. RT, jan. 1993.

BUZAID, Alfredo. *Da Ação Renovatória*. São Paulo: Saraiva, 1988.

CAMMAROTA, Antonio. *Casas de Comercio — Compra-Venta de Negocios*. Buenos Aires: Valerio Abeledo, 1924.

CERQUEIRA, João da Gama. *Tratado da Propriedade Industrial*. V. II, t. II. São Paulo: Forense, 1956.

COELHO, Fábio Ulhoa. *Manual de Direito Comercial*. 7ª ed. São Paulo: Saraiva, 1996.

——— *O Empresário e os Direitos do Consumidor*. São Paulo: Saraiva, 1994.

——— *Código Comercial e Legislação Complementar Anotados*. 2ª ed. São Paulo: Saraiva, 1996.

——— "Como fazer uma avaliação", *Gazeta Mercantil*. São Paulo, 25.7.96, p. A-10.

COSTA, Manoel Vieira da. *Introdução do Direito Comercial e Fundo de Comércio*. São Paulo: Resenha Universitária, 1984.

——— "Fundo de comércio". *Revista Trimestral de Jurisprudência dos Estados* 43/23-44, São Paulo, mar.-abr. 1987.

CRISTIANO, Romano. *Personificação da Empresa*. São Paulo: Ed. RT, 1982.

DANTAS, San Tiago. *Programa de Direito Civil — Parte Geral*. Rio de Janeiro: Rio, 1979.

DI BIASI, Gabriel, GARCIA, Mário Soarensen e MENDES, Paulo Parente M. *A Propriedade Industrial*. Rio de Janeiro: Forense, 1997.

DINIZ, Maria Helena. *Tratado Teórico e Prático dos Contratos*. São Paulo: Saraiva, 1993.

——— *Curso de Direito Civil Brasileiro*. 11ª ed. V. I. São Paulo: Saraiva, 1995.

DOLINGER, Jacob. *Direito Internacional Privado — Parte Geral*. 5ª ed. Rio de Janeiro: Renovar, 1997.

DÓRIA, Dylson. *Curso de Direito Comercial*. São Paulo: Saraiva, 1995.

DUVAL, Hermano. *Concorrência Desleal*. São Paulo: Saraiva, 1976.

ESCARRA, Jean. *Principes de Droit Commercial*. Paris: Librairie du Recueil Sirey, 1934.

ESTRELLA, Hernani. *Curso de Direito Comercial*. Rio de Janeiro: José Konfino, 1973.

FERRARA, Francesco. *La Teoria Giuridica Dell'Azienda*. Firenze: Casa Editrice Il Castellacio, 1945.

FERREIRA, Aurélio Buarque de Holanda. *Novo Dicionário da Língua Portuguesa*. São Paulo: Nova Fronteira, 1980.

FERREIRA, Waldemar Martins. *Tratado de Direito Comercial*. São Paulo: Saraiva, 1960.

——— *Instituições de Direito Comercial*. Rio de Janeiro: Freitas Bastos, 1952.

GIFIS, Steven H. *Legal Terms*. 2ª ed. Nova York: Barron's, 1993.

GONÇALVES, Luiz da Cunha. *Da Compra e Venda no Direito Comercial Brasileiro*. 2ª ed. São Paulo: Max Limonad, 1950.

JUSTEN FILHO, Marçal. *Sujeição Passiva Tributária*. Belém: CEJUP, 1986.

LACERDA, J. C. Sampaio. *Lições de Direito Comercial Terrestre*. Rio de Janeiro: Forense, 1970.

——— *Manual de Direito Falimentar*. 5ª ed. Rio de Janeiro: Livraria Freitas Bastos, 1959.

LEITE, Geraldo Magela. *O Estabelecimento Comercial como Objeto de Negócio Jurídico*. Tese de Doutorado. São Paulo: Faculdade de Direito da USP, 1982, inédita.

——— *A Freguesia — Aspectos Jurídicos*. Dissertação de Mestrado. São Paulo: Faculdade de Direito da USP, 1975, inédita.

LEONARDOS, Gabriel F. "A proteção jurídica ao nome comercial, ao título do estabelecimento e à insígnia no Brasil – Regime jurídico e novos desenvolvimentos na jurisprudência (levando-se em consideração, inclusive, a nova Lei do Registro Público de Empresas Mercantis — Lei 8.934, de 18.11.94)", *Revista da Associação Brasileira de Propriedade Industrial* 13/3-32, nov.-dez. 1994.

——— "A proteção jurídica ao nome comercial, ao título do estabelecimento e à insígnia no Brasil — Regime jurídico e novos desenvolvimento na jurisprudência", *RDM* 95/26-56, São Paulo: Ed. RT, jul.-set. 1994.

LEVIS, Marco e DI TRANA, Emanuela Gromis. *Affito d'Azienda*. Milão: 24 Ore Pitola, 1997.

LIMA, Francisco Meton Marques. *Os Princípios de Direito do Trabalho na Lei e na Jurisprudência*. 2ª ed. São Paulo: LTr, 1997.

LOPES, Miguel Maria de Serpa. *Curso de Direito Civil*. V. I. 6ª ed. Rio de Janeiro: Livraria Freitas Bastos, 1988.

MARTINS, Yves Gandra da Silva (coord.). *Caderno de Pesquisas Tributárias 5 — Tema: Responsabilidade Tributária*. São Paulo: Saraiva, 1980.

MARTINS, Fran. *Contratos e Obrigações Comerciais*. 14ª ed. Rio de Janeiro: Forense, 1996.

MELLO, Leonel Itassu A. e COSTA, Luís César Amado. *História Moderna e Contemporânea*. São Paulo: Scipione, 1985.

MENDES, Octávio. *Curso de Direito Comercial Terrestre*. São Paulo: Saraiva, 1930.

MENDONÇA, José Xavier Carvalho de. *Tratado de Direito Commercial Brazileiro*. Rio de Janeiro: Tipografia do Jornal do Comércio, 1919.

MIRANDA, Pontes de. *Tratado de Direito Privado — Parte Geral*. T. II. Rio de Janeiro: Borsói, 1954.

MONTEIRO, Washington de Barros. *Curso de Direito Civil — Parte Geral*. 33ª ed. São Paulo: Saraiva, 1995.

MORAES FILHO, Evaristo. *Do Contrato de Trabalho como Elemento da Empresa*. São Paulo: LTr, 1993.

NASCIMENTO, Carlos Valder do (coord.). *Comentários ao Código Tributário Nacional*. 2ª ed. Rio de Janeiro: Forense, 1998.

NUNES, Pedro. *Dicionário de Tecnologia Jurídica*. 12ª ed. Rio de Janeiro: Freitas Bastos, 1974.

OLIVEIRA, Juarez de (coord.). *Comentários à Lei de Locações de Imóveis Urbanos*. São Paulo: Saraiva, 1992.

PAES, P. R. Tavares. *Da Concorrência do Alienante do Estabelecimento Comercial*. São Paulo: Saraiva, 1980.

——— *Curso de Direito Comercial*. São Paulo: Ed. RT, 1987.

——— *Propriedade Industrial*. São Paulo: Saraiva, 1982.

——— *Nova Lei da Propriedade Industrial*. São Paulo: Ed. RT, 1996.

PACHECO, José da Silva. *Tratado de Direito Empresarial, Empresário: Pessoa e Patrimônio*. São Paulo: Saraiva, 1979.

PAZZINATO, Alceu Luiz e SENISE, Maria Helena Valente. *História Moderna e Contemporânea*. São Paulo: Ática, 1993.

RAMALHO, Rubem. *Curso Teórico e Prático de Falências e Concordatas*. 2ª ed. São Paulo: Saraiva, 1989.

RÁO, Vicente. *O Direito e a Vida dos Direitos*. 3ª ed. São Paulo: Ed. RT, 1991.

REQUIÃO, Rubens. *Curso de Direito Comercial*. 21ª ed. São Paulo: Saraiva, 1993.

RESTREPO, Carlos Alberto Velásquez. *Instituciones de Derecho Comercial*. 2ª ed. Medelin: Biblioteca Jurídica Diké, 1998.

RIPERT, Georges. *Traité de Droit Commercial*. 13ª ed. Paris: Libraire Générale de Droit et de Jurisprudence, 1989.

RODRIGUES, Sílvio. *Direito Civil — Parte Geral*. 26ª ed. V. I. São Paulo: Saraiva, 1996.

ROQUE, Sebastião José. *Moderno Curso de Direito Comercial*. São Paulo: Ícone, 1996.

SAADE, Eduardo Gabriel. *CLT Comentada*. 24ª ed. São Paulo: LTr, 1991.

SILVA, Caio Mário da. *Instituições de Direito Civil*. 18ª ed. V. I. Rio de Janeiro: Forense, 1996.

SILVA, Luiz de Pinho Pedreira da. *Principiologia do Direito do Trabalho*. São Paulo: LTr, 1997.

SILVEIRA, Newton. *A Propriedade Intelectual e a Nova Lei de Propriedade Industrial*. São Paulo: Saraiva, 1996.

SCHMIDT, Lélio Denícoli. "A Convenção de Paris e o direito interno: alguns aspectos", *Revista da Associação Brasileira de Propriedade Industrial* 27/3-19, mar.-abr. 1997.

SUSSEKIND, Arnaldo, MARANHÃO, Délio e VIANA, Segadas. *Instituições do Direito do Trabalho*. 13ª ed. V. II, São Paulo: LTr, 1993.

SZWANIAWSKI, Elimar. "Indagações sobre o usufruto judicial do estabelecimento comercial", *Revista da Faculdade de Direito da Universidade Federal de Juiz de Fora* 14/132-175, Juiz de Fora, ago. 1986.

TZIRULNIK, Luiz. *Direito Falimentar*. São Paulo: Ed. RT, 1989.

VALVERDE, Trajano de Miranda. *Comentários à Lei de Falências*. V. I. Rio de Janeiro: Forense, 1984.

VERCRUYSSE, Marcel e LAUWERS, Edouard. *Le Fonds de Commerce*. Bruxelas: Ferd. Larcier, 1967.

VIANA, Marco Aurélio S. *Curso de Direito Civil*. V. I. Belo Horizonte: Del Rey, 1993.

VIVANTE, Césare. *Instituições de Direito Comercial* (trad. J. Alves de Sá). 3ª ed. São Paulo: Livraria C. Teixeira & Cia, 1928.

——— *Trattato de Diritto Commerciale*. 5ª ed. V. III. Milão: Casa Editrice Dottor Francesco Vallardi, 1922.

WALD, Arnoldo. *Direito das Coisas*. 9ª ed. São Paulo: Ed. RT, 1988.

ZUNINO, Jorge O. *Fondo de Comercio — Régimen Legal de su Transferencia*. Buenos Aires: Astrea, 1993.

Doutrina

O PODER DE CONTROLE NA SOCIEDADE ANÔNIMA — ALGUNS ASPECTOS

MARCELO M. BERTOLDI

I — Introdução. II — Teoria da separação entre a propriedade e o controle da sociedade anônima. III — O controle externo. IV — Abuso do poder de controle — Responsabilidade civil do controlador: a) Aspectos gerais; b) Legitimação; c) Tutela jurisdicional; d) Sanções administrativas. V — Alienação do poder de controle. VI — O poder de controle e o acordo de acionistas. VII — "Golden share" — O art. 18 da Lei 6.404/76. VIII — Conclusão. IX — Bibliografia.

I — Introdução

Certamente um dos temas que mais tem merecido a atenção daqueles que se detêm ao estudo das sociedades empresárias é o relacionado ao poder de controle da sociedade anônima, na medida em que acaba por desenvolver toda uma teoria em torno do relacionamento entre aqueles que possuem o bloco de ações com maioria de votos na assembléia da companhia e os que devem se submeter à sua vontade, os minoritários.

No Direito brasileiro pode-se dizer que há um marco na doutrina a respeito deste assunto, que é estabelecido pelos estudos do Prof. Fábio Konder Comparato, notadamente em dois trabalhos: *Aspectos Jurídicos da Macroempresa* e *O Poder de Controle na Sociedade Anônima*. É a partir destes estudos que procuramos desenvolver o trabalho que se segue, trazendo à discussão questões atuais relacionadas com o cotidiano do relacionamento entre os acionistas da sociedade anônima.

II — Teoria da separação entre a propriedade e o controle da sociedade anônima

Para que possamos adentrar no assunto referente ao poder de controle na sociedade anônima devemos ter presente os diversos interesses possíveis por parte dos acionistas com relação a administração da companhia. Sendo assim, encontramos os empreendedores, que são aqueles acionistas cujo interesse pela condução do negócio é total e a sua participação nos rumos da companhia geralmente são decisivos para o sucesso ou fracasso do empreendimento.

Identifica-se, também, o acionista rendeiro, que procura nas ações uma forma de investimento a longo prazo, e, portanto, também tem interesse pela administração da companhia, mas não de forma intensa como o empreendedor. Por final, encontramos o acionista especulador, cujo interesse pela companhia é apenas momentâneo e totalmente despreocupado com sua administração, mas cuja participação é fundamental para que o mercado de capitais tenha liquidez.

Como se sabe as decisões nas sociedades anônimas são tomadas pela assembléia geral, levando-se em conta o fato de que quem detém a maioria dos votos alcança o controle da sociedade, elegendo os seus diretores, os membros do conselho fiscal, a diretoria. Por via de conseqüência, influi profundamente no andamento da sociedade, não só no que diz respeito à política geral de condução dos negócios, como também no seu dia a dia, já que o controlador exerce forte ascensão sobre os administradores por ele nomeados.[1] Assim, o conceito de poder de controle é sempre construído com base na assembléia geral, última instância da sociedade.

Se antigamente o conceito de maioria e minoria fundava-se segundo a fórmula *metade mais um* e *metade menos um*, tendo em vista a existência de uma sociedade em que todos tinham direito de voto e havia a efetiva participação dos acionista, hoje, com o surgimento da sociedade moderna, isto não mais ocorre. Nem todos os acionistas contam com direito de voto e a dispersão das ações acaba por propiciar a existência de um controle exercido por pessoa(s) que detêm menos da metade das ações da companhia.[2]

Diante deste aspecto, podemos verificar que somente uma parcela daqueles que são proprietários da sociedade efetivamente detêm o seu controle. Adolf A. Berle e Gardiner C. Means são apontados como os estudiosos que em primeiro ocuparam-se em estudar esta característica da empresa moderna, o que fizeram na obra *The Modern Corporation and Private Property*,[3] onde, separando a propriedade do controle da sociedade,[4] identificam cinco tipos de controle possíveis numa sociedade: o controle fundado na posse da quase totalidade das ações da companhia; aquele controle fundado na posse da maioria dessas ações; o obtido por meio de expedientes legais; o minoritário e o controle gerencial ou administrativo.[5]

Em sua célebre obra *O Poder de Controle na Sociedade Anônima*, o Prof. Fábio Konder Comparato, em exame detido daquela classificação, acaba por reduzi-la a quatro espécies de controle: *totalitário*, *majoritário*, *minoritário* e *gerencial*.

O controle é *totalitário* quando nenhum acionista é excluído do poder de dominação na sociedade. *Majoritário*, quando exercido por aquele que detém a maioria das ações com direito a voto. *Minoritário*, quando o controle está nas mãos de alguém que detém menos da metade da ações com direito a voto, tendo em vista a grande dispersão acionária. Por último, o controle *gerencial* se faz sentir quando se verifica o controle interno totalmente desligado da titularidade das ações em que se divide o capital social, controle este oriundo da extrema dispersão do capital social, fazendo com que os administradores assumam o controle empresarial de fato, enquanto que os acionistas exercem a função de meros prestadores de capital.[6]

1. Guilherme G. Cunha Pereira nos lembra que "o poder de controle normalmente não suprime as instâncias decisórias instituídas pela lei ou pelos estatutos. Ao contrário, serve-se dessas instâncias para alcançar suas finalidades" (*A Alienação do Poder de Controle Acionário*, p. 10).

2. Cf. Rubens Requião, *Curso de Direito Comercial*, pp. 119-120, que exemplifica este estado de coisas lembrado que a família Rockfeller, muito embora detivesse o controle sobre a companhia *Standard Oil of New Jersey*, sua participação acionária não passava dos 5% do capital social.

3. Nova York, Macmillan, 1940.

4. Argumenta Calixto Salomão Filho que "é conclusão pacífica da investigação moderna a dissociação operada pela economia capitalista entre propriedade e controle. Na medida em que a organização societária torna-se mais complexa e profissional, tanto menor torna-se a influência do acionista individual, transformado em mero investidor, nas decisões societárias" (*O Novo Direito Societário*, p. 160).

5. Comparato lembra que a separação entre propriedade e controle da sociedade anônima não foi uma descoberta de Berle e Means, já que Karl Marx já havia se manifestado sobre este assunto nos seguintes termos: "A produção capitalista chegou a um ponto em que o trabalho de direção, completamente separado da propriedade do capital, é por todos admitido, de tal arte que doravante o capitalista não tem mais necessidade de exercer pessoalmente esta função. Um maestro não precisa de modo algum ser proprietário dos instrumentos da orquestra que dirige, nem lhe compete tratar do salário dos seus músicos" (*Aspectos Jurídicos da Macroempresa*, pp. 71-72).

6. Cf. Fábio Konder Comparato, ob. sup., p. 69.

Fábio Ulhoa Coelho,[7] referindo-se à classificação acima, lembra que no Brasil, tendo em vista o estágio de desenvolvimento de nosso mercado de capitais, predominam as sociedades de controle totalitário; são raros os casos de controle minoritário e não existem casos em que o controle está nas mãos dos administradores da companhia. De fato. Ao contrário do que ocorre nos mercados mais amadurecidos, como é o caso do norte-americano, que já na época dos estudos de Berle e Means, conforme estes autores apontam, 65% das duzentas maiores empresas norte-americanas seriam controladas seja pelos diretores, seja por um instrumento legal envolvendo reduzida participação acionária, no mercado brasileiro isto não ocorre. Neste contexto "são bastantes eloqüentes os resultados de pesquisa realizada, em 1985, pela Superintendência de Estudos e Projetos da Comissão de Valores Mobiliários entre 476 sociedades anônimas brasileiras (representando, à época, cerca de 90% do patrimônio líquido total das sociedades anônimas cotadas em bolsa). Demonstrou-se que o percentual médio de controle nessas sociedades era de 69,8% do capital com direito a voto. Em 18,4% das sociedades o controle chegava a percentuais entre 90 e 100% do capital social. Se esse é o grau de concentração nas companhias de capital aberto, com relação às quais é razoável pressupor a existência de maior interesse na diluição da participação acionário, imagine-se nas companhias fechadas e sociedades por quotas de responsabilidade limitada".[8]

Especialmente sobre o controle gerencial, importa lembrar a ressalva que faz J. E. Parkinson,[9] quando se refere aos problemas inerentes à delegação do poder de controle nas sociedades anônimas. Menciona aquele autor que "enquanto a delegação do poder é um pré-requisito para a eficiência da empresa, ela traz o risco comum a todas as relações de outorga de poderes, o de que os diretores passem a agir em virtude de seus próprios interesses às expensas do acionista, conseqüentemente minimizando os ganhos esperados". É especialmente levando em conta esta preocupante realidade que nosso sistema jurídico é dotado de mecanismos suficientes para coibir a prática de atos pelo controlador, distanciado dos interesses dos acionistas e da própria sociedade.

Controle, neste contexto, não pode ser definido singelamente como a habilidade ou o poder de eleger os membros da diretoria da sociedade. O ponto é que não são somente as decisões do dia a dia dos negócios da empresa ou mesmo estratégias a longo prazo que foram tiradas dos acionistas não controladores, mas, sim, que estes não são capazes de modelar os propósitos para o qual os negócios estão sendo direcionados, ou seja, são eles incapazes de obrigar os gerenciadores a agirem de tal e qual maneira.[10-11]

O Direito brasileiro acabou por contemplar a existência de todas estas espécies de controle das sociedades anônimas, estabelecendo que: "Entende-se por acionista controlador a pessoa, natural ou jurídica, ou o grupo de pessoas vinculadas por acordo de voto, ou sob controle comum, que: a) é titular de direitos de sócio que lhe assegurem, de modo permanente, a maioria dos votos nas deliberações da assembléia

7. *Curso de Direito Comercial*, pp. 276-277.

8. Calixto Salomão Filho, *Direito Concorrencial. As Estruturas*, pp. 235-236, fazendo referência a ensaio publicado por Nelson Eizirik "O mito do 'controle gerencial' — Alguns dados empíricos", in *RDM* 66/104.

9. *Corporate Power and Responsability: Issues in the Theory of Company Law*, p. 61.

10. Cf. J. E. Parkinson, ob. cit., p. 161.

11. O mesmo autor supramencionado lembra que a idéia de atenuação severa do poder de controle acionário somente foi aceita na Inglaterra em 1945. Naquele ano, o comitê "Cohen" sucintamente explicou este fenômeno, nos seguintes termos: "A natureza ilusória do controle teoricamente exercido pelos acionistas sobre os diretores tem sido acentuada pela dispersão do capital entre um crescente número de pequenos acionistas que prestam pouca atenção em seus investimentos enquanto dividendos satisfatórios estiverem sendo percebidos" (ob. cit., p. 60).

geral e o poder de eleger a maioria dos administradores da companhia; e b) usa efetivamente seu poder para dirigir as atividades sociais e orientar o funcionamento dos órgãos da companhia".[12]

Torna-se necessário, portanto, que estejam presentes dois elementos para que o poder de controle efetivamente se faça presente, além da simples maioria de votos na assembléia: é necessário também que *a)* este controle se dê de modo permanente e estável e que *b)* a(s) pessoa(s) detentora(s) do poder de controle utilize(m)-se dele para imprimir à sociedade a marca de sua atuação, ou seja, somente há que se falar em poder de controle se este poder efetivamente for utilizado — não existe poder passivo.[13]

III — O controle externo

Além daquele controle *interna corporis* acima mencionado, é fácil de se verificar que a empresa moderna está sempre sujeita a diversas formas de controle que se originam fora dela, isto ocorre sempre que fenômenos externos venham a alterar significativamente os rumos normais da vida societária.

A doutrina aponta várias hipóteses em que se dá o controle externo. É o caso da existência de contratos firmados entre a companhia e terceiros que acabem por reduzir significativamente o seu âmbito de atuação, conforme ocorre nos contratos de *franchising*, em que os franqueados são compelidos a aderirem a cláusulas rígidas quanto a sua atuação. O mesmo ocorre em relação ao contrato de *know-how*, onde se verifica, em muitos casos, a grande dependência entre o fornecedor da tecnologia e a sociedade.

Hoje, não é raro que a sociedade esteja de tal forma comprometida economicamente que acabe por submeter-se às exigências de seus credores, especialmente bancos que, geralmente, condicionam a manutenção do relacionamento creditício a uma série de providências de natureza administrativa e organizacional, exercendo um verdadeiro controle administrativo e financeiro sobre a companhia.

Verifica-se, também, a grande influência externa do Estado, compreendido aí os entes da Federação — União, Estados e Municípios, suas autarquias e entes de regulação. Como exemplo, temos o Conselho Administrativo de Defesa Econômica — CADE, a quem compete prevenir e reprimir as infrações à ordem econômica, podendo impor multa pecuniária ou tomar medidas necessárias para obstar práticas de abuso do poder econômico, como é o caso do rol do art. 24 da Lei 8.884/94, que estabelece, entre outras providências, a possibilidade de aquela autarquia determinar a cisão da sociedade, transferência de controle societário, venda de ativo, cessão parcial de atividade, ou qualquer outro ato ou providência necessários para a eliminação dos efeitos nocivos à ordem econômica, dentre eles, inclusive, a intervenção administrativa na empresa infratora, nos termos já previstos pelo art. 17 da revogada Lei 4.137/62.

Diga-se o mesmo com relação às agências de regulação de determinados setores produtivos, especialmente aqueles recentemente privatizados. É o caso da Agência Nacional de Telecomunicações — ANATEL, criada pela Lei 9.472/97, a quem cabe regular e fiscalizar o setor de telecomunicações, tendo poderes amplos no sentido de imiscuir-se na administração das empresas exploradoras do serviço de telecomunicações.

Devemos, no entanto, ressaltar que esse tipo de interferência representa não um poder de controle propriamente dito, nos termos estudados pelo direito societário, na medida em que são fenômenos jurídicos externos e que estão ligados à própria atividade desenvolvida pela companhia e não propriamente ao modelo societário, ou seja, este é um controle que afeta tanto uma so-

12. Lei 6.404/76, art. 116.

13. Cf. Leslie Amendolara, *Os Direitos dos Acionistas Minoritários*, pp. 118-119.

ciedade anônima quando qualquer outra forma de sociedade — por quotas, em conta de participação, empresário individual etc. —, representa, isto sim, a necessária interferência do Estado na iniciativa privada e que acaba abrangendo toda a forma de atividade econômica que interesse à coletividade.

Para o Prof. Waldirio Bulgarelli,[14] no Brasil, uma série de controles foram criados, independentemente de ser restrito à ordem organizacional da sociedade quanto a estrutura de atuação da empresa. Dessa forma, pode-se dizer que, na realidade, o que ocorre nesses casos de fiscalização governamental, não seria um poder de controle mas um "controle de poder". Seria uma forma velada de manter as sociedades sob o domínio do Estado.

Sem dúvida, este tipo de controle — controle externo — está presente no cotidiano de um grande número de sociedades, no entanto, para os efeitos de nosso estudo, trataremos tão-somente do controle exercido *interna corporis*, mediante a análise da legislação societária pertinente.

IV — Abuso do poder de controle — Responsabilidade civil do controlador

a) Aspectos gerais

Comparato[15] nos ensina que o desvio de poder consiste "num afastamento não da forma mas do espírito da lei, representando ato típico de *fraus legi*, e não *contra legem*", e que "do desvio de poder deve ser destacado o excesso, que ocorre quando o agente, embora perseguindo fins consagrados ou impostos pela ordem jurídica, interfere, não obstante, de modo mais do que necessário na esfera jurídica alheia".

Aquele mesmo autor destaca os objetivos ou finalidades que legitima o poder de controle na sociedade anônima, retirados do texto expresso do parágrafo único do art. 116 da Lei 6.404/76, que são de duas ordens: os intra e os extra-empresariais.

Entre os primeiros encontramos tudo aquilo que traga a satisfação dos participantes da empresa, tais como os acionistas, os titulares de valores mobiliários outros, seus empregados e administradores. No que diz respeito aos interesses extra-empresariais são eles relacionados à comunidade da qual a sociedade faz parte.

Estas duas ordens de interesses ou objetivos acabam por consagrar o primado da função social da propriedade, abandonando a "teoria do exclusivo atendimento dos interesses acionários e, até mesmo, dos interesses intra-empresariais em seu conjunto, como objetivo da atuação de controladores e administradores".[16]

O parágrafo único do art. 116 consagra a doutrina de que a empresa, e em especial a companhia aberta, não pode ser conduzida de forma absoluta pelos seus controladores, mas precisa realizar o seu objeto e cumprir a sua função social, não se descurando dos deveres e responsabilidades para com os demais acionistas da empresa, os que nela trabalham e para com a comunidade em que atua, cujos direitos e interesses deve lealmente respeitar e atender.

Se por um lado se diz que o poder de controle se exterioriza na assembléia geral da companhia, isto não quer significar que o rol do § 1º do art. 117 somente se verifica se tais ações forem praticadas ou delineadas nas assembléias, na medida em que também fora da reunião acionária, mediante "orientação" informal ao conselho de administração ou diretoria, o controlador pode cometer abusos.[17]

14. *O Conselho Fiscal nas Companhias Brasileiras*, pp. 49-52.

15. *O Poder de Controle...*, p. 295.

16. Comparato, *O Poder de Controle...*, p. 300.

17. Cf. José Alexandre Tavares Guerreiro, "Sociologia do poder na sociedade anônima", *RDM* 77/52, que alega que, se de um lado os administradores detêm independência em relação ao controlador, tal independência é configurada como "independência não garantida".

Por outro lado, mesmo que o ato tenha sido aprovado em assembléia, mesmo assim, em tese, não afasta a possibilidade da ocorrência do abuso do poder, e, portanto, a responsabilização do acionista controlador.

O texto legal — arts. 116 e 117 — apresenta determinadas expressões que podem trazer dificuldades para o aplicador do direito. Como saber se uma determinada atitude do controlador é *desleal* ou não atende a sua *função social*? Como conciliar o *interesse* da companhia com o *interesse* da coletividade? Quando um administrador pode ser considerado *inapto*, moral ou tecnicamente?

Na verdade, quando verificamos estes *standards* de comportamento mencionados pelo legislador estamos diante dos chamados *conceitos vagos*, que devem ser preenchidos pelo aplicador da norma levando em conta o senso comum. Não se trata, em absoluto, em atribuir um poder discricionário àquele incumbido de verificar a ocorrência dos fatos subsumíveis à sobredita norma, já que, conforme assinala Themístocles Brandão Cavalcanti[18] a discricionariedade constitui-se naqueles atos da administração que podem ser executados de diversas maneiras, dentro da faculdade concedida pela lei ao administrador. "É essencialmente uma liberdade de eleiçao entre alternativas igualmente justas ou entre indiferentes jurídicos".[19]

Quando é levado ao Poder Judiciário, por exemplo, um fato cometido pelo controlador tido como desleal, o juiz não está diante de duas ou mais soluções, todas válidas, como pode ocorrer em relação a atuação do administrador, mas, sim, está ele incumbido de interpretar a lei abstratamente posta e subsumi-la[20] ao caso concreto de forma a subtrair desta atividade apenas uma solução, a justa, a melhor, pois "por meio da função jurisdicional expressa-se — se assim podemos dizer — a 'verdade legal', a 'verdade jurídica' no caso concreto. Não há espaço para duas 'verdades do direito' em uma mesma lide, tanto mais quando antinômicas".[21]

Considerando que o juiz, nestes casos, não exerce atividade discricionária, mas, sim, quando muito, preenche *conceito vago*[22] através de atividade eminentemen-

18. *Curso de Direito Administrativo*, pp. 44-47.

19. Cf. Celso Antônio Bandeira de Mello, que ao fazer um paralelo entre a atividade discricionária do administrador e a atividade jurisdicional do juiz, brilhantemente assinala que "o específico da função jurisdicional é consistir na *dicção do direito no caso concreto*. A pronúncia do juiz é a *própria voz da lei in concreto*. *Esta é sua qualificação de direito*. Logo, suas decisões não são convenientes ou oportunas, não são as melhores ou as piores em face da lei. Elas sao pura e simplesmente o que a lei, *naquele caso, determina que seja*. Por isso ao juiz jamais caberia dizer que tanto cabia uma solução quanto outra (que é o característico da discrição), mas que a decisão tomada é a que o Direito *impõe* naquele caso. Por isso, um Tribunal, quando reforma uma sentença, não o faz, nem poderia fazê-lo, *sub color* de que a decisão revisanda poderia ter sido aquela, mas que a ele parece preferível outra mais conveniente aos interesses em disputa. A reforma da sentença estará sempre fundada em que o que nela se decidiu estava *errado* perante o Direito, o qual exigia outra solução para a questão vertente, pois *o título competencial do magistrado é o de dizer o que o direito quer em um dado caso controvertido submetido a seu pronunciamento*. (...)" (*Discricionariedade e Controle Jurisdicional*, p. 26). V. tb., Eros Roberto Grau, "Poder discricionário", *RDP* 93/41.

20. Lucia Valle Figueiredo enfatiza que "diante de determinado conceito, há, inicialmente, necessidade de interpretação. Interpretando o conceito, teremos subsunção. Na subsunção verificar-se-á a premissa menor, o fato, a premissa maior, a norma geral ou o conjunto de normas", argumentando em seguida que é possível haver subsunção mesmo diante de conceitos imprecisos, pois, citando Enterría, argumenta que "o juiz deve trazer o conceito à zona de certeza" ("Ação civil pública, considerações sobre a discricionariedade na outorga e no pedido de suspensão da liminar, na concessão de efeito suspensivo aos recurso e na tutela antecipatória", in *Ação Civil Pública, Lei 7.347/85 — Reminiscências e Reflexões após Dez Anos de Aplicação*, coord. Édis Milaré, p. 336).

21. Cf. Eros Roberto Grau, "Poder discricionário", *RDP* 93/58.

22. Sobre os conceitos vagos, Arruda Alvim em seu excelente trabalho "A argüição de relevância no recurso extraordinário", com habitual profundidade e sabedoria justifica sua existência tendo em

te interpretativa, isto quer significar que "o juiz *não* tem diante de si *vários caminhos* dentre os quais pode, indiferentemente, escolher um, sendo, todos, juridicamente lícitos e 'queridos' pela norma. Para o magistrado, há uma só solução, que há de ser tida como correta: a desejada pelo legislador e determinada pela norma".[23]

O art. 238 estabelece que a pessoa jurídica que controla a companhia de economia mista tem os deveres e responsabilidades do acionista controlador (arts. 116 e 117), mas poderá orientar as atividades da companhia de modo a atender ao interesse público que justificou a sua criação. Cabe aqui lembrar que o controlador da sociedade de economia mista está diretamente vinculado aos objetivos perseguidos pelo Estado quando da criação da companhia, cujo lucro pode ser uma conseqüência da atividade desenvolvida, mas não o elemento balizador de sua existência,[24] sendo que o lucro pode se apresentar não só como um "resultado patrimonial" positivo, mas também como um "lucro social" condizente com os objetivo do sócio controlador Estado.

Estas regras de conduta acabam por gerar responsabilidade *interna corporis* com relação ao detentor do controle e os minoritários, ou seja, a ação que tenha como causa de pedir a responsabilidade civil do controlador deverá partir dos próprios acionistas, sendo que, se o ato por ele praticado vier a atingir a esfera jurídica de terceiros estranhos à sociedade, a disciplina jurídica subsumível é outra, já que se tratará de uma demanda proposta por terceiro contra a própria sociedade e não contra o seu controlador.

A responsabilidade do acionista controlador não é diferente daquela na qual se encaixa os demais acionistas. No entanto, atenta-se para o fato de o controlador ser responsabilizado solidariamente com a empresa por atos lesivos ao sistema de seguridade social (Lei 8.620/93, art. 13, parágrafo único) e, também quando houver má administração de instituição financeira, quando em liquidação ou sob intervenção (Decreto-lei 2.321/87 e Lei 9.447/97, art. 1º). Sendo no primeiro caso solidário em relação a sociedade anônima e no segundo em relação aos administradores.

É importante lembrarmos que não é só o controle interno que gera responsabilidade do seu detentor. A responsabilidade do controlador externo, seja de que natureza for — instituição financeira, agências reguladoras, órgão públicos etc. —, está presente. Nas palavras de Fábio Konder Comparato: "O estabelecimento desse controle externo, com a intervenção estatal na empresa privada, não pode deixar de produzir conseqüências importantes, no que tange à responsabilidade civil do Estado pela gestão empresarial, perante o acionista e terceiros (...)".[25]

b) Legitimação

Serão legitimados passivos para responder à providência jurisdicional tanto o acionista controlador pessoa física (art. 117), quanto a pessoa jurídica que controla a companhia (arts. 238 e 246).

Para a identificação objetiva do controlador o Conselho Monetário Nacional fez editar a Resolução 401/76, que em seus itens II, III e IV, acabou, ao regular a disposição contida no art. 254 da Lei 6.404/76, por conceituar o poder de controle para

vista que a "flexibilização do Direito — quer nos parecer — tem encontrado nos conceitos vagos um instrumento idôneo para, em certa escala, ocorrer a uma tentativa de u'a maior individualização, o que, a seu turno, responde a uma desejo de 'Justiça', a ser mais diferenciadamente concretizado, e isto é indispensável a uma sociedade 'heterogênea'", abrindo assim, segundo o autor, "margem a uma interpretação afeiçoada às peculiaridades do caso concreto, e, pois, à individualização de todas as hipóteses à luz da 'ratio legis'" (p. 14).

23. *O Novo Regime do Agravo*, p. 201.

24. Cf. Márcia Carla Pereira Ribeiro, *Sociedade de Economia Mista e Empresa Privada*, p. 55.

25. *O Poder de Controle...*, cit., p. 81.

efeito de aplicação de referido artigo, como sendo:

1. aquele definido pelo art. 116 da Lei 6.404/76 (item II);

2. aquele que nasce de acordo de acionistas (art. 118 da Lei 6.404/76, item III);

3. e, por último, o controle minoritário, "exercido por pessoa ou grupo de pessoas vinculadas por acordo de acionistas, ou sob controle comum, que é titular de ações que lhe asseguram a maioria absoluta dos votos dos acionistas presentes nas três últimas assembléias gerais da companhia" (item IV).

Esta resolução acabou por adotar a posição segundo a qual em nosso direito somente há que se fazer prova a respeito do exercício efetivo do poder de controle quando se trate de controle minoritário, posto que a detenção da maioria das ações votantes sempre pressupõe o *status* de acionista controlador ou sociedade controladora ou de comando. Fábio Konder Comparato[26] assevera que "a exigência do uso efetivo do poder para dirigir as atividades sociais e orientar o funcionamento dos órgãos da companhia somente se compreende, como elemento integrante da definição de controlador, em se tratando de controle minoritário. Neste, com efeito, o titular de direitos de sócio que lhe assegurariam a preponderância nas deliberações sociais, em razão da dispersão acionária, pode manter-se ausente nas assembléias gerais, perdendo com isto, de fato, o comando da empresa".

Deixando de lado toda a celeuma surgida com a limitação trazida pela referida resolução no que diz respeito ao direito de todos os acionistas gozarem dos benefícios, na proporção de suas participações, quando da alienação do poder de controle, mediante a oferta pública que era tratada pelo revogado art. 254, parece que, mesmo diante da revogação do seu pilar de sustentação (art. 254), tal resolução pode ser utilizada como referência para se identificar o poder de controle naqueles casos em que ele é exercido pela minoria. Assim, o aplicador da norma deverá, para identificar qual o acionista minoritário que exerce o controle da companhia, detectar qual a pessoa ou grupo de pessoas vinculadas por acordo de acionistas, ou sob controle comum, que é titular de ações que lhe assegura a maioria absoluta dos votos dos acionistas presentes nas três últimas assembléias gerais da companhia.

Quanto a legitimidade ativa, o art. 246 é esclarecedor quando legitima a minoria — melhor seria dizer *os acionistas não detentores do poder de controle* — para ingressar com ação de reparação de danos como representantes da própria companhia. Ou seja, a legitimação é da própria sociedade, que, se fazendo representar por um de seus órgãos — acionistas não detentores do poder de controle — ingressa em juízo em face do controlador para haver reparação de danos. Se é assim, a condenação, se houver, será no sentido de que o controlador venha a indenizar os danos causados à sociedade, que, de forma indireta, trará benefícios ao acionista não detentor do poder de controle, será a sociedade, portanto, beneficiada com a condenação judicial.

A legitimação dos acionistas não detentores do poder de controle independe da autorização prévia de qualquer órgão da companhia. Conforme alerta Modesto Carvalhosa,[27] não se trata de legitimação extraordinária ou substituição processual, pois é a própria companhia que ingressa em juízo em nome próprio pleiteando direito próprio, já que "transformam-se os minoritários em *órgão da sociedade* para o específico fim de ingressar em juízo contra a controladora. E, assim prescrevendo a lei, configura-se ação social *ut universi*, na medida em que a controlada faz valer o seu direito à reparação civil junto à controladora, ingressando ela mesma em juízo, através do *órgão*

26. *O Poder de Controle...*, cit., p. 67.

27. *Comentários à Lei das Sociedades Anônimas*, p. 39.

especial criado para este fim: os minoritários".

Tem-se, portanto, assegurado pela LSA, em seu art. 159, §§ 3º e 4º, ao acionista não controlador, o direito de propor ação de responsabilidade civil contra o controlador.

Esta ação não exclui o direito de o acionista individualmente vir a pleitear o que lhe convier contra o controlador, devendo comprovar o dano individualmente sofrido, como, aliás, pode também ocorrer em relação à ação de responsabilidade civil promovida contra os administradores, nos termos do § 7º do art. 159.

Pela sistemática adotada pela Lei 6.404/76, especialmente pelo que estabelece o art. 246, verifica-se que existem dois sistemas distintos. Se os danos forem causados por sociedade controladora, a legitimidade será regulada com as limitações impostas pelo artigo supramencionado, ou seja, a ação para haver reparação caberá: *a)* a acionistas que representem 5% ou mais do capital social; *b)* ou a qualquer acionista, desde que preste caução. Verifica-se, também, que neste caso, em havendo condenação da sociedade controladora, pagará ela honorários advocatícios no importe de 20% e "prêmio" de 5% calculado sobre o valor da condenação.

No entanto, se o controlador não for sociedade, mas sim pessoa física, nenhuma destas regras acima incidirão. Aplicar-se-á a regra geral do art. 117, que estabelece que o acionista controlador responde pelos danos que venha a causar à companhia. Neste caso, qualquer acionista não controlador terá condições de intentar a ação correspondente, independentemente de prestação de caução ou de um número mínimo de capital social.

Waldirio Bulgarelli[28] critica o que chama de falta de boa técnica do legislador, afirmando que "não se tratando, evidentemente, da ação de reparação civil contra o administrador pelos prejuízos causados ao patrimônio da companhia (art. 159 e §), nem de sociedade controlada (prevista no art. 246), deve-se entender tratar-se de ação ordinária, possível de ser intentada por qualquer acionista. Efetivamente perdeu o legislador a oportunidade de disciplinar adequadamente a ação correspondente aos atos inidôneos dos controladores, como aliás o fez, com muita propriedade, em relação à sociedade controladora".

Cabe realçar também, que, na medida que o parágrafo único do art. 116 estabelece que o acionista controlador tem responsabilidades não só com os demais acionistas não controladores — responsabilidade *interna corporis* —, mas também perante detentores de valores mobiliários, os funcionários e a comunidade, são estes legitimados para propor medida judicial em face do controlador. Os funcionários, individualmente ou de maneira coletiva, por meio de seu sindicato de classe e a comunidade, fazendo-se representar pelos entes da Federação — União, Estados e Municípios.

c) Tutela jurisdicional

Quando verificamos quais os instrumentos processuais colocados à disposição dos acionistas não controladores, aptos a combater os abusos de poder praticados pelos acionistas controladores, evidentemente devemos analisar a legislação societária à luz do Código de Processo Civil. Fazendo isto, verificamos que à "controlada" não cabe pleitear tão-somente a reparação dos danos, o que se dá por meio da tutela reparatória, que tem como função procurar restabelecer as coisas como se o ato nunca tivesse sido praticado.

Hoje é assente que o procedimento de cognição plena e exauriente não mais se presta a propiciar a tutela preventiva adequada, capaz de impedir que o ilícito ocorra. Justamente diante deste estado de coisas é que o nosso Direito Processual Civil

28. *Proteção às Minorias na Sociedade Anônima*, ed. Biblioteca Pioneira do Direito Empresarial, p. 100.

tem experimentado grandes evoluções, especialmente após o desencadeamento das microrreformas sofridas pelo Código de Processo Civil, notadamente a partir do ano de 1994.

Especificamente com relaçao ao assunto que nos interessa, com o advento da reforma acima referida foi dada nova redação ao art. 461 do Código de Processo Civil, trazendo para o Direito brasileiro a já conhecida *tutela inibitória* do Direito italiano, que, "configurando-se como tutela preventiva, visa a prevenir o ilícito, culminando por apresentar-se, assim, como uma tutela anterior à sua prática, e não como uma tutela voltada para o passado, como a tradicional tutela ressarcitória", sendo que, "a configuração de uma tutela genuinamente preventiva implica na quebra do dogma — de origem romana — de que a única e verdadeira tutela contra o ilícito é a reparação do dano, ou a tutela ressarcitória, ainda que na forma específica".[29] Trata-se, na verdade, de uma nova forma de combate ao ilícito, fazendo com que ele não ocorra.

Estabelece o supramencionado art. 461 do CPC que: "Art. 461. Na ação que tenha por objeto o cumprimento de obrigação de fazer ou não fazer, o juiz concederá a tutela específica da obrigação ou, se procedente o pedido, *determinará providências que assegurem o resultado prático equivalente ao do adimplemento.*

"§ 1º. A obrigação somente se converterá em perdas e danos se o autor o requerer ou se impossível a tutela específica ou a obtenção do resultado prático correspondente.

"§ 2º. A indenização por perdas e danos dar-se-á sem prejuízo da multa (art. 287).

"§ 3º. Sendo relevante o fundamento da demanda e havendo justificado receio de ineficácia do provimento final, é licito ao juiz conceder a tutela liminarmente ou mediante justificação prévia, citado o réu. A medida liminar poderá ser revogada ou modificada, a qualquer tempo, em decisão fundamentada.

"§ 4º. O juiz poderá, na hipótese do parágrafo anterior ou na sentença, impor multa diária ao réu, independentemente ou compatível com a obrigação, fixando-lhe prazo razoável para o cumprimento do preceito.

"§ 5º. Para a efetivação da tutela específica ou para a obtenção do resultado prático equivalente, poderá o juiz, de ofício ou a requerimento, determinar as medidas necessárias, tais como a busca e apreensão, remoção de pessoas e coisas, desfazimento de obras, impedimento de atividade nociva, além de requisição de força policial."

Com este novo dispositivo legal é evidente o propósito do legislador em evitar, ao máximo, a possibilidade simplista de se resolver por perdas e danos o inadimplemento de uma obrigação legal ou contratual. Ada Pellegrini Grinover,[30] sobre este assunto, observa que "a determinação do cumprimento da obrigação de fazer ou não fazer pode vir em sentença final ou ser provisoriamente antecipada, sendo relevante o fundamento da demanda e havendo justificado receio de ineficácia do provimento final, liminarmente mediante justificação prévia, neste último caso com citação do réu. Trata-se de regra específica para esse tipo de tutela, desdobramento do princípio geral da antecipação dos efeitos de qualquer tutela jurisdicional, introduzida pelo novo art. 273; descumprido o preceito da sentença ou de sua antecipação, passa-se às medidas executivas *lato sensu*, 'no mesmo processo de conhecimento já instaura-

29. Luiz Guilherme Marinoni, *Tutela Inibitória: Individual e Coletiva*, pp. 26-28, que assevera com propriedade que: "A tutela ressarcitória, na maioria das vezes, substitui o direito originário por um direito de crédito equivalente ao valor do dano verificado e, nesse sentido, tem por escopo apenas garantir a integridade patrimonial dos direitos; já a inibitória, que não tem qualquer caráter sub-rogatório, destina-se a garantir a integridade do direito em si".

30. "Tutela jurisdicional nas obrigações de fazer e não fazer", in *Reforma do Código de Processo Civil*, pp. 259-260.

do', se se tratar de obrigação de prestar declaração de vontade, aplica-se o sistema dos arts. 639-641 do estatuto processual, pois a sentença constitutiva já produz resultado equivalente ao da declaração; se se tratar de prestação infungível, que possa ser prestada por terceiro, a hipótese subsume-se ao disposto no art. 634 do Código — inalterado —, que não deixa de configurar medida sub-rogatória enquadrável no § 5º do art. 461, independentemente, portanto, de processo separado de execução; nas demais hipóteses, a multa torna-se exigível e, sempre que possível, o juiz procederá de imediato à tomada das providências sub-rogatórias exemplificadas no § 5º do art. 461, para atingir o resultado equivalente ao adimplemento, sem necessidade de processo de execução".

Teori Albino Zavascki,[31] bem acentua que "a notável valorização que se deu à busca da tutela específica está acentuada, sobretudo, nos dispositivos que conferiram ao juiz uma espécie de *poder executório genérico*, habilitando-o a utilizar, inclusive de ofício, além dos mecanismos *nominados* nos §§ 4º e 5º, outros mecanismos de coerção ou de sub-rogação *inominados*, que sejam aptos a induzir ou produzir a entrega *in natura* da prestação devida ou de seu sucedâneo prático de resultado equivalente".

Em relação ao requisitos para o adiantamento da tutela, Nelson Nery Jr. e Rosa Maria Andrade Nery[32] argumentam que "a tutela específica pode ser adiantada, por força do CPC 461 § 3º, desde que seja relevante o fundamento da demanda (*fumus boni juris*) e haja justificado receio de ineficácia do provimento final (*periculum in mora*) (...)". A antecipação pode ser dada *inaudita altera parte* ou depois de justificação prévia, caso o juiz a entenda necessária. A liminar dada sem a ouvida da parte contrária deve ser concedida quando a citação do réu puder tornar ineficaz a medida ou quando a urgência for de tal ordem que não pode esperar a citação e resposta do réu.

Veja-se, portanto, que nosso ordenamento jurídico permite que de imediato, sem que seja necessário aguardar que os atos tomados pelo controlador venham a efetivamente trazer prejuízos à sociedade, possa o juiz determinar, através de meios sub-rogatórios ou por imposição de multa, a cessação de todos os atos que se traduzam da exteriorização do uso abusivo do poder de controle.

d) Sanções administrativas

A par da responsabilidade civil atribuível ao acionista controlador da companhia de capital aberto, é de se verificar que ele também tem responsabilidade administrativa perante a Comissão de Valores Mobiliários, nos termos da Lei 6.385/76, podendo responder, por meio de inquérito administrativo, pelos atos praticados em desacordo com a lei ou mediante práticas não eqüitativas.

"Declarada a ilegalidade ou a irregularidade, representada, *v.g.*, pelas práticas de *insider trading*, caberá à Comissão de Valores Mobiliários impor ao controlador as penalidades administrativas capituladas na referida lei, inclusive a de suspensão do exercício do cargo de administrador que eventualmente o controlador exerça. Poderá, ainda, a Comissão de Valores Mobiliários inabilitar o controlador para o exercício do cargo de administrador da companhia"[33] de forma a verificar-se que aquela autarquia exerce efetivo controle externo na sociedade, com vistas a reprimir o abuso do poder de controle, podendo, inclusive, como dito acima, suspender o controlador de suas atividades na companhia.

Ademais, atente-se para o fato de que mesmo não sendo o controlador o efetivo

31. "Antecipação de tutela e obrigação de fazer e de não fazer", in *Aspectos Polêmicos da Antecipação de Tutela*, p. 465 (grifo nosso).

32. *Código de Processo Civil Comentado*, p. 673.

33. Modesto Carvalhosa, ob. cit., p. 450.

administrador da companhia ele deve responder pelos prejuízos que porventura vier a causar, bastando, para tanto, que se comprove que, por meio de sua ação ou omissão com relação ao efetivo exercício dos poderes inerentes ao controle da sociedade, veio a causar a esta prejuízos.[34]

V — Alienação do poder de controle

Com a criação da figura do controlador pela Lei 6.404/76, a ele foi atribuída a obrigação de promover a oferta pública aos demais acionistas em caso de alienação do bloco das ações de comando a terceiros, isto se se tratasse de companhia aberta. Esta regra, como sabemos, visava impedir que o valor das ações em poder do acionista controlador fosse cotada a um valor muito superior que aquelas de posse dos acionistas sem poder de controle, sob o argumento de que o benefício deve ser auferido por todos, independentemente do controle que se transfere, isto porque o controle da companhia é algo que, se gera um sobrevalor, este ganho pertence à todos os acionistas e não a apenas uma parcela deles.

Abandonada esta sistemática com a revogação do art. 254 pela Lei 9.457/97, hoje não mais existe a obrigatoriedade de oferta pública para a venda das ações do bloco de controle, ou seja, o sobrepreço advindo desta venda pertence, exclusivamente, ao controlador e não é dividido entre os demais acionistas da companhia. Na verdade esta alteração é tida pela doutrina como uma injustificável supressão de um dos direitos fundamentais dos acionistas minoritários.[35]

Nelson Eizirik[36] sustenta que "com a reforma, inequivocamente, 'ganham' os acionistas controladores, que doravante serão os únicos a se apropriarem do preço na operação de alienação do controle acionário; por outro lado, sempre foi bastante discutível, do ponto de vista econômico e jurídico, a extensão aos minoritários do sobrepreço inerente ao poder de controle".

Resta hoje a possibilidade de a oferta pública constar dos estatutos da companhia como uma obrigação estatutária, mas não mais legal.

Por outro lado, permanece sendo considerada a alienação do poder de controle fato relevante, cuja comunicação ao mercado não foi suprimida pela revogação do art. 254, prevalecendo a Instrução CVM 31/84.

Diante destes fatos, pergunta-se: estão os acionistas minoritários desprovidos de qualquer forma de defesa em caso de alienação do poder de controle? Não têm eles outra alternativa senão observarem inertes a mudança de controle?

Calixto Salomão Filho,[37] em excelente estudo a respeito da nova disciplina da alienação do poder de controle, com muita sensibilidade, argumenta que com a subtração do direito dos minoritários ao direito a oferta pública de suas ações "abre-se, agora, um largo campo para a discussão do interesse social na alienação de controle e de sua eventual possibilidade de contestação por minoritários, administradores da companhia e terceiros. Interesse social e interesse do controlador parecem estar mais distanciados na alienação de controle".

Entende aquele autor que, tendo em vista que a atividade empresarial deve ser exercida com vistas não ao interesse parti-

34. Vale lembrar que o art. 117, letra *d* da LSA é clara ao estabelecer que o acionista controlador responde pelos danos causados por atos praticados com abuso de poder, e, entre estes atos, elenca o fato de eleger administrador ou fiscal que sabe inapto, moral ou tecnicamente.

35. Carvalhosa chega a sustentar que a partir dos anos 90 não mais interessa ao governo incentivar a formação de um mercado de capitais fundado no investidor individual com recursos e poupança em moeda nacional, já que estaria ele buscando atrair os enormes excedentes de recursos financeiros encontrados no mercado internacional (ob. cit., v. 4, p. 149).

36. *Reforma das S/A e do Mercado de Capitais*, pp. 87-92.

37. *O Novo Direito Societário*, p. 137.

cular do controlador ou administrador mas, sim, no interesse de todos os acionistas, a alienação do controle que venha a trazer prejuízos à organização empresarial não cumpre essa função. "Assim, o negócio de alienação de controle, exatamente por não envolver apenas o bem 'ação', mas o verdadeiro controle sobre a organização empresarial e, conseqüentemente, o controle de patrimônios e até destinos alheios, não pode ser considerado um negócio privado".

VI — O poder de controle e o acordo de acionistas

Sabemos que aquele acionista que detém mais de 50% do capital votante não tem necessidade de se juntar a outros acionistas para fazer valer sua vontade perante a assembléia geral, está ele apto a imprimir sua vontade soberana perante a sociedade, não dependendo do apoio dos demais acionistas.

No entanto, tal situação pode não ocorrer, ou seja, as ações da companhia podem estar dispersas de tal maneira que nenhum acionista, isoladamente, tem condições de exercer o controle da companhia. Quando isto ocorre, é inevitável que os acionistas se aglutinem em torno de interesses comuns, constituindo um bloco que adote posições convergentes, exprimindo uma vontade social única que prevaleça principalmente nas assembléias.

Esta reunião de acionistas em torno de um objetivo comum não precisa necessariamente ser formalizada nos termos do art. 118 da Leis da S/A, pois a lei admite a existência do acionista controlador de fato. Ou seja, sempre que dois ou mais acionistas estabeleçam regras de conduta para o exercício do direito de voto na assembléia de forma a imprimir sua vontade diante daquele órgão social identifica-se aí o poder de controle.[38]

Fábio Ulhoa Coelho[39] bem esclarece que "os acionistas que detêm juntos o controle na companhia podem contratar, por exemplo, que todos votarão em determinadas pessoas para os cargos de diretoria; ou que se reunirão, previamente à assembléia, para definir, por maioria, o voto que todos irão manifestar no conclave", sendo o acordo de acionistas "o principal instrumento que o direito societário brasileiro reservou para a estabilização de posições acionárias", tratando-se, portanto, fundamental mecanismo para o exercício do poder de controle.

A princípio, qualquer assunto pode ser objeto de acordo entre os acionistas, estando vedada somente a venda de voto, que se consubstancia naquela hipótese em que o acionista deve manifestar-se, *v.g.*, sobre as demonstrações financeiras da companhia, as contas dos administradores e os laudos de avaliação. São os chamados *votos de verdade* que não podem ser objeto de acordo.[40] Lembra Fábio Ulhoa Coelho[41] que também não pode ser objeto de acordo a convenção de que um determinado acionista deva sempre votar segundo a determinação de outro, pois, assim seria como se excluísse o seu direito de voto.

Como vimos, o acordo entre os acionistas, que acaba por formalizar um grupo de controle, não necessariamente precisa ser arquivado na companhia — requisito formal do art. 118 —, no entanto, caso não se providencie o seu arquivamento, os signatários do mesmo não terão a seu dispor as garantias estabelecidas quanto ao inadimplemento do mesmo, especialmente quanto a chamada *obrigação negativa* da companhia de não considerar os votos que contrariem o acordo devidamente arquivado. Não poderá a mesa diretora dos trabalhos votar em nome do acionista inadimplente,

38. Tavares Borba sustenta que "dois ou mais acionistas, que isoladamente não são capazes de controlar a sociedade, poderão, por via do acordo, alcançar a supremacia nas assembléias" (*Direito Societário*, p. 308).

39. *Curso de Direito Comercial*, p. 309.

40. Cf. Fábio Ulhoa Coelho, ob. sup., p. 303.

41. Ob. sup., pp. 307-308.

substituindo sua vontade; no entanto, tal voto não será computado.

Para a execução da obrigação específica estabelecida no acordo de acionistas cabe, em nosso entender, a aplicação do art. 461 do CPC, acima citado, existindo a possibilidade da antecipação dos efeitos da tutela se presentes os requisitos para tanto.

VII — "Golden share" — O art. 18 da Lei 6.404/76

Estabelece o art. 18 da Lei 6.404/76 que o estatuto da companhia pode assegurar a uma ou mais classes de ações preferenciais o direito de eleger, em votação em separado, um ou mais membros dos órgãos de administração. Este mesmo dispositivo ainda estabelece a possibilidade de o estatuto vir a subordinar determinadas alterações estatutárias à aprovação dos titulares de uma ou mais classes de ações preferenciais.

Efetivamente, este dispositivo legal acaba por criar um poderoso mecanismo capaz de deslocar o poder de controle da companhia ao possibilitar a criação de uma determinada classe de ações com condições de eleger a maioria dos membros do conselho de administração da companhia, além de exercer o direito de veto com relação às alterações dos estatutos da companhia.

Calixto Salomão Filho,[42] analisando especificamente este assunto, argumenta que "é preciso reconhecer que esse mecanismo constitui poderoso instrumento de deslocamento do controle. Através dele é efetivamente possível estabelecer uma quinta forma de controle, não redutível a qualquer das quatro identificadas por Berle e Means. Trata-se do controle gerencial de direito, que não se confunde com o controle gerencial de fato identificados pelos famosos autores, que decorre da mera diluição acionária".

De fato, o art. 18 supramencionado é instrumento eficaz para o estabelecimento de um efetivo controle de uma classe de ações, cujos detentores poderão diretamente imprimir sua vontade nos rumos da companhia, especialmente através da escolha dos seus administradores, e, exercendo sobre eles, inegável ascensão.

Se é assim, aplicável aos detentores desta classe de ações todas as regras atinentes ao controlador, especialmente no que diz respeito às suas responsabilidades como tal. No entanto, se se verificar que possíveis prejuízos à companhia ocorreram em decorrência de ações praticadas pelos administradores sem a participação dos detentores das *golden share*, evidentemente não há que se falar em responsabilidade por abuso de poder, mas, sim, aquela referida nos arts. 153 a 160 da Leis das S/A.

VIII — Conclusão

A preocupação relacionada com o poder de controle nas sociedades anônimas está diretamente ligada à maturidade do mercado de capitais. Ou seja, quanto mais encontramos sociedades cujo controle é considerado como minoritário ou até mesmo gerencial, maior a pulverização das ações desta sociedade no mercado, fato este que sinaliza uma confiança dos investidores no sistema encarregado de controlar e fiscalizar a atuação daqueles que detêm em suas mãos os destinos da companhia.

Ora, na verdade, a efetiva e real desvinculação da propriedade em relação ao poder de controle — sinalização de uma economia desenvolvida — nos moldes estudados no Berle e Means, somente é possível diante de um sistema legal dotado de mecanismos confiáveis e eficazes de proteção dos acionistas que fazem parte do bloco que não detém o poder de controle.

Um mecanismo de responsabilizaçao dos controladores pelos atos praticados por meio deste poder é de fundamental importância para dotar o sistema da tão necessária confiabilidade. Sem dúvida o parágrafo único do art. 116 da LSA cumpre papel

42. *O Novo Direito Societário*, p. 165.

importantíssimo neste contexto, na medida em que, indiscutivelmente, aplica o primado constitucional da função social da propriedade ao exercício do poder de controle, fazendo com que não só os acionistas destituídos de poder, como a própria coletividade, possa fiscalizar e, se necessário, combater os excessos que por ventura venham a ser praticados pelo controlador.

IX — Bibliografia

AGUINIS, Ana Maria M. de. *Empresas y Inversiones en el Mercosur*, Buenos Aires, Abeledo Perrot, 1992.

AMENDOLARA, Leslie. *Os Direitos dos Acionistas Minoritários*, São Paulo, STS, 1998.

BARBI FILHO, Celso. *Acordo de Acionistas*, Belo Horizonte, Del Rei, 1993.

BORBA, José Edwaldo Tavares. *Direito Societário*, 4ª ed., Rio de Janeiro, Freitas Bastos, 1998.

BULGARELLI, Waldirio, *et alli*. *Reforma da Lei das Sociedades por Ações*, São Paulo, Pioneira, 1998.

_____ *O Conselho Fiscal nas Companhias Brasileiras*, São Paulo, Ed. RT, 1988.

CANTIDIANO, Luiz Leonardo. *Direito Societário e Mercado de Capitais*, Rio de Janeiro, Renovar, 1996.

CARVALHOSA, Modesto. *Comentários à Lei de Sociedades Anônimas*, 2ª ed., São Paulo, Saraiva, 1998.

CHEFFINS, Brian R. *Company Law — Theory Structure and Operation*, Oxford, Claredon Press, 1997.

COELHO, Fábio Ulhoa. *Curso de Direito Comercial*, São Paulo, Saraiva, 1999.

_____ *Direito Antitruste Brasileiro*, São Paulo, Saraiva, 1995.

_____ "O conceito de poder de controle na disciplina jurídica da concorrência", *Revista do Instituto dos Advogados de São Paulo* 3/25.

COMPARATO, Fábio Konder. *Direito Empresarial*, São Paulo, Saraiva, 1995.

_____ *Aspectos Jurídicos da Macroempresa*, São Paulo, Ed. RT, 1970.

_____ *O Poder de Controle na Sociedade Anônima*, 3ª ed., São Paulo, Forense, 1983

EIZIRIK, Nelson. *Reforma das S/A e do Mercado de Capitais*, 2ª ed., Rio de Janeiro, Renovar, 1998.

FERREIRA, Renato Luis Bueloni. "Sistemas de administração das S/A no Direito comparado e no Direito pátrio", *RDM* 108/125-131.

GUERREIRO, José Alexandre Tavares. "Sociedade anônima: poder e dominação", *RDM* 53/72.

LAMY FILHO, Alfredo e BULHÕES PEDREIRA, José Luiz. *A Lei das S/A*, 3ª ed., Rio de Janeiro, Renovar, 1997.

MARINONI, Luiz Guilherme. *Tutela Inibitória*, São Paulo, Ed. RT, 1998.

PAES, P. R. Tavares. *Responsabilidade dos Administradores de Sociedades*, São Paulo, Atlas, 1999.

PARKINSON, J. E. *Corporate Power and Responsability*, Oxford, Claredon Press, 1996.

PENTEADO, Mauro Rodrigues. "Apontamentos sobre a alienação do controle de companhia abertas", *RDM* 76/15.

PEREIRA, Guilherme D. Cunha. *Alienação do Poder de Controle Acionário*, São Paulo, Saraiva, 1995.

PRADO, Roberta. "Da obrigatoriedade por parte do adquirente do controle de sociedade por ações de capital aberto de fazer simultânea oferta pública, em iguais condições, aos acionistas minoritários — Art. 254 da Lei 6.404/76 e Resolução CMN 401/76 — É efetivo mecanismo de proteção aos minoritários?", *RDM* 106/83-106.

REQUIÃO, Rubens. *Curso de Direito Comercial*, 17ª ed., São Paulo, Saraiva, 1988.

_____ "O controle e a proteção dos acionistas", *RDM* 15-16/23.

RIBEIRO, Vera de Paula Noel. *A Minoria nas S/A*, Rio de Janeiro, Forense, 1990.

ROQUE, Sebastião José. *Direito Societário*, São Paulo, Ícone, 1997.

SALOMÃO FILHO, Calixto. *Direito Concorrencial. As Estruturas*, São Paulo, Malheiros Editores, 1998.

_____ *O Novo Direito Societário*, São Paulo, Malheiros Editores, 1998.

SCISINIO, Alaôr Eduardo. *As Maiorias Acionárias e o Abuso do Direito*, Rio de Janeiro, Forense, 1998.

WALD, Arnoldo. "O acordo de acionistas e o poder de controle do acionista majoritário", *RDM* 110/7.

Atualidades

AS RAZÕES DO DIREITO DA CONCORRÊNCIA[1]

LUIS FERNANDO SCHUARTZ

I — Os fundamentos de racionalidade do Direito da Concorrência. II — A racionalidade na aplicação do Direito da Concorrência.

O tema que será tratado a seguir diz respeito ao Direito da Concorrência e aos seus fundamentos, tema que será desenvolvido sob a forma de uma tentativa de responder a duas questões básicas, nas quais a questão dos fundamentos deve desdobrar-se, quais sejam:

1. Qual o fundamento de validade do Direito da Concorrência? Em outros termos: pode a existência das normas jurídicas que formam o Direito da Concorrência ser justificada com base em bons argumentos, tendo em vista a realização de um determinado interesse público?

2. Como é possível garantir satisfatoriamente que o processo de aplicação do Direito da Concorrência seja racional (no sentido da realização efetiva de um ideal normativamente definido)? Em outros termos: pode, em caso de resposta positiva à primeira questão, o processo de aplicação do Direito da Concorrência ser de tal modo concebido que a realização eficaz do referido interesse público possa ser razoavelmente esperada, bem como objetivamente controlada?

A resposta à primeira questão funciona como condição para responder à segunda questão; inversamente, a primeira questão não pode ser conclusivamente respondida sem que nós tenhamos respondido também à segunda questão. Em outras palavras, as respostas a uma e a outra implicam-se mutuamente. Do ponto de vista da construção de uma linha de argumentação consistente, no entanto, nós devemos começar pela primeira questão, tentando esgotar as possibilidades de uma resposta racional à mesma. Nós vamos tentar, então, ir propondo argumentos para justificar racionalmente o Direito da Concorrência até chegar ao ponto em que será necessário passar a considerar a racionalidade do processo de aplicação das normas que integram este ramo do Direito.

A conveniência de começar pela primeira questão está no fato de que apenas da posse de bons argumentos que nos permitam mostrar se e como o Direito da Concorrência pode contribuir para a realização de um interesse público é que nós poderemos julgar se uma dada forma de aplicação dessas normas (o que inclui, evidentemente, alguma forma de interpretação dos conceitos legais básicos que vão guiar esta aplicação) é ou não racional, isto é, pode ou

1. Este artigo apresenta a transcrição do conteúdo da aula ministrada, em agosto do ano passado, durante curso no CADE.

não contribuir de uma maneira mais ou menos eficaz e controlada para a realização do interesse público em questão.

I — Os fundamentos de racionalidade do Direito da Concorrência

Vamos voltar então para a questão 1, a questão sobre os fundamentos de validade ou de racionalidade do Direito da Concorrência. Para os juristas, esta questão não é usual. Ela é normalmente tratada como uma questão de política jurídica, portanto, como questão externa ao direito positivo. Ela poderia ter até alguma importância ao nível da dinâmica das instituições jurídicas, tornando-se, aparentemente, irrelevante quando as normas, cuja institucionalização se cogita, passam a ser direito positivo.

Já para os economistas, a questão parece ser bem mais relevante. Os economistas estão normalmente interessados em saber quais os impactos de um dado conjunto de normas ou de uma determinada instituição em termos do comportamento esperado de alguma variável econômica selecionada, à qual se atribui, por sua vez, uma importância maior ou menor no que se refere à realização de algum interesse público.

Os economistas têm boas razões para fazer este tipo de indagação, razões essas que não dizem respeito apenas à dinâmica institucional, isto é, àquilo que ocorre fora do direito positivo e que impulsiona a sua mudança no sentido de uma maior racionalidade. De fato, também para o jurista, a aceitação que aparenta ser completamente acrítica do direito positivo está baseada na suposição implícita de que o direito positivo vigente por assim dizer "incorpora" boas razões, de que ele está com a razão do seu lado. Isto porque o direito positivo jamais é um "dado" puro e simples para o jurista, mas é o resultado de uma interpretação às vezes bem afastada do sentido literal do texto que foi promulgado ou instituído. Assim, quando o jurista recebe um texto como expressão do direito positivo vigente ele o recebe pré-interpretado segundo aquilo que ele acredita que deva ser o direito positivo. Noutras palavras, ao ler o texto, ele o faz guiado por uma concepção normalmente implícita sobre aquilo que ele *deveria* dizer, e toma isto como aquilo que o texto efetivamente diz.

Deste modo, a questão dos fundamentos do Direito da Concorrência no sentido aqui discutido reaparece necessariamente, ainda que de forma camuflada, no momento em que nós vamos propor uma interpretação das respectivas normas, uma vez que toda interpretação racional tem a pretensão de apresentar o texto interpretado *como* expressão de normas jurídicas justificáveis racionalmente, de normas que têm a seu lado bons argumentos que as conectam com um interesse público.

Muito bem, dito isto, cabe então perguntar aonde é que nós devemos buscar os bons argumentos para justificar racionalmente o Direito da Concorrência. Em primeiro lugar, já foi visto que esta justificação pressupõe sempre a definição prévia de um interesse público, em face do qual as normas podem ou não ser justificadas. Em segundo lugar, na medida em que nós estamos interessados no fundamento racional de normas jurídicas (no caso, normas legais), é natural que busquemos a *definição* do interesse público que se cuida de realizar por meio destas normas em normas jurídicas hierarquicamente superiores, especificamente, a Constituição Federal.

Na CF nós encontramos, como característica normativa mais saliente, uma opção política pela instituição de um Estado Democrático de Direito, que traz em sua base o princípio da soberania popular e a garantia universal de direitos subjetivos relativos à autonomia privada e pública dos cidadãos. A partir desta opção política, fica clara também a justificativa sistemática para o teor do art. 170 da CF, que fixa como objetivo da ordem econômica constitucional o "bem de todos segundo critérios de justiça social". Seguindo a lógica de um Estado Democrático de Direito, este artigo diz que a ordem econômica *deve* ser estruturada de modo a assegurar à totalidade dos cidadãos as condições materiais para o exercício da cidadania e o usufruto de uma vida com um mínimo de bem-estar. O art. 170, note-se bem, tem um sentido *normativo*. Ele está endereçado aos poderes públicos, *prescrevendo* o "bem de todos segundo critérios de justiça social" como finalidade das políticas públicas voltadas à regulação da economia.

Mas se o interesse público que deve orientar, em última instância, as políticas de regulação da economia, é o "bem de todos segundo critérios de justiça social", e se a política da concorrência é um dos instrumentos de política de regulação da economia, então surge a questão: qual é a *contribuição efetiva* que uma política da concorrência pode dar neste sentido?

Vamos esquecer por um momento que o *Direito* da Concorrência é apenas *uma* das formas possíveis da política da concorrência e pensar nesta questão num nível mais geral. Uma resposta *esclarecida*, ou seja, racional a esta questão, é algo que não se pode fazer sem ajuda da teoria econômica. É a ela que nós devemos recorrer para saber o que é que nós podemos realmente esperar da concorrência tendo em vista a realização do interesse público definido na CF. O que vai distinguir, portanto, uma resposta racional de uma resposta irracional ou retórica num mau sentido é a sua consistência em termos de sintonia com uma concepção do processo concorrencial que seja plausível do ponto de vista da teoria econômica.

Novamente, tudo isto pode parecer desinteressante para o jurista. Saber o que é a concorrência, isto é, como é que ela deve ser concebida em face de uma descrição cientificamente consistente das características constitutivas de uma economia capitalista desenvolvida, pode parecer uma questão estranha ao direito, que não deveria interferir diretamente na atividade cotidiana do jurista. Ocorre que esta opinião é falsa, e ela é falsa porque, como nós já vimos, nenhuma interpretação do Direito da Concorrência que pretende ser racional pode deixar de confrontar-se, ainda que implicitamente, com a questão acerca do que é a concorrência e, a partir daí, com a outra questão acerca do que é que nós podemos racionalmente esperar da concorrência em termos de realização do ideal normativo prescrito na CF.

Isto que nós estamos fazendo aqui, portanto, nada mais significa do que uma tentativa de tornar *explícita* uma dada concepção de concorrência que vai servir como guia para responder à questão sobre a racionalidade do Direito da Concorrência e, a partir desta resposta, à outra questão acerca do modo como as normas que o compõem deveriam ser aplicadas para que esta aplicação seja racional. Explicitar uma noção cuja pressuposição em *qualquer* tentativa de interpretar racionalmente o Direito Concorrencial é necessária (não forçosamente a noção aqui apresentada, mas alguma concepção), representa um ganho para o debate especializado sobre o Direito da Concorrência.

Pois bem, o conceito de concorrência que será proposto difere do conceito de concorrência que nós estamos acostumados a encontrar nos manuais de microeconomia, os quais apresentam, a partir de uma série de condições restritivas, a concorrência como um mecanismo passivo de ajustamento de variáveis econômicas a uma situação de equilíbrio com propriedades de ótimo paretiano.

O conceito de concorrência que será utilizado daqui em diante é, ao contrário, um conceito que está muito próximo da noção que o senso comum tem de concorrência, na medida em que ele associa concorrência a *rivalidade*. Trata-se de um conceito de concorrência que a apresenta (a concorrência) como um processo dinâmico e ativo de criação constante — embora descontínua — de assimetrias competitivas entre os agentes, um processo no qual os seus principais protagonistas, a saber, as empresas capitalistas, estão constantemente preocupados na ocupação de espaços econômicos a fim de obter lucros extraordinários e vantagens competitivas que não venham a ser rápida e completamente diluídas.

Esta noção de concorrência é a *schumpeteriana*. Sua principal característica é a visão *dinâmica* e *evolucionária* do funcionamento da economia capitalista, centrada na introdução de *inovações* no sentido amplo (*Durchsetzung neuer Kombinationen*, em Schumpeter), entendido como a busca permanente de *lucros* extraordinários mediante a *obtenção de vantagens competitivas* entre os agentes (empresas), as quais procuram *diferenciar-se* das concorrentes nas mais variadas dimensões do processo competitivo (processos, produtos, organização, mercados).

Vamos tentar caminhar na direção de uma exploração das implicações desta noção de concorrência e ver aonde ela nos leva. Dentro desta concepção de concorrência, o *mercado*, que é o *locus* da concorrência, passa a ser visto como um instrumento de evolução e — se presente um nível satisfatório de pressões competitivas sobre os agentes — de progresso técnico, este último, no dizer do economista americano Richard Nelson,[2] consistindo no fator mais importante para o crescimento econômico e, por esta via, para o sucesso de políticas distributivas mais pretensiosas. O meio de que os mercados se servem para realizar esta função de veículos de progresso técnico está na *seleção*, através do processo de concorrência, justamente daquelas inovações e assimetrias que a própria concorrência engendra no âmbito da efetivação das estratégias que os capitalistas concebem com vistas à valorização dos respectivos capitais. Em outras palavras, é o mesmo processo objetivo — a concorrência — que leva, de um lado, os agentes a inovar e gerar assimetrias competitivas em seu favor, e zela, de outro lado, pela seleção eficiente daquelas inovações e assimetrias capazes de fazer com que os ganhos extraordinários a elas associados possam ser aproveitados pela coletividade.

É bom que se diga, a esta altura, que estas noções de concorrência e de mercado estão afinadas com uma visão da economia capitalista que busca, como já foi dito, inspiração direta nos escritos de Schumpeter. Schumpeter, seguindo Marx muito de perto, via o capitalismo como um sistema *essencialmente* dinâmico, isto é, um sistema econômico que está em constante movimento por razões imanentes a suas propriedades fundamentais. Movimento, para Schumpeter, significa, em primeira instância, revolução de estruturas produtivas, e o caráter imanente do movimento decorre do fato de que é a própria necessidade de valorizar seu capital a forçar a empresa capitalista a inovar, isto é, a introduzir novos produtos, criar novos processos de produção e novas formas de organização, transformando as estruturas produtivas num processo de "destruição criativa".[3]

Muito bem, se a concorrência é isto, a saber, um processo objetivo de geração e seleção de assimetrias entre os agentes econômicos (não só entre as empresas capitalistas), viabilizando ganhos extraordinários aos "vencedores" e sem qualquer tendência necessária ao equilíbrio, então segue-se que "defender" a concorrência, num sentido normativamente relevante, é algo que só pode ser entendido a partir de um tal conceito dinâmico de concorrência. *Defender a concorrência*, nestes termos, é garantir um nível de *pressões competitivas* sobre os agentes e os seus mercados de atuação para que a função seletiva da concorrência possa dar-se de modo *eficiente*, ou seja, de modo a permitir que as assimetrias selecionadas sejam aquelas que são o resultado de

2. Ver desse autor, *The Sources of Economic Growth*, Harvard University Press, 1996. Esta idéia é originalmente de Marx, tendo sido retomada e desenvolvida depois por Schumpeter em sua *Teoria do Desenvolvimento Econômico*, de 1911.

3. Schumpeter falava, neste contexto, no "vento perene da destruição criativa" (ver o cap. 7 de *Capitalismo, Socialismo e Democracia*, 1942).

esforços inovativos capazes de gerar progresso técnico e material e, desta forma, ser aproveitados no interior da coletividade.

Dada a relação necessária entre concorrência e geração de assimetrias e ganhos extraordinários, segue-se que o ideal que deve ser associado à política da concorrência como seu objetivo *imediato* deve ser pensado de um modo mais complexo do que normalmente é o caso nas análises convencionais. Se o fim último que uma política da concorrência deve buscar está no "bem de todos segundo critérios de justiça social", e se a contribuição efetiva que a concorrência pode dar nesta direção está na geração e na aceleração da difusão dos ganhos do progresso técnico, então os ideais de eficiência que devem balizar a política da concorrência devem incorporar, necessariamente e de forma privilegiada, o aspecto dinâmico do processo concorrencial.

Se, como exposto, o interesse público último que uma política da concorrência deve perseguir é a justiça social, e se a contribuição efetiva da concorrência, que é um processo gerador de assimetrias — poder de mercado — e concentrador, para a realização deste interesse público, está na aceleração do progresso técnico e na difusão dos seus ganhos no interior da coletividade, então o critério da eficiência dinâmica deve assumir uma posição *privilegiada* em termos de definição dos ideais associados à política da concorrência. Ele não é estritamente incompatível com os ideais da eficiência alocativa convencional e da eficiência distributiva, mas estes devem ser tratados, para fins de política da concorrência, como momentos *subordinados* na análise. O ideal a perseguir por essa política é a eficiência dinâmica, que pressupõe um nível suficiente de pressões competitivas, as quais, por sua vez, podem pressupor — ou não — que se evite, por exemplo, transferências de renda para empresas com posições dominantes que não sejam justificadas por uma maior eficiência.

Nestes termos, a relação entre concorrência e justiça social é indireta e complexa. A concorrência é um processo concentrador, mas, ao mesmo tempo, capaz de gerar progresso técnico e, a partir daí, tornar *possíveis*, no longo prazo, uma redução substancial nos custos de produção, que viabilizam reduções igualmente substanciais nos preços dos produtos, bem como políticas econômicas que sejam justas do ponto de vista distributivo. A forma mais racional de conectar concorrência e justiça social é insistir na *capacidade* dos mercados no capitalismo de gerar progresso técnico e material.

Ocorre que a capacidade dos mercados de gerar progresso técnico e material se realiza, enquanto capacidade, sob a forma de *tendência*, cujas contra-tendências o próprio sistema se encarrega de engendrar (sob a forma de estratégias de *manutenção* das assimetrias e lucros extraordinários conquistados). A *efetivação* desse potencial não é algo que se dá automaticamente. Esta efetivação, pelo contrário, é algo que precisa ser provocada e garantida; e é justamente aqui que entra a política da concorrência que nós devemos ter em vista. Em outras palavras, o cumprimento, pelos mercados, de sua função de seleção eficiente de inovações e assimetrias, viabilizando o progresso técnico e o aproveitamento social dos ganhos a ele associados, somente pode ocorrer se os agentes capitalistas estiverem submetidos a um nível satisfatório de *pressões competitivas*. Cabe aos poderes públicos, então, zelar pela presença permanente de um nível satisfatório de tais pressões competitivas sobre os agentes e os seus mercados de atuação, e um dos instrumentos de política econômica mais importantes nesta direção é justamente a *política da concorrência*. O objetivo *imediato* desta está, assim, na manutenção e no possível incremento de pressões competitivas, para que a *tendência* imanente à economia capitalista de geração e de difusão de progresso técnico possa converter-se em realidade sensível para os membros da coletividade.

É possível chegar, por esta via, a uma justificativa racional de uma política da concorrência enquanto política de regulação da economia, ou seja, a um conjunto de argumentos, sintonizados com a teoria econômica, que são suficientes para justificar a necessidade de uma política da concorrência como meio para a realização do interesse público definido como fim da ordem econômica na CF.

Vamos recapitular brevemente a cadeia de argumentos que foi exposta anteriormente: (*a*) crescimento econômico é condição necessária — ainda que obviamente insuficiente — para a realização do ideal normativo prescrito na CF, isto é, o "bem de todos segundo critérios de justiça social"; (*b*) o avanço tecnológico é a força principal que está por detrás dos processos de crescimento econômico no capitalismo; (*c*) o avanço tecnológico é, entendido como tendência, imanente ao capitalismo; (*d*) a aceleração desta tendência depende da presença de um nível adequado de pressões competitivas sobre os agentes econômicos, especialmente as empresas capitalistas; (*e*) uma política ativa da concorrência é um dos instrumentos de política econômica mais importantes para garantir este nível de pressões competitivas.

No máximo, a esta altura, devemos nos recordar daquilo que foi dito anteriormente sobre o caráter geral da argumentação até aqui desenvolvida. É que a argumentação anterior mostra a necessidade de uma política ativa da concorrência, mas ela ainda não é suficiente para justificar a necessidade de uma política da concorrência que tenha a forma de um conjunto de *normas jurídicas* e de sua aplicação. De fato, a argumentação precedente parece nos colocar em uma posição superior à de um "neoliberal ilustrado" que afirma que do *laissez faire* oligopolista soprará o "vento perene da destruição criativa" responsável pelo progresso técnico e material e pelo bem-estar geral; mas será esta argumentação suficiente para justificar uma política concorrencial que assuma a forma de procedimentos jurídicos para o controle de condutas de agentes e de estruturas de mercado? Será que, no final das contas, o nosso "neoliberal ilustrado" não terá uma certa razão ao dizer que as possibilidades de erros sistemáticos das autoridades são tão grandes que os custos associados a esta aplicação acabarão, com toda a probabilidade, sendo maiores do que aqueles ligados à "destruição criativa" num capitalismo não regulado?

II — A racionalidade na aplicação do Direito da Concorrência

Vemos assim, claramente e como antecipado no início da presente exposição, que a questão sobre os fundamentos de racionalidade do Direito da Concorrência não pode ser respondida sem uma confrontação com a segunda questão que formulamos naquele instante, qual seja, a questão acerca da possibilidade de pensar o processo de aplicação do Direito da Concorrência de modo tal que a realização do ideal normativo associado a uma política racional da concorrência possa ser razoavelmente esperada, bem como objetivamente controlada.

Esta questão ganha contornos um tanto dramáticos quando consideramos a visão do sistema econômico proposta acima. De acordo com ela, o sistema capitalista está em constante movimento, na medida que gera de modo imanente — via inovações nos produtos, processos e nas formas de organização, adotadas no âmbito de estratégias dos agentes de valorização do capital — mudanças abruptas, descontínuas e normalmente imprevisíveis nas estruturas produtivas. Neste contexto, ou para falar com Schumpeter, sob as "condições de revolução permanente", as estratégias dos agentes, que numa visão estática (isto é, supondo *dadas* as estruturas) poderiam ser classificadas como restritivas à concorrência, podem converter-se, numa perspectiva dinâmica, em *condições necessárias* de aumento de eficiência seletiva, possibilitando reduções substanciais — e não marginais — nos custos e preços. Ou, como dizia Schumpeter: os carros podem andar mais rápido *porque* têm freios.[4]

A este caráter — relativamente — *indeterminado* dos efeitos econômicos associados às estratégias de valorização do capital dos agentes — e, portanto, às condutas que fazem parte destas estratégias —, junta-se a questão da presença da *incerteza* nos processos decisórios dos agentes econômicos no capitalismo. Esta tem a ver com o fato de os agentes capitalistas tomarem as suas decisões — basicamente de investir e de produzir — na busca de uma rentabilidade que ocorrerá apenas no futuro e que dependerá de fatores que fogem inteiramente ao seu controle. Se nós pensarmos nos processos de decisão das empresas capitalistas como um cálculo, então algumas das premissas deste cálculo vão referir-se a eventos futuros, p. ex., a rentabilidade esperada de um investimento ou o lucro esperado associado à decisão de produzir *X* unidades de dado produto; elas serão, neste sentido, a expressão de expectativas quanto a estes eventos. Dizer que as decisões de produzir e de investir são tomadas sob condições de incerteza significa então dizer que as informações necessárias para calcular as probabilidades da ocorrência de um evento futuro simplesmente *não existem* no instante da decisão. O universo dos eventos futuros que podem afetar o cálculo do agente não pode ser conhecido, dado que as suas decisões e as decisões dos demais agentes podem interferir de um modo *irreversível* e *não antecipável* sobre o próprio ambiente econômico.

Para efeitos da presente discussão, o importante é o fato de que a incerteza é uma propriedade do *ambiente econômico*, apresentando-se também para o cientista econômico preocupado em descrever e analisar o comportamento do sistema, e para as autoridades, preocupadas em regulá-lo, tendo em vista a realização de algum objetivo previamente definido. Ambos, cientistas e autoridades, estão metidos numa situação estruturalmente similar à da empresa capitalista no que se refere à previsão das trajetórias futuras de variáveis econômicas (e talvez com a desvantagem de não conhecerem tão bem como o capitalista o seu próprio mercado de atuação).

Diante destas duas características, que são constitutivas das economias capitalistas e *se reforçam* mutuamente — a saber, instabilidade estrutural e incerteza —, a questão da racionalidade na aplicação das normas do Direito da Concorrência ganha, como já foi dito antes, uma certa dramaticidade. Isto porque o caráter *indeterminado* e parcialmente *imprevisível* dos efeitos econômicos associados às condutas dos agentes adotadas no âmbito de suas estratégias de valorização do capital, é conflitante com a necessidade que é própria ao *Direito* de ter esquemas ou critérios unívocos para distinguir as condutas lícitas das ilícitas, as autorizadas das não autorizadas.

De fato, sociologicamente falando, a função principal do Direito consiste em estabilizar expectativas normativas, e o modo como ele a realiza não está, a rigor, na *negação* do caráter indeterminado e incerto do futuro, mas, sim, na sua *neutralização* por meio da projeção, no futuro, de esquemas binários de decisão que garantam que uma dada conduta será ou certa ou errada, ou lícita ou ilícita, ou autorizada ou não autorizada. É por meio de tais esquematismos simples que o sistema jurídico consegue lidar com a incerteza do futuro. É como se as normas jurídicas, ao dizerem aqui e agora o que é lícito e o que é ilícito, *vinculassem* o futuro, tornando irrelevante o que venha realmente a ocorrer. Eu não preciso me preocupar com *efeitos* futuros das minhas condutas, contanto

4. Deve-se dizer, a esta altura, que o enfoque dinâmico já vem sendo incorporado, em maior ou menor medida, por alguns especialistas, e até mesmo pelas autoridades, em casos envolvendo acordos de cooperação tecnológica, p. ex. O problema são os compromissos com outros enfoques, nem sempre consistentes teoricamente, bem como a ausência completa de referência à incerteza. Cf., a respeito, o ilustrativo livro de Ingo Schmidt, *Wettbewerbspolitik und Kartellrecht*, Fischer, 1993.

que eu possa saber, aqui e agora, que elas são lícitas.

Ora, no Direito da Concorrência, estes esquematismos simples não podem funcionar desta maneira, e não podem funcionar assim porque o que nos interessa no Direito da Concorrência é saber justamente qual a *natureza* dos *efeitos reais* associados às condutas e estratégias dos agentes em termos dos seus impactos sobre as pressões competitivas nos mercados, advindo exatamente *daí* o *critério* para determinar se estas condutas e estratégias são lícitas ou ilícitas, autorizadas ou não autorizadas. Ignorar este fato e insistir ao mesmo na racionalidade do Direito da Concorrência como meio de realização de um interesse público que depende da possibilidade de dizer algo a respeito da natureza desses efeitos é, portanto, adotar uma estratégia de argumentação sem fundamento.

Nós temos, então, que enfrentar a dificuldade que surge do fato de nós, de um lado, precisarmos poder dizer algo, aqui e agora, sobre os efeitos futuros de condutas e estratégias para as pressões competitivas presentes em mercados relevantes (a rigor, até mesmo a definição de um mercado relevante pressupõe esta capacidade, uma vez que ela implica afirmações sobre a existência de poder de mercado), e, de outro lado, não podermos classificar com certeza científica os efeitos futuros associados a estas condutas e estratégias em termos da natureza dos seus respectivos impactos sobre o nível das pressões competitivas nos mercados em questão e, em conseqüência, sobre a eficiência dinâmica.

Muito bem, esta dificuldade perde muito do seu caráter dramático quando nós deixamos de vê-la em contraste com ideais de ciência econômica e de política da concorrência completamente ilusórios. Partindo do que nós dissemos antes sobre o caráter constitutivo da instabilidade estrutural e da incerteza nas economias capitalistas, o ideal de ciência econômica não pode mais ser identificado com a capacidade de fazer predições exatas sobre o futuro, e o ideal de política da concorrência não pode mais ser identificado com a capacidade de controlar o futuro, baseando-se em predições deste tipo. Sob condições de incerteza, toda predição realmente interessante é um misto de conhecimento e imaginação, e toda tentativa de controlar ou influir de forma decisiva sobre o futuro não pode deixar de ignorar o fato de que ela estará se apoiando, em maior ou menor medida, em elementos de imaginação.

O nosso primeiro passo para resolver a mencionada dificuldade está, portanto, em deflacionar as nossas expectativas quanto àquilo que nós efetivamente podemos esperar de uma política da concorrência que pretenda estar em sintonia com a teoria econômica, o que vale evidentemente para qualquer política econômica que tiver esta preocupação, assuma ela a forma concreta de um Direito da Concorrência ou não.

Este também é o caminho para refutar o "neoliberal ilustrado", uma vez que as suas críticas somente ganham força quando nós somos obrigados a contrastar o Direito da Concorrência com um ideal de política da concorrência que a associa com a capacidade dos seus aplicadores de direcionarem, com base num conhecimento científico, a trajetória futura dos mercados no sentido da realização de um ideal normativamente definido. A partir de uma descrição das propriedades constitutivas do sistema capitalista que incorpora a instabilidade estrutural e a incerteza, no entanto, a fraqueza aparente de uma política da concorrência que esteja consciente desse fato converte-se em força, isto é, *num ganho de racionalidade*, se comparada às demais tentativas, especialmente as tecnocráticas, de realizar o referido ideal.

É preciso lembrar que em face do art. 170 da CF, que prescreve que o fim da ordem econômica é o "bem de todos segundo critérios de justiça social", bem como do *fato* de o funcionamento normal de uma economia capitalista levar a resultados que estão muito longe do ótimo em termos distributivos, os poderes públicos não *po-*

dem (no sentido normativo) ficar de braços cruzados. Eles *devem* regular os mercados e o modo mais *correto* de fazê-lo só pode ser o que é, ao mesmo tempo, o mais racional, e o modo mais racional de regular o funcionamento dos mercados no capitalismo é aquele que está ciente dos próprios *limites* em termos da capacidade de fazer predições e de influenciar as trajetórias futuras das variáveis relevantes.

Mas se é *preciso* (em termos normativos) fazer algo e se nós não sabemos exatamente qual *a* decisão correta a tomar em cada caso concreto, então, como decidir racionalmente? Note-se que uma situação como esta é estruturalmente análoga à situação do capitalista que tem que decidir a cada momento e não pode prever os resultados associados a cada decisão. No caso do capitalista, coube a Keynes resolver, de modo genial, o problema de como decidir de modo racional em face da imprevisibilidade do futuro, e a solução que ele deu ao problema pode nos ajudar — e muito — para a resolução do *nosso* problema.

Em quê consiste esta solução? Vamos ler a passagem de um texto do Mário Possas ("Racionalidade e regularidades: rumo a uma integração micro-macrodinâmica", in *Economia e Sociedade* 2, 1993) que apresenta o *insight* de Keynes para lidar com a questão da racionalidade microeconômica sob incerteza: "Mas que hipóteses adotar para preferir alguma expectativa a qualquer outra, se todas são igualmente imprevisíveis? Aqui surge uma das idéias mais originais da *Teoria Geral* de Keynes: se a incerteza é compartilhada pelos agentes e não pode ser suprimida por mais informação, e se os efeitos das decisões dos agentes afetam a todos — especialmente os que atuam no mesmo mercado —, é lógico que se busque conhecer a opinião média dos participantes do mercado a respeito de suas perspectivas futuras; se tal média for bastante representativa, (...) estará indicando uma convergência, e portanto uma tendência provável do mercado em termos das variáveis consideradas. A este procedimento coletivo e interativo de formação de expectativas Keynes denominou *convenção*".[5]

O recurso a mecanismos convencionais de formação de expectativas é, logo, um meio de que o agente capitalista dispõe para garantir a racionalidade das suas decisões, mesmo diante — e justamente em razão — das incertezas do futuro. Ora, é claro que, no caso das autoridades que são chamadas a decidir se uma conduta é ou não lícita do ponto de vista do seu impacto sobre o nível de pressões competitivas num mercado relevante, as lacunas de informação não podem ser preenchidas da mesma forma. Os objetivos são muito diferentes num e noutro caso. As autoridades não estão interessadas na realização estratégica de um interesse privado mas, sim, na *decisão legítima de um caso concreto*, que no limite pode envolver um conflito entre os interesses privados das várias partes interessadas.

Ocorre que o *princípio* da solução proposta por Keynes para o caso das decisões dos capitalistas, pode ser aproveitado também no caso das decisões das autoridades, contanto que nós estejamos atentos para os diferentes objetos sobre os quais ele se aplica. Num e noutro caso nós estamos diante da necessidade de tomar decisões sobre a base de expectativas sobre eventos incertos. A diferença está em que, num caso, o *sucesso* é medido em termos de resultados satisfatórios associados a uma estratégia de valorização do capital adotada sobre a base

5. Possas, ob. cit., p. 69. Logo em seguida, porém (p. 70), acrescenta este autor: "É importante observar, no entanto, que o comportamento convencional *não* esgota as possibilidades de exercer procedimentos racionais na formação de expectativas sob incerteza", apontando para procedimentos "defensivos" quando for instável o contexto no qual devem formar-se as expectativas. Nesta hipótese, "tende a perder-se o padrão convencional antes vigente, ou mesmo este não chega a se formar; em suma, o critério convencional deixa de existir e a racionalidade terá de ser exercida de outro modo — via de regra, ainda por mecanismos defensivos, mesmo que não necessariamente coletivos, até que nova convenção possa vir a ser adotada, mesmo sob algum grau de instabilidade, ou a convenção anterior possa ser restituída, ao desaparecer a instabilidade".

de tais expectativas (em regra formuladas a partir de mecanismos convencionais), ao passo que, no outro caso, o *sucesso* é medido em termos de aceitabilidade racional de uma decisão tomada sobre a mesma base. O importante é que, neste último caso, a aceitabilidade racional da decisão depende da garantia da *participação efetiva* de todos os interessados no processo de formação das referidas expectativas.

Em outras palavras, em ambos os casos a solução está no recurso a mecanismos coletivos e interativos de formação de expectativas, só que no caso das decisões das autoridades o que está em jogo é a *legitimidade* destes mecanismos, a qual somente se garante por um respeito *estrito* ao princípio processual do contraditório e da ampla defesa, bem como uma estruturação dos processos de aplicação do direito que permita concebê-los como mecanismos de filtragem dos melhores argumentos disponíveis. Em conclusão, decisões tomadas *em consciência* do caráter incerto e imprevisível do futuro sobre o qual elas incidem (proibindo ou autorizando condutas, impondo sanções, definindo compromissos etc.), somente podem ser legítimas (aceitáveis racionalmente) se a todas as partes for concedido o direito de argumentar a respeito do que é que nós devemos ou podemos efetivamente esperar, isto é, quais devem ser as nossas expectativas em face do futuro, e se o procedimento for estruturado de tal modo que seja razoável a suposição de que a decisão final incorpora expectativas que têm a seu lado os melhores argumentos disponíveis, possibilitando a *generalização* das mesmas entre a totalidade dos interessados.

O raciocínio é simples: se sabemos que uma decisão deve ser tomada e se sabemos, ademais, que esta decisão vai necessariamente basear-se em premissas sobre as quais nós nada sabemos, então a decisão somente será racionalmente aceitável por todos se for assegurada a todos a possibilidade de participar de um processo de discussão racional suficientemente inclusivo para poder justificar a *presunção* de que a decisão estará apoiada no melhor argumento disponível quanto à expectativa a escolher e a colocar na base da decisão a tomar.

Este modo de pensar o procedimento de aplicação das normas do Direito da Concorrência justifica o sacrifício de formalismos procedimentais em benefício da busca da "verdade material", isto é, em benefício da inclusão mais ampla possível das opiniões e dos argumentos das partes direta e indiretamente afetadas por uma determinada conduta. Neste sentido, cabe falar da necessidade de um maior rigorismo no processo de aplicação do Direito da Concorrência. Maior rigorismo processual, no sentido de um respeito incondicional aos princípios do contraditório e da ampla defesa, significa esticar ao máximo o direito das partes de intervir nas fases instrutória e de julgamento dos casos, mas também implica para a autoridade o dever de tomar explicitamente, e de forma justificada, posição perante os argumentos apresentados pelas partes. Nenhum requisito de validade dos atos administrativos é mais importante no Direito da Concorrência do que aquele referente à *motivação* desses atos.

Desta forma, torna-se possível responder satisfatoriamente à questão acerca da racionalidade *na aplicação* do Direito da Concorrência e, portanto, também à questão referente à racionalidade *do* Direito da Concorrência. A solução proposta para uma e outra questão mostra, ademais, a necessidade de um trabalho conjunto e cooperativo entre economistas e juristas como condição para que a práxis de aplicação do Direito da Concorrência possa fluir de um modo racional e legítimo. Somente deste modo é que os riscos associados aos erros substantivos de previsão incorporados nas decisões podem ser *aceitos* por todos os interessados. A estruturação aberta dos procedimentos e a corresponde obrigação das autoridades de adotar um posicionamento explícito e tecnicamente justificado em face dos argumentos apresentados pelas partes tornam suportável e — sob condições de incerteza forte — racionalmente aceitável a possibilidade de erros inscrita de modo sistemático (isto é, ineliminável) nos processos decisórios.

Como já afirmamos mais de uma vez, o conteúdo substantivo do Direito da Concorrência consiste, basicamente, em microeconomia aplicada no contexto de um contencioso administrativo ou judicial.[6] Se a argumentação substantiva é basicamente microeconômica, contudo, a *contextualização* dessa argumentação no âmbito de um contencioso obriga a um cuidado especial com os direitos e deveres dos participantes nos procedimentos, obrigação sobre a qual os juristas muito têm a dizer, inclusive, e como acabamos de ver, sobre as condições necessárias para a aceitabilidade racional das decisões tomadas com fundamento nos argumentos microeconômicos.

O aumento de complexidade resultante da incorporação, na estrutura dos próprios procedimentos, da consciência de que as decisões referem-se a eventos imprevisíveis, pode ser, por fim, parcialmente controlado por meio do progressivo desenvolvimento de *máximas de decisão* cristalizadas sob a forma de jurisprudência, as quais, por sua vez, podem manifestar-se processualmente sob a forma de regras de atribuição do ônus da prova. Assim, p. ex., cientes da existência comprovada de bons argumentos que associam a acordos de cooperação tecnológica realizados entre concorrentes efeitos dinâmicos positivos em termos de ganhos de eficiência, as autoridades podem construir uma regra prática de decisão que seja favorável à aprovação deste tipo de acordo, sujeitando a sua não aprovação à apresentação, pela parte contrária, de bons argumentos que autorizem a presunção de que estes efeitos não devem ser esperados no caso concreto. O mesmo vale, p. ex., embora com sinal evidentemente trocado, para acordos horizontais de fixação de preço.

6. Cf., neste sentido, "Dogmática jurídica e Lei 8.884/94", in *RT* 23/132-164, Cadernos de Direito Tributário e Finanças Públicas, 1998.

Antes de encerrar, caberia apontar para uma implicação importante associada à incorporação privilegiada do enfoque dinâmico na interpretação e aplicação do Direito da Concorrência. Pode parecer que o único efeito prático associado a este enfoque estaria no aumento do estoque de argumentos disponíveis para defender as grandes empresas de acusações de domínio de mercado ou abuso de posição dominante, ou então facilitar a aprovação de atos de concentração nos quais elas estejam envolvidas. É claro que isto *também* ocorre, mas é muito importante não deixar de mencionar ao menos uma implicação de sentido oposto, que no enfoque tradicional fica completamente invisível.

Trata-se dos casos de manifestações de poder de mercado que não se traduzem de modo *imediato* em perda de bem-estar (no sentido da "soma" dos excedentes), mas que podem ser caracterizadas, de um ponto de vista mais abrangente, como prejudiciais à concorrência e, portanto, *abusivas*. Isto poderia ocorrer, p. ex., no caso de uma restrição vertical que afeta de um modo injustificado (oportunista) a capacidade inovativa de uma empresa (p. ex., mediante o enfraquecimento da sua capacidade de investir). Ainda que, do ponto de vista das estruturas de mercado existentes, não possam ser inferidos efeitos negativos imediatos à eficiência alocativa via exercício de poder de mercado, a referida conduta pode ter um impacto negativo para a concorrência no futuro, uma vez que a capacidade de inovar de uma empresa foi afetada negativamente e, com ela, também um fator *potencialmente* importante para o incremento das pressões competitivas *futuras*. Pensando desta maneira, nós encontramos um caminho promissor para resolver, de sobra, um problema jurídico que até hoje permanece parcialmente reprimido da consciência dos especialistas, qual seja, o de dar um sentido consistente ao princípio da livre iniciativa, que aparece, gostemos ou não, no inciso I do art. 20 da Lei 8.884/94.

Atualidades

AGENTE FIDUCIÁRIO DO CONSUMIDOR EM COMPRAS PELA INTERNET: UM NOVO NEGÓCIO NASCIDO DA CRIATIVIDADE MERCANTIL

HAROLDO MALHEIROS DUCLERC VERÇOSA

Introdução. I — Das proibições expressas. II — As atividades permitidas às sociedades corretoras. III — A atividade de agente fiduciário — Características, funções e responsabilidade. IV — A função de agente fiduciário perante o Código de Proteção e Defesa do Consumidor. V — A compra via Internet e o arrependimento do consumidor. Conclusões.

Introdução

A proverbial criatividade dos empresários está dando à luz mais um instrumento negocial, na busca de melhor eficiência e segurança quanto à compra de bens ou a prestação de serviços contratados pela Internet, de maneira a que, no caso da compra e venda, por exemplo, o comprador pague o preço sem risco de não receber a mercadoria e que o vendedor, ao contrário, não corra o risco de deixar de receber o preço depois de entregue o bem ao comprador.

Está envolvida na operação, complementarmente, a garantia por parte da empresa intermediadora que os dados pessoais das partes não cheguem ao conhecimento de terceiros sem autorização, o que poderia proporcionar um uso indevido em prejuízo daquelas.

O esquema operacional, em linhas gerais, dar-se-á mediante os seguintes passos:

a) o comprador adquire algum produto pela Internet;

b) entre as formas de pagamento, haverá na tela uma opção consistente na liquidação financeira a ser efetuada via empresa intermediadora;

c) tendo optado pela liquidação financeira, o comprador depositará os recursos correspondentes em uma conta bancária em nome da intermediadora, enviando confirmação a esta;

d) recebendo a confirmação do depósito, a intermediadora avisará o vendedor que os recursos relativos ao pagamento da venda já estão em seu poder;

e) o vendedor, em seguida, remete o produto ao comprador;

f) o comprador, tendo recebido o produto de acordo com as especificações da aquisição, avisará a intermediadora que o vendedor pode ser pago; e

g) a intermediadora libera o pagamento em favor do vendedor.

Têm mostrado interesse em patrocinar o esquema acima descrito algumas sociedades corretoras de títulos e valores mobiliários.

A primeira indagação a ser feita corresponde ao exame das operações que não são expressamente proibidas às corretoras de valores, para verificarmos se o modelo alvitrado não incide em alguma vedação legal ou regulamentar. Em um segundo momento, verificando a inexistência de impedimentos diretos a tal operação, deve-se averiguar se ele pode ser enquadrado dentro do ramo de atividades próprio de corretoras de títulos ou valores mobiliários. Na hipótese de resposta afirmativa, deve-se atentar, em seguida, para qual seria o instituto jurídico apto a proporcionar à empresa intermediadora alcançar os seus objetivos e em que circunstâncias a operação poderá ser desenvolvida diante dos órgãos aos quais aquela virá a estar subordinada e os riscos inerentes a tal operação.

I — Das proibições expressas

A legislação em vigor encerra um certo rol de operações que são absolutamente incompatíveis com a atividade de sociedades corretoras de títulos e valores mobiliários. Elas estão elencadas no modelo de estatuto social que o Banco Central do Brasil prevê para esse tipo de empresas do mercado, no caso constantes do art. 5º do Estatuto Social da própria Empresa *X*, que passa a ser transcrito para melhor apreciação nas partes que puderem apresentar, ao menos aparentemente, alguma afinidade com a operação sob exame:

"Art. 5º. É expressamente vedado à sociedade:

"I — realizar operações que caracterizem, sob qualquer forma, a concessão de financiamentos, empréstimos ou adiantamentos a seus clientes, inclusive através da cessão de direitos, ressalvadas as hipóteses de operação de conta margem e as demais previstas na regulamentação em vigor;

"II — cobrar de seus comitentes corretagem ou qualquer outra comissão referente a negociações com determinado valor mobiliário durante seu período de distribuição primária;

"III — adquirir bens não destinados ao uso próprio, salvo os recebidos em liquidação de difícil ou duvidosa solução (...);

"IV — obter empréstimos ou financiamentos junto a instituições financeiras, exceto aqueles vinculados a:

"(...);

"VII — celebrar contratos de mútuo, tendo por objeto o empréstimo de recursos financeiros com pessoas físicas e jurídicas não financeiras."

O estudo das proibições acima indica que a atuação da Empresa *X*, com relação a qualquer das partes no esquema operacional em vista, *não poderá jamais confundir-se com uma operação de crédito em favor de um, de outro, ou de ambas*. Sob esse mesmo ângulo, não poderá a Empresa *X* celebrar operações de mútuo com terceiros com a finalidade, por exemplo, de obter capital de giro para a atividade em foco.

Nos negócios de crédito, como se sabe, o credor concede o acesso a disponibilidade financeira ao seu cliente (devedor) por certo lapso de tempo, cobrando juros a título de remuneração. Assim sendo, a Empresa *X* deverá ter o cuidado de não caracterizar o elemento crédito, vindo a exercer tão-somente o papel de intermediário entre vendedor e comprador, exclusivamente quanto ao recebimento de recursos deste último e sua liberação em favor do vendedor.

A proibição da cobrança de corretagem ou outra comissão referente a negociações das quais faça parte como intermediária objetiva, estritamente, a colocação de valores mobiliários durante sua distribuição primária. Não existe a menor possibilidade de confusão entre este impedimento e a operação que a Empresa *X* pretende realizar. Portanto, poderá a Empresa *X* cobrar uma remuneração pelo serviço pleiteado, na qualidade de atividade operacional remunerada, o que é próprio de empresas mercantis.

Considerando que os bens objeto de compra e venda dentro do esquema em estudo não ingressarão no ativo da Empresa *X*, a proibição correspondente não apresentará possibilidade de ocorrência.

II — As atividades permitidas às sociedades corretoras

A Constituição Federal estabelece o princípio da liberdade das convenções, segundo o qual as pessoas podem fazer tudo aquilo que não seja expressamente proibido por lei, ou contrário à ordem pública ou aos bons costumes (art. 5º, II). Tendo já examinado, logo acima, o teor das atividades diretamente vedadas às corretoras de valores, deve-se verificar se a operação sob análise não estaria proibida de forma indireta. A pesquisa procurará, paralelamente, encontrar nas operações expressamente permitidas às corretoras de valores, uma sob a qual possa vir a agasalhar-se a atual pretensão operacional da Empresa *X*.

Um caminho que poderia ser indicado estaria em provocar-se o Banco Central do Brasil, para o fim da obtenção de uma autorização expressa, conforme dispõe inciso XIX do Estatuto Social. Tal opção, no entanto, não seria de bom conselho, em vista da provável demora de resposta daquele órgão — em prejuízo do imediato início das operações — e, de outra parte, tendo em conta completa incerteza sobre o sucesso da pretensão.

A verificação das regras operacionais das sociedades corretoras, tanto por parte do Banco Central do Brasil, quanto no que diz respeito à Comissão de Valores Mobiliários — CVM, indica não existir veto expresso ao tipo de atividade que a Empresa *X* pretende realizar. No caso da CVM, destaque-se que a sua competência legal limita-se ao campo dos valores mobiliários referidos no art. 2º da Lei 6.385/76, além do caso específico dos chamados "contratos de boi gordo", estando, portanto, completamente fora do objeto da atividade pretendida por essa empresa. De tal maneira, não caberia à CVM discipliná-la.

Mais uma vez, o exame do Estatuto Social Modelo das Corretoras servirá como ponto de referência, representando ele a visão do Banco Central do Brasil sobre o tema.

Dentro das atividades presentes no art. 4º do referido Estatuto Social, verifica-se que elas, em sua quase totalidade, versam sobre títulos e valores mobiliários negociados no mercado. O projeto específico da Empresa *X*, ora em estudo, não se volta para esse tipo de operação, conforme já se verificou acima.

A única possibilidade de enquadramento da operação em tela dentro do objeto social da Empresa *X* localiza-se na sua atuação como *agente fiduciário* (art. 4º, VII).

Em um primeiro momento, poder-se-ia objetar quanto à possibilidade de atuação das corretoras em geral na operação em espécie, uma vez que ela não versa sobre o campo de seu objeto tradicional, vale dizer, títulos e valores mobiliários.

No entanto, deve-se ter em conta, a par da inexistência de uma proibição expressa, já objeto de considerações anteriores, que o inc. VII do art. 4º do Estatuto Social é autônomo, ou seja, não está sujeito ao comando do *caput* daquele dispositivo, que não traça regras condicionantes. Além disso, a forma extremamente dinâmica como as atividades negociais têm se desenvolvido nos anos recentes — especialmente no campo do comércio eletrônico — leva à criação de novas operações e à conseqüente necessidade do estabelecimento de novos mecanismos técnico-jurídicos para regê-las, dado oportunidade ao desenvolvimento econômico.

Dessa forma, não existiriam maiores objeções ao fato de vir a Empresa *X* a procurar criar um espaço no mercado, estabelecendo relações negociais que atendem a necessidades presentes, dentro de um ramo de atividade que lhe tem sido genericamente reconhecida — a de agente fiduciário — mecanismo que se passa a estudar em seus elementos, em seguida.

III — A atividade de agente fiduciário — Características, funções e responsabilidade

A Lei das Sociedades Anônimas estabeleceu expressamente a função de agente fiduciário de debenturistas, com o dever de representar a comunhão destes perante a companhia (art. 68 da Lei 6.404/76). De acordo com a alínea *a* do § 1º do mesmo dispositivo, tem o agente fiduciário dos debenturistas, entre outros, o dever de proteger os direitos daqueles, empregando no exercício de sua função o cuidado e a diligência que todo homem ativo e probo costuma empregar na administração de seus próprios bens. No exercício de suas atribuições tem o agente fiduciário dos debenturistas, até mesmo, o dever de ajuizar as ações necessárias à proteção dos interesses colocados sob sua guarda (art. 68, § 3º).

Segundo Rubens Requião (*Curso de Direito Comercial*, v. 2, 19ª ed., Saraiva, p. 90), "o negócio fiduciário consiste na transmissão de uma coisa pelo seu proprietário a outrem, que a deterá aparentemente como se sua fosse. É negócio feito em confiança, quando alguém necessita se apresentar como proprietário de determinado bem, cujo negócio resulta útil e vantajoso para ambas as partes".

Verifica-se, portanto, que o agente fiduciário não exercita uma função neutra, mas ele está ligado aos debenturistas, cujos interesses deve proteger. Em sua atividade, portanto, está sujeito ao estabelecimento de responsabilidade por prejuízos que possa causar à comunidade dos debenturistas por dolo ou culpa (negligência, imprudência ou imperícia) no exercício de sua atividade, prevista expressamente no § 4º do mesmo artigo acima citado.

Está o estabelecimento da obrigatoriedade da atuação de um agente fiduciário quando da emissão de debêntures no reconhecimento, por parte do legislador, da necessidade de se fixar em uma determinada entidade o dever de zelar pelos interesses dos debenturistas, que, ao formar uma comunidade dispersa, dificilmente conseguiriam reunir-se na defesa dos seus direitos.

Ora, ao projetar a sua atuação como agente fiduciário na negociação de produtos pela Internet, a Empresa *X* deverá assumir posição em favor de uma das partes, comprador ou vendedor. Não poderá sê-lo em favor de ambos. Neutralidade ocorre em câmaras de compensação, não quanto a agentes fiduciários.

No caso do projeto em vista, a Empresa *X* receberá os recursos do comprador para, como agente fiduciário deste, pagar o preço ao comprador, dentro das condições avençadas.

Ao ocupar a posição de agente fiduciário do comprador, estará defendendo os interesses deste na liberação dos recursos recebidos somente a partir do momento em que o vendedor tiver cumprido integralmente as suas obrigações no contrato de compra e venda. E essa tarefa será desempenhada pela Empresa *X* sob o risco de responsabilidade de natureza civil perante os compradores, ou seja, indenização pelos prejuízos causados àqueles, decorrentes de dolo ou culpa.

Em se tratando de uma compra e venda mercantil, o pagamento liberado pela Empresa *X* em favor do vendedor terá validade jurídica reconhecida, na forma do art. 429 do Código Comercial.

IV — A função de agente fiduciário perante o Código de Proteção e Defesa do Consumidor

Cabe verificar, em seguida, se existirá alguma responsabilidade da Empresa *X*, na qualidade de agente fiduciário dos compradores, quanto a problemas de defeito ou vício dos produtos adquiridos ou quanto às demais questões inerentes às relações de consumo, previstas no CDC, tais como publicidade enganosa, práticas comerciais abusivas, cláusulas abusivas etc. A resposta estará na verificação de poder vir ou não a Empresa *X* ser considerada fornecedor dos produtos em questão.

Diz o CPC, em seu art. 3º que "fornecedor é toda pessoa física ou jurídica, pública ou privada, nacional ou estrangeira, bem como os entes despersonalizados, que desenvolvem atividades de produção, montagem, criação, construção, distribuição ou comercialização de produtos ou prestação de serviços".

Claramente, a Empresa *X* estará prestando um serviço de agente fiduciário ao comprador do produto, este caracterizado como consumidor.

Mas deve-se ter em conta, para os fins deste estudo, *que existem duas ordens de relações de consumo na operação sob exame*:

a) a que se estabelece entre o comprador e o vendedor do produto; e

b) a que se forma entre o comprador e o agente fiduciário, no caso, a Empresa *X*.

Em cada uma delas haverá deveres e responsabilidades próprios, para as partes envolvidas.

No que diz respeito à operação de compra e venda, a Empresa *X* não terá nada a ver com ela, sendo sua contratação e as obrigações delas emergentes de inteira responsabilidade das partes envolvidas quanto ao bem adquirido, seu preço, forma de pagamento, local de entrega, etc. Nesse sentido, a Empresa *X* não poderá ser considerada fornecedora e, portanto, não lhe caberá qualquer responsabilidade própria do CDC. Ela apenas atuará na liberação do preço ao vendedor, como agente fiduciário do comprador, no momento em que entender que as obrigações do primeiro encontram-se cumpridas.

De outro lado, na qualidade de fornecedor de um serviço, a Empresa *X*, exercendo a função de agente fiduciário, estará claramente caracterizada como fornecedor, respondendo, portanto, segundo o CDC, por defeitos ou vícios do serviço prestado, ou por alguma das demais modalidades de responsabilidade previstas naquele texto legal.

Mas jamais deverá a Empresa *X* responder, por exemplo, pelo mau funcionamento do produto, pelos danos que ele vier a causar ao comprador ou a terceiro em vista de defeito apresentado, e assim por diante.

Pode-se dizer que, do ponto de vista técnico-jurídico, a responsabilidade da Empresa *X* no exercício da função de agente fiduciário do comprador será a mesma que teria um banco ao conceder financiamento para a compra de um bem. São dois os contratos: o de mútuo e o de compra e venda, distintos entre si pela distinção entre o objeto e as partes neles envolvidas.

Deverá a Empresa *X*, ao montar o projeto, estabelecer a sua posição de forma bem clara e objetiva diante do comprador, construindo um sistema do qual não surja a sua ligação ao negócio de base entre o comprador e o vendedor do produto.

V — A compra via Internet e o arrependimento do consumidor

O art. 49 do CDC dá ao consumidor o direito de desistir do contrato no prazo de 7 (sete) dias a contar de sua assinatura ou da data do recebimento do produto ou serviço, *sempre que a contratação ocorrer fora do estabelecimento comercial* especialmente por telefone ou a domicílio. Exercendo sua prerrogativa, tem o consumidor o direito de devolução dos valores pagos, de imediato. Para esse efeito, o consumidor não necessita apresentar qualquer justificativa: trata-se de um direito que pode exercer na exclusiva dependência de sua vontade, sendo justificado pelo fato de não ter podido examinar adequadamente o produto ou o serviço adquirido, já que o negócio não foi feito diretamente.

Sem dúvida alguma, a compra via Internet é classificada como tendo sido feita fora do estabelecimento comercial, aplicável, portanto, o direito de arrependimento acima referido.

Pela regra do CDC fica superada eventual discussão a respeito do negócio estar sendo ou não efetuado por meio de telefone e, sendo de natureza específica, não se aplica, ao caso, o disposto no art. 1.081 do Código Civil brasileiro, sobre contratação entre ausentes ou presentes.

Assim sendo, será necessário à Empresa *X* resguardar-se no sistema que pretende adotar, diante do direito de arrependimento do consumidor. Deverá estabelecer de maneira clara, tanto em relação a este, quanto diante do vendedor, que não se responsabiliza pelos efeitos da desistência, não lhe cabendo qualquer participação em tal atitude.

Conclusões

Em vista do que tem sido exposto, esclarecendo que as observações efetuadas são válidas também para a aquisição de serviços pela Internet, podemos tirar as seguintes conclusões a respeito do projeto operacional da Empresa *X*:

a) trata-se de operação nova, não regulamentada na legislação vigente;

b) é negócio perfeitamente lícito, caracterizando-se a intermediadora como agente fiduciário;

c) não havendo proibição expressa, pode ser livremente realizado, de maneira geral, a partir do princípio constitucional da liberdade das convenções;

d) apresenta riscos eventuais para a Empresa *X*, no campo do Direito do Consumidor, apenas na sua relação com o comprador da mercadoria, não respondendo por questões ligadas à relação entre o comprador e o vendedor.

São Paulo, 19 de julho de 2000

NOVAS ALTERNATIVAS E DERIVAÇÕES JURÍDICAS PARA A AGREGAÇÃO EMPRESARIAL

JOÃO LUIZ COELHO DA ROCHA

A — As criações econômicas e seu reboque jurídico. B — Comunhões empresariais despersonalizadas. C — "Project finance". D — Financiamento de projetos pela venda futura de mercadorias. E — Securitização ou titularização. F — Associações heterodoxas em aportes e em resultados. G — Conclusão.

A — As criações econômicas e seu reboque jurídico

Como usa acontecer no campo das ciências sociais, os fenômenos econômicos surgem, tangidos pelos fatores que lhe são subjacentes (a necessidade, a utilidade, aliados ao gênio criativo) e aí, a reboque, aparece a formulação jurídica, superestrutura necessária ao balizamento normativo daquela realidade.

Lembra-se sempre como exemplos paradigmáticos dessa constatação que os comerciantes europeus do século XVIII passaram a "zerar" seus débitos perante certos credores ordenando a seus próprios devedores que satisfizessem o crédito daqueles, e daí o direito criou as letras de câmbio como títulos de crédito. Os empreendedores holandeses necessitavam de recursos de terceiros para suas atividades de navegação, e começaram a obter investimentos de várias pessoas desafetadas da atividade em si, e surgiram então as sociedades anônimas, a grande criação do direito comercial até hoje.

Os próprios efeitos econômicos desastrosos da 1ª Guerra Mundial arrastando tanta gente à quase insolvência levou a ordem jurídica a erigir o princípio da imprevisão contratual para ensejar a revisão dos ajustes e de suas obrigações pactuadas.

Dentro dessa moldura que a observação nos permite perceber, vem acontecendo nesse final de século uma aceleração sensível de agregações empresariais nem sempre admitidas dentro das vias clássicas da fusão ou incorporação de empresas.

Nesse contexto, os modos menos ortodoxos dos consórcios, das sociedades em conta de participação, das parcerias inominadas tem sido utilizados como assento jurídico de muitas empreitadas importantes.

B — Comunhões empresariais despersonalizadas

O consórcio de empresas é assente, no Brasil, em regras escassas da Lei 6.404 e, ao lado das vantagens da motilidade operativa e certa simplicidade na sua gestão, sempre encontram algum risco quando volvidos a empreendimentos não muito bem limitados no tempo e no espaço, por isso que podem ensejar a qualificação de "sociedade irregular", arrastando a responsabilização de todos os consorciados pelos ônus fiscais, previdenciários e comerciais em aberto, para nada dizer sobre as gravações trabalhistas sempre passíveis de serem estendidas a eles.

A sociedade em conta de participação, de sua volta, seria, a nosso entendimento, bem mais adequada, ou porque embutida em regras claras e clássicas do veterano Código Comercial, ou porque preserva a integridade do sócio aparente perante credores, e protege a posição do sócio oculto com consistência jurídica na exigibilidade de seus direitos.

Contudo, ela é forma de menor prestígio na hora de sua utilização prática, por motivos que só podemos debitar à depreciação "cultural" de uma posição jurídica conceituada como "oculta", aquela do sócio que não desponta.

Bulgarelli, na sua obra bem didática *Sociedades Comerciais* (5ª ed., São Paulo, Atlas, 1993, p. 141), assenta-se em Mauro Brandão Lopes e seu ensaio monográfico (*Ensaio sobre a Conta de Participação no Direito Brasileiro*, 1964, p. 22) para sugerir modificações legislativas no trato da conta de participação, como a permissão de capital variável, aumentando-se os fundos com novos sócios ocultos ou reduzindo-se com a retirada de alguns, a admissão de títulos ou certificados representativos das quotas dos partícipes, limitando-se a responsabilidade de cada um ao valor do título etc.

Há os que como Tavares Borba (*Direito Societário*, 2ª ed., Freitas Bastos, 1995, p. 87) vêem a conta de participação como recuperando seu prestígio:

"Uma de suas aplicações mais constantes vem se verificando na área das incorporações imobiliárias. Uma empresa assume a obra externamente, enquanto outras fornecem terreno e recursos para, depois, ratearem entre si o proveito apurado.

"Os fundos de investimento, que no Brasil optaram pelo condomínio acionário, têm adotado, em muitos países, como forma de atuação, a conta de participação."

Restou sempre o recurso à idéia um tanto genérica da "parceria", que por não ter no trato positivo das leis brasileiras, ou na dogmática da doutrina de um modo geral, um conceito expresso, tópico, tem sido, na verdade, a porta de saída para muitos acertos empresariais inominados que procuram fugir ou escapar a uma *nominata* própria.

De nosso lado, temos como perigosa essa indefinição terminológica que, em matéria jurídica, tanta vez leva à volatilidade conceitual, sobretudo onde obrigações perante terceiros se formam de modo intenso.

Concordamos então com Tavares Borba (ob. cit., p. 88) quando este mostra a maior segurança da definição jurídica do projeto em um dos moldes apropriados da lei comercial:

"As parcerias empresariais, de que hoje muito se fala, e que se destinariam a reduzir custos e integrar resultados entre empresas produtoras e empresas fornecedoras de peças ou componentes ou ainda de serviços, representam efetivas contas de participação.

"A não adoção, nessas parcerias empresariais, do processo da conta de participação, levaria essas associações para o âmbito das sociedades irregulares, com a conseqüente ilimitação da responsabilidade dos parceiros. A caracterização da sociedade irregular decorreria, nos termos do Código Comercial (art. 305), da prova de existência de negócios comuns.

"Deve-se, portanto, em tais situações, a fim de afastar a grave sanção, que é a ilimitação da responsabilidade, contratar, de modo formal, uma conta de participação."

Resta assente, pois, que estando no campo do direito privado, mais que isso, no coração mesmo da área privatística, todo e qualquer modo associativo será (a risco dos sócios) admissível — dentro do princípio geral do direito não público de que não havendo proibição legal tudo se permite — desde que, atentem bem os empreendedores, as seqüelas e transbordamentos jurídicos conseqüentes àquele meio associativo sejam sopesados e medidos, como já se adverte (vide acima) quanto à questão dos consórcios não delimitados em seu objeto próprio.

C — *"Project finance"*

Para além dessa pura notação sobre formas denominadas da aglutinação empresarial, observam-se derivações jurídicas — sempre provocadas pela agilidade das novas imaginações econômicas — que podem se debitar a essa crescente onda de agregação de capitais para empreendimentos de vulto.

Nesta área, o *project finance* aparece como um sistema de financiamento, de obtenção de recursos para certo projeto, de um modo tal que a garantia do financiador esteja contida dentro do próprio projeto, prioritariamente dentro da geração de receitas daquele empreendimento.

É claro que da simples expressão lingüística *project finance*, ou *project financing*, nada se extrai de muito especial, pois que qualquer empresa pode objetivar um certo projeto e conseguir financiamento na banca privada, no BNDES etc., e aí temos um financiamento de projeto.

Mas, a expressão própria *project finance* ou *project financing* neste contexto atual é reservada, em livros de análise econômica e financeira, e agora no plano dos estudos jurídicos, a certos empreendimentos que asseguram recursos de terceiros mediante garantia ou empenho de sua geração de caixa, e, no máximo, do patrimônio alocado expressamente àquele projeto.

Na verdade, a concepção é originária da prática norte-americana, sobretudo no convívio com empreendimentos de grande calibre necessitados de considerável aporte de recursos.

Veja-se, a respeito, o trabalho de Richard Brealey e Stewart Myers (*Principles of Corporate Finance*, 1996, Mcgraw-Hill, USA) que conceituam o instituto (p. 695): "The basic requirement of any project financing is that the project be physically isolated from the parent and that it offers the lender tangible security. The additional research and legal costs also mean that project financing makes sense only when the sums involved are large. Traditionally, project finance has been widely used for major mineral extraction and processing developments, often involving joint ventures with overseas firms. More recently in the United States the most common use of projet finance has been for eletric power plants".

Para possível amargura dos jacobinos da linguagem a expressão em inglês *project finance* se impõe pois como o código denominador desse especial financiamento de projeto tal como ali figurado, e pouco se precisa cogitar quanto à prevalência norte-americana nos signos de comunicação moderna para se compreender porque a expressão usada será aquela em inglês.

Dentro dessa modulação do *project finance* os empreendedores constituem a empresa apropriada para receber o aporte dos recursos de terceiros voltados ao projeto, e essa ganha a expressão de *Special Purpose Entity*, ou SPE, sigla feliz pela identidade com a que seria derivada da tradução própria em português: Sociedade de Propósito Específico.

Essa mesma SPE será, em princípio, a própria sociedade operadora do projeto, vale dizer, ela vai receber os aportes de capital, como mutuária, e ela mesma vai ceder em garantia dos mutuantes as suas receitas futuras (seus "recebíveis") e adicionalmente partes de seu patrimônio, caracterizando-se com esses traços uma operação de *project finance*.

A originalidade da concepção reside aí, e aí mesmo ela se distingue dos financiamentos normais obtidos por pessoas jurídicas para tal ou qual projeto.

A novidade do instituto desperta o interesse de muitos. Tivemos chance de examinar uma excelente monografia a respeito do bacharelando da PUC/RJ, L. C. Correa da Costa Aboim, orientado pelo Prof. Julien Chediak, trabalho denominado *Project Finance* com um bom *approach* de pesquisa e análise consciente sobre a inserção do conceito em nosso uso comercial.

No *project finance*, centram-se tão-somente na SPE, na geração de caixa desta, ou mesmo também no patrimônio desta, as garantias dos mutuantes, matéria a ficar bem explícita nos instrumentos contratuais articuladores do negócio.

É claro que a viabilidade da idéia vai depender da excelência técnico-comercial-financeira do projeto, da credibilidade da SPE e de seu corpo diretivo, e ainda talvez do bom assento patrimonial dela, de modo a que os credores se vejam sustentados favoravelmente, na sua análise de risco, para os financiamentos pedidos.

Bancos são bancos, contudo... E assim, é rara a hipótese concreta do *project finance* puro, tal como acima, pois que se requer, no mais das vezes, alguma garantia adicional dos patrocinadores do projeto, uma garantia real ou fidúcia fora do âmbito da SPE.

Nessa modulação menos ortodoxa chamada *project finance limited recourse* os sócios do empreendimento agregam mais garantias, mas sempre limitadamente, ou seja, não há solidariedade ou subsidiariedade integrais dos sócios.

De um modo genérico a criação negocial calibrou a alternativa *limited resource* para casos, sempre contratualmente especificados, onde há dolo, a má-fé ou mesmo a culpa estrita (negligência, imprudência) do sócio patrocinador na gestão do financiamento ou na operação de projeto. E aí então parte do patrimônio deste patrocinador é chamado a responder.

A presença hoje, no direito brasileiro, do princípio da desconsideração da pessoa jurídica, subjacente como um parâmetro absorvido pela jurisprudência e bem elaborado pela doutrina, permite que se preveja sua provável invocação em tantas hipóteses onde o *project finance* eventualmente falhe na satisfação de seu credor e este possa evidenciar dolo ou fraude ou abuso de direito flagrante na montagem do negócio por parte dos patrocinadores que assim se escudaram de responsabilizações pessoais.

"*Sociedade — Desconsideração da personalidade jurídica — Requisitos.* É requisito indispensável da desconsideração da personalidade jurídica do ente coletivo que a independência dos patrimônios da pessoa moral e dos seus integrantes seja utilizada fraudulentamente, para evitar que a pessoa jurídica solva suas obrigações" (2º TACivSP, ac. un. da 4ª C., j. 10.3.98, *ADCOAS* 8159593).

"*Sociedade comercial — Desconsideração da pessoa jurídica — Aplicação — Momento.* A aplicação da teoria da desconsideração da pessoa jurídica só deve ser utilizada quando a parte interessada demonstra com segurança probatória a intenção dos sócios em fugir das suas obrigações" (2º TACivSP, ac. un. da 9ª C., *ADCOAS* 8155131).

Essa nova estrutura econômica-jurídica tem se aplicado particularmente a projetos de usinas elétricas, sobretudo diante do enorme volume de recursos exigidos em tal atividade e da nítida certeza de receitas oriundas da venda de energia elétrica, *commodity* indispensável e de demanda consistente.

D — Financiamento de projetos pela venda futura de mercadorias

A necessidade de otimização de recursos, nem tão disponíveis assim, para tais projetos como os hidro ou termelétricos, é tão patente, que outras formulações, não exatamente enquadráveis na estrutura do *project finance*, têm sido utilizadas com o apelo à âncora do fluxo de receitas futuras do empreendimento.

É assim que o patrocinador do projeto, em regra um concessionário de energia elétrica ou produtor independente, agrega recursos necessários à montagem da planta elétrica mediante o uso de contratos de pré-venda, ou venda futura da energia a ser produzida.

De novo se observe, que *commodities* como energia elétrica, são geralmente, e, no Brasil por certo, de negociação regularmente previsível no mercado, e daí decorre que o empreendedor tem ótimas condições de antecipar o surgimento das obrigações de compra e venda, e, a partir disto, negociar com os mutuantes tais recebíveis.

Em alguns casos, e em razão da extrema fungibilidade da mercadoria energia elétrica, o financiador recebe na verdade sua contra-prestação na própria *commodity*, ou seja, passa a ser ele o adquirente a futuro daquela energia, de modo que assim seja compensado pela sua versão *a forfait* dos recursos necessários ao empreendimento.

E — Securitização ou titularização

Ainda que interessando bem de perto ao estudo setorial dos títulos de crédito ou do mercado de capitais o instituto da securitização (do inglês *securitization*), ou titularização (do francês *titrisation*), também pode ser visto como mais uma conquista integrada ao direito societário no plano de formas jurídicas adventícias, que propiciam a captação, no mercado, e agregação ao projeto empresarial, de investimentos necessários.

Vamos nos socorrer aqui do conceito bem exposto pelo Prof. Armindo Saraiva Martins, da Universidade de Lisboa, no seu artigo na *RDM* 112, p. 48: "A noção genérica e ampla que nos fica da 'titularização' é a de uma emissão de títulos negociáveis, tendo por base e substrato fluxos de tesouraria gerados por ativos específicos".

Assim, recebíveis da empresa, naturalmente de empresa (empresa "A") que apresente solidez e consistência de *fluxo de caixa*, ganham uma dada autonomia ("autonomização relativamente ao patrimônio do credor", cf. Saraiva Martins, *supra*), isto é, são segregados idealmente do ativo da empresa "A" que é sua credora, e deferidos a uma outra empresa (possivelmente uma SPE, tal como acima no *project finance*).

Nessa estrutura obrigacional sofisticadamente montada, essa sociedade cessionária dos "recebíveis" acima vai ser veículo de capitalização, e de repasse à empresa "A" dos investimentos de que aquela necessita.

E como a cessionária, a SPE, vai obter tais valores tão relevantes? Pela emissão e colocação no mercado de *bonds*, debêntures, títulos negociáveis em mercado de capitais e que, vendidos no varejo do grande público (ou de agentes intermediadores, como os bancos) geram os recursos necessários a fluir para os investimentos da empresa "A", viabilizando seus projetos, enquanto remuneram a interveniência da SPE.

Esse instituto, então, se desenha dentro da concepção central do *project finance* que é, ao fim de tudo, de segregar as garantias do credor dentro do ativo do devedor, ou seja, a empresa pode ir ao mercado, por um meio ou outro e comprometendo, em princípio, só uma parcela de seus ativos, obter financiamentos.

No caso da securitização a idéia é a de que somente seus recebíveis vão dar lastro de garantia ao financiador. E, enfim, tal como no caso do *project finance*, a concepção subentende uma empresa (no *project finance* particularmente, um projeto) viável e sólida, com recebíveis consistentes e bem assegurados em termos obrigacionais e em análise de mercado.

F — Associações heterodoxas em aportes e em resultados

Ademais de todos esses modelos societários, ou não societários, ou essencialmente contratuais (como o *project finance*), ou de pré-aquisição de receitas, desenvolvem-se sempre agregações outras que usam de vetores bem heterodoxos para conduzir em termos de viabilidade legal e econômica os esforços conjuntos a um resultado de interesse convergente.

Temos aqui como paradigma recente o projeto de utilização de cabos de fibra ótica de propriedade de concessionários de energia elétrica para difusão de serviços de telefonia.

O grande desenvolvimento do mercado de viação telefônica encontrou nessa enorme malha de torres e redes transmissoras das empresas elétricas um convite ótimo a seu uso como mero condutor pois que (*a*) viabiliza-se uma extensão incrível da telefonia e (*b*) em nada se impede ou prejudica o pleno funcionamento da condução energética.

Contudo, a *holding* Eletrobrás, detentora das empresas estatais federais na área elétrica, e as companhias do setor já privatizadas perceberam logo que aí se trata de ativos (torres e linhas de transmissão) legalmente reversíveis ao poder concedente, ou seja, dotados de propriedade resolúvel, pois as concessionárias têm seu domínio resolvido, encerrado a termo, ao fim da concessão.

De outra parte, as subsidiárias da Eletrobrás têm, há tempos, notórias restrições de direito administrativo à participação como sócios em outras empresas.

Assim, arquitetou-se uma agregação empresarial por meio de cessão, remunerada, pelos concessionários de energia elétrica (estatais e privados) a uma subsidiária integral da Eletrobrás, a Light Par S/A, do direito de uso e acesso àquelas linhas de fibra ótica.

A SPE (Sociedade de Projeto Específico) criada pela Eletrobrás para gerir o projeto de telefonia fibra ótica recebe jurídica e economicamente esse valioso direito de uso e acesso como meio de subscrição, pela Light Par S/A do seu capital social. Isto é, a Light Par, que recebeu das concessionárias aquele direito de uso e acesso, verte tal direito para a SPE, em subscrição de fração ponderável de seu capital.

Pelo modo licitatório de leilão público a Eletrobrás chama a participar do empreendimento as empresas de telefonia interessadas, que subscreverão a metade mais uma das ações da SPE, obrigando-se a ceder ali, na integralização das ações, o investimento em dinheiro necessário à consolidação do projeto.

Assim articulado o projeto, a SPE terá em seu patrimônio recursos financeiros e tecnológicos vertidos pela "parceira telefônica", e o direito de uso (pessoal, não real, mas, é claro, contratualmente assegurado *a la longue*) do enorme, extenso e dispendioso aparato de linhas e torres de transmissão, apenas no necessário à preservação da "passagem" telefônica tecnicamente adequada.

A nível dos resultados verifica-se que nessa "composição" própria, os acionistas da SPE terão seus direitos remuneratórios característicos de suas posições acionárias (dividendos, juros sobre o capital próprio), mas à Light Par S/A ainda cabe remuneração especial — concertada no acordo-matriz — pelo simples uso dos direitos de acesso às estruturas de transmissão, valor a ser repassado às concessionárias, que assinaram a ela de início, tal direito de uso, para viabilizar o negócio.

Interesses tópica e conjunturalmente convergentes como esses das empresas elétricas e das de telefonia ditaram esse arranjo empresarial todo particular, onde "moedas" diferentes foram usadas por um e outro parceiro na capitalização do empreendimento, que tende a gerar melhores serviços e mais receitas para o sócio especialista —— a telefônica — e vem conceder aos ativos do sócio energético uma possibilidade de gerar mais receitas além das que o mesmo aparato, no mesmo local, já ajuda a produzir quando conduz a energia elétrica

G — Conclusão

Essas acima são algumas facetas da evolução contínua, que na nossa paroquial observação cotidiana, percebemos nestes últimos anos do século XX, quanto às novas estruturas de agregação empresarial, e seus meios contratuais/institucionais de garimpagem de recursos, fenômeno que, como se conclui, exige novas formulações em cima dos institutos jurídicos existentes, enquanto o ritmo sempre mais lento da sedimentação no direito positivo não permite que se tenha novas regras legais claras e específicas.

A OBRIGAÇÃO DO CONTRAFATOR DE MARCA FAMOSA EM RESSARCIR O LEGÍTIMO TITULAR DO REGISTRO POR PREJUÍZO À IMAGEM E CONSEQÜENTE DANO MORAL

Mauricio Lopes de Oliveira

I — O dever de reparação do dano moral causado à pessoa jurídica. II — A comprovação do dano moral. III — O prejuízo à imagem causado pela contrafação de marca famosa e conseqüente dano moral. IV — Conclusão.

"Everything's got a moral" *(Lewis Carrol)*

O dever de reparação do dano moral tem sua origem no desejo de vingança, na necessidade de se impor ao semelhante um mal idêntico ao que tenha causado.

É sabido que o Código de Hamurábi apregoava o *dente por dente, olho por olho*.

Mas a idéia de satisfação que compense materialmente uma lesão moral já está no Antigo Testamento. De fato, segundo a Bíblia, "se um homem encontrar uma donzela virgem, que não tem esposo, e tomando-a a força a desonrar, e a causa for levada a juízo, o que a desonrou dará ao pai da donzela cinqüenta ciclos de prata, e tê-la-á por mulher, porque a humilhou, não podendo repudiá-la em todos os dias de sua vida".[1]

Ações humanas lesivas têm acarretado, desde os tempos imemoriais, assentamento moral de reparação na consciência dos povos em todas as civilizações estudadas; e o dever de reparação do dano moral aperfeiçoou-se ao longo da história.

Apesar de em dado momento ter prevalecido a tese de que os danos morais não seriam indenizáveis, porque insuscetíveis de avaliação, sobretudo porque sofrimento não tem preço, sendo que posteriormente trilhou-se caminho para permitir a indenização quando a lesão de ordem moral repercutisse no patrimônio da vítima — os danos morais somente seriam indenizados se resultassem em danos materiais —, atualmente impera a tese da reparação dos danos morais puros, independentemente de reflexo patrimonial.

Esta é a tese correta, definitiva; que deve ser aceita permitindo que a reparação do dano moral seja devida em casos onde sua presença objetiva é percebida de forma inequívoca. É o que ocorre diante do prejuízo moral causado à pessoa jurídica que tem sua imagem comercial denegrida

1. *Deuteronômio*, cap. XXV, vers. 28/30.

através da contrafação de sua marca famosa: diante do prejuízo à imagem há dano moral, há dever de ressarcir.

I — O dever de reparação do dano moral causado à pessoa jurídica

O dever de reparação do dano moral causado à pessoa jurídica ainda impressiona parte da doutrina, apegada à noção de que a honra é bem personalíssimo, irreconhecível na pessoa jurídica. A aceitação deste dever de reparação também é prejudicada pela idéia de que o dano moral é sinônimo de sofrimento.

Entretanto, cumpre esclarecer que a honra tem dois aspectos: um subjetivo e outro objetivo. A honra subjetiva é que é exclusiva do ser humano, suscetível de ser ofendida com atos que atinjam a dignidade, o decoro. Já a honra objetiva revela-se externa ao respectivo sujeito, constituindo a reputação, o bom nome e a imagem perante a sociedade, sendo comum à pessoa natural e à jurídica.[2] A honra objetiva é a reputação. Ora, uma empresa tem reputação, muitas vezes reconhecida na marca que a identifica perante o consumidor.

É evidente que a pessoa jurídica, por ser criação de ordem legal, não sente dor ou emoção, afastando, assim, a possibilidade de violação à honra subjetiva. Entretanto, "expõe-se à lesão de sua honra objetiva, pelo fato de que goza de reputação junto a terceiros, a qual pode ser abalada por atos que afetem o seu nome no mundo civil e comercial onde atue".[3]

Logo, se a honra objetiva das pessoas jurídicas, caracterizada pela sua projeção externa, sofrer violação, configura-se o dever de indenização por danos morais. É que "a pessoa jurídica, embora não seja titular de honra subjetiva, que se caracteriza pela dignidade, decoro e auto-estima, é detentora da honra objetiva, fazendo jus à indenização por dano moral sempre que seu bom nome, reputação ou imagem forem atingidos no meio comercial por algum ato ilícito".[4]

Honra, em sua concepção atual, é, também, o conjunto de fatores que sustentam a reputação e a imagem de uma pessoa, física ou jurídica.

Fiel a esta concepção de honra está o Código de Defesa do Consumidor[5] que, em seu art. 2º, define consumidor como "toda pessoa física ou jurídica (...)" e, em seu art. 6º, inc. VI, dispõe ser um dos direitos básicos do consumidor, "a efetiva prevenção e reparação de danos patrimoniais e morais (...)".

É, portanto, indevida a fundamentação de que não é possível causar dano moral à pessoa jurídica. A pessoa jurídica é titular de honra objetiva, fazendo jus à indenização por dano moral sempre que o seu bom nome, reputação ou imagem forem atingidos por algum ato ilícito.

Felizmente jurisprudência do Superior Tribunal de Justiça vem se consolidando neste sentido. A ofensa à honra objetiva "pode ter seu efeito limitado à diminuição do conceito público de que goza (a empresa) no seio da comunidade, sem repercussão direta e imediata sobre o seu patrimônio (...). Trata-se de verdadeiro dano extrapatrimonial, que existe e pode ser mensurado através de arbitramento. É certo que, além disso, o dano a reputação da pessoa jurídica pode causar-lhe dano patrimonial, através de abalo de crédito, perda efetiva de chances de negócios e de celebração de contratos, diminuição de clientela etc., donde concluo que as duas espécies de dano podem ser cumulativas, não excludentes".[6]

2. "A pessoa jurídica pode sofrer dano à sua honra objetiva", STJ, REsp 112.236-RJ, rel. Min. Ruy Rosado de Aguiar, *DJ* 25.8.97.

3. Ronald A. Sharp Junior, *Dano Moral*, Editora Destaque, 1998, p. 13.

4. Aresto da pena da 6ª C. do Tribunal de Justiça do Estado do Rio de Janeiro, ap. 1.417/92, rel. Des. Sérgio Cavalieri Filho.

5. Lei 8.078/90.

6. Voto do Min. Ruy Rosado de Aguiar, no julgamento do REsp 60.033-2-MG, 4ª T., *DJU* 27.11.95.

II — A comprovação do dano moral

Obviamente a comprovação do dano moral não obedece critérios de aferição particulares ao dano material.

Na verdade a prova do dano moral não oferece grandes dificuldades uma vez que, salvo em raras exceções, sua comprovação independe de prova, existindo, aliás, regra que permite ao juiz presumi-lo à luz da experiência comum, na forma do art. 335 do CPC.

Mesmo porque "o dano simplesmente moral, sem repercussão no patrimônio não há como ser provado. Ele existe tão-somente pela ofensa, e dela é presumido, sendo o bastante para justificar a indenização".[7]

Neste mesmo sentido manifestou-se o Tribunal de Justiça do Rio de Janeiro afirmando que "por se tratar de algo imaterial, ou ideal, não se pode exigir que a comprovação do dano moral seja feita pelos mesmos meios utilizados para a demonstração do dano material. (...) Neste ponto a razão se coloca ao lado daqueles que entendem que o dano moral está ínsito na própria ofensa, de tal modo que, provado o fato danoso, *ipso facto* está demonstrado o dano moral à guisa de uma presunção natural, uma presunção *hominis ou facti*, que decorre das regras da experiência comum".[8]

O dano moral deriva do próprio ato ofensivo. Demonstrado o ato, estará provado o dano moral. A ofensa, *in se ipsa*, justifica o dever de reparar o lesado. O dano moral dispensa prova em concreto; trata-se de presunção absoluta.

Diante do dano moral não há que se exigir a prova de sua existência, mas simplesmente a correspondente ao respectivo fato gerador, sendo que este induz necessariamente àquele.

7. TJPR, 4ª C., ap., rel. Des. Wilson Reback, *RT* 681/163.

8. TJRJ, ac. da 2ª CCível, reg. em 7.3.97, ap. 8.203/96, rel. Des. Sérgio Cavalieri Filho.

III — O prejuízo à imagem causado pela contrafação de marca famosa e o conseqüente dano moral

O valor da imagem de uma marca famosa é incalculável. Francis Elvinger relata o pensamento de um industrial que ilustra perfeitamente o valor que a imagem de uma marca pode atingir. Segundo Elvinger, um industrial teria declarado que, diante da alternativa de perder suas usinas, ou perder sua marca, que identifica a reputação que sua empresa criou com trabalho e investimentos em publicidade durante vinte anos, optaria por queimar as usinas; afinal, novas fábricas podem ser construídas em noventa dias, bastando, para isso, ter capital suficiente, enquanto nenhum capital substitui a impressão criada pela marca famosa na mente do consumidor.[9]

Este raciocínio, que enobrece a fama de um bom nome (de uma marca), é bem notado na poesia das palavras de Iago, personagem de Shakespeare, que disse: "Que a boa fama / para o homem, senhor, como para a mulher, / é a jóia de maior valor que se possui. / Quem furta a minha bolsa me desfalca / de um pouco de dinheiro. / É alguma cousa e é nada. Assim como era meu, / passa a ser de outro, após ter sido de mil outros. / Mas o que me subtrai o meu bom nome / defrauda-me de um bem que a ele não enriquece / e a mim me torna totalmente pobre".[10]

Não há dúvida sobre a influência negativa causada à imagem de uma marca quando esta é reproduzida ou imitada indevidamente. Mesmo porque, o menos importante, para quem quer que seus produtos passem pelo que não são, é o que eles realmente são. Para o contrafator a aparência é tudo, a qualidade pouco importa.

9. V. Francis Elvinger, *La Marque, son Lancement, as Vente sa Publicité*, Librarie d'Economie Commerciale, p. 20.

10. *Otelo*, Ato III, trad. de Onestaldo de Pennafort.

A reprodução da marca Rolex, na identificação de um produto que obviamente não apresentará a mesma qualidade e precisão dos relógios originais, implica na diluição deste signo, na diminuição de seu valor subjetivo, na medida em que a manutenção do mito Rolex, que tem sua imagem associada ao luxo, requer a preservação de certo padrão, prevalecendo a idéia de marca exclusiva.

O advogado Hervé Maccioni, em sua obra *L'Image de Marque*,[11] relata que os tribunais franceses há muito reconhecem a presença de prejuízo à imagem de uma marca famosa diante de uma contrafação. Decisão do TGI Paris, de 1987, reconheceu, categoricamente, que, "en faisant usage de ces marques — Chanel — sur des vêtements de très médiocres qualités et sous une forme particulièrement commune, X a porté atteinte à l'image de marque de la société Chanel".[12]

Em outra decisão memorável, este mesmo tribunal francês sentenciou que o simples fato de expor ao público, oferecendo ao consumo produtos contrafeitos ostentando indevidamente a marca Hermès, deteriora a boa reputação do verdadeiro fabricante, causando prejuízo à imagem de sua marca.[13]

Duas recentes decisões[14] do Poder Judiciário pátrio demonstram que nossos tribunais, ao reconhecer o prejuízo causado à imagem de uma marca, diante da contrafação, vinculam, com sabedoria, o ato de rapina ao conseqüente dano moral causado, acolhendo pedidos indenizatórios.

Em um caso de inegável contrafação da famosa marca Reebok, sentenciou-se que, "quanto ao pedido em razão do dano moral, o mesmo merece acolhida, eis que o bom nome e a qualidade que sempre foram marcas registradas dos tênis Reebok sofreram grande desgaste, causando-lhe danos à imagem, uma vez que os consumidores que porventura se enganassem certamente passariam a acreditar na baixa qualidade dos calçados de propriedade da primeira Autora, levando a um descrédito em relação ao produto, pouco importando se a empresa vendedora, no caso, a Suplicada, possui uma cadeia de lojas de grande ou pequeno porte, sendo o dano inafastável. Além do mais, a demandada possui mais de dez lojas espalhadas pela cidade, sendo certo que o prejuízo causado às Suplicantes não pode ser configurado como de pequeno porte, até porque as obrigou a intentarem as presentes ações a fim de evitar que outras lojas adotassem o mesmo procedimento danoso, que imensos prejuízos traz à indústria especializada".[15]

Em outro caso, envolvendo a mesma marca Reebok, nota-se, outra vez, a presença deste correto entendimento, fundamentando que, "quanto ao dano moral, este caracterizou-se pela depreciação, aos olhos dos consumidores, do nome e qualidade dos produtos Reebok. Para aferição do valor indenizatório, a título de dano moral deve ser considerado o alcance do dano causado ao patrimônio moral das autoras, entende este Juízo que é justa a fixação do valor indenizatório na ordem de 150 (cento e cinqüenta) salários mínimos para cada uma das autoras".[16]

IV — Conclusão

Ineficaz e inútil seria a lei se, dispondo sobre marcas, acentuando-lhes os ca-

11. Económica, Paris, 1995.

12. TGI Paris, 10.11.1987, *PIBD* 1988, 431-III-165.

13. V. TGI Paris, 25.10.1990, *PIBD* 1991, 492-III-68.

14. Ainda sujeitas a recurso.

15. Sentença proferida nos processos 98.001.017815-5 e 98.001005896-4, 24ª Vara Cível da Comarca da Capital do Rio de Janeiro, publicada no *DO* do Estado do Rio de Janeiro, em 16.10.98. Esta sentença foi mantida por acórdão unânime proferido pela 18ª CCível do Tribunal de Justiça do Estado do Rio de Janeiro, em 24.3.99. Mauricio Lopes de Oliveira sustentou pelas apeladas (Reebok International Limited e Ril Brasil Ltda.).

16. Sentença proferida no processo 98.001.052479-3, 26ª Vara Cível da Comarca do Rio de Janeiro, publicada no *DO* do Estado do Rio de Janeiro, em 15.1.99.

racteres, precisando-lhes a função, definindo-lhes os efeitos, não determinasse logo as necessárias providências no sentido de obstar o uso indevido, reprimir os atos pelos quais se revela a fraude na concorrência, anular meios empregados para a consecução de malévolos intuitos e, por último, fazer reparar os danos daí resultantes.

Diante da contratação de uma marca famosa, que tenha uma imagem firmada no mercado, impera, necessariamente, o dever de ressarcir o prejuízo causado pela conseqüente diluição e enfraquecimento do signo.

Encontra-se, ainda, no dever de reparar o dano causado à imagem, uma essencial função punitiva, levando-se em conta a técnica do valor de desestímulo para inibir novas práticas lesivas e servir de exemplo à sociedade, tendo, pois, também um aspecto pedagógico.

UMA NOVA VISÃO DO DIREITO FALIMENTAR

A obrigatoriedade de adequação e interpretação à luz da Constituição Federal

CARLOS ALBERTO FARRACHA DE CASTRO

Introdução. I — Considerações sobre o Decreto-lei 7.661/45. II — O Projeto de Lei 4.376/93. III — O Decreto-lei 7.661/45 em face da Constituição de 1998. IV — A interpretação sistemática do Direito Falimentar. Considerações finais. Bibliografia.

Introdução

Discute-se no Congresso Nacional a reforma da Lei Falimentar vigente (Decreto-lei 7.661/45), tema esse que vem suscitando fervorosos debates entre os mais destacados juristas especializados na área comercial.

O desafio do presente estudo, desenvolvido em conjunto com os alunos do quarto ano da Faculdade de Direito da Universidade Tuiuti do Paraná — UTP,[1] mesmo que de forma sucinta, diz respeito a apresentação de considerações sobre a Lei Falimentar vigente e o projeto de lei que visa sua reforma, com a finalidade de auxiliar os operadores do direito no exame da matéria.

Não se pretende, aqui, apresentar opiniões definitivas, mas apenas idéias, com a finalidade de avivar o debate, cujo resultado propicie uma sociedade mais justa e solidária, garantindo o pleno emprego, como almejado pelo legislador constituinte (arts. 3º, *caput*, e 170 da CF/88).

I — Considerações sobre o Decreto-lei 7.661/45

O Decreto-lei 7.661, que trata das falências e concordatas, foi promulgado em 21.6.1945, ou seja, imediatamente após a Segunda Guerra Mundial, cuja realidade sócio-econômica era totalmente diversa da atual.

Naquela ocasião, a necessidade de preservação da empresa economicamente viável, ainda que enfrentando dificuldades financeiras transitórias, não sensibilizou o legislador pátrio. Na verdade, predominou uma visão processual, centrada no binômio devedor-credores, como esclarece Nelson Abrão:[2] "princípio basilar em que se assentou nossa Lei de Falências foi o de disciplinar meios tendentes a acertar a situações a situação obrigacional entre devedor-credores, o que, até certo ponto se constitui em objetivo normal dos procedimentos

1. O grupo de estudo possuiu a seguinte composição: coordenador: Carlos Alberto Farracha de Castro, Professor da UTP; integrantes da Comissão: Antônio Dílson Picolo Filho, Luciano Rassolin e Rodrigo Sejanoski dos Santos, cursando o 4º ano da Faculdade de Direito da UTP.

2. Nelson Abrão, *O Novo Direito Falimentar: Nova Disciplina Jurídica da Crise Econômica da Empresa*, pp. 164-165.

concursais. Mas, exacerbou-se num processualismo tal que as tricas formais acabaram ofuscando a realidade econômica, de modo que o próprio fim precípuo a que a lei se propõe — realização do direito dos credores — acaba frustrado".

Outro aspecto que suscita críticas da doutrina é o fato que o Decreto-lei 7.661 dá ênfase à figura do comerciante individual, deixando, em segundo plano, a empresa que, hodiernamente, constitui-se a base do direito comercial. Outra vez, pertinente a crítica do saudoso Nelson Abrão:[3] "Com efeito, refere-se o diploma legal brasileiro, de maneira sistemática, ao comerciante individual. As sociedades mercantis, não só as chamadas de pessoas, como a sociedade por ações, são mencionadas em plano secundário. Ora, legislando-se para o indivíduo, evidentemente não se tem a visão da importância do organismo economicamente organizado, e que se sobrepõe à pessoa física de seu titular ou titulares, que é a empresa".

Rubens Requião,[4] em famosa conferência denominada "A crise do Direito Falimentar brasileiro", proferida no Instituto dos Advogados Brasileiros, no Rio de Janeiro, em 8.3.1974, apresentara outras críticas ao Decreto-lei 7.661/46, como: (i) morosidade do processo pré-falencial; (ii) excesso de recursos contra a decisão declaratória de falência; (iii) morosidade do sistema de verificação dos créditos; (iv) onerosidade da publicidade dos atos processuais.

Em que pese a pertinência das críticas existentes ao Decreto-lei 7.661/45, ao nosso ver, referido diploma possui procedimentos e características que merecem elogios, como: (i) competência para declarar a falência da jurisdição onde esteja localizado o estabelecimento principal da empresa; (ii) universalidade e indivisibilidade do juízo falimentar; (iii) dever de indenizar os prejuízos da falência postulada com dolo; (iv) efeito da falência aos contratos do falido; (v) continuidade dos negócios da empresa falida (art. 74), assembléia de credores (art. 122), rito sumário para falência das pequenas empresas (art. 200).

Comunga desse entendimento, José da Silva Pacheco[5] que, discorrendo sobre os meios de solução para as empresas em crise no Brasil, elenca procedimentos consagrados na própria Lei de Falências: "A nossa lei de Falências prevê, além da falência comum de que cuidam os arts. 1º, 2º e 8º, a sumária das pequenas empresas (art. 200), a especial das concessionárias (art. 201), a concordata preventiva (art. 156), a concordata suspensiva (art. 177), a continuação dos negócios (art. 74), a convocação de assembléia para deliberar sobre a realização do ativo (art. 122) e a organização de sociedade para continuar a empresa (art. 123 e §§)".

II — O Projeto de Lei 4.376/93

A despeito da existência de aspectos positivos no Decreto-lei 7.661/45, multiplicam-se as vozes na doutrina nacional exigindo a sua reforma. O debate aumenta face o Projeto de Lei 4.376/93, que tramita no Congresso Nacional, destinado a regular "a recuperação e liquidação judicial de empresas e pessoas físicas que exerçam atividades econômicas e dá outras providências", revogando por conseguinte, o atual Decreto-lei 7.661/45.

Porém, ousamos dizer que uma nova Lei Falimentar não é suficiente para a preservação e reorganização da empresa, máxime em se tratando do Projeto de Lei 4.376/93, que tem suscitado inúmeras críticas da doutrina nacional. Nesse sentido, merece destaque o trabalho realizado pelo Departamento de Direito Comercial do Instituto dos Advogados do Paraná, presidido pelo Prof. Alfredo de Assis Gonçalves Ne-

3. Nelson Abrão, ob. cit., p. 163.

4. Rubens Requião, "A crise do Direito Falimentar brasileiro — Reforma da Lei de Falências", *RDM* 14/23-33.

5. José da Silva Pacheco, ob. cit., p. 7.

to, o qual deliberou, por unanimidade, pela não apresentação do substituto do Anteprojeto de Lei de Falências ao Congresso Nacional.[6]

Dentre as críticas ao novo projeto de lei, a aludida Comissão destaca as seguintes: (i) o instituto da recuperação da empresa nada mais fez do que dar nova roupagem a uma concordata suspensiva; (ii) a possibilidade de oposição e de apresentação substitutiva de planos de recuperação são armas excelentes para procrastinar indefinidamente o processo de falência; (iii) a exclusão dos créditos com privilégio geral e especial, com garantia real, fiscais e trabalhistas (não quirografários) dos efeitos da concordata é incompreensível, sabendo-se que, nos dias atuais, são justamente esses os créditos que têm causado o debacle econômico do devedor e que representam a maior parcela do seu endividamento; (iv) no tocante aos efeitos da falência quanto aos contratos do falido, apresenta uma visão distanciada da realidade, posto que a prática mercantil trouxe inúmeras formas de contratar que não podem ser casuisticamente tratadas pelo legislador.

Parece que muito mais importante que a reforma do Decreto-lei 7.661/45 é a interpretação que deve ser dado ao mesmo pelos operadores do direito, ou seja, interpretando-o de forma sistemática, à luz da Constituição Federal. Afinal, como esclarece Trajano Miranda Valverde,[7] por ocasião da exposição de motivos do atual Decreto-lei 7.661/45, "uma lei de falências gasta-se depressa no atrito permanente com a fraude".

De outra banda, a interpretação sistemática do Decreto-lei 7.661/45 à luz da realidade econômica atual e da Constituição Federal, afasta simples debates sobre a necessidade de reforma do Decreto-lei 7.661/45, propiciando resultados concretos e efetivos, visando a preservação e reorganização da empresa. Nesse sentido, a posição de José da Silva Pacheco:[8] "A nossa lei, embora de 1945, tem os caminhos de soluções razoáveis, que bem podem ser seguidos mediante interpretação, à luz das novas idéias, tendo em vista as tendências do mundo atual. Desse modo, não se há de ficar no plano das invectivas contra a nossa lei ou nas proclamações em favor de reformas, mas tomar atitude mais consentânea com a realidade, e, objetivamente, interpretar e aplicar a nossa lei falencial, que, em diversos dispositivos, tem o germe de soluções razoáveis para os problemas críticos das empresas. Assim, tanto os advogados, juristas, membros do Ministério Público, quanto os juízes e tribunais devem encaminhar, preconizar e efetivar soluções, mediante interpretação, integração e aplicação desses dispositivos, com vista ao soerguimento das empresas, manutenção do seu patrimônio, com o atendimento da produção e da preservação do trabalho, o que conflui para os fins sociais e o bem comum".

E acrescenta, José da Silva Pacheco:[9] "Se concatenarmos as tendências gerais do mundo atual (desregulamentação, desestatização, privatização, distinção dos interesses e alargamento da atividade negocial, arbitral e judicial) com o que se observa na busca de soluções amigáveis, para a continuação da empresa, a manutenção do emprego e o prosseguimento da produção competitiva, deixando a falência ou liquidação do patrimônio para os casos em que não haja possibilidade de recuperação. Para adaptar-se a essa tendência, não é, necessariamente, impositivo refazer as leis existentes, embora esparsas, no País, mas simplesmente interpretá-las sistematicamente, com o objetivo de que o sistema jurídico brasileiro colime o interesse geral de manutenção, com recuperação econômica, da

6. *Revista dos Institutos do Advogado do Paraná* 23/219-224.

7. Trajano Miranda Valverde, *Comentários à Lei de Falências (Decreto-lei 7.661/45, de 21 de junho de 1945)*, p. 10.

8. José da Silva Pacheco, ob. cit., p. 7.

9. José da Silva Pacheco, ob. cit., p. 10.

empresa como unidade dinâmica, produtiva e competitiva, e a satisfação dos credores, com o afastamento, eliminação e, se for o caso, punição dos dirigentes inaptos e fraudulentos. Não há, também, necessidade de retirar toda a matéria do plano do direito processual e de afastá-la do âmbito do Judiciário, como tem sido apregoado por certos setores, para inseri-la na esfera extrajudicial, mas pode-se admitir, sem dificuldades, que as partes interessadas promovam, livremente, a composição amigável que tenham por conveniente, e, além disso, os trâmites administrativos aos casos específicos das instituições financeiras, de seguro ou de transporte aéreo, assim como os compromissos de soluções arbitrais. Deixando as nossas leis como estão pode-se, perfeitamente, permitir soluções amigáveis, inclusive com a transferência da empresa ou de parte dela a terceiros, se contarmos com a lúcida compreensão dos advogados, Ministério Público, juízes e tribunais, no sentido de dar aos dispositivos mencionados a interpretação condizente com as necessidades do presente, a fim de resolver a crise empresarial com manutenção da empresa, do emprego, e da produção competitiva, uma vez que o advogado, o jurista, o juiz e o tribunal, como elementos do povo, devem vincular-se à legislaçao vigente, o que implica a ligação ao legislador de cada momento, e não ao legislador do tempo em que foi feita. E, desse modo, dar-se-á plena obediência ao disposto no art. 5º da Lei de Introdução, que manda aplicar a lei no sentido de atender aos fins sociais a que se dirige e às exigências do bem comum, sem perder de vista os princípios enunciados pelo art. 170 da Constituição Federal de 1988".

III — O Decreto-lei 7.661/45 em face da Constituição de 1988

O Prof. italiano Pietro Perlingieri ensina que "o conjunto de valores, de bens, de interesses que o ordenamento jurídico considera e privilegia, e mesmo a sua hierarquia, traduzem o tipo de ordenamento com o qual se opera".[10]

A Constituição de 1988, ao tratar da ordem econômica, elegeu como princípios jurídicos fundamentais,[11] (i) a valorização do trabalho humano e a (ii) livre iniciativa.

Portanto, "toda a atividade econômica, seja pública ou privada, e qualquer ato que de alguma forma interfira na atividade econômica deverão levar em consideração a valorização do trabalho humano e a livre iniciativa".[12]

Percebe-se, pois, que toda a atividade econômica deve sempre gravitar na valorização do trabalho humano e na livre iniciativa, incumbindo aos seus operadores obter a máxima efetividade desses princípios.

Não se pode olvidar que no Capítulo que trata dos Princípios Gerais da Atividade Econômica, a Constituição Federal também elege como princípio básico a busca do pleno emprego (art. 170, VIII), que corresponde ao princípio da preservação da

10. Pietro Perlingieri, *Perfis do Direito Civil — Introdução ao Direito Civil Constitucional*, p. 5.

11. Na verdade, os princípios, positivados ou não, desempenham papel de fundamental importância na aplicação do direito. Afinal, "os princípios são fundamentos de regras, isto é, são normas que estão na base ou constituem *ratio* de regras jurídicas" (Canotilho, *Direito Constitucional*, 1993). A respeito deles, observa Celso Antônio Bandeira de Mello (*Curso de Direito Administrativo*, pp. 545-546): "Princípio é, por definição, mandamento nuclear de um sistema verdadeiro alicerce dele, disposição fundamental que se irradia sobre diferentes normas compondo-lhes o espírito e servindo de critério para sua exata compreensão e inteligência, exatamente por definir a lógica e a racionalidade do sistema normativo, no que lhe confere a tônica e lhe dá sentido harmônico. É o conhecimento dos princípios que preside a intelecção das diferentes partes componentes do todo unitário que há por nome sistema jurídico positivo. Violar um princípio é muito mais grave que transgredir uma norma qualquer. A desatenção ao princípio implica ofensa não apenas a um específico mandamento obrigatório mas a todo o sistema de comandos".

12. José Diniz de Moraes, "Princípios constitucionais da ordem econômica", *Revista dos Mestrandos em Direito Econômico da UFBA* 4/209.

empresa, conforme lição extraída da pena do Prof. Alfredo Assis Gonçalves Neto:[13] "pode-se observar que ao princípio da busca do pleno emprego, por exemplo, corresponde o da preservação ou da manutenção da empresa (de que é corolário o da recuperação da empresa), segundo o qual, diante das opções legais que conduzam a dúvida entre aplicar regra que implique a paralisação da atividade empresarial e outra que possa também prestar-se à solução da mesma questão ou situação jurídica sem tal conseqüência, deve ser aplicada essa última, ainda que implique sacrifício de outros direitos também dignos de tutela jurídica".

Em suma, a Constituição de 1988 estabelece uma nova ordem econômica, que opta por um sistema capitalista, mas, ao mesmo tempo, dá prioridade aos valores do trabalho humano sobre todos os demais valores da economia de mercado.

Percebe-se, também, que a preservação da empresa foi erigido a princípio constitucional.

Logo, o Decreto-lei 7.661/45 deve ser interpretado à luz da Constituição Federal de 1988, e por via de conseqüência, buscando a preservação da empresa econômica viável, ainda que atravesse dificuldades financeiras transitórias.

Afinal, "encontram-se na própria Constituição atual princípios fundamentais que justificam a reformulação do direito falimentar, com a busca do desenvolvimento nacional, para a implantação de uma sociedade justa e solidária. Para isso, a Carta de 1988 instituiu uma ordem econômica fundada na valorização do trabalho e da livre iniciativa, observados os princípios mencionados no art. 170. Princípios programáticos que são, possuem, ao menos, aquela eficácia mínima, de retirar suporte hierárquico às normas legais inferiores, que com eles não se coadunarem. Urge, então, adequar a lei falimentar a estes princípios. Afinal, não é possível conciliar uma norma que conduz ao desaparecimento de empresas viáveis, em dificuldades momentâneas, com os graves problemas daí decorrentes com uma ordem constitucional que caminha em sentido contrário".[14]

IV — A interpretação sistemática do Direito Falimentar

A adequação do Decreto-lei 7.661/45 em face da Constituição Federal é perfeitamente possível, por intermédio de uma interpretação sistemática.

Juarez Freitas[15] conceitua o sistema jurídico como "uma rede axiológica e hierarquizada de princípios gerais e tópicos, de normas e de valores jurídicos cuja função é a de, evitando ou superando antinomias, dar cumprimento aos princípios e objetivos fundamentais do Estado Democrático de Direito, assim como se encontram consubstanciados, expressa ou implicitamente, na Constituição".

Portanto, "a interpretação sistemática é fruto da idéia de unidade do ordenamento jurídico. Através dela, o intérprete situa o dispositivo a ser interpretado dentro do contexto normativo geral e particular, estabelecendo as conexões internas que enlaçam as instituições e as normas jurídicas".[16]

Assim, incumbe aos operadores do direito, militantes na área do Direito Falimentar, interpretar suas normas específicas à luz da Constituição Federal, diminuindo, assim, o descompasso existente entre a legislação falimentar e a realidade comercial, que sempre existirá, conforme já demonstrado.

13. Alfredo Assis Gonçalves Neto, *Apontamentos de Direito Comercial*, p. 99.

14. J. A Penalva Santos e Paulo Penalva Santos, Nota aos *Comentários à Lei de Falências: (Decreto-lei 7.661/45, de 21 de junho de 1945)*, de Trajano de Miranda Valverde, p. 29.

15. Juarez Freitas, *A Interpretação Sistemática do Direito*, p. 46.

16. Luís Roberto Barroso, *Interpretação e Aplicação da Constituição: Fundamentos de uma Dogmática Constitucional Transformadora*, p. 128.

Considerações finais

De todo o exposto, conclui-se que o Decreto-lei 7.661/45 necessita de adaptações, o que não exige necessariamente a sua reforma completa, mesmo porque o projeto do novo diploma já nasce com sérias críticas, conforme opinião da abalizada doutrina.

Porém, antes de reformas legislativas, é imperioso o estudo e conhecimento do Direito Falimentar pelos operadores do direito, cuja interpretação deve ser desenvolvida de forma sistemática à luz dos princípios orientadores de nosso sistema jurídico, pena de nada resolver as sucessivas reformas.

Aliás, como leciona o Prof. Macpherson:[17] "Só sobreviverão as sociedades que melhor possam satisfazer as exigências do próprio povo no que concerne à igualdade de direitos humanos e à possibilidade de todos os seus membros lograrem uma vida plenamente humana".

Bibliografia

ABRÃO, Nelson. *O Novo Direito Falimentar: Nova Disciplina Jurídica da Crise Econômica da Empresa*. São Paulo: Ed. RT, 1985.

BANDEIRA DE MELLO, Celso Antônio. *Curso de Direito Administrativo*. São Paulo: Malheiros Editores, 1996.

BARROSO, Luís Roberto. *Interpretação e Aplicação da Constituição: Fundamentos de uma Dogmática Constitucional Transformadora*. São Paulo: Saraiva, 1996.

CANOTILHO, José Joaquim Gomes. *Direito Constitucional*. 6ª ed. Coimbra: Livraria Almeida, 1993.

FREITAS, Juarez. *A Interpretação Sistemática do Direito*. 2ª ed., São Paulo: Malheiros Editores, 1998.

GONÇALVES NETO, Alfredo de, *et alii*. "O Anteprojeto de Lei de Falência", *Revista do Instituto dos Advogados do Paraná* 23, Curitiba: IAP — Periódicos, 1994.

_____ *Apontamentos de Direito Comercial*. Curitiba: Juruá, 1998.

MACPHERSON, C. B. *La Realidad Democrática*. Barcelona: Editoral Fontanella, 1968.

MORAES, José Diniz de. "Princípios constitucionais da ordem econômica", *Revista dos Mestrandos da Universidade Federal da Bahia* 4.

PACHECO, José da Silva. *Processo de Falência e Concordata*. 6ª ed. Rio de Janeiro: Forense, 1996.

PENALVA SANTOS, J. A e PENALVA SANTOS, Paulo. Nota aos *Comentários à Lei de Falências (Decreto-lei 7.661/45, de 21 de junho de 1945)*, de VALVERDE, Trajano Miranda. 4ª ed. revisada e atualizada. Rio de Janeiro: Forense, 1999.

PERLINGIERI, Pietro. *Perfis do Direito Civil — Introdução ao Direito Civil Constitucional*. Trad. de Maria Cristina de Cicco. 3ª ed. Rio de Janeiro: Renovar, 1997.

REQUIÃO, Rubens. "A crise do Direito Falimentar brasileiro — Reforma da Lei de Falências", *RDM* 14, São Paulo: Ed. RT.

VALVERDE, Trajano Miranda. *Comentários à Lei de Falências (Decreto-lei 7.661/45, de 21 de junho de 1945)*, 4ª ed. revisada e atualizada por J. A. Penalva Santos e Paulo Penalva Santos. Rio de Janeiro: Forense, 1999.

17. Macpherson, *La Realidad Democrática*, p. 87.

Atualidades

ACCIONES PREFERIDAS CON PAGO DE DIVIDENDO GARANTIZADO, INDEPENDIENTEMENTE DE LOS RESULTADOS*

José Edwaldo Tavares Borba

Síntesis de la ponencia. Acciones preferidas con dividendo garantizado: I — Introducción. II — La acción preferida. III — El dividendo prioritario. IV — La ausencia de voto. V — El capital social y su intangibilidad. VI — El dividendo garantizado. VII — La tendencia a la uniformización y las líneas de pensamiento dominantes. VIII — Conclusiones.

Síntesis de la ponencia

Las acciones preferidas sin voto deben contar con beneficios reales que las compensen por su incapacidad política.

Un dividendo prioritario determinado debe ser la contrapartida de la ausencia de voto y la falta de pago de ese dividendo debe determinar la inmediata adquisición del derecho de voto, hasta que el dividendo sea pagado.

No cabe, sin embargo, garantizar ese dividendo al accionista independientemente de los resultados acumulados. Tal garantía afrentaría el principio de la intangibilidad del capital y comprometería la seguridad de los acreedores, la cual se fundamenta en ese principio.

La propia limitación de la responsabilidad de los accionistas, que tiene por suposición la intangibilidad del capital, estaría siendo abalada en sus fundamentos.

Se puede, sin embargo, consagrar, en la ley o en los estatutos, la obligación de la compañia en distribuir el dividendo prioritario siempre que la sociedad disponga de reservas voluntarias o resultados de ejercicios anteriores.

Acciones preferidas con dividendo garantizado

I — Introducción

Las acciones preferidas en los países en desarrollo representan un instrumento bastante eficaz para el fortalecimiento del mercado de capitales.

Las empresas no cotizadas o familiares todavia dudan en hacer oferta pública, pues sus controladores temen la eventual pérdida del control. Por esa razón se aferran al control mayoritario y evitan la dispersión de las acciones.

Las acciones preferidas, que pueden no tener derecho de voto, permiten la cotización de la sociedad, sin que sea amenazada la hegemonía del grupo controlador.

* Trabalho apresentado no III Congresso Ibero-americano de Direito Societário, realizado em Buenos Aires, em setembro de 1998.

Por supuesto que esta modalidad de ación, para conquistar el respeto del mercado, debe contar con ventajas y beneficios que compensen la ausencia de voto. El inversionista de mercado, en principio, no se encuentra movido por la perspectiva de voto, y sí por el desempeño de la sociedad y por su capacidad de producir resultados.

Sin embargo, la acción preferida, para que mantenga su prestigio en el mercado, y sea capaz de estimular el crecimiento de los negocios bursátiles, tiene que hacerse digna de beneficios reales que compensen su incapacidad política.

Una prioridad real, en lo que tañe a los dividendos, se muestra extremamente importante y incluso necesaria, a fin de componer un cuadro equilibrado donde la ausencia de voto tenga como contrapartida un dividendo preferente.

Los beneficios a ser atribuídos a la acción preferida deben, sin embargo, subordinarse a los límites representados por la capacidad de la sociedad de producir ganancias, sean estas las ganancias del ejercicio o las ganancias de ejercicios anteriores. Si no existen estas ganancias, cualquier dividendo que fuera abonado a las acciones preferidas estaría siendo distribuido en detrimento del capital.

Uno de los principios básicos del derecho societario es el principio de la intangibilidad del capital, que funciona como garantía para los acreedores. Se puede incluso afirmar que la intangibilidad del capital es el corolario (la contrapartida) de la limitación de la responsabilidad de los socios o accionistas.

No hay así como garantizar al accionista el pago del dividendo preferente, pues si así se hiciera, la propia sociedad estaría siendo comprometida en sus bases de sustentación.

El dividendo preferente es una prioridad y por eso precede al dividendo de las acciones ordinarias. Supone la existencia de ganancias distruibles. Si ausentes esas ganancias, no cabe distribuir dividendos, pues estos se condicionan a las ganancias.

La inversión en acciones, además, por ser una inversión de riesgo, depende del desempeño de la sociedad. No hay, pues, cómo o por qué garantizarlo.

El accionista, cualquiera que sea la modalidad de sus acciones, no es un acreedor; su título no es de renta fija.

II — La acción preferida

En oposición a las acciones ordinarias, que son acciones normales, atributivas de los derechos comunes de los accionistas, las acciones preferidas son siempre diferenciadas, por lo que ofrecen algún beneficio especial o sufren alguna restricción particular.

Los beneficios más frequentes se relacionan a un dividendo prioritario, a una prioridad en el reintegro del capital o a una preferencia politica.

La restricción más usual concerne al derecho de voto.

Algunas legislaciones vinculan la ausencia de voto a un necesario dividendo prioritario fijo o mínimo, mientras otras confieren al estatuto la libertad de disciplinar libremente las acciones preferidas, atribuyéndoles apenas ventajas o apenas desventajas, o aun ventajas y desventajas simultáneamente. Hay, todavía, aquellas legislaciones que disponen a respecto de los beneficios mínimos de la acción preferida.

La acción preferida sin voto permite la democratización del capital de la sociedad sin la simultánea democratización del control. De hecho, es esa su principal finalidad, atendiendo al interés de los controladores en el mercado acciones que no influyan sobre el control de la sociedad.

Las legislaciones en general limitan, por eso mismo, el porcentaje de acciones preferidas sin voto que la sociedad puede emitir, siendo importante resaltar que ese límite tiende a situarse en cinquenta por ciento del capital.

Un porcentaje de acciones sin voto superior al cinquenta por ciento del capi tal, acogido por algunos sistemas legislativos (Brasil), presenta el inconveniente de entregar el control mayoritario de la sociedad al grupo representativo de menos de veinticinco por ciento del total de las acciones emitidas.

Las acciones preferidas con voto pleno, no están, naturalmente, subordinadas a cualquier limitación cuantitativa. Apesar de poco frecuentes en la práctica societaria, estas acciones se diferenciarían apenas por las ventajas especiales que disfrutarían.

En líneas generales, se puede afirmar que la principal característica de la acción preferida es la diferenciación. Ellas son preferidas exactamente porque son diferenciadas, porque no se encuadran en el patrón representado por la acción ordinaria.

III — El dividendo prioritario

Los dividendos son frutos de las acciones. Consecuentemente, es necesario que la sociedad produzca ganancias, para que surja la oportunidad de su distribución.

Las ganancias que serán distribuídas podrán haber sido generadas en el propio ejercicio o en ejercicios anteriores. El dividendo se origina, por lo tanto, de la ganancia del ejercicio, de las reservas voluntarias o de las ganancias de ejercicios anteriores.

El dividendo prioritario es, por definición, una precedencia. De las ganancias que se distribuirán a las acciones, se debe, antes de nada, destacar la parcela correspondiente a la preferencia de las acciones preferidas. El saldo, si lo hay, irá atender a las acciones ordinarias, que podrán así nada recibir, recibir un dividendo menor del mínimo previsto para las acciones preferidas, o igual a este, o incluso superior, hipótesis en que todas las acciones serán contempladas con el mismo monto.

Algunos países permiten, en oposición al dividendo mínimo, el llamado dividendo fijo que, una vez atendido, autoriza que todo el saldo del dividendo a distribuir, aunque muy superior al mínimo, sea completamente abonado a las acciones ordinarias. Se trata, en este caso, de una prioridad que es también una limitación, así aviltando la clase de acciones a que se refiere.

Algunas legislaciones establecen de modo suplementario, para las acciones preferidas sin voto, un dividendo mínimo de 5% sobre el valor nominal o de referencia de esas acciones (España, Portugal), creando, de ese modo, de forma compulsoria, una compensación especial para la ausencia de voto. Hay, aun, los sistemas que mandan pagar un dividendo sumado (10% a más, por ejemplo, de lo que el de las acciones ordinarias) a las acciones preferidas que no estén contempladas en los estatutos, con un dividendo prioritario determinado (Brasil).

No obstante corresponda a una de las ventajas de la acción preferida, el dividendo prioritario significa la justificación más evidente para la exclusión del voto da la acción.

IV — La ausencia de voto

El derecho de voto se deriva de la condición de accionista y, en principio, a cada acción debería corresponder un voto.

La práctica societaria condujo, sin embargo, a la creación de las acciones preferidas sin voto, las cuales se destinan a inversionistas no interesados en el control.

Las acciones ordinarias tienen, sin embargo, en el voto, una de sus características esenciales.

Lo normal es la atribución de un voto a cada una de esas acciones. Algunas legislaciones permiten, sin embargo, la limitación del número de votos por accionista. Hay, todavía, las que admiten que se condicione cada voto a un determinado número de acciones (Uruguay).

Ocurren, en la tendencia de pensamiento opuesta, legislaciones que consagran el voto plural, permitiendo que el estatuto cree clases especiales que disfruten de más de un voto por acción, a veces dos, a veces hasta cinco votos por acción (Francia, Argentina, Paraguay).

Esos procedimientos destinados a restingir o a ampliar el número de votos por acción ordinaria crean una cierta imprecisión conceptual, y por ello, la tendencia que hoy se observa es en el sentido de no adoptarlos en la legislación, o aún cuando por esta adoptados, no implementarlos en la práctica estatutaria.

La acción preferida sin voto constituye, sin embargo, una práctica corriente, pero la ausencia de voto costumbra ser vista como una contrapartida de las ventajas especiales de que se encuentra dotada, notadamente a respecto del dividendo. Con frecuencia y de acuerdo con los preceptos imperativamente impuestos en ley, la no distribución del dividendo prioritario acarrea, como consecuencia, la adquisición del derecho de voto por esas acciones hasta que el correspondiente dividendo sea pagado. La adquisición de voto se opera, en algunos sistemas inmediatamente tras la primera omisión en el pago del dividendo (Portugal, España, Argentina), mientras que en otros se permite que el estatuto fije, para eso, un plazo no superior a dos a tres ejercicios (Brasil).

Ciertas materias, sin embargo, que cambian de una legislación para otra, deberán ser sometidas a la deliberación de todos los accionistas, con voto o sin voto.

V — El capital social y su intangibilidad

El capital social desempeña papel relevante en el ámbito de la sociedad anónima, pues, además de significar una medida de desempeño social — apenas es lucrativa la sociedad cuyo patrimonio neto excede el monto del capital social — sirve todavía para definir el sistema de fluerzas dentro de la sociedad — la posición de cada accionista y su número de votos resulta de la parcela del capital (número de votos) de que se es titular.

El capital se presenta, especialmente, como un indicador de los recursos destinados a la actividad social — un fondo de actuación — a ser mantenido constante.

Para la preservación y la integridad de ese capital fueron instituídos los principios de unidad, realidad e intangibilidad del capital.

El principio de unidad indica que la sociedad, aunque dotada de varios establecimientos, tiene un capital uno, ya que concierne a la persona jurídica.

El principio de realidad se destina a preservar la consistencia del capital, evitando que los bienes destinados a su integralización sean sobrevalorados.

El principio de intangibilidad tiene por escopo impedir que el capital social sea derivado para la remuneración del accionista.

La parcela del patrimonio neto que excede el capital social tiene la naturaleza de lucro y, respetada la reserva legal, puede ser distribuída.

La parcela del patrimonio neto que corresponde al capital apenas puede ser consumida en la actividad social, y cuando desfalcada, debe ser recompuesta, compensándose, en las ganancias futuras, las pérdidas acumuladas.

El capital social apenas puede retornar a los accionistas en la liquidación de la sociedad, después de atendidos todos los acreedores.

La intangibilidad del capital funciona como una garantía para los acreedores de la sociedad.

Es esencial que así sea, especialmente en las sociedades de responsabilidad limitada, como es el caso de la sociedad anónima.

Si los acreedores cuentan apenas con el patrimonio social, tanto que los accionistas no responden por las obligaciones de la sociedad, la parcela de ese patrimonio (patrimonio neto) que corresponde al capital debe mantenerse disponible para el atendimiento de los acreedores.

La distribución de dividendos en detrimento del capital funcionaría como una especie de restitución de capital al accionista.

El procedimiento adecuado en ese caso sería la reducción del capital, hipótesis que se subordina a un procedimiento especial y que puede ser impugnada por los acreedores.

Esa cuestión, la preservación del capital, por su importancia, há llevado algunas legislaciones a tipificar como crimen la distribución como dividendo de valores que no correspondan a lucros de hecho computados según balances regularmente aprobados.

VI — El dividendo garantizado

Garantizar un determinado dividendo al accionista preferente puede significar un factor importante para la atracctividad de las acciones.

Esa garantía, no obstante, potencializará el riesgo de pago de dividendos en detrimento del capital.

Si la empresa no dispone de ganancias del ejercicio o de ganancias de ejercicios anteriores, el cumplimiento de la garantía acarreará el comprometimiento del capital, que estaría siendo desfalcado en beneficio del accionista.

Esa compulsoriedad del dividendo ciertamente violaría varios principios. El principio de la intangibilidad del capital estaría siendo desconsiderado, y por eso mismo, perdería el capital una de sus funciones precipuas, que es la de ofrecer un margen de garantía a los acreedores.

La teoría de la limitación de la responsabilidad de los accionistas, que se apoya en lel hecho de prevalecer la personalidad jurídica de la sociedad y en la consideración del principio de la separación de los patrimonios, estaría siendo abalada en sus fundamentos, en la medida que no apenas los frutos del capital, pero del propio capital pasaba a ser objeto de eventual distribución.

Por otro lado, habría una verdadera subversión en la sistemática de clasificación de las inversiones, pasándose a confundir renta fija con renta variable. La acción es por excelencia un título de renta variable. La atribución, a la acción preferida, de un dividendo garantizado deslocaría ese título, por lo menos parcialmente, para el rol de los títulos de renta fija. Habría una superposición de conceptos.

El accionista no es acreedor. Consecuentemente, el rendimiento que se acredita deberá ser siempre incierto y variable.

Joaquim Garrigues, después de referirse a esa hipótesis de pago de rendimiento fijo al accionista, independientemente de los resultados, afirma lo siguiente: "pero esta hipótesis es excepcional y su licitud dudosa. Lo corriente es atribuir a las acciones preferentes un dividendo fijo que sólo se repartirá en el caso de que existan beneficios" (*Tratado de Derecho Mercantil*, t. I, v. 2º, p. 738, Madrid, 1974).

No es diferente el pensamiento de Tullio Ascarelli: "Note-se coadunarem-se e completarem-se reciprocamente esses dois fins. Com efeito, de um lado, visa o direito possam ser distribuídos aos acionistas apenas importâncias que, decorrendo dos lucros sociais, não desfalquem o capital social; de outro lado, tutela credores quanto a uma diminuição do patrimônio social decorrente da redução do capital social" (*Problemas das Sociedades Comerciais e Direito Comparado*, 2ª ed., São Paulo, 1969, p. 325).

Esa preocupación con lo acreedores se encuentra igualmente resaltada por George Ripert: "se la sociéte distibue un dividende à ses actionnaires alors qu'elle n'a pas réalisé de bénéfices, elle leur restitut le capital social, sans respecter l'engagement pris par eux envers les créanciers" (*Droit Commercial*, Paris, 1948, p. 512).

Trajano de Miranda Valverde es igualmente enfático, al tratar de la cuestión: "um ponto é certo: os dividentos, mesmo fixos e cumulativos, não poderão ser distribuídos, durante a vida normal da sociedade, com prejuízo do seu capital" (*Sociedades por Ações*, v. I, Rio de Janeiro, 1959, p. 137).

Como se verifica, la doctrina tradicional se plantea, en esse tema, de manera unísona.

No obstante, el dividendo garantizado sigue siendo objeto de cogitación por parte de inversionistas e intermediarios de mercado.

Incumbe, sin embargo, al jurista ejercer el rechazo, para preservar los principios y las bases axiológicas del derecho societario.

Una solución intermediaria, capaz de produzir un efecto práctico y significativo, sería la obligación de distribuir el dividendo prioritario, siempre que la sociedad dispusiera de ganancias del ejercicio o de ganancias de ejercicios anteriores. Esa solución, que no afectaría el capital social, evitaría el expediente, por algunas sociedades adoptado, de mismo contando con exceso patrimonial, nada distribuir en determinados ejercicios, a título de dividendo.

El dividendo de la acción preferida podría ser compulsorio, hasta el límite de las ganancias y reservas voluntarias.

VII — La tendencia a la uniformización y las líneas de pensamiento dominantes

Hoy, con la globalización y la integración de los mercados, la sociedad comercial, que siempre manifestó una tendencia nítida a la universalización de su regulamentación, se inclina más acentuadamente, para la armonización de los preceptos que la rigen.

Las sociedades anônimas en el ámbito de la comunidad iberoaméricana, cuyos vínculos comerciales se van estrechando, necesitan aproximar los preceptos básicos que las rigen, haciendo prevalecer las líneas dominantes de las varias legislaciones.

Con la profiferación de empresas binacionales y transnacionales, el estatuto de regencia de esas sociedades necesita fundamentarse en bases comunes.

Las propias bolsas de valores, al negociar títulos de empresas de diferentes nacionalidades, deberían ofrecer al inversionista valores mobiliarios cuyas leyes de regencia no ofrezcan sorpresas o sobresaltos.

La acción preferida es uno de esos instrumentos cuyo perfil básico deberá asumir, en los varios sistemas legislativos, las líneas dominantes caracterizadas por la preservación de los principios y por la eficacia práctica.

VIII — Conclusiones

La acción preferida no debe tener un dividendo prioritario garantizado, pero puede contar con una forma compulsoria de su pago, siempre que disponga la sociedad de ganancias y reservas voluntarias.

El monto de acciones preferidas sin voto debe limitarse a 50% del capital.

La ausencia de voto deberá estar obligatoriamente compensada con un dividendo prioritario determinado o con el derecho de recibir un dividendo mayor del atribuído a las acciones ordinarias.

La falta de pago, en la época propia, del dividendo prioritario, deberá acarrear la inmediata adquisición del derecho de voto por las acciones preferidas. Derecho que será conservado hasta el respectivo pago.

No deberán ser admitidas acciones de voto plural, o mecanismos que limiten el número de votos por accionistas o que condicionen el voto al título de un determinado número mínimo de acciones.

Esas líneas dominantes, aqui destacadas, a título de conclusión, ilustran y apuntan un modelo de acción preferida que atenderá al interés del inversionista y de la sociedad, sin comprometer la seguridad del acreedor.

Atualidades

O RESPEITO À MARCA SOB A PERSPECTIVA DO CONSUMIDOR

ROBERTO BENJÓ

A grita dos donos de postos de gasolina contra a cláusula contratual padrão — *que veda a aquisição de combustíveis automotivos de outros distribuidores de derivados do petróleo que não aquele sob cuja marca ("bandeira") o posto se apresenta ao consumidor* — vem sendo examinada (pelo Judiciário e pelos órgãos administrativos de direito econômico) apenas sob as perspectivas do direito marcário e da livre concorrência.

Até o momento, tal cláusula vem sendo considerada lícito instrumento de proteção ao direito de marca, sem que se possa falar em afronta ao ditame constitucional da livre concorrência.

Sem discordar um milímetro de tal entendimento, parece-nos que esta discussão merece ser alargada para enfocar também o direito de informação do consumidor.

Com o presente ensaio, que toma carona na atualidade do litígio entre donos de postos e distribuidoras, pretendemos chamar a atenção para o risco de — *a pretexto de fomentar a atuação de empresas de pequeno porte econômico* — o Estado vir a conseguir com o sacrifício de direitos elementares dos consumidores. Sem falar na onda de omissão regulatória gerada por um sentimento de rejeição a um passado recente de economia tutelada pelo Estado.

As raras hipóteses de regulação (fora do âmbito dos serviços públicos concedidos, que escapa à abordagem por nós pretendida) vêm sendo objeto de incruentas demandas administrativas e judiciais, como é o caso do comércio de combustível automotivo.

O Ministério de Minas e Energia — MME, inicialmente, proibia sem exceções a livre aquisição de combustível pelos postos de gasolina.[1] No entanto, em 16.1.1997, cedendo às reivindicações dos varejistas, editou a Portaria 9, facultando "ao Revendedor Varejista identificar em cada bomba abastecedora de combustível automotivo, de forma destacada, bem visível e de fácil identificação pelo consumidor, a Distribuidora fornecedora do respectivo combustível" (art. 12).

Hipótese exemplar de regulação, sob a perspectiva do consumidor, é a do comércio do gás de cozinha, no qual é vedada a utilização de recipientes identificados com a marca de um distribuidor para a comercialização de produtos acondicionados por outras empresas.

A Portaria 334, de 1.11.1996, do MME, em seu art. 3º, § 1º, estabelece que "as empresas distribuidoras de GLP somente poderão comercializar o produto em botijões da própria marca e com o rótulo e o lacre (...)".

1. Portaria 61, de 6.3.1995, publicada no *DOU* 9.3.1995. "Art. 11. O revendedor varejista que exibir marca de identificação comercial de uma distribuidora, somente poderá adquirir combustíveis da referida distribuidora. Parágrafo único. O revendedor varejista que não exiba marca de identificação comercial de distribuidora poderá adquirir combustíveis de qualquer distribuidora, nos termos do *caput* do art. 6º desta Portaria".

Inconformados com essa proibição, pequenos distribuidores, mercê de inúmeras ações, buscam decisão judicial que lhes assegure a livre comercialização do gás de cozinha por eles envasado em botijões de outros distribuidores, o que, em outros termos, equivaleria a autorizar-lhes a entregar ao consumidor uma mercadoria por outra.

Argumenta-se, falaciosamente, que a alienação de recipientes gravados com uma determinada marca facultaria aos respectivos adquirentes (desses recipientes) fazer deles o uso que bem entendessem.

É certo que não estará cometendo ilícito o proprietário que vier a destruir ou a jogar fora tal recipiente. Mas estará, inquestionavelmente, incidindo em uma conduta delituosa quem venha a se utilizar desse mesmo recipiente para comercializar produto que não o fornecido pelo detentor da marca nele gravada, como demonstraremos mais adiante.

Quem adquire um determinado produto (o principal) e, com ele, um recipiente (o acessório), identificado com a marca do produtor, não adquire qualquer direito sobre a marca.

Vejamos a situação dos proprietários de garrafas de vidro gravadas com a marca *Coca-Cola*. Sem sombra de dúvida, não poderão eles utilizar essas garrafas para fornecimento de outros líquidos, que não o refrigerante *Coca-Cola*, como por exemplo, produtos químicos, bebidas alcoólicas, ou mesmo refrigerantes de outros fabricantes.

Do mesmo modo, quantos tenham adquirido cilindros de gás medicinal (oxigênio, por exemplo) gravados com a marca de uma determinada produtora não podem, a pretexto do exercício do direito de propriedade sobre o bem corpóreo (o cilindro em si), usar a referida marca para comercialização de oxigênio fornecido por terceiros.

De parte a questão de direito do consumidor, conduta dessa espécie se enquadraria no ilícito tipificado no art. 190, II, da Lei 279, de 14.5.1996:

"Art. 190. Comete crime contra registro de marca quem importa, exporta, vende, oferece, ou expõe à venda, oculta ou tem em estoque:

"(...)

"II — produto de sua indústria ou comércio, contido em vasilhame, recipiente ou embalagem que contenha marca legítima de outrem."

Esse delito — *uso de marca alheia legítima em produto de falsa procedência* — foi descrito por Carvalho de Mendonça,[2] ao seu tempo, nos seguintes termos:

"Não se trata do fato de copiar ou imitar a marca do industrial, mas de usar marcas verdadeiras, autênticas, de determinado fabricante em produtos de outros concorrentes. É uma usurpação de marca; é quase uma substituição de produtos ou mercadorias. O violador quer passar, como de *A*, produtos de *B*.

"Pouco importa que essas marcas verdadeiras, pertencentes a terceiros, tenham sido obtidas ilicitamente, como por meio de furto ou da corrupção de um empregado do concorrente, ou do próprio impressor, ou, ainda, que se procurem recipientes vazios, como garrafas, pipas etc., e se os encham de produto similar de outra procedência, mantendo a antiga marca. Poullet informa que esta prática é freqüente sobretudo na indústria dos licores e águas naturais."

Valiosos a respeito os comentários de José Carlos Tinoco Soares,[3] que, embora referentes ao código anterior, não perderam a atualidade, porque o Legislador, como não poderia deixar de ser, manteve o caráter delituoso do *uso da marca legítima de outrem em produto ou artigo que não é de sua fabricação*:

"252. A quarta figura delituosa é o *uso de marca legítima de outrem em produto*

2. Carvalho de Mendonça, *Tratado de Direito Comercial Brasileiro* 7ª ed., v. 5, livro 3, parte 1, p. 348.

3. José Carlos Tinoco Soares, *Código de Propriedade Industrial*, Resenha Tributária, 1974, p. 270.

ou artigo que não é de sua fabricação (...) o crime também se consuma quando o infrator adquire frascos ou embalagens dos produtos originários com o fim de acondicioná-los com os produtos e/ou artigos de procedência diversa. *Exemplos típicos deste crime encontramos dentre os acondicionadores de bebidas, perfumes e outros em frascos originários ou fielmente produzidos*. Há, portanto, no caso em espécie, a ilegitimidade da marca e do produto" (grifamos).

Note-se que, para a configuração do ilícito, não interessa o meio utilizado para a aquisição do recipiente (compra ao fabricante do produto ou a terceiros, furto, imitação etc.) — o que importa é que a marca indicada no recipiente utilizado não corresponda ao produto que nele se contém.

Outro aspecto interessante é o fato de a natureza delituosa da conduta não ser excluída pela circunstância de o produto fornecido por todos os distribuidores de um determinado mercado ter, eventualmente (como durante muito tempo foi o caso da gasolina e demais derivados do petróleo), a mesma origem (a Petrobrás, na hipótese aventada), ainda que nada seja adicionado à sua composição.

Mesmo em uma tal hipótese, se estará diante de produtos diferentes passíveis de utilização criminosa, na medida em que não observada a vedação contida no art. 190, II, da Lei 9.279, de 14.5.1996.

Produzir no sentido empregado pela lei (leia-se: Código de Propriedade Industrial e Código de Defesa do Consumidor) significa, simplesmente, dar utilidade econômica a qualquer elemento da natureza, desde a forma mais simples de extração (como no caso da água mineral extraída da fonte), até os processos mais complexos de industrialização.

Não se pode dizer, por exemplo, que a água mineral produzida pela *Perrier* francesa é a mesma água mineral produzida pela *Minalba* brasileira, só porque, em essência, a fórmula H_2O está presente em ambas.

Ainda que a fonte seja a mesma, os produtos serão diferentes. Isso porque a extração, o tratamento, o envasamento, o transporte e a conservação da água nunca serão rigorosamente iguais quando realizados por empresas diversas.

E são exatamente essas diferenças que distinguem a marca dos produtos junto aos consumidores.

Com certeza, ninguém ousaria dizer que a *Minalba* poderia utilizar garrafas identificadas com a marca francesa para envasá-las com água mineral por ela extraída, sem que estivesse violando o direito de marca da *Perrier*.

Retomemos o caso do gás de cozinha (os recipientes utilizados para acondicionamento — *botijões* —, do mesmo modo que grande parte dos cilindros utilizados para a venda de gases medicinais, contêm gravação indelével da marca do distribuidor). Se é verdade que o gás de cozinha, quando se encontra nas refinarias da Petrobrás, não pode ser vinculado às marcas de quaisquer distribuidoras, o mesmo não se pode dizer, após envasado em botijões por empresas desse ramo, já que, no envasilhamento, são realizadas as atividades mais importantes *no que diz respeito ao consumidor*.

Quando compra gás de cozinha em botijões gravados com uma determinada marca, o consumidor tem a expectativa de estar adquirindo um bem submetido, nas instalações fabris do distribuidor de sua escolha e confiança, a um processo industrial (de envasilhamento) que assegure não apenas a entrega da exata quantidade de gás vendida, como também a segurança, a qualidade e a pureza próprias, mantendo todas essas características durante a estocagem e a utilização, sem vazamentos ou acidentes.

Não é por outro motivo que a proteção à propriedade da marca não visa apenas a resguardar direitos patrimoniais do empresário, tendo em vista, de igual modo, a proteção de interesses coletivos, vez que a marca que identifica a origem do produto ou do serviço prestado:

"O consumidor relaciona à marca características advindas de sua experiência pessoal com o produto, ou com aquelas prometidas pela publicidade. Ela garante que o produto foi produzido sob o controle de seu titular e, portanto, presume-se que possui uma qualidade constante. É chamada *função de garantia da marca*."[4]

No contexto do presente estudo, merece especial destaque o fato de o Legislador, objetivando não deixar qualquer dúvida sobre a obrigatoriedade de identificação clara e precisa da origem do produto ou do serviço prestado, ter consagrado a *informação* como direito elementar do consumidor, definindo, no art. 6º, III, do Código de Defesa do Consumidor:

"*São direitos do consumidor:* (...) *a informação adequada e clara sobre os diferentes produtos e serviços, com especificação correta de quantidade, características, composição, qualidade, preço, bem como sobre os riscos que apresentem*" (grifamos).

Esse direito básico do consumidor é reafirmado no art. 31 do mesmo diploma legal, que no capítulo que trata das práticas comerciais, estabeleceu condições para a oferta de produtos e serviços. Vale transcrever: "Art. 31. A oferta e apresentação de produtos ou serviços devem assegurar informações corretas, claras, precisas, ostensivas e em língua portuguesa sobre suas características, qualidades, quantidades, composições, preço, garantia, prazos de validade e origem, entre outros dados de segurança dos consumidores".

O direito de informação assume singular importância quando se trata de produto tóxico ou explosivo (perigoso), sendo inconcebível a omissão do Estado no exercício de suas competências regulatória e fiscalizatória.

Os acidentes envolvendo botijões de gás de cozinha e cilindros de oxigênio não são raros, resultando, no mais das vezes, em explosões, após as quais ficam destruídas etiquetas e lacres, restando apenas a identificação da marca gravada no recipiente metálico. Tudo a importar em óbvias dificuldades para a apuração das responsabilidades civil e penal, e bem assim para o efetivo ressarcimento do consumidor ou das vítimas do evento.

É bem de ver, ainda, que, para essas hipóteses de responsabilidade pelo fato do produto — acidentes de consumo — o Código de Defesa do consumidor exclui o comerciante (no caso, o revendedor) da relação de coobrigados solidários, estabelecendo, em seu art. 12, *caput*, que caberá, somente ao fabricante ou produtor, responder pela reparação dos danos.

De outro lado, certo é que diante de um recipiente lacrado e etiquetado com a marca de um fabricante ou distribuidor — *mas gravado, no seu corpo, com a marca de uma outra empresa* —, o consumidor poderia facilmente supor tratar-se de empresas de um mesmo grupo, incorrendo em erro. O consumidor médio — *aquele que deve ser considerado como referência para a avaliação desses requisitos legais* — não estaria em condições de distinguir, com absoluta certeza, quem seria o real fornecedor.

Em idêntica dificuldade poderá ser colocado o consumidor de combustível automotivo, acaso venham a proliferar postos de gasolina apresentados ao consumidor sob uma única marca (de distribuidor), mas oferecendo combustível de diversas origens, nos termos previstos na Portaria 9, de 16.1.1997, do MME, ou seja, em bombas identificadas com marcas de outros distribuidores. Por todos esses motivos é inquestionável que a adoção de um sistema de *livre utilização de recipientes*, como pretendido por empresas de menor capacidade de investimento, do mesmo modo que a *livre aquisição de combustível* postulada pelos postos de gasolina, redundaria em seríssima lesão ao direito do consumidor à correta informação sobre os produtos que adquire.

Eventual incapacidade de investimento não nos parece autorizar qualquer abran-

4. Karin Grau-Kuntz e Newton Silveira, *RDM* 106/109.

damento do dever-direito de informação, clara e precisa, nos termos da lei.

Sob outro ângulo, tolerar tal conduta significaria retomar velha prática estatal de proteger atores da economia que, sob a capa de "pequenos", com diminuto (ou nenhum) investimento no ativo essencial às respectivas atividades, obtinham significativas parcelas de mercado, sem quaisquer razões que não a proximidade com o poder.

Em outros termos: consentido o reaproveitamento de recipientes gravados com marcas de terceiros, os ditos "pequenos" obteriam injustificável vantagem financeira, deixando de assumir os elevados custos do negócio, além de se valerem do prestígio de marcas de outrem.

Igualmente desproporcionais seriam os prejuízos das empresas cujas marcas fossem indevidamente utilizadas, sempre passíveis de ser demandadas, independentemente de culpa (art. 12, *caput*, do Código de Defesa do Consumidor), para responder por danos causados por terceiros, além de verem desgastadas as suas marcas perante a opinião pública.

Um curioso argumento deduzido em contrário (em alguns dos processos que nos foi dado pesquisar até a conclusão destas considerações) é a pretensa aplicação da *teoria da exaustão do direito de marca.*

Invoca-se a denominada teoria da exaustão do direito de marca, segundo a qual o titular de registro de marca não poderia impedir a livre circulação de produto colocado no mercado interno. Seu direito se exauriria a partir da primeira comercialização do produto.

Com base nessa premissa, defende-se a adoção de um sistema de *livre utilização de recipientes.*

Nessa linha de raciocínio, teríamos, por exemplo, que os produtores de *whisky* e perfume, ao venderem seus produtos acondicionados em recipientes gravados com a marca de sua propriedade, não poderiam se opor à comercialização, em tais recipientes (gravados), de produtos fornecidos por terceiros, *porque o direito de marca se teria exaurido* (!).

A denominada teoria da exaustão da marca diz respeito à possibilidade de comercialização de *produto.* Um produtor de zíperes que vende a sua mercadoria para a indústria de confecções, por exemplo, não pode impedir a venda de calças em que se encontrem costurados os seus zíperes, ou cobrar *royalties* sobre cada revenda ou uso de seu produto, sob o argumento de que se trata de *produto gravado com a sua marca.*

Tal princípio, porém, nada tem a ver com a vedação à utilização indiscriminada de recipientes, que diz respeito à questão da identificação do produtor no recipiente no qual se contém a mercadoria. Discute-se, portanto, sobre as restrições legais à utilização do acessório (o recipiente), e não sobre a comercialização do principal (o produto).

Garrafas, cilindros e botijões (nos exemplos aqui tratados) não são produtos: são recipientes que, em obediência aos termos do Código de Defesa do Consumidor, não podem ser utilizados indiscriminadamente, sob pena de não se *assegurar, ao consumidor, informação correta, clara, precisa, ostensiva e em língua portuguesa sobre a origem do produto.*

Logo, não há como falar que a eventual aquisição de recipientes possa garantir qualquer direito sobre as marcas nele eventualmente gravadas.

O que se propõe não é o retorno da intervenção do passado, em que o Estado, sob diversos pretextos, protegia grupos e setores, dando origem a inusitados "cartórios" em uma economia que, ainda hoje, luta para se purificar de tão desastroso obstáculo ao desenvolvimento. A proposta é no sentido de uma ação sincera e concreta de regulação e fiscalização, em benefício do direito de escolha. Fato é que a controvérsia aqui examinada não se resume a uma disputa comercial entre concorrentes (grandes e pequenos; titulares e não titulares de marcas renomadas), envolvendo, a nosso sentir, relevante questão de consumo, a merecer amplo debate.

Atualidades

CONCEITOS, REGRAS E SITUAÇÃO ATUAL DO "TRANSFER PRICE"[1] NO BRASIL

ALMIR ROGÉRIO GONÇALVES

1. Conceito. 2. Impostos incidentes sobre os lucros. 3. Diferentes formas da distribuição de lucros e da transferência de preço: a) Exportação; b) Importação; c) Empréstimos; d) Transferência de tecnologia; e) Conclusão. 4. Paraísos fiscais e países com acordo de bitributação. 5. Primeiras tentativas tendentes a evitar o "transfer price". 6. Lei 9.430, de 27.12.96. 7. Conceito de pessoa vinculada. 8. Bens, serviços e direitos adquiridos no exterior (inclusive em operações de importação): a) Método dos Preços Independentes Comparados — PIC; b) Método do Preço de Revenda menos o Lucro — PRL; c) Método do Custo de Produção mais Lucro — CPL. 9. "Royalties" e assistência técnica, científica, administrativa ou assemelhada. 10. Receitas oriundas de exportações para o exterior: a) Método do Preço de Venda nas Exportações — PVEx; b) Método do Preço de Venda no Atacado no país de destino, diminuído do lucro — PVA; c) Método do Preço de Venda no Varejo no país de destino, diminuído do lucro — PVV; d) Método do Custo de Aquisição ou de Produção mais tributos e lucro — CAP; e) Conquista de novos mercados. 11. Alteração dos percentuais. 12. Juros praticados em operações internacionais que envolvam empresas vinculadas. 13. Principais diferenças entre as regras brasileiras, as regras da OCDE e as norte-americanas. 14. Conclusão. Bibliografia.

1. Conceito

"Denomina-se *preço de transferência* o preço de um produto (ou serviços), preço este manipulado para mais ou para menos, nas operações de compra e venda internacionais, quando um mesmo agente é capaz de controlar ambas as pontas da operação, tanto a vendedora quanto a compradora."[2]

Transfer price é o método utilizado pelas empresas transnacionais para fazer sua distribuição de dividendos e o seu planejamento tributário em nível mundial, procurando se utilizar de artifícios que tivessem a capacidade de concentrar seus lucros em países de baixa tributação, em prejuízo de países de tributação elevada. Em outras palavras, poderíamos dizer que é uma forma de disfarce dos lucros possível em empresas que tem sede em vários países. Os sistemas de realização destes mecanismos são, entre outras, as operações de importação, exportação, empréstimos e pagamento de *royalties*.

1. As expressões *transfer price*, *transfer pricing* e *transferência de preço*, serão usadas neste trabalho como sinônimos, apesar das diferenças semânticas que guardam entre si.

2. Hermes Marcelo Huck, *Evasão e Elisão*.

Atualmente o *transfer price* é muito utilizado para a realização de transferência de recursos entre empresas, fugindo, assim, dos trâmites necessários para remessas de capitais. Ademais, a evasão tributária internacional continua tendo como instrumento o *transfer price*, sobretudo devido a maior complexidade e sofisticação das relações comerciais atuais, sendo, portanto, infrutíferas as tentativas de vários países (principalmente os EUA) de extinguir esta prática. Neste ponto, vale também ressaltar a importância do relatório sobre *transfer pricing* preparado pela Comissão de Assuntos Fiscais, da Organização Econômica de Cooperação e Desenvolvimento (OECD), em 1979.

2. Impostos incidentes sobre os lucros

Para entendermos o sistema pelo qual se opera o *transfer price*, devemos antes entender a forma como a renda é tributada no Brasil. O lucro auferido por pessoas jurídicas instaladas no Brasil é tributado com o Imposto de Renda em 15%[3] até o limite de R$ 20.000,00 mensais, sendo que as rendas que ultrapassarem estes limites terão uma tributação adicional de 10%. Esta renda também é tributada com a Contribuição Social Sobre o Lucro (8%). Uma empresa estrangeira vinculada a uma empresa brasileira que pretenda distribuir seus lucros não pagará nenhum imposto adicional pela distribuição e poderá fazer a remessa normalmente.

Diante destas altas margens de tributação passou a ser interessante a realização de transferência dos lucros, tendo em vista que muitos outros países tributam suas rendas com alíquotas extremamente menores.[4]

3. Diferentes formas da distribuição de lucros e da transferência do preço[5]

Diante deste quadro, as formas mais utilizadas para se evitar a tributação no Brasil, transferindo o lucro para países com tributação mais atraente, eram as seguintes:

a) Exportação

Por meio da *exportação* de mercadorias para a empresa vinculada por um preço inferior ao real, havia a transferência do lucro através do preço, criando um resultado positivo em uma empresa estrangeira e negativo na empresa brasileira.

Como no Brasil os impostos sobre a exportação são extremamente reduzidos, quando não nulos, e considerando-se ainda que é comum a prática de transferência de mercadorias entre empresas de um mesmo grupo transnacional, como forma de planejamento internacional de produção, esta prática poderia ser altamente rentável.

b) Importação

Através da *importação* superfaturada de produtos provenientes de países com tributação favorecida, também poderia haver a prática de *transfer price*, sendo que ao invés de pagar o IR conforme descrito no item 2, pagar-se-ia Imposto de Importação, ICMS e IPI, o que, a princípio, resultaria em uma alíquota muito maior. Porém, sempre existiu a possibilidade de se importar produtos com tributação reduzida pelo governo brasileiro. Ademais, com a abertura de economia brasileira às importações, as possibilidades se ampliaram, não podendo se deixar de lado a questão da importação de serviços que não sofreriam a incidência dos tributos acima e sim do IR e ISS.

c) Empréstimos

Outra hipótese pensada seria a realização de *empréstimos* não registráveis pelo Banco Central do Brasil com taxas de juros muito elevadas. Nesta hipótese, o úni-

3. Até 1995 a alíquota era de 25%, Lei 9.249/95.

4. Note-se, ainda, que anteriormente a 1996 as alíquotas brasileiras eram 10% maiores que as atuais.

5. A distribuição disfarçada de lucros e a transferência de preço se assemelham mas não se confundem. A primeira é o envio de lucro para um sócio através dos mecanismos abaixo enumerados, enquanto a transferência de preço é a transferência de lucro entre empresas vinculadas com o fim de pagar menos Imposto sobre a Renda. A primeira exige vinculação societária direta, enquanto a segunda não.

co imposto devido pelo credor seria o IR de 15%.

d) Transferência de tecnologia

A *transferência de tecnologia* com o pagamento de *royalties* a valores muito elevados seriam tributados apenas em 15% de IR e ISS. No entanto, os pagamentos decorrentes de tal contrato sempre foram tutelados pelo INPI e pelo BACEN e, portanto, sempre foram limitados na sua remissibilidade e dedutibilidade em 5% do valor do contrato.

e) Conclusão

Notemos que tal atividade só era possível porque os prejuízos decorrentes das operações acima descritas eram totalmente dedutíveis para efeito de apuração do Imposto de Renda e foi este o caminho utilizado pela Receita Federal para atacar estas práticas.

4. Paraísos fiscais e países com acordo de bitributação

Em geral, a prática do *transfer price* surtia maiores efeitos em países que tivessem acordo de bitributação com o Brasil ou nos países considerados *paraísos fiscais*, pois, caso em contrário, os impostos evitados aqui, recairiam no país de destino, não apresentando nenhuma vantagem que não para a hipótese de distribuição disfarçada de lucros.

Se a empresa destinatária do lucro estivesse constituída em um *paraíso fiscal*, poderíamos fazer uma operação de exportação usando esta empresa como ponte. A empresa do grupo estabelecida no *paraíso fiscal* poderia comprar mercadorias por um preço excessivamente baixo em um país e vender por um preço alto em outro país, evitando que houvesse lucro em nenhum dos dois países e o mantendo num país em que o lucro não seria tributado, podendo depois ser reinvestido ou tomar qualquer outra destinação.

Esta situação faria com que os lucros do conglomerado se concentrassem em um país que não tributasse lucros ou qualquer outro tipo de fato gerador e para o qual a prática de exportações ou outros negócios não sofreria nenhum outro tipo de intervenção ou trâmite burocrático. Atentemos, ainda, para a vantagem de que o controle acionário das empresas em muitos *paraísos fiscais* é mantido em segredo, não estando sujeito a futuras investigações.

5. Primeiras tentativas tendentes a evitar o "transfer price"

A primeira medida que veio a coibir a prática de transferência de preço foi a limitação da dedutibilidade referente aos *royalties* pagos a empresa vinculada em 5% da renda bruta auferida com o produto, o que tornaria os preços praticados nestas operações dedutíveis somente até seu valor de mercado.

A instituição do CADE e das normas de defesa da economia também tenderam a evitar a prática de preços diferentes em relação às empresas vinculadas do que os praticados com qualquer outra empresa.

Entretanto, o maior avanço foi a criação das regras para se evitar distribuição disfarçada de lucros que previam a não dedutibilidade de preços distorcidos praticados entre empresas com qualquer tipo de ligação, bem como a desistência, pela empresa brasileira, de qualquer direito real ou obrigacional em favor de controlada ou controladora.

Estas disposições, porém, não foram muito efetivas, porque não definiam regras claras de aplicação, nem concediam o ônus da prova ao contribuinte. Ademais, as empresas mantidas nos *paraísos fiscais* não poderiam ser consideradas vinculadas se tivessem seu controle mantido em sigilo.

Como esta questão era um problema a ser enfrentado em escala mundial, a OCDE (ou OECD) planejou algumas regulamentações que pudessem extinguir, de maneira definitiva, a prática do *transfer price*. Es tas medidas deveriam ser tomadas por um grande número de países, pois sempre poderia ocorrer que um determinado país servisse como ponte para se atingir um determinado *paraíso fiscal*, o que tornaria inertes as regras estabelecidas. Os Estados Unidos da América também desenvolveram algumas medidas com o intuito de coibir estas práticas em seu território.

Atento a estas iniciativas, o Brasil adotou, com a edição da Lei 9.430/96, os princípios estipulados pela OECD e pelos EUA, que se resumem, basicamente, na restrição dos mecanismos de dedutibilidade mediante a fixação de limites de custos, despesas e encargos.

6. Lei 9.430, de 27.12.96

Objetivando evitar a evasão de divisas do país e atendendo a tendência mundial, os arts. 18 a 24 da lei acima, regulamentados pela Instrução Normativa SRF 38, de 30.4.97, e pela Portaria MF 95, de 30.4.97, surgiram com o intuito de extinguir a prática de *transfer price*, através da imposição dos seguintes mecanismos, em operações com empresas vinculadas:

- o limite de dedutibilidade nas importações seriam determinados através de índices pré-determinados;
- o preço das exportações seriam considerados maiores para fins de cálculo dos lucros das empresas caso fossem inferiores a 90% do preço praticado pelo mercado;
- os juros relativos a empréstimos não amparados por registro no Banco Central, para fins de dedutibilidade seriam de no máximo *libor* americana de 6 meses mais 3% de *spread*. Caso o empréstimo ou a operação esteja sujeito a registro, os limites de juros serão impostos pelo Banco Central do Brasil, não havendo necessidade de tutela pela lei.

Estudemos, a seguir, mais detalhadamente, os principais aspectos das regras acima elencadas. Lembramos apenas que as mesmas regras serão aplicadas tanto na apuração do Imposto de Renda como na apuração da Contribuição Social Sobre o Lucro indistintamente, conforme determina o art. 28 da Lei 9.430/96.

7. *Conceito de pessoa vinculada*

Preço de transferência, portanto, será aquele "legalmente admitido pelas autoridades fiscais, para fins de dedutibilidade de custo nas importações ou admissibilidade como receita de exportação, aplicável às transações entre pessoas vinculadas, residentes e domiciliadas, uma no Brasil e outra no exterior. Ditas transações envolvem bens, direitos, serviços e juros praticados em ajustes financeiros".[6] Observemos que no Brasil, diferentemente de outros países, os pagamentos de *royalties* foram excluídos destes mecanismos.

Para tanto, devemos estabelecer qual o conceito de pessoa vinculada dado pela lei, para assim sabermos quando as regras de preço de transferência são aplicáveis ou não.

Conforme o art. 23 da Lei 9.430/96 e o art. 2º da IN 38/97, considera-se pessoa estrangeira vinculada à pessoa jurídica estabelecida no Brasil:

- a matriz desta;
- a sua filial ou sucursal;
- pessoa física ou jurídica, residente ou domiciliada no exterior que tenha participação no seu capital ou que de qualquer outra forma seja caracterizada como controladora ou coligada na forma da Lei das S/A (art. 243, §§ 1º e 2º da Lei 6.404/76);[7]
- pessoa jurídica domiciliada no exterior, quando esta e a empresa domiciliada no Brasil estiverem sobre controle societá-

6. Série *Legis-Empresa* 22, "Preço de transferência (*transfer pricing*)".

7. Art. 243 da Lei 6.404/76 (Lei das S/A): "§ 1º. São coligadas as sociedades quando uma participa, com 10% ou mais, do capital da outra, sem controlá-la. § 2º. Considera-se controlada a sociedade na qual a controladora, diretamente, ou através de outras controladas, é titular de direitos de sócio que lhe assegurem, de modo permanente, preponderância nas deliberações sociais e o poder de eleger a maioria dos administradores".

rio ou administrativo comum ou quando pelo menos 10% do capital social de cada pessoa pertencer a uma mesma pessoa física ou jurídica;

• pessoa física ou jurídica residente ou domiciliada no exterior que seja caracterizada como coligada ou controladora na forma da Lei das S/A de uma empresa qualquer que tenha a empresa brasileira como sua controladora ou coligada, também na forma da Lei das S/A;

• pessoa física ou jurídica que seja associada na forma de consórcio ou condomínio, conforme a lei brasileira, em qualquer empreendimento com a empresa nacional;

• pessoa física residente no exterior que for parente ou afim até o 3º grau, cônjuge ou companheiro[8] de qualquer de seus diretores ou de seu sócio ou acionista controlador em participação direta ou indireta;

• pessoa física ou jurídica que goze de exclusividade ou que dê exclusividade à empresa nacional como seu agente, distribuidor ou concessionário, para a compra e venda de bens, serviços ou direitos.

Portanto, as empresas que tenham qualquer tipo de vínculo, ainda que remoto, parecem estar abarcadas pelas disposições acima, sendo que qualquer criação societária que imaginemos não será suficiente para escapar às regras estabelecidas. Ademais, nota-se que empresas com laço societário muito tênue ou mesmo nulo (consórcios), bem como pessoas físicas e as pessoas jurídicas relacionadas por contrato de distribuição, são abrangidas pela presente lei, o que a torna extremamente rigorosa, superando inclusive as normas da OECD e dos Estados Unidos da América.

Outro aspecto relevante será a inversão do ônus da prova, não cabendo à autoridade fiscal provar a *transferência de preço* e sim ao contribuinte provar que suas operações atendem aos requisitos legais.

Cabe lembrar aqui, ainda, um grande avanço da Lei 9.430/96 no que se refere à *transferência de preço*, que foi a aplicação de suas regras, além de às pessoas vinculadas, a qualquer operação efetuada por pessoa física ou jurídica residente ou domiciliada no Brasil, com qualquer pessoa física ou jurídica, ainda que não vinculada, residente ou domiciliada em país que não tribute a renda ou que a tribute a alíquota máxima inferior a 20%. Estão incluídos aí, portanto, os chamados *paraísos fiscais*. Observe, ainda, que a abrangência deste dispositivo engloba também a pessoa física, impossibilitando, portanto, que os diretores ou acionistas disfarcem o lucro das pessoas jurídicas a que estão relacionados.[9]

Cabe observar, ainda, que apesar da eficiência que tal dispositivo tem sob o aspecto de arrecadação, configura manifesta injustiça a aplicação destas mesmas regras à países de baixa tributação que, no entanto, não configuram *paraísos fiscais*, seja porque têm limites próximos dos mínimos estipulados (alíquota máxima inferior a 20%), seja porque têm organização burocrática ou política que não os torne atraentes à realização de investimentos.

8. *Bens, serviços e direitos adquiridos no exterior (inclusive em operações de importação)*[10]

Se *preço de transferência* é o preço máximo dedutível ou o preço mínimo acei-

8. A definição de companheiro para os fins desta lei está expressa na IN 38/97.

9. Art. 24, § 2º, da Lei 9.430/96:

"No caso de pessoa física residente no Brasil:

"I — o valor apurado segundo os métodos de que trata o art. 18 será considerado como custo de aquisição para efeito de apuração de ganho de capital na alienação do bem ou direito; (importação)

"II — o preço relativo ao bem ou direito alienado, para efeito de apuração de ganho de capital, será apurado de conformidade com o disposto no art. 19; (exportação)

"III — será considerado como rendimento tributável o preço dos serviços prestados apurado de conformidade com o disposto no art. 19; (exportação)

"IV — serão considerados como rendimento tributável os juros determinados de conformidade com o art. 22" (juros).

10. Chamaremos estas operações, genericamente como *importação*.

tável em operações entre empresas vinculadas, o art. 18 da Lei 9.430/96 tratou de definir a apuração deste preço nas operações de importação ou de aquisição feitas no exterior.

Nas operações de importação, o fisco procurou definir métodos que assegurassem que o preço praticado com empresa vinculada fosse equivalente ao que seria praticado no mercado ou com qualquer outra empresa que não tivesse nenhum tipo de vínculo com a empresa brasileira, sendo que será desta o ônus de provar a adequação do preço praticado ao exigido.

Desta forma, os custos, despesas e encargos relativos a bens, serviços e direitos, constantes dos documentos de importação ou de aquisição somente serão dedutíveis na determinação do lucro real até o valor que não exceda ao preço de um dos seguintes métodos, sendo que a escolha do método mais favorável poderá ficar a critério do contribuinte:

a) Método dos Preços Independentes Comparados — PIC

A *média aritmética* dos preços dos bens, serviços ou direitos, idênticos ou similares, apurados no mercado brasileiro ou de outros países, em operações de compra e venda, em condições de pagamento semelhantes[11] e realizadas entre empresas não vinculadas ou entre uma empresa vinculada e uma empresa sem vinculo societário com o comprador ou vendedor.

A apuração do preço médio, tanto neste caso, como no caso do Custo de Produção mais Lucro (CPL), ou Preço de Venda por Atacado ou por Varejo no país de destino (PVA ou PVV) praticados nas exportações, deverão ser feitos com base nos seguintes métodos:

I — publicações ou relatórios oficiais do governo do país comprador ou vendedor ou declaração de autoridade fiscal deste mesmo país, quando com ele o Brasil mantiver acordo para evitar a bitributação ou para intercâmbio de informações;

II — pesquisas efetuadas por empresas ou instituição de notório conhecimento técnico ou publicações técnicas, em que se especifiquem o setor, o período, as empresas pesquisadas e a margem encontrada, bem como identifiquem, por empresa, os dados coletados e trabalhados.

Em ambos os casos, terá de ser observado o método de avaliação internacionalmente adotado e que se refiram ao período de apuração da base de cálculo. Caso os relatórios sejam considerados inidôneos ou inconsistentes, poderão ser desqualificados pelo secretário da Receita Federal.[12]

Se não existir mercado ou produtos idênticos no mercado avaliado, poderão ser utilizados produtos similares para a apuração do preço médio.[13]

Portanto, com este método, se pretende assegurar que o preço de aquisição dos bens será o mesmo ou inferior ao preço que seria praticado em qualquer outra operação do gênero com uma empresa não vinculada.

b) Método do Preço de Revenda menos lucro — PRL

Trata-se da *média aritmética* do preço, entre empresas não vinculadas, de revenda dos bens ou direitos adquiridos no exterior durante todo o período de apuração da base de cálculo, menos os descon-

11. O art. 7º da IN 38/97 ainda garante, como critério para comparação dos preços, ajustes relativos a prazos de pagamentos, às quantidades negociadas, à responsabilidade por garantia de funcionamento do bem ou da aplicabilidade do serviço ou direito, à responsabilidade por promoção ou publicidade, à responsabilidade pelos custos de fiscalização da qualidade, aos custos de intermediação nas operações realizadas pelas empresas não vinculadas e ao acondicionamento, ao frete e ao seguro, à natureza física e de conteúdo dos bens.

12. Não poderão ser tomados como base para estes cálculos operações de compra e venda atípicas como liquidações, encerramento de atividades etc.

13. Um bem será considerado similar se tiver a mesma natureza e função do bem original, se ambos puderem substituir-se simultaneamente e se tiverem especificações equivalentes.

tos incondicionais concedidos ao comprador final, os impostos e contribuições incidentes sobre a venda [ICMS (Imposto sobre Circulação de Mercadorias e Serviços); ISS (Imposto Sobre Serviços); PIS (Programa de Integração Social)/PASEP (Programa de Assistência Social ao Empregado Público); e COFINS (Contribuição Social sobre o Faturamento)], as comissões e corretagens pagas e as margens de lucro de pelo menos 20% do preço da revenda.

Com isto, se procura garantir que mesmo que o preço de aquisição do bem seja inferior ao do mercado, a empresa brasileira tenha lucro de pelo menos 20%, não sendo possível, portanto, fraudar o fisco com resultados operacionais negativos. Este método só poderá ser usado caso o produto adquirido se destine a revenda, pois se é para consumo próprio não há como realizar o cálculo aqui referido.

c) Método do Custo de Produção mais lucro — CPL

Custo médio de produção dos bens no país de origem durante o período da base de cálculo, estipulado na forma do item *a*, *supra*, acrescido dos impostos e taxas cobrados pelo referido país na exportação, mais uma margem de lucro de 20% para a empresa exportadora.

Desta forma, portanto, se limita o lucro da empresa estrangeira a margens razoáveis, evitando que a operação ocasione prejuízo na empresa nacional.

Caso a aquisição seja feita na forma de amortização ou depreciação, a dedutibilidade também será limitada por estes artigos. Observa-se também que se o preço apurado divergir até 5% do preço real, a Receita Federal considerará satisfatória a comprovação.

9. "Royalties" e assistência técnica, científica, administrativa ou assemelhada

O § 9º, do art. 18 da Lei 9.430/96 exclui incisivamente a incidência destas regras sobre as operações de *royalties* e assistência técnica, científica, administrativa ou assemelhada, que permanecem subordinadas às condições de dedutibilidade constantes da legislação vigente. Portanto, não se alteraram os limites de dedutibilidade e remissibilidade previstos pela legislação brasileira.[14]

10. Receitas oriundas de exportações para o exterior[15]

Tendo definido as regras para a importação, o legislador tratou de definir as regras para a exportação. Definiu, portanto, que durante o período de apuração da base de cálculo do Imposto de Renda e da CSSL (Contribuição Social Sobre o Lucro), as receitas auferidas nas exportações para pessoas vinculadas estarão sujeitas às disposições do art. 19 da Lei 9.430/96.

Este artigo determina que quando o preço médio praticado pela empresa brasileira com pessoa vinculada for inferior a 90% do preço médio praticado por ela na venda dos mesmos bens, serviços ou direitos, idênticos ou similares no mercado brasileiro, a receita com a exportação para fins de Imposto de Renda terá de ser definida a um valor maior que o real, transformando a diferença em lucro tributado pelo IR (Imposto de Renda).

Caso a empresa brasileira não atue no mercado interno naquele segmento, usaremos o preço médio praticado por outras empresas similares.

Assim, o fisco tenta se garantir de que o preço praticado pela empresa nacional é o mesmo que seria praticado se a empresa destinatária não fosse vinculada a esta.

14. Atualmente, os limites de dedutibilidade e de remissibilidade para operações de *transferência de tecnologia* entre empresas vinculadas são de 5% sobre a receita total da operação, ou limite inferior a ser definido pela legislação.

15. As *operações* do presente item serão chamadas, genericamente, de *exportação*, apesar de incluírem operações com bens, serviços ou direitos.

Concluímos, portanto, que precisaremos tomar dois preços para podermos calcular o valor que deverá ser apurado na Declaração de IR: o praticado no Brasil e o preço do produto efetivamente exportado. O preço médio no Brasil será o preço geralmente praticado com pessoas não vinculadas, diminuído dos descontos incondicionais concedidos, o ICMS (Imposto sobre Circulação de Mercadorias), ISS (Imposto Sobre Serviços), COFINS (Contribuição para a Seguridade Social) e PIS/PASEP. No produto exportado, o preço real praticado será o preço base descontando-se o eventual frete ou seguro de responsabilidade da empresa nacional. Note-se apenas que estes cálculos não levam em conta possíveis incentivos fiscais da empresa nacional, o que pode causar distorções.

Caso o limite de 90% seja ultrapassado, deverá ser feito um cálculo para se obter o valor que deverá ser tomado como receita de exportação para apuração da base de cálculo do Imposto de Renda. Este cálculo será realizado utilizando-se de um dos seguintes métodos, sendo que a escolha do método mais favorável poderá ficar a critério do contribuinte:[16]

a) Método de Preço de Venda nas Exportações — PVEx

Média aritmética dos preços de venda nas exportações efetuadas pela própria empresa para outros clientes não vinculados, ou por outra exportadora nacional, a clientes não vinculados, de bens, serviços ou direitos, idênticos ou similares, durante o mesmo período de apuração da base de cálculo do Imposto de Renda em condições de pagamento semelhantes.[17]

Este método é idêntico ao método utilizado no *caput* do art. 19 da Lei 9.430/96 para determinar se aplica-se ou não os métodos de *transferência de preço.*

b) Método do Preço de Venda no Atacado no país de destino, diminuído do lucro — PVA

É a média aritmética, durante o período de apuração da base de cálculo, dos preços praticados no mercado atacadista do país de destino, em condições semelhantes e realizadas entre empresas não vinculadas, apurado conforme o disposto no item *a* do n. 8, *supra.* Esta média deverá ser reduzida dos tributos incluídos no preço, cobrados no país de destino, e da margem de lucro de 15% sobre a venda no atacado.

Desta forma, o fisco procura se garantir que o preço praticado pela empresa nacional seja o mesmo que o praticado internacionalmente em qualquer operação do gênero, pressupondo com isto que a empresa nacional não terá prejuízos com a exportação, já que define um lucro mínimo para a empresa nacional.

c) Método do Preço de Venda no Varejo no país de destino, diminuído do lucro — PVV

É a média aritmética, durante o período de apuração da base de cálculo, dos preços praticados no mercado varejista do país de destino, em condições semelhantes e

16. Caso qualquer dos valores abaixo sejam menores que o valor real da exportação, este prevalecerá em relação àqueles.

17. A IN 38/97 determinou, neste caso, que na apuração de preço médio de produtos idênticos serão aceitos ajustes relacionados a prazo de pagamento, quantidades negociadas, obrigação por garantia de funcionamento do bem ou da aplicabilidade do bem, serviço ou direito, obrigação pela promoção, junto ao público do bem, serviço ou direito, por meio de propaganda e publicidade, obrigação pelos custos de fiscalização de qualidade, do padrão dos serviços e das condições de higiene, custos de intermediação nas operações de compra e venda praticadas pelas empresas não vinculadas, consideradas para efeito de comparação de preços, diferença de custos dos materiais, fretes e seguros além de riscos de crédito. Na apuração de preço médio de produtos similares, além dos ajustes elencados para os produtos idênticos, poderemos considerar também os ajustes relativos a periodicidade de investigação e os preços de *commodities.*

realizadas entre empresas não vinculadas, apurado conforme o disposto no item *a* do n. 8, *supra*. Esta média deverá ser reduzida dos tributos incluídos no preço, cobrados no país de destino, e da margem de lucro de 30% sobre a venda no varejo.

Concluímos, portanto, que este método é idêntico ao anterior, com a diferença de se aplicar ao mercado varejista e prever uma margem de lucro de 30%, o que decorre da diferença natural existente entre os mercados varejistas e atacadistas.

d) Método do Custo de Aquisição ou de Produção mais tributos e lucro — CAP

Média aritmética, durante o período de apuração da base de cálculo, dos custos de aquisição ou de produção dos bens, serviços ou direitos, exportados, acrescidos dos impostos e contribuições cobrados no Brasil e da margem de lucro de 15% sobre o custo total.

Desta forma, se exige que a empresa nacional tenha lucro de no mínimo 15%, impedindo desta forma que haja resultado operacional negativo e, portanto, que haja fraude ao fisco.

e) Conquista de novos mercados

Caso a empresa brasileira tenha a intenção de vender seu produto à empresa vinculada, por um preço reduzido, com o intuito de lançar e promover o produto no mercado estrangeiro, a IN 38/97 determinou que estas operações não estariam submetidas às disposições do *transfer price*.

Este plano de exportação será aprovado, desde que preencha os seguintes requisitos:

• o produto ainda não tenha sido comercializado no país de destino;

• os descontos dados pela empresa brasileira sejam repassados ao consumidor final da empresa estrangeira;

• a duração máxima seja de 12 meses;

• não haja lucro por parte da empresa estrangeira;

• os dados da operação sejam detalhadamente definidos de forma prévia;

• a empresa estrangeira não esteja estabelecida em países com tributação favorecida;

• o referido plano tenha sido previamente aprovado pela Coordenação Geral do Sistema de Tributação — COSIT.

Como forma de amenizar o disposto na Lei 9.430/96, a IN 38/97 determinou que se a empresa nacional provar que apurou lucro líquido, decorrente de receitas com exportações a empresa vinculada, em valor equivalente a no mínimo a 5% do total destas receitas, estará dispensada da comprovação dos *preços de transferência* (art. 33 da IN 38/97).

Determinou também que, se a receita líquida das exportações a empresas vinculadas não exceder a 5% do total da receita líquida no ano-calendário, a empresa também ficará dispensada da comprovação dos *preços de transferência* (art. 34 da IN 38/97).

As disposições presentes nos dois parágrafos anteriores não se aplicam a operações realizadas com países de tributação favorecida. A receita terá ainda a faculdade de impugnar os valores apresentados pela empresa nacional, caso não os considere idôneos.

Caso a diferença entre o preço real e o preço auferido com os métodos acima expostos divergirem em apenas 5% para mais ou para menos, não será exigido nenhum ajuste na Declaração de Imposto de Renda da empresa, não se aplicando as regras de *transferência de preço*[18] (art. 36 da IN 38/97).

11. Alteração dos percentuais

Conforme demonstrado acima, com os métodos aplicáveis à importação ou à ex-

18. A mesma regra se aplicará às importações.

portação, o legislador procurou limitar as margens de lucros das empresas estrangeiras ou garantir lucros mínimos às empresas nacionais.

No entanto, como os setores da economia têm margens de lucros inerentes à sua atividade, eventualmente, alguns setores poderiam ser privilegiados ou prejudicados por estes percentuais. Consciente disto, o art. 20 da Lei 9.430/96 determinou que o Ministro da Fazenda poderia, em situações excepcionais, alterar as margens de lucros fixadas. Tais alterações foram regulamentadas pela Portaria MF 95/97 e IN 38/97.

Desta forma, poderão ser realizadas alterações nos percentuais definidos pelos métodos PRL, CPL, PVA, PVV, e CAP, em caráter geral ou específico, de ofício ou em atendimento a solicitação de entidade de classe representativa do setor da economia, em relação aos bens, a serviços ou direitos objeto de operações por parte das empresas representativas, ou ainda em atendimento à solicitação da própria empresa interessada.

12. Juros praticados em operações internacionais que envolvam empresas vinculadas[19]

Os contratos de empréstimo entre pessoas estabelecidas no Brasil e pessoas estabelecidas no exterior são regulamentados e limitados (quanto à taxa de juros) pelo Banco Central do Brasil. No entanto, existem contratos financeiros outros, vinculados ou não a outras operações, que não sofrem estas restrições.

Por isso, o legislador brasileiro se preocupou com a possibilidade de ocorrer distribuição disfarçada de lucros ou *transferência de preços*, através de contratos financeiros celebrados entre pessoas vinculadas.

Portanto, o art. 22 da Lei 9.430/96 determinou que os juros pagos ou creditados a pessoa vinculada, quando decorrentes de contrato não registrado pelo Banco Central do Brasil, somente serão dedutíveis para fins de determinação do lucro real até o montante que não exceda ao valor calculado com base na *libor* americana de 6 meses, mais 3% de *spread*, proporcionalizados em função do período a que se referirem os juros.

As mesmas disposições se aplicaram aos contratos de mútuo. Os valores em moeda estrangeira serão convertidos em Reais de acordo com a taxa de câmbio para a data final do cálculo dos juros.

Portanto, as diferenças entre o valor real dos juros e o valor estipulado acima serão adicionados à base de cálculo do Imposto de Renda devido pela empresa no Brasil. Nos pagamentos em que o remetente assuma o ônus do imposto, o valor deste não será considerado para efeito do limite de dedutibilidade (§§ do art. 25 da IN 38/97).[20]

13. Principais diferenças entre as regras brasileiras, as regras da OCDE e as norte-americanas

Apesar de se basear nas normas estabelecidas pela OCDE e nas regras adotadas pelos Estados Unidos da América, para evitar *transfer price*, a lei brasileira diverge destas orientações sobretudo nos seguintes aspectos:

• A Lei 9.430/96, que alinha os casos em que se caracteriza a vinculação entre empresa brasileira e estrangeira, para os efeitos de aplicação do preço de transferência, considera vinculada à pessoa jurídica brasileira, entre outras situações, a pessoa localizada no exterior que com aquela mantenha acordo de exclusividade para a compra e venda de bens, serviços e direi-

19. Estas operações serão chamadas genericamente de *juros*.

20. Qualquer consulta relacionada com os *preços de transferência*, sobre qualquer matéria referente ao assunto, serão solucionadas pela Coordenação-Geral do Sistema de Tributação — COSIT.

tos. Nas regras de *transfer princing* dispostas na OCDE e nos Estados Unidos, não há previsão para este tipo de vinculação.

• A legislação brasileira é mais flexível ao aceitar percentuais pré-fixados de margem de lucro para os métodos de comparação de preços encontrados na Lei 9.430/96, o que não existe na sistemática de *transfer pricing* adotada pelos Estados Unidos e pela OCDE.

• Pelo que dispõe o art. 18, § 9º da Lei 9.430/96, as normas relativas ao preço de transferência aqui alinhadas não se aplicam aos pagamentos de *royalties* e de assistência técnica, científica, administrativa ou assemelhada, o que não ocorre na regulamentação dos Estados Unidos e da OCDE, que incluem tais verbas no controle legal do *preço de transferência*.

• A legislação brasileira também é mais amena ao permitir que o contribuinte, na utilização dos métodos de comparação, escolha aquele que lhe for mais favorável, sendo que a OCDE e a legislação dos Estados Unidos, contrariamente, dispõem que deve ser eleito o método que apurar o preço mais razoável para a operação, se comparada com aquele praticado entre empresas independentes não vinculadas.

• Estabelece a IN 38/97 a dispensa de comprovação dos preços pelos métodos de comparação estabelecidos em função do lucro líquido apurado pelo contribuinte em relação às receitas de exportação. Essas hipóteses, conhecidas internacionalmente como *safe harbor*, não são empregadas na legislação dos Estados Unidos, nem tampouco recomendadas pela OCDE.

Entretanto, os Estados Unidos adotam dois métodos, não previstos no Brasil, que comparam o lucro líquido das operações praticadas entre partes relacionadas com aquele obtido em face das demais operações da empresa. São eles: (i) PSM (*Profit Split Method*); e (ii) TNPM (*Transaction Net Profit Method*).

• A legislação brasileira prevê uma margem de divergência aceitável entre o preço real e aquele praticado segundo os métodos colocados à disposição do contribuinte para o cálculo do *preço de transferência*. As regras norte-americanas e da OCDE não prevêem esta margem. Entretanto, ambos estabelecem o conceito de *arm's length range* que é uma variação dos preços ou da margem de lucro dentro da qual o preço fixado sob análise é aceito e não sofrerá ajustes pelas autoridades.

• Observe-se que, na importação, o método PIC adotado no Brasil é análogo ao CUP, previsto pelos Estados Unidos e pela OCDE; o PRL brasileiro assemelha-se ao PRM e o CPL, fixado na Lei 9.430/96, ao CPM, contido na legislação norte-americana.

• Tais semelhanças também se constatam nos métodos previstos em relação às operações de exportação. Os métodos PVEx, PVA/PVV e o CAP, eleitos pela legislação brasileira, correspondem, respectivamente, aos métodos CUP, RPM e CPM dos Estados Unidos e da OCDE.[21]

• Comente-se, por fim, que a OCDE, bem como os Estados Unidos, como já foi dito, prevêem outros dois métodos não adotados na legislação brasileira, a saber: (i) PSM (*Profit Split Method*); e (ii) TNPM (*Transaction Net Profit Method*).[22]

14. Conclusão

A OCDE, entidade das Nações Unidas, no início dos anos 80, divulgou um trabalho, através da Comissão de Assuntos Fiscais, que estabelecia as seguintes características para os esquemas de planejamento tributário internacional, para determinar o que seja *evasão* ou *elisão fiscal*:

(i) a presença de uma artificialidade negocial indicando que as transações, atos

21. CUP = *Comparable Uncontrolled Price method*; RPM = *Retail Price Method*; CPM = *Cost Plus Method* (método usado tanto nas operações de importação quanto nas de exportações).

22. Série *Legis-Empresa* 22, "Preço de transferência (*transfer pricing*)".

e negócios componentes do esquema analisado não ocorreriam da mesma forma se não houvesse a preocupação com o não pagamento de imposto;

(ii) tais esquemas buscam freqüentemente obter vantagens das lacunas da lei ou utilizam-se de institutos jurídicos dando-lhes finalidades distintas daquelas com que foram concebidos; e

(iii) o sigilo transforma-se em componente importante nesses esquemas, notando-se que os chamados consultores tributários oferecem a seus clientes estruturas pré-concebidas de elisão fiscal, impondo aos contribuintes manutenção de sigilo dos fatos pelo maior espaço de tempo possível.[23]

Não podemos negar, portanto, que a prática de *transfer price* se encontra nesta nebulosa faixa que vai da *elisão* à *evasão fiscal* (sendo que a primeira é considerada admissível pelo ordenamento e a segunda não).

Neste contexto, o legislador nacional tentou dar fim às controvérsias e extinguir a prática do *transfer price* através da edição da Lei 9.430/96, que atingiu seus objetivos em vários pontos, porém não foi capaz de pôr fim às extensivas possibilidades daquela prática.

Entre as principais características da nossa lei, podemos atentar para o seu caráter eminentemente arrecadatório, pois não respeita os instituídos de direito privado e faz suas próprias criações jurídicas com o fim de aumentar a receita proveniente do Imposto de Renda.

Com este intuito, a Lei 9.430/96, apesar de atingir grande parte de seus objetivos, prejudicou indistintamente os contribuintes, que de boa-fé e sem intenção de sonegar praticavam atos proibidos pela presente lei. (Caso principalmente dos representantes e distribuidores exclusivos.)

Ademais, a nossa lei só atentou aos aspectos fiscais da *transferência de preço*, não dando importância ao *transfer price* com objetivo de causar evasão de divisas, o que só evidencia sua natureza arrecadatória.

Como demonstra, por exemplo, o caráter sigiloso com que o planejamento tributário se dá, notamos que, apesar dos esforços que realiza, o Direito Tributário ainda está longe de pôr fim à figura da *evasão*, sendo até improvável que se alcance este objetivo algum dia.

Sob o aspecto da *transferência de preço*, serão portanto, necessários muitos esforços e estudos não só a nível nacional, como também a nível internacional para se extinguir completamente a prática do *transfer price*, bem como para possibilitar que as leis envolvendo a matéria complementem seus objetivos com maior abrangência e justiça.

Bibliografia

CANTO, Gilberto de Ulhôa. "Evasão e elisão fiscal. Um tema atual", *Revista de Direito Tributário* 63, São Paulo, 1993.

CASELLA, Paulo de Borba. *Direito Internacional Tributário Brasileiro*, São Paulo, LTr, 1995.

GALLO, Franco. "Elisão, economia de imposto e fraude à lei", *Revista de Direito Tributário* 52, São Paulo, 1990.

HUCK, Hermes Marcelo. *Evasão e Elisão. Rotas Nacionais e Internacionais*, São Paulo, Saraiva, 1997.

PRICE WATERHOUSE. "Preço de transferência (*transfer pricing*)", São Paulo, Price Waterhouse, Série *Legis-Empresa* 22, out. 1997.

SCHOUERI, Luis Eduardo. "Planejamento fiscal através de acordos de bitributação". *"Treaty Shoppings"*, São Paulo, Ed. RT, 1995.

23. Hermes Marcelo Huck, *Evasão e Elisão*.

O CHEQUE "PÓS-DATADO": A REALIDADE BRASILEIRA E A SOLUÇÃO LEGAL ARGENTINA[1]

ROBERTA NIOAC PRADO

Pretendem-se discutir neste trabalho algumas questões que envolvem o cheque pós-datado: enquanto instrumento amplamente inserido nos usos e costumes comerciais, mas sem amparo legal, e seu paralelo em um sistema jurídico que o recepcionou e o regulou.

Conforme veremos adiante, a situação jurídica do cheque pós-datado, vulgarmente denominado "pré-datado", é distinta no Brasil e na Argentina.

Tal se dá pelo fato de haver o legislador Argentino, através da Lei 24.452, de 1995, arts. 54 e ss., incorporado-o na legislação cambial denominando-o "cheque de pago diferido".

No Brasil, ao contrário, o cheque pós-datado não possui amparo legal. É assim que dispõe a nossa legislação atualmente em vigor — Lei 7.357,[2] de 2.9.1985, em seu art. 32: "O cheque é pagável à vista. Considera-se não-escrita qualquer menção em contrário. Parágrafo único. O cheque apresentado para pagamento antes do dia indicado como data de emissão é pagável no dia da apresentação".

Ademais, dispõe o art. 1º da mesma lei: "O cheque contém: (...) V — a indicação da data e do lugar de emissão".

Isto significa que o cheque, segundo os dispositivos pátrios supramencionados, é obrigatoriamente ordem de pagamento à vista, tendo como um de seus requisitos formais a data de sua emissão, também necessária para efeitos de contagem de prazo de prescrição (art. 33 da Lei do Cheque).[3]

Por outro lado, em razão do corrente uso comercial que se faz de cheques pós-datados, ainda na vigência da Lei Uniforme de Genebra,[4] anterior à atual Lei do Cheque, a jurisprudência pátria predominante, podendo-se quase dizer absoluta, há algumas décadas firmou-se seguindo a doutrina no sentido de que o cheque, ainda que emitido com data futura, ou sem data — em branco —, não se desnatura como título cambiariforme que é, nem tampouco como título executivo extrajudicial.[5]

1. Trabalho apresentado no Curso de Pós Graduação da USP, "Títulos de Crédito II", 2º Semestre de 1999, ministrado pelo Professor Associado Dr. Mauro Rodrigues Penteado (com aproveitamento, parcial, de material disponibilizado pelo Professor).

2. Neste trabalho, doravante, a Lei 7.357/85 será referida como Lei do Cheque.

3. Cf. manifestação de Fran Martins: "a data do cheque é requisito para validade do mesmo e é por ela que se fixa o prazo de apresentação (...) a data do cheque tem por finalidade maior fixar o termo para sua apresentação" (*Títulos de Crédito*, v. II, 1ª ed., Forense, 1989, p. 41).

4. Decreto 57.595, de 1966, doravante simplesmente denominada Lei Uniforme de Genebra.

5. Observe-se o que dispõe a Lei Uniforme de Genebra: "Art. 1º. O cheque contém (...): 5) a indicação da data em que e do lugar onde o cheque é passado. Art. 2º. O título a que faltar qualquer dos requisitos enumerados no artigo precedente não produz efeito como cheque (...)". E, mais adiante: "Art. 28. O cheque é pagável à vista. Considera-se como não escrita qualquer menção em contrário. O cheque apresentado a pagamento antes do dia indicado como data da emissão é pagável no dia da apresentação". A atual Lei do Cheque praticamente repete os dispositivos

Neste sentido citamos algumas jurisprudências, em ordem cronológica:

"(...) Cheque pós-datado: a pós-data no cheque não acarreta a sua nulidade. O art. 28 da Lei Uniforme admite o cheque pós-datado quando determina ser o cheque pagável no dia de sua apresentação, antes mesmo do dia indicado como data de emissão."[6]

"(...) Cheque pós-datado. Segundo jurisprudência amplamente predominante nesta corte, o lançamento de data futura no cheque não o descaracteriza como tal, nem lhe retira a força executória. Precedentes pretorianos e aplicação do art. 28 da Lei Uniforme (...)."[7]

E após o advento da Lei do Cheque, de 1985:

"Cheque em branco e pós-datado. Validade e eficácia. Irregularidade no seu preenchimento, em desacordo com o que fora pactuado entre emitente e favorecido original. Aval. Boa-fé do avalista. Não invalida o cheque o fato de ter sido dado em branco, nele aposta apenas a assinatura do emitente. O essencial é que o cheque esteja completo e devidamente preenchido no momento em que o portador exerça direito dele decorrente. Dando cheque em branco, o emitente outorga mandato ao portador para preenchê-lo no momento adequado."[8]

"Declaratória. Cambial. Cheque. Título que mesmo pré ou pós-datado não perde a cambiaridade. Decisão saneadora que designou data para realização de audiência e deferiu dilação probatória. Desnecessidade. Recurso Provido para esse fim."[9]

"Cheque pós-datado. Executividade. O cheque pós-datado, emitido em garantia de dívida, não se desnatura como título cambiariforme, nem tampouco como título executivo extrajudicial. Precedentes do STJ. Recurso especial conhecido, mas improvido."[10]

"Execução. Cheque pré-datado. Executividade. O cheque não perde a força executiva pelo fato de ter sido emitido 'pré ou pós datado'. A alegação de que o beneficiário não emitiu as notas fiscais relativas a compra e venda realizada não exime o emitente do cumprimento da obrigação cambiária."[11]

Temos, assim, já consolidado o entendimento dos Tribunais no sentido de que a pós-datação do cheque, ou a sua emissão sem data, não pode ser argüida como causa de nulidade ou de descaracterização do título cambial, que mantém a sua validade e força executiva.

Neste mesmo entendimento, na vigência da Lei Uniforme de Genebra, a doutrina de Tito Fulgêncio: "Emitido com data falsa, aposta a data antes da emissão, o título, revestido dos demais requisitos, produz todos os efeitos cambiais (...) O cheque com data falsa é formalmente regular, nem o sacado, munido da provisão, teria razão para não pagá-lo".[12]

supramencionados: "Art. 1º. O cheque contém: (...) V — a indicação da data e do lugar de emissão (...). Art. 2º. O título a que falte qualquer dos requisitos enumerados no artigo precedente não vale como cheque (...)". E, mais adiante: "Art. 32. O cheque é pagável à vista. Considera-se não escrita qualquer menção em contrário. Parágrafo único. O cheque apresentado para pagamento antes do dia indicado como data de emissão é pagável no dia da apresentação".

6. Tribunal de Alçada do Rio Grande do Sul, 4ª C.Cível, n. 26.711, relator Alfredo Guilherme Englert, decisão unânime, 3.12.81, in *Jurisprudência Informatizada Saraiva*.

7. Tribunal de Alçada do Rio Grande do Sul, 2ª C.Cível, decisão unânime, relator Adroaldo Furtado Fabrício, ap. civil 100297340, 28.6.83, in *Jurisprudência Informatizada Saraiva*.

8. Tribunal de Alçada do Rio Grande do Sul, ap. cível 187077581, 1ª C.Cível, relator Osvaldo Stefanello, 1.3.88, in *Jurisprudência Informatizada Saraiva*.

9. 1º TACivSP, 6ª C., decisão unânime, relator Carlos Roberto Gonçalves, agravo de instrumento, acórdão 10.466, processo 0000422-3/88, j. 3.10.89, in *Jurisprudência Informatizada Saraiva*.

10. STJ, 4ª T., decisão unânime, relator Min. Barros Monteiro, RE 67.206-RS (9500272326), 22.8.95, in *Jurisprudência Informatizada Saraiva*.

11. Tribunal de Alçada do Rio Grande do Sul, 9ª C.Cível, por maioria, ap. civil 196018089, relator João Adalberto Medeiros Fernandes, in *Jurisprudência Informatizada Saraiva*.

12. Tito Fulgêncio, *Do Cheque*, Liv. Acadêmica, 1923, p. 103.

Também, Pontes de Miranda: "A pós-data e a antedata não atingem o cheque, quer em sua existência, quer em sua validade, quer em sua eficácia".[13]

Finalmente, Rubens Requião: "A Lei Uniforme consignou o princípio vitorioso de que se considera não escrita qualquer menção que importe em tornar o cheque não à vista e, mesmo que indique outro vencimento, pode não obstante ser apresentado imediatamente a pagamento".[14]

Ademais, é costume dos bancos, quando o emitente tem fundos na conta, pagar os cheques pós-datados antes da data nele escrita, como se fora a data constante a do dia da sua apresentação. Tal conduta, por ser amparada pela atual Lei do Cheque — art. 32 c/c art. 40 — não pode implicar em responsabilidade da instituição financeira.

Por outro lado, como se sabe, é amplamente aceito pelos usos e costumes comerciais brasileiros a utilização do cheque pós-datado, podendo-se dizer que em inúmeras situações, na prática, o cheque é transformado de instrumento de ordem de pagamento à vista em instrumento de promessa de pagamento.

Entretanto, tal situação, de usos e costumes comerciais diversos do que dispõe a lei, pode desencadear um problema de difícil solução, qual seja, a de o beneficiário apresentar o cheque para saque antes da data convencionada, causando prejuízos ao emitente que pode não ter fundos, ou ter outros cheques devolvidos em razão deste desconto.

Neste caso, pergunta-se: terá o emitente de boa-fé que, amparado pelos usos e costumes comerciais, realizou negócio contrariamente ao que dispõe a lei, alguma proteção legal?

A questão não é de fácil solução. Temos na nossa jurisprudência decisão, datada de mais de 30 anos, que preceituou ser o cheque pós-datado instrumento de mera garantia, deixando, portanto, de ser ordem de pagamento à vista. Vejamos:

"Cheque pós-datado equipara-se à promissória, desnatura-se, deixa de ser ordem de pagamento à vista, para garantir apenas execução de contrato."[15]

Também decisão recente, no mesmo sentido:

"Contrato. Cheques pós-datados ou pré-datados. Promessa de pagamento. (...) o cheque pós-datado ou pré-datado, de uso corrente nos dias de hoje, inclusive componente essencial de inúmeras campanhas comerciais e promoções publicitárias, desvirtua totalmente o citado título de crédito, transformando-o em promessa de pagamento, como se fosse uma nota promissória. A partir do caucionamento de tais cheques com reforço de garantia a cédula de crédito, vincularam-se os mesmos como mera garantia e não como ordens de pagamento a vista (...)."[16]

Tais decisões são importantes na medida em que recepcionam a validade do cheque pós-datado, de ampla utilização comercial, e abrem caminho para criar jurisprudência de fundamental importância na proteção de pessoas que agem de boa-fé, levadas pelos usos e costumes e, muitas vezes, induzidas em erro por desconhecimento da lei.[17]

13. Pontes de Miranda, *Tratado de Direito Privado*, t. XXXVIII, 3ª ed., 2ª reimpressão, Ed. RT, 1984, p. 70.

14. Rubens Requião, *Curso de Direito Comercial*, 5ª ed., 1975, p. 503.

15. TJDF, 1ª T.Cível, acórdão 758, relator Darcy Rodrigues Lopes Ribeiro, j. 26.9.63, publicado em 22.1.64, in *Jurisprudência Informatizada Saraiva*.

16. Tribunal de Justiça do Espírito Santo, processo 35959006566, agravo de instrumento, Des. Antonio José Miguel Feu Rosa, 20.8.96, in *Jurisprudência Informatizada Saraiva*.

17. Em contrário, Waldirio Bulgarelli critica as decisões que entendem ser o cheque pós-datado "espécie de nota promissória" e, comentando acórdão exarado pela 2ª C. do 1º Tribunal de Alçada Civil, de 1977, nesse sentido, diz: "olvidado totalmente ficou o caráter formal do direito cambiário. Ou o documento era um cheque ou não era; se era — validamente, embora, talvez irregular por sua função, deveria valer como título de crédito. O que não poderia ter feito o E. Tribunal, era o milagre de trans-

Referimo-nos à questão da imputação de penalidade criminal àquele que no momento em que emite cheque pós-datado não possui fundos disponíveis depositados na instituição financeira — o sacado.

Como se sabe, a emissão de cheques sem provisão configura-se crime contra o patrimônio, punível com reclusão de 1 a 5 anos, nos termos do art. 171, § 2º, inc. IV do Código Penal: "§ 2º: Nas mesmas penas incorre quem: IV — Emite cheque sem suficiente provisão de fundos em poder do sacado, ou lhe frustra o pagamento".[18]

Ora, não seria razoável processar-se e, mais grave ainda, punir-se com reclusão, pessoa que emitiu cheque pós-datado, com anuência do beneficiário, em momento que não contava com fundos necessários, mas que na data acordada teria tais fundos disponíveis.

Neste entendimento, a jurisprudência caminhou no sentido de não acatar como figura delitual penal, consubstanciada em crime contra o patrimônio, a emissão de cheques pós-datados, sem fundo disponível, vindo a surgir a Súmula 246 do Supremo Tribunal Federal, que assim dispõe "comprovado não ter havido fraude, não se configura o crime de emissão de cheque sem fundos".

Atualmente, no plano penal, a questão é pacífica, conforme se vê do acórdão a seguir:

"Estelionato. Cheque sem provisão de fundos. Pós-datação — garantia de dívida. Conforme a torrencial jurisprudência dos Tribunais, a consensual emissão de cheque com data posterior, de uso corrente nas operações comerciais a curto prazo, não configura emissão de cheque sem fundos (Súmula 246 — STF)."[19]

Todavia no plano civil a questão ainda não é pacífica, muitas vezes deixando desamparado aquele que age de boa-fé e dentro de práticas aceitas pelos usos e costumes.

William Marinho de Faria, em sua dissertação de mestrado apresentada na Faculdade de Direito da Universidade de São Paulo,[20] lembra, ao citar Valdir de Oliveira Rocha, que: "Não se pode esquecer que o cheque pós-datado é acatado nas transações por conveniência do emitente e do beneficiário. Às vezes, o emitente não dispõe de fundos no momento; ou pretende reservar a disponibilidade para outro negócio; ou então quer deixar pago (ou melhor, encaminhado) o pagamento das prestações futuras. Por seu turno, o beneficiário vê no

formá-lo em nota promissória (que não era) só por sua função (de acordo com a interpretação do E. Tribunal) e não por seus requisitos formais e depois querer que ele, o título, se subordinasse — por tal passe de mágica — às exigências das normas administrativas do registro fazendário para os títulos de crédito" (*Estudos e Pareceres de Direito Empresarial*, Ed. RT, São Paulo, 1980, p. 280).

18. Também imputando responsabilidade àquele que emite cheques sem fundos, a revogada Lei 2.591, de 1912, que em seu art. 7º dispõe: "Art. 7º. Aquele que emite cheques sem ter suficiente provisão de fundos em poder do sacado ficará sujeito à multa de 10% sobre o respectivo montante, além de outras penas em que possa incorrer". Em seu art. 6º, por sua vez, a mesma Lei proíbe a emissão de cheques sem data ou com data falsa — na qual insere-se o cheque pós-datado —, ou, ainda, a contra-ordem tendente a frustrar o pagamento do cheque.

19. STJ, recurso ordinário em *habeas corpus* 9000070066, 5ª T., 22.8.1990, rel. Ministro José Dantas, v.u., in *Jurisprudência Informatizada Saraiva*. Limitando tal entendimento, decisão datada de 1988: "Estelionato. Emissão de cheques sem provisão de fundos — irrelevância do fato de tratar-se de título pré ou pós-datado — inteligência: art. 171, *caput*, do Código Penal — não se aplica a todas as hipóteses de emissão de cheque sem fundos, o entendimento de que a sua descaracterização ou transformação, de ordem de pagamento à vista, para simples promessa, não conduz a tipicidade do estelionato. A proteção penal do cheque autêntico está no tipo do art. 171, § 2º, VI, do CP. O cheque pode ser instrumento hábil à consumação de outros estelionatos, desde que o sujeito ativo seja impelido pela vontade livre e consciente de, induzindo ou mantendo alguém em erro, obter, mediante fraude, vantagem ilícita, causando prejuízo patrimonial ao sujeito passivo. É o estelionato em seu tipo fundamental. É crime contra o patrimônio" (TACrimSP, 4º Grupo de Câmaras, revisão 168.762/1, 12.5.1988, rel. Fábio de Araújo, in *Jurisprudência Informatizada Saraiva*).

20. "A responsabilidade do portador do cheque 'pós-datado'", p. 84.

cheque pós-datado a possibilidade de fechar negócios a prazo, com muita rapidez, boa margem de segurança. Diante do acatamento do cheque pós-datado, é inconcebível a apresentação antes do prazo pactuado. Esse é o risco que corre contra o emitente, que poderá ter seu nome registrado no Cadastro de Emitentes de Cheque sem Fundos".

Ou seja, presume-se que, ao menos na maior parte das vezes, o cheque tenha sido emitido pós-datado em razão do interesse e consentimento de ambas as partes envolvidas em alguma negociação econômica (emitente e beneficiário).

Ademais, é corrente o fato de que quando alguém, por exemplo, adquire uma mercadoria mediante a emissão de um ou mais cheques pós-datados, está embutido no preço daquele bem um acréscimo referente aos juros cobrados pelo vendedor. Esta é mais uma razão pela qual o beneficiário não deveria poder descontar os títulos recebidos, à vista.

Assim sendo, no nosso entender, não é correto concluir que, apesar dos usos e costumes comerciais, do acordo de vontades entre as partes e ainda da boa-fé do emitente, possa o beneficiário, impunemente, descontar o cheque pós-datado antes do prazo convencionado.

O problema, entretanto, reside em duas questões: em primeiro lugar, o nosso sistema jurídico é essencialmente legal, sobrepondo-se a lei aos usos e costumes e à jurisprudência. Neste sentido, o art. 5º, inc. II da Constituição Federal de 1988:

"Art. 5º. (...) II — ninguém será obrigado a fazer ou deixar de fazer alguma coisa senão em virtude de lei."[21]

Os usos e costumes são legalmente admitidos no Brasil, porém apenas no caso de omissão legal. Temos, assim, a Lei de Introdução ao Código Civil, art. 4º: "Quando a lei for omissa, o juiz decidirá o caso de acordo com a analogia, os costumes e os princípios gerais do direito".

Também, o art. 126 do Código de Processo Civil: "O juiz não se exime de sentenciar ou despachar alegando lacuna ou obscuridade de lei. No julgamento da lide, caber-lhe-á aplicar as normas legais, não as havendo, recorrerá à analogia, aos costumes e aos princípios gerais de direito".

Finalmente, na lei do comércio, o art. 291 do Código Comercial: "As leis particulares do comércio, a convenção das partes sempre que lhes não for contrária, e os usos comerciais, regulam toda sorte de associação mercantil; não podendo recorrer-se ao direito civil para deixar qualquer dúvida que se ofereça senão na falta de lei ou uso comercial".

Em segundo lugar, para que o emitente possa se ressarcir de danos que tenha sofrido em razão do desconto antecipado do cheque pós-datado, deverá, com fundamento no que dispõe o art. 159 do Código Civil,[22] provar, em juízo, que houve acordo entre as partes de pagamento futuro, além do prejuízo sofrido, o que por vezes pode ser difícil, custoso e demorado.

Ademais, poderá já ter sofrido danos morais de difícil reparação, tais como ter

21. V., ainda, neste sentido, *RT* 604/43: "A figura do *judge made law* é incompatível com a tripartição do Poder, pois gera o arbítrio do Judiciário, a par de invadir a esfera legisferante, atribuição de outro Poder (...) Onde irá a certeza do direito se cada juiz de arvorar de legislador?". Também STF, *RBDP* 50/159 e *Amagis* 8/363: "Não pode o juiz, sob a alegação de que a aplicação do texto da lei à hipótese não se harmoniza com o seu sentimento de justiça ou eqüidade, substituir-se ao legislador para formular ele próprio a regra de direito aplicável. Mitigue o juiz o rigor da lei, aplique-se com eqüidade e eqüanimidade, mas não a substitua pelo seu critério". Atualmente a Lei 9.099, de 26.9.1995, Lei dos Juizados Especiais, consagrou o princípio da aplicação pelo juiz de decisões com vistas a atender os fins sociais e as exigências do bem comum: "Art. 6º. O juiz adotará em cada caso a decisão que reputar mais justa e eqüânime, atendendo aos fins sociais da lei e às exigências do bem comum".

22. "Art. 159. Aquele que, por ação ou omissão voluntária, negligência, ou imprudência, violar direito, ou causar prejuízo a outrem, fica obrigado a reparar o dano (...)",

seu nome inscrito no Cadastro de Emitentes de Cheques Sem Fundos, e sua conta corrente encerrada por falta de fundos.

William Marinho de Faria defende a tese de que se poderia invocar, na defesa do emitente prejudicado, o Código de Defesa do Consumidor, que em seu art. 42 preceitua: "na cobrança de débitos o consumidor inadimplente não será exposto a ridículo, nem será submetido a qualquer tipo de constrangimento, ou ameaça. Parágrafo único. O consumidor cobrado em quantia indevida tem o direito à repetição do indébito por valor igual ao dobro do que pagou em excesso, acrescido de correção monetária e juros legais, salvo hipótese de engano injustificável".

Alega o autor acima referido que tal preceito pode ser aplicado nesta questão "considerando que o emitente entrega o cheque pós-datado para pagamento de débito de consumo". E prossegue: "*ipso facto*, o emitente é considerado consumidor, para os efeitos do Código. E, como tal, poderá invocar a tutela da lei protetiva".[23]

Ocorre que o consumidor não pode alegar em sua defesa que desconhecia a Lei do Cheque, segundo o que dispõe o art. 3º da Lei de Introdução ao Código Civil: "Ninguém se escusa de cumprir a lei alegando que não a conhece". Ademais, tal possibilidade apenas faria com que se invertesse o ônus da prova, não resolvendo por completo a situação do emitente prejudicado.

Sendo assim, diante da atual legislação nacional, se o emitente realmente não quiser correr riscos e optar por comprar a prazo, deverá garantir a sua dívida através de outros meios, que não de cheque pós-datado, como, por exemplo, de notas promissórias.

Isto porque o beneficiário do cheque pós-datado tem amparo legal, e doutrinário, para descontá-lo quando bem entender, ainda que em desrespeito ao que pactuou.

Nesse sentido, Rubens Requião: "nenhum portador, seja o beneficiário, ou endossatário é obrigado a respeitar a data futura constante da emissão do cheque. A norma legal uniforme proscreveu, sem dúvida, os cheques pós-datados, que tanto desnaturam".[24]

É claro que tal conduta não tem qualquer respaldo moral ou ético. E, também por esta razão, entendemos que o emitente de cheque pós-datado deveria ser legal e satisfatoriamente protegido sempre que agisse de boa-fé e em consenso com o beneficiário.

Entretanto, em vista do nosso regime jurídico que, distintamente do regime Argentino que a seguir analisaremos, optou por não absorver a prática comercial de utilizar-se em alguns casos o cheque pós-datado como garantia de dívida ao invés de como ordem de pagamento à vista, a situação do emitente é de quase absoluta desproteção legal, ainda que tenha agido de boa-fé.

Temos, assim, reiteradas manifestações dos nossos Tribunais:

"O cheque, por sua natureza, é sempre uma ordem de pagamento à vista, não importando se a data nele consignada é anterior ou posterior a data de sua real e efetiva criação (...) o cheque representa dívida líquida, certa e exigível."[25]

"(...) exigibilidade do cheque: dá-se no momento em que o favorecido o apresenta a saque, seja pós ou pré-datado, pois que a lei atual (n. 7.357, de 2.9.85) em seus arts. 1º, II e 32, parágrafo único, estabelece que a data de seu pagamento é o da sua apresentação para saque (...)."[26]

"(...) cheque — a data é requisito necessário, mas não indispensável, pois poderá sempre ser suprido, nada importando

23. Ob. cit., pp. 88 e ss.

24. In *Curso de Direito Comercial*, 2º v., n. 642, p. 419. Vide nota de rodapé 4.

25. Tribunal de Alçada do Rio Grande do Sul, ap. cível 187015847, rela. Celeste Vicente Rovani, 8.4.1987, v.u., in *Jurisprudência Informatizada Saraiva*.

26. Tribunal de Alçada do Rio Grande do Sul, ap. cível 187024062, 2ª C.Cível, rel. Waldemar Luiz de Freitas Filho, 26.5.1987, v.u., in *Jurisprudência Informatizada Saraiva*.

se for ele antedatado ou pós-datado, pois é pagável no dia da apresentação (...)."[27]

Na doutrina, o entendimento não é distinto. Neste sentido, citamos João Eunápio Borges, comentando a Lei Uniforme de Genebra: "No art. 28, a pós-data é claramente admitida com a disposição expressa de que o cheque apresentado a pagamento antes do dia indicado como data de emissão é pagável no dia de sua apresentação".[28]

E a posição de Egberto Lacerda Teixeira, após a promulgação da atual Lei do Cheque: "A data deve ser verdadeira e real. Se, contudo, a data de emissão não corresponder a realidade, no sentido de no título figurar data futura ou passada, nem por isso deixa de ser, desde logo, pagável o cheque".[29]

Na Argentina, por seu turno, após a edição da Lei 24.452, em vigor desde 2.5.1995, essas e outras questões que envolvem o cheque pós-datado deixaram de ter importância.

Dentre as principais razões que embasaram a promulgação daquele diploma legal, destacaremos as que entendemos mais relevantes, iniciando a exposição com um breve histórico da situação do cheque naquele país.[30]

O cheque surge na economia Argentina, e se mantém durante longo período, como um instrumento dotado de segurança jurídica e certeza de cobrança. Até então, o cheque era utilizado exclusivamente como instrumento de ordem de pagamento à vista, sendo as letras de câmbio utilizadas nas hipóteses de promessa de pagamento.

Existia naquele país um princípio cultural amplo e geral de cumprimento das obrigações assumidas, enquanto elemento de prestígio das pessoas, entidades, empresas e instituições, sendo a palavra pactuada entre as partes o mais valioso patrimônio que se poderia possuir.

Com a desordem econômica na qual passou a viver a Argentina, notadamente em razão do processo inflacionário que se instalou naquele país, os usos e costumes, assim como conceitos e padrões culturais, mudaram.

Tal processo praticamente fez com que a letra de câmbio saísse de circulação, assumindo o cheque pós-datado o seu lugar. Essa circunstância levou o cheque, enquanto instituto, a perder a sua segurança jurídica e certeza econômica, uma vez que, tal como no Brasil, era ilegal e, por diversas vezes, instrumento utilizado para a prática de fraudes.

O legislador argentino pretendeu, assim, recuperar o instituto, criando, através de lei, o cheque pós-datado. Vejamos o que dispôs o seu art. 54: "El cheque de pago diferido es una ordem de pago, librada a fecha determinada, posterior a la de su libramiento, contra una entidad autorizada en la cual el librador a la fecha de vencimiento debe tener fondos suficientes depositados a su orden en cuenta corriente a autorización para girar en descobierto. Los cheques de pago diferido se libran contra las cuentas de cheques comunes".

Ademais, regulou pormenorizadamente a forma deste título. Assim, segundo a lei argentina, o "cheque de pago diferido" deve conter, entre outras anunciações: 1. a denominação "cheque de pago diferido" claramente inserta no texto do documento; 2. a indicação do local e da data da sua emissão; 3. a data de sua apresentação, que não pode ser superior a 360 dias de sua emissão (itens 1, 3 e 4 do mencionado art. 54).[31]

27. Tribunal de Alçada do Paraná, ap. cível 0073717300, 2ª C.Cível, rel. Moraes Leite, 29.11. 1995, in *Jurisprudência Informatizada Saraiva*.

28. In *Títulos de Crédito*, 2ª ed., 3ª tir., Forense, 1972, p. 168.

29. In *A Nova Lei Brasileira do Cheque*, Saraiva, 1985, p. 20.

30. As informações doravante contidas neste trabalho foram extraídas da própria lei argentina do cheque (n. 24.452) bem como do manual *Vuelve el Cheque*, escrito por seus autores com a finalidade de informar ao mercado e aos agentes integrantes do sistema financeiro sobre os seus principais conceitos e funcionamento operacional.

31. V., anexo a este trabalho, modelo que deve ser observado nos cheques pós-datados.

Desta feita, possuindo o cheque pós-datado regulamentação, evita-se, em primeiro lugar, o que se denomina na Argentina de "quiebre de da cadena de pagos". Isto porque não há mais a possibilidade de apresentação de cheques pós-datados antes da data de desconto pactuada.

É importante ressaltar, segundo estimativas apresentadas pelos autores da lei, que o volume de "cheques voladores", ou pós-datados, durante o ano de 1984, anteriormente a promulgação da lei, portanto, oscilou entre uma e duas vezes a capacidade econômica de todo o sistema financeiro argentino.

Isto significou, por exemplo, durante o "efeito tequila" provocado pela crise do México no início de 1995, uma quebra no sistema provocada pelo rompimento por parte dos agentes econômicos detentores de "cheques voladores" do acordo de respeitar a data pactuada, mediante a apresentação, massiva e antecipada, de seus títulos, para desconto. As conseqüências foram a referida quebra da "cadena de pagos", ou seja, um encadeamento de inadimplência.

Ainda, segundo a lei Argentina do cheque, ora em análise, o beneficiário do cheque pós-datado tem também a opção de apresentá-lo a registro. Nesta hipótese o cheque passará a conter, no verso, um carimbo da instituição financeira destacando que o mesmo está "Registrado, e que seu vencimento se dará na data tal".

No caso dos mesmos possuírem algum vício formal, o Banco Central Argentino poderá estabelecer um sistema de retenção preventiva até que o emissor corrija tais vícios (art. 55). Com esse sistema de registro evita-se, quase que por completo, a devolução de cheques por irregularidades no seu preenchimento, eliminando-se todos os riscos relacionados com a qualidade do título. O registro certifica também que o título está dentro do limite de crédito do emitente, bem como que o banco o pagará no seu vencimento se o emitente contar com fundos disponíveis ou se tiver autorização para girar em descoberto.

Ressalte-se que a recusa do seu registro produz os efeitos do protesto, ficando o emitente responsável pelo pagamento de multa de 4% do valor do cheque, nos termos do art. 62 da lei (art. 57).

Prevê também a lei que após o encerramento da conta corrente, nenhum cheque pós-datado poderá ser registrado. Deverá o banco sacado, entretanto, receber os depósitos para cobrir os cheques anteriormente emitidos e registrados (art. 59). Ademais, os cheques, ainda que pós-datados, transformam-se imediatamente em títulos exigíveis. Em vista deste procedimento, evita-se, ainda, o "efeito cascata" que produz o fechamento das contas correntes quando o cliente ainda tem cheques circulando no mercado.

Finalmente ressaltamos, como aspecto relevante, que a lei cria um novo título de crédito, dotado de segurança jurídica e total certeza de pagamento, denominado de "certificado nominativo de registración".[32] Este título pode ser emitido a partir de um cheque pós-datado com aval do banco sacado. O procedimento legal é o seguinte: o banco ao abrir uma conta corrente para o cliente estabelece um limite de registro de cheques com seu aval. O emitente do cheque deve observar os prazos e condições estabelecidos pela instituição financeira ao emiti-lo, fazendo constar no verso do cheque: "para ser avaliado por la entidad girada" e, embaixo, assinar. Em seguida o cheque deve ser encaminhado ao banco sacado para que o mesmo o registre e o retenha, emitindo e entregando ao beneficiário referido certificado, que poderá ser depositado no seu vencimento, ou transmitido a terceiro, ilimitadamente, até o seu vencimento, por endosso. Nesta hipótese, a instituição financeira depositária passa a ser solidariamente responsável pelo pagamento do título.

Desta feita, a partir de 1995, passou o cheque pós-datado a ter amparo legal na

32. V., anexo a este trabalho, modelo do "Certificado Nominativo de Registración", bem como o procedimento para emissão e circulação deste título.

Argentina, bastando, portanto, que emitente e beneficiário sigam a sua regulamentação, para terem completa segurança jurídica nas relações negociais que travarem.

Conclusão

Ante o exposto, concluímos que seria de toda a conveniência que o legislador brasileiro optasse por uma saída à luz do que ocorreu na Argentina, incorporando e regulando o cheque pós-datado através de legislação pertinente, superando toda essa gama de inconvenientes e interpretações.

Não é viável a manutenção por muito tempo de uma situação fática de usos e costumes comerciais contrários à lei.

A permanência desta realidade só tende a agravar a excessiva proposição de processos perante nossos Tribunais, pois necessariamente continuará gerando uma série de demandas judiciais de demorada e difícil solução.

Por outro lado perpetua um ambiente de instabilidade jurídica, nefasto às relações dos cidadãos.

Anexo 1. Lei de Cheques Argentina 24.452, de 1995

- Sancionada por Ley 24.452 (parte pertinente) el 8.2.95, promulgada el 22.2.95 (*BO* 2.3.95).
- Modificada por Ley 24.760, artículo 11º, sancionada el 11.12.96, promulgada el 9.1.97 (*BO* 13.1.97).

PARTE PERTINENTE

Artículo 1º. Derogase el Decreto ley 4.776/63, modificado por las Leyes 16.613 y 23.549, cuyas normas quedarán sustituidas por las establecidas en el Anexo I, denominado "Ley de Cheques", que es parte integrante de la presente ley.

(...)

Artículo 5º. No se podrán gravar con tributos en forma alguna los cheques.

Artículo 6º. Son aplicables a los cheques de pago diferido previstos en el artículo 1º de la presente ley, los incisos 2º, 3º y 4º del artículo 302 del Código Penal.

Artículo 7º. Los fondos que recaude el Banco Central de la República Argentina en virtud de las multas previstas en la presente ley, serán transferidos automáticamente el Instituto Nacional de Seguridad Social para Jubilados y Pensionados, creado por Ley 19.032.

El instituto destinará los fondos exclusivamente al financiamiento de programas de atención integral para las personas con discapacidad descripto en el Anexo II que forma parte del presente artículo.

Artículo 8º. El Banco Central de la República Argentina procederá a la difusión pública para informar a la población de los alcances y beneficios del sistema que introduce en los medios de pago y de crédito.

Artículo 9º. Esta ley entrará en vigencia a los sesenta días de su publicación en el *Boletín Oficial*.

Artículo 10º. Comuníquese al Poder Ejecutivo Nacional.

Dada en la sala de Sesiones del Congreso Argentino, en Buenos Aires, a los ocho días del mes de febrero del año mil novecientos noventa y cinco. Alberto R. Pierri. Eduardo Menem. Esther H. Pereyra Arandía de Pérez Pardo. Edgardo Piuzzi.

Anexo I — Ley de Cheques

CAPÍTULO PRELIMINAR — DE LAS CLASES DE CHEQUES

Artículo 1º. Los cheques son de dos clases:

I — Cheques comunes.

II — Cheque de pago diferido.

CAPÍTULO I — DEL CHEQUE COMÚN

Artículo 2º. El cheque común debe contener:

1. La denominación "cheque" inserta en su texto, en el idioma empleado para su redacción;

2. Un número de orden impreso en el cuerpo del cheque;

3. La indicación del lugar y de la fecha de creación;

4. El nombre de la entidad financiera girada y el domicilio de pago;

5. La orden pura y simple de pagar una suma determinada de dinero, expresada en letras y números, especificando la clase de moneda. Cuando la cantidad escrita en letras difiriese de la expresa en números, se estará por la primera;

6. [1] La firma del librador. El Banco Central autorizará el uso de sistemas electrónicos de reproducción de firmas o sus sustitutos para el libramiento de cheques, en la medida que su implementación asegure la confiabilidad de la operación de emisión y autenticación en su conjunto, de acuerdo con la reglamentación que el mismo determine.

El título que al ser presentado al cobro careciere de algunas de las enunciaciones especificadas precedentemente no valdrá como cheque, salvo que se hubiere omitido el lugar de creación en cuyo caso se presumirá como tal el del domicilio del librador.

[2] El cheque rechazado por motivos formales generará una multa a cargo de los titulares de la cuenta corriente, que se depositará en la forma prevista por el artículo 62, equivalente al dos por ciento (2%) de su valor, con un mínimo de cincuenta pesos ($50) y un máximo de veinticinco mil pesos ($25.000). La autoridad de aplicación dispondrá el cierre de la cuenta corriente sobre la que se giren tales cheques, cuando excedan el número que determine la reglamentación o cuando la multa no haya sido satisfecha. La multa será reducida en el cincuenta por ciento (50%) cuando se acredite fehacientemente ante el girado haberse pagado el cheque dentro de los siete (7) días hábiles bancarios de haber sido notificado el rechazo o cuando el cheque hubiese sido pagado por el girado mediante una segunda presentación del tenedor.

Artículo 3º. El domicilio del girado contra el cual se libra el cheque determina la ley aplicable.

El domicilio que el librador tenga registrado ante el girado podrá ser considerado domicilio especial a todos los efectos legales derivados del cheque.

Artículo 4º. El cheque debe ser extendido en una fórmula proporcionada por el girado. En la fórmula deberán constar impresos el número del cheque y el de la cuenta corriente, el domicilio de pago, el nombre del titular y el domicilio que éste tenga registrado ante el girado, identificación tributaria o laboral o de identidad, según lo reglamente el Banco Central de la República Argentina.

Cuando el cuaderno de fórmulas de cheque no fuere retirado personalmente por quien lo solicitó, el girado no pagará los cheques que se le presentaren basta no obtener la conformidad del titular sobre la recepción del cuaderno.

Artículo 5º. En caso de extravío o sustracción de fórmulas de cheque sin utilizar, de cheques creados pero no emitidos o de la fórmula especial para solicitar aquellas, el titular de la cuenta corriente deberá avisar inmediatamente al girado. En igual forma deberá proceder cuando tuviese conocimiento de que un cheque ya emitido hubiera sido alterado. El aviso también puede darlo el tenedor desposeído.

El aviso cursado por escrito impide el pago del cheque, bajo responsabilidad del titular de la cuenta corriente o del tenedor desposeído. El girado deberá informar al Banco Central de la República Argentina de los avisos cursados por el librador en los términos que fije la reglamentación. Excedido el límite que ella establezca se procederá al cierre de la cuenta corriente.

1. L. 24.760, art. 11º, b).
2. L. 24.760, art. 11º, c).

Artículo 6º. El cheque puede ser extendido:

1. A favor de una persona determinada;

2. A favor de una persona determinada con la cláusula "no a la orden";

3. Al portador. El cheque sin indicación del beneficiario valdrá como cheque al portador.

Artículo 7º. El cheque puede ser creado a favor del mismo librador. No puede ser girado sobre el librador, salvo que se tratara de un cheque girado entre diferentes establecimientos de un mismo librador.

Puede ser girado por cuenta de un tercero, en las condiciones que establezca la reglamentación.

Artículo 8º. Si un cheque incompleto al tiempo de su creación hubiese sido completado en forma contraria a los acuerdos que lo determinaron, la inobservancia de tales acuerdos no puede oponerse al portador, a menos que éste lo hubiese adquirido de mala fe o que al adquirirlo hubiese incurrido en culpa grave.

Artículo 9º. Toda estipulación de intereses inserta en el cheque se tendrá por no escrita.

Artículo 10º. Si el cheque llevara firmas de personas incapaces de obligarse por cheque, firmas falsas o de personas imaginarias o firmas que por cualquier otra razón no podrían obligar a las personas que lo firmaron o a cuyo nombre el cheque fue firmado, las obligaciones de los otros firmantes no serían, por ello, menos válidas.

El que pusiese su firma en un cheque como representante de una persona de la cual no tiene poder para ese acto, queda obligado el mismo cambiariamente como si hubiese firmado a su propio nombre; y si hubiese pagado, tiene los mismos derechos que hubiera tenido el supuesto representado. La misma solución se aplicará cuando el representado hubiere excedido sus facultades.

Artículo 11º. El librador es garante del pago. Toda cláusula por la cual se exonere de esta garantía se tendrá por no escrita.

CAPÍTULO II — DE LA TRANSMISIÓN

Artículo 12º. El cheque extendido a favor de una persona determinada es transmisible por endoso.

El endoso puede hacerse también a favor del librador o de cualquier otro obligado. Dichas personas pueden endosar nuevamente el cheque.

El cheque extendido a favor de una persona determinada con la cláusula "no a la orden" no es transmisible sino bajo la forma y con los efectos de una cesión de créditos.

El cheque al portador es transmisible mediante la simple entrega.

Artículo 13º. El endoso debe ser puro y simple. Toda condición a la cual está subordinado se tendrá por no escrita.

El endoso parcial es nulo. Es igualmente nulo el endoso del girado. El endoso al portador vale como endoso en blanco. El endoso a favor del girado vale sólo como recibo, salvo el caso de que el girado tuviese varios establecimientos y de que el endoso se hiciese a favor de un establecimiento distinto de aquél sobre el cual se giró el cheque.

Artículo 14º. [3] El endoso debe escribirse al dorso del cheque o sobre una hoja unida al mismo. Debe ser firmado por el endosante y deberá contener las especificaciones que establezca el Banco Central de la República Argentina el que también podrá admitir firmas en las condiciones establecidas en el punto 6 del artículo 2º para el último endoso previo al depósito.

El endoso puede no designar al beneficiario.

El endoso que no contenga las especificaciones que establezca la reglamentación no perjudica el título.

3. L. 24.760, art. 11º, d).

Artículo 15º. El endoso transmite todos los derechos resultantes del cheque. Si el endoso fuese en blanco, el portador podrá:

1. Llenar el blanco, sea con su nombre, sea con el de otra persona;

2. Endosar del cheque nuevamente en blanco o a otra persona;

3. Entregar el cheque a un tercero sin llenar el blanco ni endosar.

Artículo 16º. El endosante es, salvo cláusula en contrario, garante del pago.

Puede prohibir un nuevo endoso y en este caso no será responsable hacia las personas a quienes el cheque fuere ulteriormente endosado.

Artículo 17º. El tenedor de un cheque endosable será considerado como portador legítimo si justifica su derecho por una serie ininterrumpida de endosos, aún cuando el último fuera en blanco. Los endosos tachados se tendrán, a este respecto, como no escritos. Si un endoso en blanco fuese seguido de otro endoso, se considerará que el firmante de este último adquirió el cheque por el endoso en blanco.

De no figurar la fecha, se presume que la posición de los endosos indica el orden en que han sido hechos.

Artículo 18º. El endoso que figura en un cheque al portador hace al endosante responsable en los términos de las disposiciones que rigen el recurso, pero no cambia el régimen de circulación del título.

Artículo 19º. Cuando una persona hubiese sido desposeída de un cheque por cualquier evento, el portador a cuyas manos hubiera llegado el cheque, sea que se trate de un cheque al portador, sea que se trate de uno endosable respecto del cual el portador justifique su derecho en la forma indicada en el artículo 17, no estará obligado a desprenderse de él sino cuando lo hubiese adquirido de mala fe o si al adquirirlo hubiera incurrido en culpa grave.

Artículo 20º. Las personas demandadas en virtud de un cheque no pueden oponer al portador las excepciones fundadas en sus relaciones personales con el librador o con los portadores anteriores, a menos que el portador, al adquirir el cheque, hubiese obrado a sabiendas en detrimento del deudor.

Artículo 21º. Cuando el endoso contuviese la mención "valor al cobro", "en procuración" o cualquier otra que implique un mandato, el portador podrá ejercitar todos los derechos que deriven del cheque, pero no podrá endosarlo sino a título procuración.

Los obligados no podrán, en este caso, invocar contra el portador sino las excepciones oponibles al endosante.

El mandato contenido en un endoso en procuración no se extingue por la muerte del mandante o su incapacidad sobreviniente.

Artículo 22º. El endoso posterior a la presentación al cobro y rechazo del cheque por el girado sólo produce los efectos de una cesión de créditos.

Se presume que el endoso sin fecha ha sido hecho antes de la presentación o del vencimiento del término para la presentación.

CAPÍTULO III — DE LA PRESENTACIÓN Y DEL PAGO

Artículo 23º. El cheque común es siempre pagadero a la vista. Toda mención contraria se tendrá por no escrita.

[4] No se considerará cheque a la fórmula emitida con fecha posterior al día de su presentación al cobro o depósito. Son inoponibles al concurso, quiebra, sucesión del librador y de los de más obligados cambiarios, siendo además inválidas, en caso de incapacidad sobreviniente del librador, las

4. L. 24.760, art. 11º, e). La modificación introducida por este inciso tendrá vigencia a partir de los 365 días de la publicación de la presente ley.

fórmulas que consignen fechas posteriores a las fechas en que ocurrieren dichos hechos.

Artículo 24º. El cheque no puede ser aceptado. Toda mención de aceptación se tendrá por no escrita.

Artículo 25º. El término de presentación de un cheque librado en la República Argentina es de treinta (30) días contados desde la fecha de su creación. El término de presentación de un cheque librado en el extranjero y pagadero en la República es de sesenta (60) días contados desde la fecha de su creación.

Si el término venciera en un día inhábil bancario, el cheque podrá ser presentado el primer día hábil bancario siguiente al de su vencimiento.

Artículo 26º. Cuando la presentación del cheque dentro de los plazos establecidos en el artículo precedente fuese impedida por un obstáculo insalvable (prescripción legal de un Estado cualquiera u otro caso de fuerza mayor), los plazos de presentación quedarán prorrogados.

El tenedor y los endosantes deben dar el aviso que prescribe el artículo 39.

Cesada la fuerza mayor, el portador debe, sin retardo, presentar el cheque. No se consideran casos de fuerza mayor los hechos puramente personales al portador, o aquel a quien se le hubiese encargado la presentación del cheque.

Artículo 27º. Si la fuerza mayor durase más de treinta (30) días de cumplido los plazos establecidos en el artículo 25, la acción de regreso puede ejercitarse sin necesidad de presentación.

Artículo 28º. Si el cheque se deposita para su cobro, la fecha del depósito será considerada fecha de presentación.

Artículo 29º. La revocación de la orden de pago no tiene efecto sino después de expirado el término para la presentación.

Si no hubiese revocación, el girado podrá abonarlo después del vencimiento del plazo, siempre que no hubiese transcurrido más de otro lapso igual al plazo.

Artículo 30º. Ni la muerte del librador ni su incapacidad sobreviniente después de la emisión afectan los efectos del cheque, salvo lo dispuesto en el artículo 23.

Artículo 31º. El girado puede exigir al pagar el cheque que le sea entregado cancelado por el portador.

El portador no puede rehusar un pago parcial.

En caso de pago parcial, el girado puede exigir que se haga mención de dicho pago en el cheque y que se otorgue recibo.

El cheque conservará todos sus efectos por el saldo impago.

Artículo 32º. El girado que paga un cheque endosable está obligado a verificar la regularidad de la serie de endosos, pero no la autenticidad de la firma de los endosantes con excepción del último.

El cheque al portador será abonado al tenedor que lo presente al cobro.

Artículo 33º. El cheque debe ser librado en la moneda de pago que corresponda a la cuenta corriente contra la que se gira.

Artículo 34º. El girado que pagó el cheque queda válidamente liberado, a menos que haya procedido con dolo o culpa grave. Se negará a pagarlo solamente en los casos establecidos en esta ley o en su reglamentación.

Artículo 35º. El girado responderá por las consecuencias del pago de un cheque, en los siguientes casos:

1. Cuando la firma de librador fuese visiblemente falsificada.

2. Cuando el documento no reuniese los requisitos esenciales especificados en el artículo 2º.

3. Cuando el cheque no hubiese sido extendido en una de las fórmulas entregadas al librador de conformidad con lo dispuesto en el artículo 4º.

Artículo 36º. El titular de la cuenta corriente responderá de los perjuicios:

1. Cuando la firma hubiese sido falsificada en alguna de las fórmulas entrega

das de conformidad con lo dispuesto en el artículo 4º y la falsificación no fuese visiblemente manifiesta.

2. Cuando no hubiese cumplido con las obligaciones impuestas por el artículo 5º.

La falsificación se considerará visiblemente manifiesta cuando pueda apreciarse a simple vista, dentro de la rapidez y prudencia impuestas por el normal movimiento de los negocios del girado, en el cotejo de la firma del cheque con la registrada en el girado, en el momento del pago.

Artículo 37º. Cuando no concurran los extremos indicados en los dos artículos precedentes, los jueces podrán distribuir la responsabilidad entre el girado, el titular de la cuenta corriente y el portador beneficiario, en su caso, de acuerdo con las circunstancias y el grado de culpa en que hubiese incurrido cada uno de ellos.

CAPÍTULO IV — DEL RECURSO POR FALTA DE PAGO

Artículo 38º. Cuando el cheque sea presentado en los plazos establecidos en el artículo 25, el girado deberá siempre recibirlo. Si no lo paga hará constar la negativa en el mismo título, con expresa mención de todos los motivos en que las funda, de la fecha y de la hora de la presentación, del domicilio del librador registrado en el girado.

La constancia del rechazo deberá ser suscrita por persona autorizada. Igual constancia deberá anotarse cuando el cheque sea devuelto por una cámara compensadora.

La constancia consignada por el girado producirá los efectos del protesto. Con ello quedará expedita la acción ejecutiva que el tenedor podrá iniciar contra librador, endosantes y avalistas.

Si el banco girado se negare a poner la constancia del rechazo o utilizare una fórmula no autorizada podrá ser demandado por los perjuicios que ocasionare.

La falta de presentación del cheque o su presentación tardía perjudica la acción cambiaria.

Artículo 39º. El portador debe dar aviso de la falta de pago a su endosante y al librador, dentro de los dos (2) días hábiles bancarios inmediatos siguientes a la notificación del rechazo del cheque.

Cada endosante debe, dentro de los dos (2) días hábiles bancarios inmediatos al de la recepción del aviso, avisar a su vez a su endosante, indicando los nombres y direcciones de los que le han dado los avisos precedentes, y así sucesivamente hasta llegar al librador.

Cuando de conformidad con lo dispuesto en el apartado anterior, se da aviso a un firmante del cheque, el mismo aviso y dentro de iguales términos debe darse a su avalista.

En caso que un endosante hubiese indicado su dirección en forma ilegible o no lo hubiese indicado, bastará con dar aviso al endosante que lo precede.

El aviso puede ser dado en cualquier forma pero quien lo haga deberá probar que lo envió en el término señalado.

La falta de aviso no produce la caducidad de las acciones emergentes del cheque pero quien no lo haga será responsable de los perjuicios causados por su negligencia, sin que la reparación pueda exceder el importe del cheque.

Artículo 40º. Todas las personas que firman un cheque quedan solidariamente obligadas hacia el portador.

El portador tiene derecho de accionar contra todas esas personas, individual o colectivamente, sin estar sujeto a observar el orden en que se obligaron.

El mismo derecho pertenece a quien haya pagado el cheque.

La acción intentada contra uno de los obligados no impide accionar contra los otros, aún los posteriores a aquel que haya sido perseguido en primer término.

Podrá también ejercitar las acciones referidas en los artículos 61 y 62 del Decreto ley 5.965/63.

Artículo 41º. El portador puede reclamar a aquél contra quien ejercita su recurso:

1. El importe no pagado del cheque;

2. Los intereses al tipo bancario corriente en el lugar del pago, a partir del dia de la presentación al cobro;

3. Los gastos originados por los avisos que hubiera tenido que dar y cualquier otro gasto originado por el cobro del cheque.

Artículo 42º. Quien haya reembolsado un cheque puede reclamar a sus garantes:

1. La suma íntegra pagada;

2. Los intereses de dicha suma al tipo bancario corriente en el lugar del pago, a partir del dia del desembolso;

3. Los gastos efectuados;

Artículo 43º. Todo obligado contra el cual se ejercite un recurso o esté expuesto a un recurso, puede exigir, contra el pago, la entrega del cheque con la constancia del rechazo por el girado y recibo de pago.

Todo endosante que hubiese reembolsado el cheque puede tachar su endoso y los de los endosantes subsiguientes y, en su caso, el de sus respectivos avalistas.

CAPÍTULO V — DEL CHEQUE CRUZADO

Artículo 44º. El librador o el portador de un cheque pueden cruzarlo con los efectos indicados en el artículo siguiente.

El cruzamiento se efectúa por medio de dos barras paralelas colocadas en el anverso del cheque. Puede ser general o especial.

El cruzamiento es especial si entre las barras contiene el nombre de una entidad autorizada para prestar el servicio de cheque, de lo contrario es cruzamiento general. El cruzamiento general se puede transformar en cruzamiento especial; pero el cruzamiento especial no se puede transformar en cruzamiento general.

La tacha del cruzamiento o de la mención contenida entre las barras de tendrá por no hecha.

Artículo 45º. Un cheque con cruzamiento general sólo puede ser pagado por el girado a uno de sus clientes o a una entidad autorizada para prestar el servicio de cheque.

Un cheque con cruzamiento especial sólo puede ser pagado por el girado a quien esté mencionado entre las barras.

La entidad designada en el cruzamiento podrá indicar a otra entidad autorizada a prestar el servicio de cheque para que reciba el pago.

El cheque con varios cruzamientos especiales sólo puede ser pagado por el girado en el caso de que se trate de dos cruzamientos de los cuales uno sea para el pago por una cámara compensadora.

El girado que no observase las disposiciones precedentes responderá por el perjuicio causado hasta la concurrencia del importe del cheque.

CAPÍTULO VI — DEL CHEQUE PARA ACREDITAR EN CUENTA

Artículo 46º. El librador, así como el portador de un cheque, pueden prohibir que se lo pague en dinero, insertando en el anverso la mensión "para acreditar en cuenta".

En este caso el girado solo puede liquidar el cheque mediante un asiento de libros. La liquidación así efectuada equivale al pago. La tacha de la mención se tendrá por no hecha.

El girado que no observase las disposiciones precedentes responderá por el perjuicio causado hasta la concurrencia del importe del cheque.

CAPÍTULO VII — DEL CHEQUE IMPUTADO

Artículo 47º. El librador así como el portador de un cheque pueden enunciar el destino del pago insertando al dorso o en el añadido y bajo su firma, la indicación concreta y precisa de la imputación.

La cláusula produce efectos exclusivamente entre quien la inserta y el portador inmediato; pero no origina responsabilidad para el girado por el incumplimiento de la imputación. Solo el destinatario de la imputación puede endosar el cheque y en este caso el título mantiene su negociabilidad.

La tacha de la imputación se tendrá por no hecha.

CAPÍTULO VIII — DEL CHEQUE CERTIFICADO

Artículo 48º. El girado puede certificar un cheque a requerimiento del librador o de cualquier portador, debitando en la cuenta sobre la cual se lo gira la suma necesaria para el pago.

El importe así debitado queda reservado para ser entregado a quien corresponda y sustraído a todas las contingencias que provengan de la persona o solvencia del librador, de modo que su muerte, incapacidad, quiebra o embargo judicial posteriores a la certificación no afectan la provisión de fondos certificada, ni el derecho del tenedor del cheque, ni la correlativa obligación del girado de pagarlo cuando le sea presentado.

La certificación no puede ser parcial ni extenderse en cheques al portador. La inserción en el cheque de las palabras "visto", "bueno" u otras análogas suscriptas por el girado significan certificación.

La certificación tiene por efecto establecer la existencia de una disponibilidad e impedir su utilización por el librador durante el término por el cual se certificó.

Artículo 49º. La certificación puede hacerse por un plazo convencional que no debe exceder de cinco días hábiles bancarios. Si a su vencimiento el cheque no hubiese sido cobrado, el girado acreditará en la cuenta del librador la suma que previamente debitó.

El cheque certificado vencido como tal, subsiste con todos los efectos propios del cheque.

CAPÍTULO IX — DEL CHEQUE CON LA CLÁUSULA "NO NEGOCIABLE"

Artículo 50º. El librador, así como el portador de un cheque, pueden insertar en el anverso la expresión "no negociable". Estas palabras significam que quien recibe el cheque no tiene, ni puede transmitir más derechos sobre el mismo, que los que tenía quien lo entregó.

CAPÍTULO X — DEL AVAL

Artículo 51º. El pago de un cheque puede garantizarse total o parcialmente por un aval.

Esta garantía puede otorgarla un tercero o cualquier firmante del cheque.

Artículo 52º. El aval puede constar en el mismo cheque o en un añadido o en un documento separado. Puede expresarse por medio de las palabras "por aval" o cualquier otra expresión equivalente, debiendo ser firmado por el avalista. Debe contener nombre, domicilio, identificación tributaria o laboral, de identidad, conforme lo reglamente el Banco Central de la República Argentina.

El aval debe indicar por cuál de los obligados se otorga. A falta de indicación se considera otorgado por el librador.

Artículo 53º. El avalista queda obligado en los mismos términos que aquél por quien ha otorgado el aval. Su obligación es válida aún cuando la obligación que haya garantizado sea nula por cualquier causa que no sea un vicio de forma.

El avalista que paga adquiere los derechos cambiarios contra su avalado y contra los obligados hacia éste.

CAPÍTULO XI — DEL CHEQUE DE PAGO DIFERIDO

Artículo 54º. [5] El cheque de pago diferido es una orden de pago, librada a fe-

5. L. 24.760, art. 11º, f).

cha determinada, posterior a la de su libramiento, contra una entidad autorizada en la cual el librador a la fecha de vencimiento debe tener fondos suficientes depositados a su orden en cuenta corriente o autorización para girar en descubierto. Los cheques de pago diferido se libran contra las cuentas de cheques comunes.

[6] (...)

El girado puede avalar el cheque de pago diferido.

El cheque de pago diferido deberá contener las siguientes enunciaciones esenciales en formulario similar, aunque distinguible, del cheque común:

1. La denominación "Cheque de pago diferido" claramente inserta en el texto del documento.

2. El número de orden impreso en el cuerpo del cheque.

3. La indicación del lugar y fecha de su creación.

4. [7] La fecha de pago no puede exceder un plazo de 360 días.

5. El nombre del girado y el domicilio de pago.

6. La persona en cuyo favor se libra, o al portador.

7. La suma determinada de dinero, expresada en números y en letras, que se ordena pagar por el inciso 4 del presente artículo.

8. El nombre del librador, domicilio, identificación tributaria o laboral o de identidad, según lo reglamente el Banco Central de la República Argentina.

9. [8] La firma del librador. El Banco Central autorizará el uso de sistemas electrónicos de reproducción de firmas o sus sustitutos para el libramiento de cheques, en la medida que su implementación asegure la confiabilidad de la operatoria de emisión y autenticación en su conjunto, de acuerdo con la reglamentación que el mismo determine.

[9] El cheque de pago diferido, registrado o no, es oponible y eficaz en los supuestos de concurso, quiebra, incapacidad sobreviniente y muerte del librador.

[10] **Artículo 55º.** El registro justifica la regularidad formal del cheque conforme a los requisitos expuestos en el artículo 54. El registro no genera responsabilidad alguna para la entidad girada si el cheque no es pagado a su vencimiento por falta de fondos o de autorización para girar en descubierto.

El tenedor tendrá la opción de presentar el cheque de pago diferido para su registro.

Para los casos en que los cheques presentados a registro tuvieren defectos formales, el Banco Central de la República Argentina podrá establecer un sistema de retención preventiva para que el girado, antes de rechazarlo, se lo comunique al librador para que corrija los vicios.

El girado, en este caso, no podrá demorar el registro del cheque más de siete (7) días hábiles bancarios.

[11] **Artículo 56º.** El cheque de pago diferido es libremente transferible por endoso con la sola firma del endosante.

Artículo 57º. El cheque de pago diferido puede ser presentado directamente al girado para su registro. Si el cheque fuera depositado en una entidad diferente del girado, el depositario remitirá al girado el cheque de pago diferido para que éste lo registre y devuelva, otorgando la constancia respectiva, asumiendo el compromiso de abonarlo el día del vencimiento si existieren fondos disponibles o autorización de girar en descubierto en la cuenta respectiva. En caso de existir algún impedimento para su

6. L. 24.760, art. 11º, g).
7. L. 24.760, art. 11º, h).
8. L. 24.760, art. 11º, i).
9. L. 24.760, art. 11º, j).
10. L. 24.760, art. 11º, k).
11. L. 24.760, art. 11º, l).

registración, así lo deberá hacer conocer al depositario dentro de los términos fijados para el clearing, rechazando la registración.

El rechazo de registración producirá los efectos del protesto. Con ella quedará expedita la acción ejecutiva que el tenedor podrá iniciar de inmediato contra el librador, endosantes y avalistas. Se aplica el artículo 39.

El rechazo a la registración será informado por el girado al Banco Central de la República Argentina, y el librador será sancionado con la multa prevista en el artículo 62.

El Banco Central de la República Argentina, podrá autorizar o establecer sistemas de registración y pago mediante comunicación o exposición electrónica que reemplacen la remisión del título; estableciendo las condiciones de adhesión y recaudos de seguridad y funcionamiento.

Artículo 58º. [12]Las entidades autorizadas emitirán certificados transmisibles por endoso, conforme lo reglamente el Banco Central de la República Argentina, en los casos en que avalen cheques de pago diferido, el cual quedará depositado en la entidad avalista.

Serán aplicables al cheque de pago diferido todas la disposiciones que regulan el cheque común, salvo aquellas que se opongan a lo previsto en el presente capítulo.

[13]**Artículo 59º**. Las entidades autorizadas entregarán a los clientes que lo soliciten, además de la libreta de cheques indicada en el artículo 4º, otras claramente diferenciadas de las anteriores con cheques de pago diferido. Podrán, además entregar libretas de cheques que contengan fórmulas de ambos tipos de cheques conforme lo reglamente el Banco Central de la República Argentina.

El girado podrá rechazar la registración de un cheque de pago diferido cuando se verifique las causales que al efecto establezca el Banco Central de la República Argentina.

Artículo 60º. [14]El cierre de la cuenta corriente impide el registro de nuevos cheques. El girado deberá recibir los depósitos que se efectúen para atender los cheques que se hubieran registrado con anterioridad.

La ejecución por cualquier causa de un cheque de pago diferido presentado a registro podrá tramitar en la jurisdicción correspondiente a la entidad depositaria o girada, indistintamente.

CAPÍTULO XII — DISPOSICIONES COMUNES

Artículo 61º. Las acciones judiciales del portador contra el librador, endosantes y avalistas se prescriben al año contado desde la expiración del plazo para la presentación. En el caso de cheques de pago diferido, el plazo se contará desde la fecha del rechazo por el girado, sea a la registración o al pago.

Las acciones judiciales de los diversos obligados al pago de un cheque, entre sí, se prescriben al año contado desde el día en que el obligado hubiese reembolsado el importe del cheque o desde el día en que hubiese sido notificado de la demanda judicial por el cobro del cheque.

La interrupción de la prescripción solo tiene efecto contra aquél respecto de quién se realizó el acto interruptivo.

Artículo 62º. En caso de rechazo del cheque por falta de provisión de fondos o autorización para girar en descubierto o por defectos formales, el girado lo comunicará al Banco Central de la República Argentina, al librador y al tenedor con indicación de fecha y número de la comunicación, todo conforme lo indique la reglamentación. Se informará al tenedor la fecha y número de la comunicación.

12. L. 24.760, art. 11º, m).
13. L. 24.760, art. 11º, n).
14. L. 24.760, art. 11º, o).

Sin perjuicio de las responsabilidades en que incurra por el derecho común, si el girado omitiere la comunicación será responsable del pago del importe del cheque solidariamente con el librador, hasta un máximo equivalente a pesos cinco mil ($5.000).

El librador de un cheque rechazado por falta de fondos o sin autorización para girar en descubierto será sancionado con una multa equivalente al cuatro por ciento (4%) del valor del cheque, con un mínimo de cien pesos ($100) y un máximo de cincuenta mil pesos ($ 50.000). El girado está obligado a debitar el monto de la multa de la cuenta del librador. En caso de no ser satisfecha dentro de los treinta (30) días del rechazo, ocasionará el cierre de la cuenta corriente e inhabilitación.

La multa será reducida en un cincuenta por ciento (50%) si el librador cancela el cheque motivo de la sanción dentro de los treinta (30) días del rechazo, circunstancia que será informada al Banco Central de la República Argentina.

El depósito de las multas en la cuenta del Banco Central de la República Argentina se deberá hacer dentro del mes siguiente al mes en el que se produjo el rechazo.

[15]Las entidades financieras que no cierren las cuentas corrientes por aplicación de las sanciones que establece esta ley y su reglamentación, serán pasibles de una multa diaria de quinientos pesos ($500) hasta un máximo de quince mil pesos ($15.000), por cada cuenta corriente en esas condiciones, sin perjuicio de ser solidariamente responsables del pago de cheques rechazados por falta de fondos girados contra dichas cuentas, hasta un máximo de treinta mil pesos ($30.000).

Artículo 63º. Cuando medie oposición al pago del cheque por causa que haya originado denuncia penal del librador o tenedor, la entidad girada deberá retener el cheque y remitirlo al juzgado interviniente en la causa. La entidad girada entregará a quien haya presentado el cheque al cobro una certificación que habilite al ejercicio de las acciones civiles conforme lo establezca la reglamentación.

[16]**Artículo 64º**. Contra los rechazos efectuados por la entidad financiera girada que dieren origen a sanciones que se apliquen conforme a la presente ley, los libradores y titulares de cuentas corrientes podrán entablar acción judicial, ante los juzgados con competencia en materia comercial que corresponda a la jurisdicción del girado, debiendo interponerse la acción dentro de los quince (15) días de la notificación por parte del girado, siendo de aplicación el Código Procesal Civil y Comercial de la jurisdicción interviniente.

Las acciones que se promovieran contra los girados, sólo producirán efecto suspensivo respecto de las multas que correspondieran aplicarse. No obstante la promoción de estas acciones se computarán los rechazos a los efectos de la inhabilitación.

CAPÍTULO XIII — DISPOSICIONES COMPLEMENTARIAS

Artículo 65º. En caso de silencio de esta ley, se aplicarán las disposiciones relativas a la letra de cambio y al pagaré en cuanto fueren pertinentes.

Artículo 66º. El Banco Central de la República Argentina, como autoridad de aplicación de esta ley:

1. Reglamenta las condiciones y requisitos de apertura, funcionamiento y cierre de las cuentas sobre las que se pueden librar cheques comunes y de pagos diferidos, y los certificados a los que alude el artículo 58;

2. Amplía los plazos fijados en el artículo 25, si razones de fuerza mayor lo hacen necesario para la normal negociación y pago de los cheques;

15. L. 24.760, art. 11º, p).

16. L. 24.760, art. 11º, q).

3. Reglamenta las fórmulas del cheque y decide sobre todo lo conducente a la prestación de un eficaz servicio de cheque, incluyendo la forma documental o electrónica de la registración, rechazo y solución de problemas meramente formales de los cheques;

4. Autoriza cuentas en moneda extranjera con servicio de cheque;

5. Puede, con carácter temporario, fijar monto máximo a los cheques librados al portador y limitar el número de endosos del cheque común.

Las normas reglamentarias de esta ley que dicte el Banco Central de la República Argentina deberán ser publicadas en el *Boletín Oficial*;

6. [17]Podrá reglamentar el funcionamiento de sistemas de compensación electrónica de cheques, otros medios de pago y títulos de créditos, y otros títulos valores, conforme los convenios que al respecto celebren las entidades financieras.

En estos casos la reglamentación contemplará un régimen especial de conservación, exposición, transmisión por cualquier medio, registro contable, pago, rechazo y compensación y cualquier otro elemento que se requiera para hacerlo operativo.

Tales convenios entre entidades financieras a que se refiere el primer párrafo de este inciso no podrán alterar los derechos que la ley otorga a los titulares de cuentas en esas entidades.

[18]Las modificaciones introducidas a la Ley 24.452 por este artículo regirán a partir de la publicación de la presente ley, excepto la dispuesta en el inciso *e*).

Las normas reglamentarias de esta ley que dicte el Banco Central de la República Argentina deberán ser publicadas en el *Boletín Oficial*.

Artículo 67º. La Ley 21.526 de Entidades Financieras determina contra quiénes se puede girar cheques comunes.

17. L. 24.760, art. 11º, r).
18. L. 24.760, art. 11º, *in fine*.

Anexo II (integrado al artículo 7º) — Fondo de Financiamiento del Programa para Personas con Discapacidad

1. Servicio: Subsidio para personas con discapacidad.

Objetivo: Apoyo económico al discapacitado.

Órgano de aplicación: Instituto de Servicios Sociales para Jubilados y Pensionados.

2. Servicio: Atención a la insuficiencia económica crítica.

Objetivo: Cobertura de necesidades básicas.

Órgano de Aplicación: Instituto de Servicios Sociales para Jubilados y Pensionados.

3. Servicio: Atención especializada en el domicilio.

Objetivo: Destinadas al pago de personal especializado.

Órgano de Aplicación: Instituto de Servicios Sociales para Jubilados y Pensionados.

4. Servicio: Sistemas alternativos al tratamiento familiar.

Objetivo: Promoción y organización de pequeños hogares, familias sustitutas, residencias, etc.

Órgano de Aplicación: Instituto de Servicios Sociales para Jubilados y Pensionados.

5. Servicio: Iniciación laboral.

Objetivo: Promoción y desarrollo de actividades laborales en forma individual y/o colectiva.

Órgano de Aplicación: Instituto de Servicios Sociales para Jubilados y Pensionados.

6. Servicio: Apoyo para rehabilitación y/o educación.

Objetivo: Adquisición de elementos y/o instrumentos necesarios para acceder a la rehabilitación y educación.

Órgano de Aplicación: Instituto de Servicios Sociales para Jubilados y Pensionados.

7. Servicio: Requerimientos esenciales de carácter social.

Objetivo: Destinados a cubrir todos los requerimientos generados por la discapacidad y la carencia socioeconómica de carácter atípico.

Órgano de Aplicación: Instituto de Servicios Sociales para Jubilados y Pensionados.

8. Servicio: Servicios de rehabilitación.

Objetivo: Atención y Tratamiento especializado en centros de rehabilitación, hospitales, centros educativo-terapéuticos.

Órgano de Aplicación: Instituto de Servicios Sociales para Jubilados y Pensionados.

9. Servicio: Servicios de educación.

Objetivo: Formación y capacitación en servicios educativos especiales (escuelas, centros de capacitación laboral, etc.).

Órgano de Aplicación: Instituto de Servicios Sociales para Jubilados y Pensionados.

10. Servicio: Servicios asistenciales

Objetivo: Cobertura de requerimientos básicos y esenciales (hábitat, alimentación, atención especializada) comprende centros de día, hogares, residencias, etc.

Órgano de Aplicación: Instituto de Servicios Sociales para Jubilados y Pensionados.

11. Servicio: Prestaciones de apoyo.

Objetivo: Provisión de todo tipo de prótesis, órtesis y ayudas técnicas necesarias para la rehabilitación, educación y/o inserción laboral.

Órgano de Aplicación: Instituto de Servicios Sociales para Jubilados y Pensionados.

12. Servicio: Federalización del PRO.I.DIS.

Objetivo: Promoción y desarrollo de recursos regionales y locales en coordinación con organismos provinciales y municipales.

Órgano de Aplicación: Instituto de Servicios Sociales para Jubilados y Pensionados, coordina provincias y municipios.

13. Servicio: Capacitación de recursos humanos.

Objetivo: Formar personal destinando a atención de personas discapacitadas en todo el país, destinados a agentes de organismos provinciales y delegaciones.

Órgano de Aplicación: Instituto de Servicios Sociales para Jubilados y Pensionados, coordina provincias y municipios.

14. Servicio: Participación en los programas P.I.T.

Objetivo: Incorporación de discapacitados.

Órgano de Aplicación: Instituto de Servicios Sociales para Jubilados y Pensionados, en coordinación con el Ministerio de Trabajo.

15. Servicio: Promoción de empleo privado.

Objetivo: Incorporación de discapacitados en mercado laboral competitivo.

Órgano de Aplicación: Instituto de Servicios Sociales para Jubilados y Pensionados, en coordinación con el Ministerio de Trabajo.

16. Servicio: Cursos de formación profesional.

Objetivo: Capacitación del discapacitado para la inserción laboral específica.

Órgano de Aplicación: Instituto de Servicios Sociales para Jubilados y Pensionados, en coordinación con el Ministerio de Trabajo.

17. Servicio: Promoción y creación de talleres protegidos de producción.

Objetivo: Brindar salida laboral en condiciones especiales para personas discapacitadas sin posibilidad de acceso al mercado laboral competitivo.

Órgano de Aplicación: Instituto de Servicios Sociales para Jubilados y Pensionados, en coordinación con el Ministerio de Trabajo.

18. Servicio: Red nacional de empleo y formación profesional.

Objetivo: Promoción de la colocación selectiva de personas discapacitadas a través de servicios convencionales.

Órgano de Aplicación: Instituto de Servicios Sociales para Jubilados y Pensionados, en coordinación con el Ministerio de Trabajo.

19. Servicio: Seguros de desempleo.

Objetivo: Extensión de plazos para personas discapacitadas.

Órgano de Aplicación: Instituto de Servicios Sociales para Jubilados y Pensionados, en coordinación con el ANSES.

20. Servicio: Pensiones no contributivas transitorias.

Objetivo: Asegurar la atención integral de personas discapacitadas a través de la afiliación al Instituto de Servicios Sociales para Jubilados y Pensionados.

Órgano de Aplicación: Instituto de Servicios Sociales para Jubilados y Pensionados, en coordinación con el ANSES.

21. Servicio: Creación del Centro Nacional de Ayudas Técnicas.

Objetivo: Investigación y desarrollo de tecnología específica destinada a la rehabilitación, educación e integración social.

Órgano de Aplicación: Instituto de Servicios Sociales para Jubilados y Pensionados, en coordinación con el Ministerio de Salud y Acción Social.

22. Servicio: Prevención, detección e intervención temprana.

Objetivo: Prevención primaria y atención especifica a grupos de alto riesgo.

Órgano de Aplicación: Instituto de Servicios Sociales para Jubilados y Pensionados, en coordinación con el Ministerio de Salud y Acción Social.

23. Servicio: Organización de servicios de rehabilitación.

Objetivo: Promoción y creación de servicios de rehabilitación en centros de salud y hospitales generales.

Órgano de Aplicación: Instituto de Servicios Sociales para la Jubilados y Pensionados, en coordinación con el Ministerio de Salud y Acción Social.

24. Servicio: Acreditación de discapacidad.

Objetivo: Certificación de la discapacidad con carácter nacional a través de la autoridad de aplicación de las provincias.

Órgano de Aplicación: Instituto de Servicios Sociales para Jubilados y Pensionados, en coordinación con el Ministerio de Salud y Acción Social.

25. Servicio: Personas afectadas con SIDA.

Objetivo: Brindar cobertura médico-social a personas afectadas.

Órgano de Aplicación: Instituto de Servicios Sociales para Jubilados y Pensionados, en coordinación con el Ministerio de Salud y Acción Social.

Anexo 2. Modelo da forma a ser observada nos "Cheques de Pago Diferido"

El cheque de pago diferido es una orden de pago librada a días vista, a contar desde su presentación para registro en una entidad autorizada, contra la misma u otra, en la cual el librador a la fecha de vencimiento debe tener fondos suficientes depositados a su orden en cuenta corriente o autorización para girar en descubierto.

BANCO $ ❶

serie 003 AGENCIA

Nº 00009706 DOMICILIO DE PAGO

030 / 018-1414 CPD

Cordoba______❷______de 19____

Páguese por

❸ este cheque a los ____ días de su presentación ante entidad autorizada a:____❹____

la cantidad de pesos:________❺________

CUENTA 1716/3 ❻

POLAK RAÚL

Piedras 105 - Cordoba

CUIT 30-12345678-9

❶ Importe expresado en números de pesos o dólares, según que el cheque corresponda a una cuenta habilitada en pesos ($) o en dólares estadounidenses (U$S).

❷ Fecha de emisión. Tiene el mismo vencimiento para el registro que el cheque común para su cobro, 30 o 60 días, según se libre en el país o en el extranjero.

❸ Plazo de diferimiento, que podrá ser de 30 a 360 días, y que comenzará a contarse a partir de la fecha en que el cheque sea presentado para su registro en un Banco Depositario o directamente ante el Banco Girado. Si se emitiera a menos de 30 días, valdrá por 30 días. Si se emitiera a más de 360 días valdrá por 360 días.

❹ Nombre del beneficiario o emitido al portador.

❺ Cantidad expresada en letras de pesos o dólares según la moneda en que esté habilitada la cuenta.

❻ Ubicación de la o las firmas. No se admiten más de tres (Reglamento, punto 1.2.1.8).

Anexo 3. Modelo do "Certificado Nominativo de Registración", bem como o procedimento para emissão e circulação deste título

Es un título de crédito, emitido por una entidad bancaria, girada o depositaria, de un cheque de pago diferido, a favor del beneficiario depositante del cheque, que a su vencimiento pagará el banco firmante, con prescindencia de la situación en que se encuentre la cuenta sobre la que se giró el cheque o el librador del mismo.

El certificado lo extenderá el Banco Girado, cuando el librador, con autorización suficiente, haya emitido el título, insertando al dorso con su firma la cláusula "para ser avalado por el Banco Girado" (ver p. 18, "Cursograma de CPD con Aval del Banco Girado").

El certificado será extendido por el Banco Depositario, cuando a solicitud del beneficiario del cheque de pago diferido ya registrado, este acepte retenerlo, emitiendo en su reemplazo el certificado con su aval (ver p. 19, "Cursograma de CPD con aval del Banco Depositario").

BANCO $ ❷

serie 003 AGENCIA

Nº 00009706 DOMICILIO DE PAGO

CERTIFICADO NOMINATIVO DE REGISTRACIÓN - CON AVAL -

SEGÚN EL/LOS CHEQUE/S DE PAGO DIFERIDO DEPOSITADO/S

030
018-1414

Cordoba____❶____de 19____

A FAVOR DE: __________ ❸ __________

la cantidad de pesos: __________

❹ ❺

PAGADERO AL VENCIMIENTO EL ___/___/___ POR ESTA ENTIDAD AVALISTA

❶ Fecha de emisión por parte del Banco.

❷ Importe en pesos o dólares, que se corresponde con el valor del cheque que lo originó.

❸ Nombre de la persona física o jurídica depositante del cheque y beneficiaria del certificado.

❹ Fecha en que será pagado por el Banco, contra su presentación ante el Banco firmante o mediante depósito en cualquier Banco del sistema (ver gráfico p. 18). La fecha se calcula agregando a la fecha de presentación a registro del cheque, los días de diferimiento que se establecen en el mismo.

❺ Firmas autorizadas de funcionarios del Banco.

!Atención!

Los certificados nominativos de registración son transferibles por endoso, sin límites, con la mismas formas y condiciones del cheque.

ASPECTOS ATUAIS DA DUPLICATA*

ROBERTO CALDEIRA BARIONI

1. Aspectos gerais. 2. O aceite na duplicata. 3. O protesto da duplicata sem aceite. 4. A duplicata simulada. 5. As duplicatas de serviços. 6. Duplicatas sacadas contra a Fazenda Pública. Conclusões.

1. Aspectos gerais

A duplicata é um título de crédito à ordem, resultante de uma operação de compra e venda de mercadorias ou de prestação de serviços.

Considerando-se que a compra e venda é o contrato mais importante do direito comercial,[1] sendo seu verdadeiro contrato típico,[2] não causa qualquer espanto que a duplicata tenha se tornado um dos títulos de crédito mais utilizados na economia brasileira, mormente por se tratar de um título de crédito de caráter empresarial, já que somente pode ser emitido em decorrência de uma operação de venda de mercadorias ou de prestação de serviços.

De outra parte, somente uma empresa regular pode sacar duplicatas, pois para sua validade é necessário que o título contenha certos dados da nota fiscal-fatura,[3] o que somente é possível se o empresário, individual ou coletivo, possui registro no Cadastro de Pessoas Jurídicas do Ministério da Fazenda, o qual, por sua vez, é uma decorrência da regularidade do empresário perante a Junta Comercial ou Registro de Pessoas Jurídicas, neste último caso se se tratar de sociedade civil de prestação de serviços. Tal exigência de regularidade é conseqüência da origem da duplicata, que surgiu da aliança do Comércio ao Fisco,[4] com a conhecida advertência de João Eunápio Borges de que tratou-se de uma vitória de Pirro do Comércio,[5] dada a forte motivação de finalidade fiscal e tributária de que tais títulos desde o início se revestiam.

Embora seja de emissão facultativa, se o empresário quiser sacar algum título em decorrência da compra e venda de mercadorias este terá de ser uma duplicata, não sendo admitida qualquer outra espécie de título para documentar o saque o devedor pela importância faturada ao comprador, na dicção do art. 2º da Lei 5.474/68.

Em suma, como ensina Waldirio Bulgarelli, a duplicata é um título de crédito formal, causal e suscetível de circular por

* Trabalho apresentado ao Curso de Pós-Graduação da FADUSP, 2º semestre de 1999, na disciplina Títulos de Crédito em Direito Comparado II, ministrada pelo Professor Mauro Rodrigues Penteado.

1. Fábio O. Penna, *Da Duplicata*, 2ª tir., Forense, Rio de Janeiro, 1954, pp. 26 e ss.

2. Carvalho de Mendonça, *Tratado de Direito Comercial*, l. VI, 2ª parte, n. 591.

3. Arts. 2º, II, e 3º da Lei 5.474/68.

4. Waldirio Bulgarelli, *Títulos de Crédito*, 15ª ed., Atlas, São Paulo, 1999, p. 423; João Eunápio Borges, *Títulos de Crédito*, 2ª ed., 5ª tir., Forense, Rio de Janeiro, 1975, p. 205, n. 225.

5. Ob. cit., p. 205.

endosso (à ordem), dotado de ação de execução, admitindo o aval e comportando o aceite.[6] Além de *formal*, a duplicata é um título *padronizado*, por expressa disposição de lei,[7] constando do respectivo formulário padrão[8] os campos próprios que somente podem ser preenchidos por empresários regulares.

2. *O aceite na duplicata*

O aceite completa a duplicata, tornando-a *independente*. Quando sem aceite, ela é *dependente* de outros documentos que a completem, que são o canhoto comprobatório de remessa e entrega de mercadorias e o instrumento de protesto por falta de aceite, documentos com os quais a duplicata é título executivo extrajudicial.

Tal qualidade nem sempre foi clara na lei, pois na redação anterior da Lei 5.474/68, Paulo Restiffe Neto, além de negar liquidez à duplicata sem aceite, mesmo acompanhada de comprovante de entrega de mercadoria,[9] ainda negava-lhe autonomia:

"Como falar em *autonomia* da duplicata não aceita, se *depende* de elementos externos, *não contidos* no título? Como se *reconhecer* o devedor, como tal, num título que não *contenha* a sua assinatura? Não há mais execução sem título — e título autônomo, que seja líquido, certo e exigível do devedor, nele reconhecido como tal. Exige-se, não há mais dúvida, para se reconhecer eficácia executiva à duplicata, isto é, para o reconhecimento da liquidez e certeza da obrigação cambial, o rigor da formalidade do aceite através da assinatura lançada no seu corpo."

Entretanto, a falta de aceite é uma forte característica da duplicata, acentuada hoje em dia, pelo largo uso das operações de desconto e de *factoring*, nas quais a existência do aceite é absolutamente uma exceção rara.

Não há que confundir *autonomia* com *independência*. Um título é *independente* quando não depende de outro documento que o complete,[10] o que sem dúvida ocorre com a duplicata contendo aceite do sacado, mas não com aquela que não contenha aceite. Esta última é dependente de outros documentos que a completem, que são o canhoto comprobatório de remessa e entrega de mercadorias e o instrumento de protesto por falta de aceite, conforme determina o art. 15 da Lei das Duplicatas. A duplicata sem aceite continua sendo duplicata, podendo circular por endosso. Precisamente deste fato surge um dos problemas da duplicata na atualidade: a duplicata simulada, que veremos abaixo.

A importância da duplicata nos dias que correm pode mesmo ser dimensionada pela enorme quantidade de capital emprestado com base em tais títulos, nas diversas operações bancárias possíveis, como as de desconto, nas quais o empresário espera poder honrar o pagamento dos títulos na ocasião de seu vencimento, sem que seja necessário ao endossatário apresentá-los ao sacado.

O fato de ser um título causal obviamente não retira da duplicata o seu caráter de título *autônomo*, pois pode ser endossado, nesse caso não havendo possibilidade de exceções pessoais aos terceiros de boa-fé.

3. *O protesto da duplicata sem aceite*

Muitos têm sido os problemas decorrentes da necessidade que tem o endossatário de boa-fé de protestar a duplicata sem aceite. O grande volume de duplicatas levadas a desconto bancário e a outras operações, numa economia de mercado cada vez mais diversificada e poderosa, levou ao abandono de velhas práticas, como a da

6. Ob. cit., p. 423.
7. Art. 27 da Lei 5.474/68.
8. Resolução BC 102, de 26.11.1968.
9. *Novos Rumos da Duplicata*, Ed. RT, São Paulo, 1974, pp. 51 e ss.

10. Ob. cit., p. 59.

existência de meios mecânicos de registro das duplicatas, e até mesmo levar-se a duplicata a aceite pelo sacado, o que ainda é uma obrigação do sacador,[11] de acordo com o art. 6º da Lei 5.474/68.

Constata-se que há muito tempo os bancos não exigem mais o aceite nas duplicatas, porque tal exigência seria incompatível com o volume de títulos descontados.[12]

Pela mesma razão também não se exige mais que a duplicata sem aceite esteja acompanhada do canhoto comprobatório da entrega da mercadoria, porque isto demandaria um tempo enorme não só do empresário que pretende descontar um título, como também do próprio banco que irá celebrar a operação de desconto, porque se exige de tais operações o maior dinamismo possível.

De outro lado, tais títulos não podem ser entregues em cópias, porque se exige a existência física do original para sua exigibilidade, como decorrência da cartularidade.

E agora não se exige mais nem mesmo a apresentação ao banco das duplicatas, substituídas que foram pelo chamado "borderô", de tão largo uso que alguns bancos chegaram a confundi-lo com os próprios títulos, a ponto de terem surgido alguns julgados para decidirem o óbvio ululante: "borderô" de duplicatas não é título executivo![13] Assim, também, chega-se a apresentar ao cartório de protestos um boleto bancário autorizando o protesto, que é tirado equivocadamente como sendo protesto por falta de pagamento, o que obviamente não basta para substituir a duplicata.[14] Nem sempre se toma o devido cuidado, admitindo-se os boletos bancários com cópias autenticadas das notas fiscais e comprovantes de entrega de mercadorias, sem observar-se se os protestos ocorreram na forma legal, ou seja, por indicações.[15]

Descontada a duplicata sem aceite, em caso de não pagamento pelo sacado e mesmo em sua recusa de aceitá-la, o sacador deve levar o título a protesto para garantir o seu direito de regresso, o mesmo ocorrendo com a duplicata simulada, como se verá a seguir.

São os seguintes os motivos pelos quais se leva a protesto uma duplicata, pelo art. 13 da Lei 5.474/68:

a) por falta de aceite;

b) por falta de devolução;

c) por falta de pagamento.

O portador não precisa protestar a duplicata para aparelhar execução contra o sacado. De outro lado, o protesto da duplicata pode ser necessário ao portador em quatro situações:

a) se a duplicata não contém aceite, a fim de se suprir tal declaração cambial para execução do título, na forma do art. 15, II, da Lei 5.474/68;

b) se o portador é endossatário, com a finalidade de assegurar seu direito de regresso contra o endossante, como determina o já citado art. 13, § 4º, da mesma Lei;

c) se o portador deseja requerer a falência do sacado, aceitante ou não, ou impedir o pedido de concordata preventiva deste, conforme preceitua o Decreto-lei 7.661/45, em seus arts. 1º, § 3º, 10 e 158, IV; e

d) se o portador deseja constituir em mora do devedor, com fito de cobrar-lhe os encargos correspondentes.

11. A duplicata é título que representa uma dívida *querable* e não *portable*. Assim sendo, o portador deve diligenciar na sua apresentação ao sacado, para tornar-se uma obrigação líquida e certa. Sobre a matéria, vide interessante acórdão do 1º TACivSP, 8ª C., rel. Alexandre Germano, *Boletim AASP* 1.628, 7 a 13.3.1990, p. 55.

12. Como já notava Theóphilo de Azeredo Santos, *Do Aceite*, 1ª ed., Forense, 1962, p. 67.

13. Acórdão REsp 58.075-SP, j. 19.5.1998, 4ª T. do STJ: "Os 'borderôs' de desconto de duplicatas" (relação de títulos que a emitente-cedente leva ao banco para desconto), ainda que acompanhado dos protocolos de remessa dos documentos para *aceite*, não constituem títulos de créditos hábeis a embasar o ajuizamento da execução (rel. Ministro Barros Monteiro).

14. *JTACSP-LEX* 161/136.

15. *JTACSP-LEX* 168/129

Em interessante artigo, Celso Barbi Filho observou que, embora o protesto possa ser tirado por falta de pagamento, aceite ou devolução, que, como visto, são de fundamentos distintos e com motivos e finalidades diferentes, alguns cartórios adotam a praxe incorreta de efetivar o protesto sempre pelos *três motivos ao mesmo tempo*: pagamento, aceite e devolução, que já vêm inclusive *impressos* nas certidões emitidas, que são meros formulários-padrão.

Tal procedimento, a princípio, simplifica as providências do credor leigo, que já obtém de uma vez todos os efeitos que poderia pretender com o protesto, até porque o apresentante muita vez nem sequer sabe tais diferenças de fins do protesto a ser tirado, o que poderia ser contornado pela orientação do cartório, já que este tem o dever de ser tecnicamente proficiente nos atos que realiza. Porém, prossegue Barbi, "cria outros problemas muito graves, em face da inadequação jurídica de um protesto fundamentado nos três motivos possíveis, quando ele só pode destinar-se a comprovar a obrigação cambial efetivamente descumprida. Tais problemas ocorrem, comumente, nos casos das chamadas duplicatas simuladas ou *frias*".[16]

4. *A duplicata simulada*

Sem embargo das dificuldades interpostas no caminho daquele que é portador de uma duplicata sem aceite, ainda há que ser levada em conta a questão das duplicatas simuladas.

É antiga a idéia da duplicata simulada, observando, a respeito, Theóphilo de Azeredo Santos, que "se as duplicatas, nos termos expostos, são simuladas, não são duplicatas. Duplicatas simuladas são como moedas falsas. Se não são duplicatas a elas não se aplicam os dispositivos da lei cambiária".[17] O raciocínio é antigo como a própria duplicata e já se escreveu sobre ele, concluindo-se, modernamente, que, como já vimos, não se trata de documento nulo, mas ineficaz, em face do princípio da autonomia das declarações cambiárias. É que é possível aval e endosso nos títulos mesmo que não preencham os requisitos legais essenciais, e nesse caso o título circulará e poderá ser usado contendo as citadas declarações cambiárias, que são válidas. Daí falar-se em ineficácia e não em nulidade, pois o que é nulo não pode produzir efeitos na esfera jurídica.

O *Superior Tribunal de Justiça* decidiu que pode ser sustado o protesto e anulada a *duplicata* sem *aceite* que esteja esvaziada de seu conteúdo causal, por não ter sido consumado o negócio subjacente, mas com a ressalva em ordem a assegurar o direito de regresso do endossatário de boa-fé (REsp 95.605-SP, j. 29.10.98, 4ª T., rel. Ministro César Asfor Rocha, recurso parcialmente conhecido e, nessa parte, parcialmente provido).

Na verdade, trata-se de *ineficácia* e não de anulação. A duplicata simulada, quando endossada — e sua criação e existência somente têm sentido exatamente para a finalidade de ser transferida — acarreta o direito de regresso ao endossatário, que pode voltar-se contra o sacador quando vê frustrada sua cobrança. Mas é muito comum no foro juízes e advogados empregarem equivocadamente o termo "anulação" para a duplicata simulada.

O STJ, pois, tem assegurado o direito de regresso, mas não é muito claro sobre como tal finalidade será assegurada. Aparentemente, deixa-se assentado apenas na decisão judicial e não na forma prescrita na lei, ficando o protesto daquele título, cuja ineficácia foi decretada (embora sob o nome de "anulação"), definitivamente afastado.

Trata-se de verdadeiro poder legislativo exercido pelo judiciário, pois a lei é

16. "Protesto de duplicata simulada e procedimentos judiciais do sacado", *RT* 754/45-71, especialmente pp. 50 e ss.

17. Ob. cit., p. 69.

clara ao dispor que, para garantir o direito de regresso contra o sacador, o portador tem que protestar o título no prazo de 30 dias. A decisão judicial aqui acaba substituindo o instrumento que prova o registro do protesto, para o fim de garantir-se o direito de regresso do endossatário contra o sacador.

O protesto para assegurar direito de regresso contra o endossante é obrigatório e tem até prazo de realização, devendo efetivar-se em trinta dias do vencimento da duplicata, na forma do citado art. 13, § 4º, da Lei de Duplicata.

Também no acórdão proferido no REsp 148.289-RS, por unanimidade, que mesmo "endossada a *duplicata*, é de impedir-se o protesto, uma vez reconhecida a inexistência da obrigação do sacado para com o emitente. Em tal hipótese, entretanto, cumpre fazer ressalva, em ordem a assegurar o direito de regresso contra o endossante". Deu-se, pois, interpretação ao art. 13, § 4º, da Lei das Duplicatas neste sentido, o de que o protesto é necessário, mas não se pode prejudicar o sacado, que nada comprou, não havendo contrato de venda e compra de mercadorias, nem mesmo verbal, inexistindo fatura (29.6.1998, 3ª T., rel. Ministro Carlos Alberto Menezes Direito).

Contudo, é equivocada *data venia* a conclusão de que não se pode protestar o título contra o sacado. Primeiro, porque o protesto não é tirado *contra* alguém. O protesto é *registrado*,[18] extraindo-se do registro o respectivo instrumento para entrega ao apresentante, a fim de que este possa provar a inadimplência e o descumprimento de obrigação originada no título ou outro documento de dívida.[19] Entretanto, tratando-se de duplicata simulada o sacado não tem nenhuma obrigação pelo título e será *vitimado*[20] pelo registro do seu nome no protesto da cártula, pelo que impõe-se dar uma solução verdadeiramente jurídica à questão, e não meramente casuística, porque muitas injustiças acabam ocorrendo por falta dela.

A expressão *protestar contra* provém da praxe entre nós de extrair-se dos atos praticados nos cartórios de protestos as informações para formar-se um juízo de valor sobre a qualidade moral de determinada pessoa, que possa ser considerada idônea a contrair empréstimos e obrigações comerciais em geral.

"Idôneo" é, para começar, quem nunca teve título protestado, e depois quem nunca deu um cheque sem fundos, e assim por diante. Daí, um empresário que tenha em seu nome algum título protestado terá enormes dificuldades.

Conclui Barbi, em seu interessante estudo, que "em suma do exposto, verifica-se que toda a polêmica aqui analisada decorre, na verdade, de uma distorção do sentido técnico-jurídico do protesto que, inexistindo aceite no título, nenhuma conseqüência traz para o sacado.

"Mas, conforme demonstrado, se o título simulado é enviado antes do vencimento para aceite pelo devedor, sua não devolução tempestiva na forma e prazo do art. 7º, da Lei 5.474/68, autoriza ao portador-endossatário promover legitimamente o protesto por falta de aceite, antes do vencimento da cártula, na forma do art. 21, § 1º, da Lei 9.492/97, o que não deveria dar ao sacado direito a qualquer pleito, declaratório ou indenizatório contra o portador.

"Todavia, a prática não tem prestigiado essa solução (reconhecida até pelo STF), em vista dos efeitos comerciais do protesto cambiário."

Muito embora a finalidade do protesto não seja causar distúrbios econômico-financeiros a quem quer que seja, o fato é que ter um título apontado em cartório de protestos é o melhor caminho para o corte de crédito bancário e até para a falência, de modo que é necessário encontrar-se caminho seguro para que se evitem os excessos causados pelo protesto indevido. A melhor

18. Arts. 3º; 10, § 1º; 12; 20; 22 e 23 da Lei 9.492, de 10.9.1997.

19. Art. 1º da Lei 9.492/97.

20. Barbi, cit., p. 51.

solução seria a lei, mas enquanto ela não vem, os tribunais que cuidem de evitar problemas tanto ao sacado como ao endossatário.

A melhor interpretação dos arts. 13, § 4º, e 14, da Lei das Duplicatas, é aquela que os harmonize com os dispositivos da atual Lei vigente sobre protestos, que é a Lei 9.492, de 10.9.1997. Assim, considerar-se-á, sempre que a duplicata for simulada, que o "protestado" é o sacador, contra quem, afinal, voltar-se-á o endossatário, sem a necessidade de discussões caras e inúteis em longas ações declaratórias.

Aliás, o *Primeiro Tribunal de Alçada Civil de São Paulo* já assim decidiu, embora sem atentar para a ora mencionada harmonização, em caso que se amolda à hipótese ora aventada, na apelação 0684934-3, de Sorocaba (em julgado da 1ª Câmara Extraordinária B, j. 17.6.1998, sendo relator o Juiz Henrique Nelson Calandra), no sentido de que, ante à ausência de comprovação da entrega da mercadoria, caracterizava-se a relação cambial autônoma e independente entre endossante e endossatário.

O Tribunal, então, autorizou o protesto em relação à sacadora, mandando omitir o nome da sacada, para o que a ação declaratória de nulidade de cambial ajuizada pela sacada foi julgada improcedente, mantendo-se, todavia, a inexigibilidade da cártula.

Alguns outros interessantes aspectos da duplicata simulada merecem hoje em dia o devido aprofundamento, principalmente no que se refere aos aspectos penais, os quais deixam de ser aqui tratados, tendo em vista a finalidade do trabalho.

De outra parte, o protesto pode ser sustado, agora com um pouco mais de dificuldade, porque a atual Lei 9.492/97 passou a determinar a contagem do prazo de três dias para o protesto a partir da protocolização do título ou documento de dívida,[21] o que dá pouca margem de manobra ao advogado que necessita da obtenção de uma liminar na medida cautelar inominada, que a praxe convencionou chamar de "medida cautelar de sustação de protesto". A obtenção de uma liminar, como se sabe, pode ser muito difícil, dado que os juízes, o mais das vezes, exigem a caução em dinheiro como condição para a não revogação da liminar concedida, e em geral com o prazo de três dias.

Em todo caso, parece que hoje em dia chegou-se ao consenso de que o juiz, por ter um amplo poder geral de cautela, pode exigir caução em dinheiro, real ou fidejussória, ou mesmo dispensá-la em certos casos. Quando se trata de duplicata simulada, muitas vezes é fácil ao juiz convencer-se da existência da fraude como nos casos de compras exageradas feitas por grandes lojas a pequenos empresários.

Impor-se sempre a caução contra a cautelar em dinheiro, implica o mais das vezes na inviabilidade prática do exercício do direito à ação cautelar. Se for verossímil a alegação de saque da duplicata sem causa, só com o aprofundamento da prova justificar-se-ia o rigor da imposição de caução contra cautelar em dinheiro.[22]

5. As duplicatas de serviços

As duplicatas de serviços têm se constituído em verdadeiro tormento aos seus emitentes, dadas as peculiares da relação entre quem toma os serviços e quem os presta.

No acórdão proferido no recurso de apelação cível, a 9ª Câmara do 1º TACivSP decidiu que a duplicata em que falta aceite, em saque decorrente de prestação de serviço, depende da existência do contrato respectivo, que é requisito indispensável à emissão da duplicata (processo 0512065-2, de São Paulo).[23]

21. Art. 12.

22. É o que decidiu o 1º TACivSP, em *RT* 759/257.

23. Relator Roberto Caldeira Barioni, *JTACSP-Lex* 152/69.

Por sua vez, decidiu, na apelação 0780841-9, de São Paulo, a 2ª Câmara do mesmo Tribunal, que a duplicata de prestação de serviços não precisa de prévia contratação *por escrito*, de acordo com o art. 20, § 3º, da Lei 5.474/68. Contudo, decidiu o Tribunal pela inexistência, nos autos, de provas plenas do valor devido, sendo o referido título ilíquido, pelo que houve o reconhecimento da inviabilidade do saque e impossibilidade do protesto (j. 21.10.1998, relator Salles de Toledo).

De qualquer forma, é preciso que haja a contratação e que dela haja qualquer prova do vínculo contratual que a autorizou,[24] porque o art. 20, § 3º, da Lei das Duplicatas exige tal comprovação, assim como da efetiva prestação dos serviços, o que somente pode ocorrer através de documentos.

Na prestação de serviços, o maior entrave ao aceite ou à assinatura de documento que prove a efetiva execução é precisamente a falta de organização adequada dos próprios prestadores, que, mal orientados, terminam o serviço e depois não conseguem a assinatura de quem representa o locatário dos serviços, como nas obras de construção civil. Além da medição da obra, ainda há a questão da qualidade dos serviços, que por vezes fica para depois da conclusão de toda a obra, para só então surgir o conflito.

Carlos Fulgêncio da Cunha Peixoto não acreditava que a duplicata de prestação de serviços pudesse dar certo, tendo em vista os inconvenientes de ordem prática que poderiam surgir,[25] como na medição de serviços de obras de construção, por exemplo. De fato, a própria fatura é facultativa na lei da duplicata às empresas prestadoras de serviços, o que dá bem idéia da dificuldade que certos setores de serviços experimentam, o que se reflete na segurança do título que poderá ser criado.

24. Waldirio Bulgarelli, ob. cit., p. 431.

25. "Comentários à Lei das Duplicatas", 1ª ed., 1970, Forense, Rio de Janeiro, n. 163, p. 184.

6. *Duplicatas sacadas contra a Fazenda Pública*

Recentemente, veio à baila a questão da possibilidade de uma execução por título extrajudicial contra a Fazenda Pública, que sempre teve o privilégio de somente pagar mediante a formalização do precatório oriundo do processo em que se discutiu a dívida.

Uma vez formada a carta de sentença, se a execução não for nos próprios autos, o juiz remete o pedido do exeqüente ao Presidente do Tribunal de Justiça do Estado, que, por sua vez, organiza tais processos expedindo-se os precatórios, que nada mais são do que requisições do Poder Judiciário ao Poder Executivo, para que pague a quantia a que foi condenado. Tais precatórios obedecem a uma determinada ordem, que não pode ser quebrada.

De fato, a Constituição Federal de 1988 manteve tal privilégio, além de que o sistema constitucional de controle do dinheiro público tornou-se mais forte ainda, pois pode ser alvo de revisões motivadas pela largueza do princípio da moralidade da Administração Pública, em nome do qual várias questões andam sendo ventiladas, devido a certos abusos na avaliação de várias indenizações devidas pelo Estado.

Em recente decisão, o *Primeiro Tribunal de Alçada Civil de São Paulo* decidiu, na apelação 0752512-2, de Limeira, através de sua 8ª Câmara (j. 25.11.1998, relator Juiz José Araldo da Costa Telles), que é cabível a execução por título extrajudicial, mais precisamente a duplicata emitida por prestação de serviços, contra a Fazenda Pública. Entenderam os juízes que não ocorria a vulneração do art. 100 da Constituição Federal, que prevê o citado privilégio de só pagar mediante o precatório.

Nas Varas da Fazenda Pública da Capital de São Paulo já há menor resistência dos juízes em admitirem a inicial de uma execução por título executivo extrajudicial contra a Fazenda Pública.

Nada impede a emissão de duplicatas contra a Fazenda Pública que contratou o fornecimento de mercadorias ou a prestação de serviços. A lei das duplicatas qualifica apenas o sacador da duplicata, que deve ser o vendedor das mercadorias ou o prestador de serviços. Em suma, para utilizar-se a expressão correta, apenas o empresário e o profissional liberal podem sacar duplicatas.

A outra parte, contudo, que é o comprador, poderá ser pessoa física ou jurídica, empresário ou não empresário.

Portanto, nada impede o saque da duplicata contra a Fazenda Pública, nem a execução desta por título extrajudicial, desde que sejam observadas, na contratação, as normas de direito público pertinentes às licitações em geral, bem como, nas medidas judiciais tendentes à cobrança, sejam observados os dispositivos processuais em vigor.

Conclusões

Resumindo o exposto, vê-se que em decorrência do dinamismo dos negócios, surgem novos problemas trazendo polêmicas em torno do *títolo principe brasiliano*, na conhecida qualificação de Ascarelli, impondo-se sejam feitas constantes análises em torno dos temas que vão surgindo.

No caso do protesto de duplicatas sem aceite, é necessário uma revisão nas leis, de modo que não sejam mais necessários provimentos como o de n. 30/97, da Corregedoria-Geral da Justiça de São Paulo, que, embora seja moralizador e muito bem editado, de modo a evitar abusos, na verdade está ocupando o espaço da lei.

O protesto de uma duplicata simulada não pode atingir o sacado de modo algum, porque sua emissão nenhuma conseqüência jurídica traz àquele que nela figura como devedor.

No tocante às duplicatas de prestação de serviços, conclui-se que sua problemática emissão deveria ser sempre precedida de contrato escrito e faturas melhor elaboradas do que aquelas que muitas vezes as empresas do setor utilizam. Canhotos comprobatórios de execução de serviços ou outros documentos que a comprovem deveriam obedecer a padrões preestabelecidos, ainda que fossem em lei de natureza fiscal, aliás inspiradora do próprio surgimento da duplicata.

Finalmente, quanto ao último ponto enfocado, não há dúvida de que é possível a emissão de duplicatas contra pessoas jurídicas de direito público interno, desde que na contratação sejam obedecidos à risca os preceitos legais pertinentes às licitações, observado ainda o requisito constitucional da moralidade administrativa, sob pena de ineficácia executiva.

Espaço Discente

LIMITES DE EFETIVIDADE DO DIREITO SOCIETÁRIO NA REPRESSÃO AO USO DISFUNCIONAL DO PODER DE CONTROLE NAS SOCIEDADES ANÔNIMAS

RICARDO FERREIRA DE MACEDO

1. Introdução. Dissociação entre propriedade e poder de controle empresarial e suas conseqüências no plano econômico-comportamental: o problema das refrações decisórias intra e extrasocietárias. 2. Refrações decisórias no plano intrasocietário e sua gradação nas diversas formas de configuração do poder de controle empresarial: 2.1 Poder de controle e sua alocação na estrutura interna das sociedades anônimas; 2.2 Tipologia do poder de controle e identificação dos centros de poder decisório nas sociedades anônimas; 2.3 Gradação da potencialidade de refrações decisórias intrasocietárias em cada uma das hipóteses de configuração do poder de controle; 2.4 O problema das refrações decisórias intrasocietárias no perfil das sociedades anônimas abertas brasileiras. Análise crítica dos mecanismos da vigente lei acionária para sua correção; 2.5 Modelos alternativos de correção de refrações decisórias intrasocietárias. 3. Refrações decisórias no plano extrasocietário. O princípio da função social da propriedade e sua aplicabilidade no plano empresarial: 3.1 Algumas considerações preliminares; 3.2 O conteúdo do princípio e o problema de sua indeterminação; 3.3 Mecanismos indutivos à observância do princípio da função social da propriedade. 4. Conclusões. Da necessidade de construção de um direito empresarial público.

1. Introdução. Dissociação entre propriedade e poder de controle empresarial e suas conseqüências no plano econômico-comportamental: o problema das refrações decisórias intra e extrasocietárias

Os estudos fenomenológicos sobre o comportamento dos agentes econômicos, desde os mais elementares, como a lei da oferta e da demanda, até os mais sofisticados, como a teoria dos jogos, ao esboçarem modelos de compreensão da lógica que rege a atividade econômica, prescindem, no mais das vezes, da análise de dados fundamentais, principalmente de ordem psicológica, ínsitos a qualquer fenômeno humano, o que conduz a uma imprecisão analítica que, ademais, é típica de qualquer ciência social.[1]

1. Esta imprecisão natural dos modelos lógicos de comportamento econômico, no que tange exatamente à sua eficiência em explicar tal comportamento, foi apontada pelo próprio Pareto, ao aduzir que "os homens seguem seu sentimento e seu interesse, mas agrada-lhes imaginar que seguem a razão; também procuram, e encontram sempre, uma teoria que, *a posteriori*, dá certa cor lógica a suas ações" (Vilfredo Pareto, *Manual de Economia Polí-*

A adoção do princípio hedonista como dado psicológico fundamental nos modelos econômicos, que partem invariavelmente da convicção de que o agente econômico, jogando racionalmente, visa sempre a uma maximização de resultados, acaba por estabelecer como que um denominador comum comportamental que concede ao economista vênia para prescindir da análise de quaisquer outros elementos psicológicos ou, mais amplamente, subjetivos, determinantes do comportamento dos agentes de mercado.

Inobstante a clara impossibilidade científica de predição ou sistematização de todos os dados aptos a influenciar o comportamento econômico, certas percepções não podem ser olvidadas na análise de tal comportamento.

Uma dessas percepções, talvez a mais óbvia de todas, diz respeito às profundas alterações na estrutura da propriedade dos bens de produção ensejada pela vulgarização do modelo das sociedades anônimas na economia moderna.

Com efeito, enquanto a unidade econômica típica do século XIX tinha seu capital constituído pela riqueza de um ou de poucos indivíduos, concentrando-se, nas mãos desses, a propriedade do capital, o controle sobre ele e, como contrapartida, o risco inerente à atividade econômica a que se propunham, as unidades econômicas típicas do capitalismo atual agregam a riqueza de dezenas ou centenas de milhares de indivíduos, que detêm, cada qual, a propriedade de frações do capital destas unidades e, portanto, frações do risco da atividade por elas exercida, enquanto o controle é detido por um indivíduo ou grupo determinado, alheio ou relativamente alheio ao risco empresarial.

A dissociação entre a propriedade e o controle sobre o capital, apontada pioneiramente por Marx, e a conseqüente dissociação entre controle e risco, fenômenos devidos, ao menos do ponto de vista de sua operacionalização, à tecnologia jurídica consubstanciada no modelo das sociedades por ações, ensejaram profundas modificações na lógica da tomada de decisões pelos agentes empresariais.

Tal percepção chega a ser intuitiva. Enquanto na empresa individual e em sociedades com poucos sócios, a esfera decisória permanece no âmbito da vontade dos proprietários do capital (sobre os quais incide diretamente o risco da atividade econômica), na estrutura produtiva organizada sob a forma de S/A, a esfera decisória[2] sai do âmbito da vontade dos proprietários e passa ao âmbito da vontade dos controladores, que podem deter parcela ínfima do capital da sociedade (e, portanto, do risco empresarial) e administradores da empresa (estes últimos, em regra, alheios a esse risco).

As notas psicológicas e os critérios que orientam a avaliação de risco são, evidentemente, diversos num caso e noutro. A análise de riscos tende a ser naturalmente mais rígida nas unidades econômicas em que há coincidência entre propriedade e controle, enquanto, nas unidades em que não há tal coincidência, a análise de riscos pelos controladores e administradores tende a ser menos responsável.

Mas a potencial distorção no mecanismo decisório-empresarial ensejada pela aludida dissociação entre propriedade e controle não se resume a problemas de rigor

tica, v. I, trad. João Guilherme Vargas Netto, São Paulo: Abril Cultural, 1984, p. 74).

2. O que genérica e atecnicamente denominamos "esfera decisória" engloba, indistintamente, a competência da assembléia geral da sociedade (onde se manifesta o poder decisório do controlador) e dos órgãos de administração da mesma, que tendem a representar uma espécie de prolongamento operacional da atuação do controlador, salvo nos casos, adiante analisados, de controle gerencial. Não se ignora, aqui, a diferença entre as esferas deliberativa e administrativa, nem tampouco a possibilidade de conflito entre ambas. Todavia, o foco da análise ora desenvolvida centra-se na potencialidade de conflitos entre detentores do poder decisório, amplamente considerado (i.e., no âmbito administrativo e deliberativo), e os proprietários alheios a esse poder.

na análise de riscos, mas estende-se aos próprios objetivos visados em cada decisão.

Enquanto nas unidades em que há coincidência entre propriedade e controle, é razoavelmente sustentável (e os modelos econômico-comportamentais garantem, em certa medida, essa razoabilidade) que a tomada de decisões visa à maximização de resultados no emprego do capital, nas unidades em que não há essa coincidência, os fins visados pelos detentores do controle podem não se pautar na maximização de resultados, já que tais resultados, sejam positivos ou negativos, têm mais impacto na esfera de interesses dos proprietários do que na esfera de interesses dos controladores, que detêm o poder decisório.

Isto não significa, evidentemente, que o controlador deixará de agir hedonisticamente; ao contrário, ele continuará tendendo a agir visando a maximização de seus interesses. O que o fenômeno da dissociação entre propriedade e poder provoca é um potencial afastamento entre os interesses do controlador e os dos proprietários do capital, afastamento que cria uma situação de potencial distorção ou refração decisória na condução da atividade das unidades econômicas em que se verifica a aludida dissociação. As decisões, que normalmente visariam a maximização dos resultados no emprego do capital refratam-se, tendendo a se direcionar ao atendimento dos interesses do controlador.

Esta situação de potencial distorção decisória na atividade empresarial moderna, embora não tenha despertado, até aqui, suficiente interesse entre os juristas, que se limitam a abordá-la a partir de uma prévia polarização valorativa "controlador *versus* minoritários", sem atentar para o substrato econômico deste potencial conflito, foi, já há algum tempo, bem apreendida pelos estudiosos da ciência econômica.

Nada obstante a existência de trabalhos tecnicamente mais sofisticados, principalmente no curso das últimas duas décadas, nas quais os problemas de *agency* parecem ter adquirido relevância na pauta dos economistas, merecem destaque, por sua extrema acessibilidade,[3] as considerações de Galbraith acerca do tema, divulgadas na segunda metade da década de 60.

Aduz o referido economista que "os membros da tecnoestrutura não recebem os lucros que eles maximizam. (...) Por conseguinte, se se tem de manter o empenho tradicional de maximização de lucros, os membros devem estar dispostos a fazer para outros, especificamente para os acionistas, o que lhes é proibido fazer para si. (...) A vontade de auferir lucros é, à semelhança do ato sexual, um instinto básico. Mas ao mesmo tempo (...) esse impulso não opera na primeira pessoa e sim na terceira. Destaca-se o 'eu' e manifesta-se em favor de pessoas desconhecidas, anônimas e destituídas de poder, as quais não têm a mais leve noção de que seus lucros possam estar na realidade sendo maximizados. Levando mais longe a analogia, tem-se que imaginar que um homem heterossexual forte, cheio de vida e seguro de si se abstém das mulheres bonitas e disponíveis que o cercam de perto, a fim de maximizar as oportunidades de outros homens, de cuja existência sabe apenas por ouvir dizer. Tais são os fundamentos da doutrina da maximização quando existe plena separação entre o poder e a recompensa".[4]

Assim, dada a aludida potencial divergência de interesses entre detentores do poder e detentores da propriedade, os dados psicológicos determinantes do processo decisório, analiticamente indiferentes no âm-

3. A coexistência de acessibilidade e precisão técnica é o aspecto fascinante da obra de Galbraith e da própria postura deste autor em face do papel do cientista econômico. É célebre sua anotação de que "a Economia não pode ser avaliada apenas pela elegância teórica de suas regras, o refinamento de sua fórmulas, o intrincado de sua matemática ou geometria, mas muito mais para a solução de problemas importantes". A crítica é de ser absorvida pelos juristas.

4. John Kenneth Galbraith, *O Novo Estado Industrial*, trad. Leônidas Gontijo de Carvalho, São Paulo: Nova Cultural, 1985, p. 97.

bito das empresas individuais e das pequenas sociedades, tornam-se analítica e juridicamente relevantes no que tange as sociedades em que ocorre dissociação entre a propriedade e o controle.

Na mera potencialidade de conflito de interesses acima aludida é que reside o objeto das normas tendentes a balizar a conduta dos controladores e dos administradores das sociedades anônimas.

Tais normas, geralmente descritas sob as rubricas algo contaminadas ideologicamente (repressão ao abuso do poder de controle, proteção ao acionista minoritário etc.), visam simplesmente a correção da potencial e natural *refração decisória* ocasionada pela dissociação entre propriedade e controle, refração que, potencialmente, tende a desviar o foco das decisões em uma empresa, afastando-o dos interesses de seus proprietários e aproximando-o dos interesses de seus efetivos controladores e/ou administradores.

Depurado o óbvio, isto é, identificado o problema em sua essência, qual seja, a potencial distorção decisória nas unidades econômicas em que propriedade e controle encontram-se dissociados, intui-se, imediatamente, as primeiras deficiências em sua vigente normatização, deficiências dentre as quais se destaca a indiferença do legislador à gradação do fenômeno da refração decisória.

Como apontaram Berle e Means, clássicos monografistas da matéria aqui investigada, a separação entre propriedade do capital e controle sobre o mesmo pode ocorrer em vários níveis, acentuando-se na razão direta do aumento da dispersão acionária da empresa.[5]

Nesta gradação do fenômeno da dissociação entre propriedade e controle (e a decorrente gradação do fenômeno da potencial refração decisória) reside o substrato dos estudos que desenvolveram a chamada tipologia do poder de controle das sociedades anônimas. Tais estudos, relativamente sedimentados na doutrina e ainda indiferentes ao legislador, mostram que o fenômeno do poder de controle, longe de ser um fenômeno homogêneo, apresenta formas diversas de configuração.

Embora a olhos menos atentos à fenomenologia societária a forma majoritária possa parecer o único meio de configuração do poder de controle empresarial, a realidade da economia interna das sociedades anônimas aponta para outras formas de constituição da situação de controle, sendo, ademais, inegável que a potencialidade de conflito de interesse entre os ocupantes da esfera decisória da sociedade e os acionistas não controladores da mesma desenvolve-se de forma peculiar em cada uma destas formas.

Dessa constatação decorre, naturalmente, a necessidade da adoção de mecanismos próprios e individualizados de correção das distorções decisórias em cada uma das formas de configuração da situação de controle, necessidade, até hoje, ignorada pelo legislador e, em certa medida, por grande parte dos autores que se detiveram no estudo da proteção aos acionistas minoritários.

As distorções decisórias acima apontadas dizem respeito apenas a refrações internas ao prisma do capital (aqui denominadas refrações decisórias intrasocietárias), isto é, ao afastamento dos fins visados nas decisões empresariais dos interesses dos proprietários do capital alheios ao controle.

Em um sistema econômico estritamente liberal, esta seria a única distorção a ser juridicamente sanada. Todavia, supondo que a Constituição Federal ainda esteja vigente, inobstante o ambiente político desta última década apontar em sentido contrário, a atuação dos agentes econômicos empresariais não deve ser direcionada apenas em função dos interesses do capital, mas, também, e, aliás, primordialmente, em fun-

5. Cf. Adolf Berle e Gardiner C. Means, *A Moderna Sociedade Anônima e a Propriedade Privada*, trad. Dinah de Abreu Azevedo, São Paulo: Abril Cultural, 1984, p. 35.

ção do interesse da coletividade. É o que impõe o art. 170, III, da Carta Constitucional e, no plano ordinário, os arts. 116, parágrafo único e 154 da Lei das Sociedades por Ações.

Assim, ao direito cabe não só a correção das refrações decisórias internas ao prisma dos interesses do capital, mas, também, a correção das refrações decisórias externas a este prisma, isto é, a correção do afastamento entre os fins visados nas decisões empresarias e os interesses da coletividade, que devem ser observados por força do princípio da função social da propriedade.

As normas tendentes a balizar a conduta de controladores e administradores das sociedades anônimas devem ser efetivas nos dois planos, intrasocietário e extrasocietário, acima apontados.

Não se deve ignorar, ademais, a possibilidade de conflito entre esses dois planos de direcionamento das decisões empresariais. A resolução de tal conflito dependerá de uma ponderação, caso a caso, ponderação esta que, todavia, não poderá partir de uma pré-concepção que sobreponha aprioristicamente o plano extrasocietário ao intrasocietário.[6]

Não há, como poderia parecer, uma correspondência entre a contraposição extrasocietário/intrasocietário e a clássica contraposição interesse público/interesse privado. Ao contrário, o plano de interesses intrasocietário adquire modernamente conotação de interesse público, na medida em que as macroempresas captam recursos junto à poupança popular, via mercado de capitais. Assim, quando se fala no plano de interesse intrasocietário, fala-se na preservação de interesses do público investidor em geral e de investidores institucionais, que adquiriram um papel de extrema relevância na economia moderna.

A malha normativa tendente a balizar a conduta dos controladores e administradores deve se ater, portanto, ao direcionamento das decisões empresarias em função dos dois planos de interesse apontados. O afastamento das decisões empresariais destes planos de interesse constitui reprimível uso disfuncional do poder de controle, claramente classificado em nosso ordenamento como um poder-dever (ou um direito-função, na terminologia adotada por Comparato[7]), que, como tal, deve ser exercido não em função do interesse de seu titular, mas em função dos interesses aos quais o ordenamento jurídico vincula esse poder.

A efetividade das normas direcionadas à conduta dos administradores e controladores no sentido de sua vinculação a ambos os planos de interesse *retro* apontados será objeto do presente estudo.

2. *Refrações decisórias no plano intrasocietário e sua gradação nas diversas formas de configuração do poder de controle empresarial*

2.1 *Poder de controle e sua alocação na estrutura interna das sociedades anônimas*

Em sua essência, depurada na clássica obra Ferri, o poder de controle sobre uma

6. Tal afirmação não requer a vênia para discordar das clássicas posições de Rathenau e Merrick Dodd, divulgadas, respectivamente, na Alemanha, no período entre-guerras, e nos Estados Unidos, em plena crise de 1929, posições que admitiam a aqui afastada contraposição entre os interesses intrasocietários e o interesse público. A diferença contextual entre a posição aqui sustentada e as mencionadas posições justifica, por si só, sua diferença textual, não porque se negue, hoje, a supremacia do interesse público, mas porque o interesse do público investidor (nitidamente, interesse intrasocietário) integra, no atual contexto de necessidade de moralização do mercado de capitais e da aplicação de recursos captados junto à poupança popular, o âmbito do interesse público.

7. Com habitual precisão, afirma o citado autor: "(...) a todo poder correspondem deveres e responsabilidades próprias, exatamente porque se trata de um *direito-função*, atribuído ao titular para a consecução de finalidades precisas. Assim também no que diz respeito ao poder de controle, na estrutura da sociedade anônima" (cf. Fábio Konder Comparato, *O Poder de Controle na Sociedade Anônima*, Rio de Janeiro: Forense, 1983, p. 294).

sociedade consubstancia-se em uma situação fática em razão da qual um sujeito é capaz de marcar com sua própria vontade a atividade econômica desta sociedade.[8]

Seria, portanto, a situação de controle uma situação de predomínio da vontade de uma pessoa ou grupo determinado sobre a esfera decisória da sociedade.

Entretanto, como já aludido, a esfera decisória de uma sociedade anônima divide-se, por força da própria lei, em, pelo menos, dois níveis distintos: o da assembléia geral, à qual é atribuída a competência para "decidir todos os negócios relativos ao objeto da companhia e tomar as resoluções que julgar convenientes à sua defesa e desenvolvimento" e, dentre outras atribuições, "eleger ou destituir, a qualquer tempo, os administradores e fiscais da companhia" (arts. 121 e 122 da Lei das S/A); e o da diretoria, a quem compete as decisões negociais diárias atinentes à consecução do objeto da companhia e à execução das metas e deliberações estabelecidas pela assembléia geral.

A esses dois órgãos soma-se (necessariamente, no caso das companhias abertas, companhias de capital autorizado e sociedades de economia mista e, eventualmente, no caso das companhias fechadas de capital não autorizado) um terceiro, o conselho de administração, órgão que, recentemente, é alvo da constante atenção dos autores que vêm se detendo em estudos de *corporate governance*. A esse órgão compete, segundo o art. 142 da Lei das S/A, dentre outras atribuições, a fixação da orientação geral dos negócios da companhia, a eleição e destituição de diretores e a fiscalização da atuação dos mesmos, atribuições, portanto, que inexistindo o conselho de administração, caberão à assembléia geral.

Vê-se, pois, que as decisões acerca da atividade econômica de uma sociedade anônima podem manifestar-se em três níveis distintos, conforme a natureza da decisão. A rigor, portanto, o controle sobre uma sociedade requer o controle sobre os três níveis de sua esfera decisória.

Tal unidade de controle é fática e juridicamente viável, em razão do disposto no art. 122, II da Lei Acionária, dispositivo que atribui aos cargos de administração da sociedade anônima (em seus dois níveis: diretoria e conselho de administração), conotação semelhante à dos cargos em comissão, instituto de direito administrativo.

Com efeito, a possibilidade de demissão *ad nutum* dos administradores da sociedade reduz tais órgãos a cargos de confiança a serem preenchidos pela assembléia geral. E, na medida em que, em virtude do princípio majoritário, o controlador, licitamente, impõe sua vontade à assembléia geral, os ocupantes dos cargos de administração acabam, pela própria lógica da lei, por reduzirem-se a extensões operacionais da vontade do controlador.

Por isso, o controle sobre a assembléia geral significa, ainda que indiretamente, o controle sobre toda a esfera decisória da sociedade, assertiva, aliás, bem sintetizada por Ascarelli, que definiu o poder de controle como "a possibilidade de uma ou mais pessoas imporem a sua decisão à assembléia da sociedade".[9]

Inobstante a obviedade da conclusão aduzida no parágrafo anterior, o desenvolvimento analítico que a ensejou traz uma consideração de extrema importância, usualmente ignorada ou relegada a segundo plano: a predominância da vontade do controlador sobre os órgãos de administração não

8. *Apud* Comparato, cit., p. 93. No mesmo sentido, a tese sustentada por Pasteris: "possiamo quindi parlare, in senso generale, di controllo, ogni qualvolta un soggeto, in virtù di una particolare situazione di predominio, comunque essa derivi, sia in grado di influenzare stabilmente la volontà di un altro soggeto e di indirizzarla nel senso voluto" (Carlo Pasteris, *Il Controllo nelle Società Collegate e le Partecipazioni Reciproche*, Milano: Giuffrè, 1957, p. 29).

9. Tullio Ascarelli, *Problemas das Sociedades Anônimas e Direito Comparado*, São Paulo: Saraiva, 1969, p. 113.

tem a mesma natureza que sua predominância sobre a assembléia geral. Enquanto esta última se dá de forma direta, como decorrência imediata do princípio majoritário, aquela se dá de forma reflexa, como decorrência, psicológica, do receio dos administradores em não seguirem a orientação imprimida pelo controlador, vez que este poderá afastá-los a qualquer tempo.

Dessa observação decorre que a subordinação (fática) dos administradores ao controlador é uma situação sujeita a gradações, conforme a forma de configuração do controle da sociedade, consoante será melhor analisado no item subseqüente.

Disto decorrerá, também, a conclusão de que a emanação do poder decisório, em sentido amplo, em uma sociedade anônima, pode partir não de um centro único de poder, mas de centros fragmentados, na medida que os órgãos de administração nem sempre serão subordinados ou completamente subordinados ao controlador acionário, podendo, inclusive, coexistir com o mesmo ou até sobreporem-se a ele enquanto centros de poder decisório na sociedade. Tais fatos devem ser identificados como pressupostos de uma eficiente normatização que vise corrigir as distorções decisórias no âmbito empresarial.

2.2 *Tipologia do poder de controle e identificação dos centros de poder decisório nas sociedades anônimas*

Como já explicitado, a variabilidade das formas de configuração do poder de controle depende, em princípio, do grau de dispersão acionária da sociedade. Diz-se "em princípio" porque a situação de controle pode decorrer de mecanismo jurídico diverso do mecanismo acionário, nos casos do chamado "controle externo", hipótese tão importante quanto mal estudada pela doutrina.

Assim, uma tipologia das situações de controle empresarial deve partir, necessariamente, de uma divisão inicial entre controle derivado do mecanismo acionário e controle derivado de mecanismos não acionários, conforme procederemos a seguir.

2.2.1 Controle derivado do mecanismo acionário. Controle majoritário estável e controle majoritário eventual

O controle derivado do mecanismo acionário pode configurar-se, segundo aponta a doutrina, de forma majoritária ou minoritária, conforme seja fundado, respectivamente, na propriedade de número superior ou inferior à metade das ações votantes de uma companhia.

A primeira crítica que se impõe a esta clássica divisão diz respeito à denominação que atribui às mencionadas formas de configuração da situação de controle.

Com efeito, parece uma contradição em termos falar-se em controle minoritário em um sistema jurídico-societário em que vigora o princípio majoritário como critério básico de deliberação assemblear.

A hipótese comumente denominada *controle minoritário* diz respeito à situação em que se observa dispersão acionária tal que nenhum acionista ou grupo organizado de acionistas detenha, individualmente, mais da metade das ações votantes da companhia, possibilitando, deste modo, que a maioria forme-se de maneira eventual nas assembléias gerais. Nesses casos, imporá sua vontade à assembléia o acionista ou grupo de acionistas que, dentre os presentes, possuir o maior número de ações votantes.

É bem verdade que, na generalidade dos casos em que ocorre tal dispersão acionária, um acionista ou grupo de acionistas que detenha participação considerável no capital votante da empresa e que tenha interesse na gestão da mesma comparecerá a todas as assembléias e exercerá o controle como se majoritário fosse.

De qualquer forma, não é descartável nem cerebrina a possibilidade de rompimento da hegemonia do acionista em situação de controle minoritário em virtude de oposição feita por outro acionista que consiga amealhar número superior de ações votantes. Neste sentido, é lícito dizer que o controle, nestas hipóteses, será sempre eventual.

Vê-se, portanto, que (i) o controle acionário dependerá sempre da maioria efetiva em assembléia e (ii) esta maioria pode ou não ser eventual, conforme a hegemonia do controlador funde-se em número inferior ou superior à metade do capital votante.

Assim, considerando que o princípio majoritário é o substrato de ambas as formas de controle via mecanismo acionário, seria mais adstrita à realidade a classificação destas formas em controle majoritário estável e controle majoritário eventual, em substituição às clássicas denominações *controle majoritário* e *controle minoritário*.

Longe de ser bizantina ou meramente terminológica, a ora suscitada discussão, acerca da estabilidade do controle acionário, enseja o desenvolvimento de um raciocínio complementar, imprescindível a uma precisa análise que vise a localização dos centros de poder decisório na estrutura de uma sociedade anônima.

Com efeito, Comparato, ao investigar a situação classicamente denominada *controle majoritário*, identifica a existência de hipóteses em que tal controle sofre restrições, atinentes à existência, na sociedade, de uma minoria qualificada que detenha parcela de capital suficiente a exercer determinadas prerrogativas legais, como, *v.g.*, as previstas nos arts. 126, § 3º, 105, 161, § 2º, da Lei das S/A. Refere-se o mencionado autor, nestas hipóteses, a um controle majoritário simples em oposição ao controle majoritário absoluto, que se configuraria apenas na hipótese de inexistência das citadas minorias qualificadas.[10]

Ademais, separa o referido mestre, ainda analisando a hipótese de controle majoritário, as situações em que o controle é exercido por um único acionista das situações em que é exercido "por dois ou mais acionistas, ou grupo de acionistas" que "componham a maioria, associando interesses, temporária ou permanentemente convergentes", podendo se falar, em tais hipóteses, "de um controle conjunto ou por associação".[11]

Tais observações, plenamente aplicáveis, também, à hipótese de controle minoritário ou controle majoritário eventual, importam o reconhecimento de situações de instabilidade do poder de controle, seja pela existência de uma minoria qualificada apta a exercer certas prerrogativas em detrimento da vontade do controlador, seja pela existência de uma natural instabilidade decorrente da potencialidade de conflito de interesse no âmbito do grupo detentor do controle, na hipótese de controle conjunto.

Assim, tanto o poder de controle minoritário (ou majoritário eventual), que já é caracterizado por uma situação de instabilidade ou eventualidade intrínseca, como o poder de controle majoritário (ou majoritário estável), desavisadamente visto pela doutrina como um controle absoluto, sujeitam-se às situações de instabilidade acima descritas.

Tais situações de instabilidade, à exceção daquela decorrente da existência de minorias qualificadas, que constituem simples situações de balizamento da conduta do controlador, podem conduzir a um deslocamento, caso a caso, do centro decisório da sociedade e, portanto, do foco de destinação das normas tendentes à correção de desvirtuamentos do poder decisório.[12]

A identificação do controle acionário, portanto, seja ele estável ou eventual, está

10. Cf. ob. cit., p. 46.

11. Ibidem.

12. Basta, neste ponto, lembrar que a própria norma que define a figura do acionista controlador elenca, como requisito de caracterização da situação de controle, a estabilidade de tal situação ao exigir que a maioria de votos na assembléia geral seja detida "de modo permanente" pelo controlador para sua caracterização como tal (art. 116, *a*).

longe de ser suficientemente atingida pelo simplismo numérico que, em geral, orienta a interpretação do art. 116 da Lei das S/A. Tal identificação pressupõe uma análise efetiva dos focos de emanação do poder decisório no âmbito da sociedade.

2.2.2 Controle gerencial. Ainda o critério da dispersão acionária[13]

A acentuação da dispersão da base acionária de uma sociedade anônima, como apontado no item anterior, constitui relevante fator de instabilidade do controle exercido através do mecanismo acionário.

Em casos de extrema dispersão acionária (segundo Berle e Means, nas hipóteses em que a dispersão é tal que nenhum acionista detenha individualmente mais que 1% do capital social[14]), a apontada instabilidade atinge um nível tal que praticamente inviabiliza, no plano fático, a configuração de situação de controle pela via acionária.

Esta relativa inviabilidade fática foi descrita com bastante simplicidade pelos citados autores, segundo os quais, em situação de pulverização acionária, "nenhum acionista está em condições, apenas através de sua propriedade, de fazer pressões importantes sobre a administração ou de usar sua propriedade como um núcleo considerável para a acumulação dos votos necessários ao controle".[15]

Note-se que o trecho transcrito refere-se, precisamente, aos dois pontos (ou aos dois níveis), *retro* apontados (item 2.1, *supra*), em que se centra a manifestação do controle, quais sejam, a pressão sobre os administradores (ou subordinação fática dos mesmos) e a possibilidade (esta, jurídica) de determinação das decisões da assembléia geral, prerrogativas cujo exercício é inviável a qualquer acionista na hipótese de acentuada dispersão acionária.

A aduzida inviabilidade de efetivo exercício do controle pelo *shareholder* conduz ao deslocamento do centro decisório, que passará a ser ocupado pelos administradores da sociedade. Daí falar-se em *management control.*

Tecnicamente, esta forma de controle operacionaliza-se através do mecanismo conhecido como *proxy gathering machine*, por meio do qual os administradores, muitas vezes através da contratação de serviços especializados, buscam captar, em larga escala, procurações da maioria dos acionistas, de modo a que possam exercer, em nome destes, o direito de voto em assembléia geral, em salas praticamente vazias, visando tão-somente sua reeleição e a formalização dos fins estratégicos que eles mesmos, administradores, traçam para a companhia.

A instabilidade desta forma de controle é, tanto ou mais que no controle minoritário, evidente.

São particularmente conhecidas pelos estudiosos de direito societário as célebres *proxy fights*, que eventualmente se travam no âmbito de grandes companhias abertas, notadamente entre as norte-americanas, organizadas em torno de um controle gerencial.

O mais conhecido destes eventos deu-se em 1929, em uma acirrada disputa de procurações entre a diretoria da Standard Oil of Indiana e um de seus acionistas, o magnata Rockfeller, que, após despender cerca de oitocentos mil dólares em sua campanha, ascendeu ao controle daquela companhia.

Instável ou não, esta é a forma de controle a que tendem as companhias com grau elevado de pulverização acionária

13. A dispersão acionária, embora seja a hipótese mais comumente apontada como causa de configuração da situação de *management control*, não é sua única causa possível. Ascarelli aponta, em seus *Studi in Tema di Società*, a possibilidade de configuração desta situação de controle em virtude de participações recíprocas de capital entre duas sociedades. Todavia, dada a proibição a tais participações em nosso direito, salvo a restrita hipótese do § 1º do art. 244 da Lei das S/A, prescindiremos da análise da citada hipótese.

14. Cf. cit., p. 94.

15. Cf. cit., p. 94.

Esta forma de configuração do poder de controle empresarial foi apontada por Berle e Means, em sua histórica pesquisa, como sendo a forma de controle mais recorrente entre as duzentas maiores empresas norte-americanas no início da década de 30. Demonstra a referida pesquisa que cerca de 44% dessas empresas, dada sua acentuada dispersão acionária, organizavam-se em torno do controle gerencial.[16] Dados mais recentes demonstram que esta porcentagem acentuou-se consideravelmente.[17]

A realidade do controle gerencial foi também apreendida por Galbraith, em seu já citado *O Novo Estado Industrial*, obra que, como poucas, tratou com suficiente precisão técnica da questão da identificação dos centros de poder na economia contemporânea. Aduz o mencionado autor que, "nas últimas décadas, houve constante acumulação de provas sobre o deslocamento do poder dos proprietários para os administradores dentro da grande empresa moderna. O poder dos acionistas (...) parece cada vez mais tênue. Pequena proporção das ações é representada por ocasião das assembléias de acionistas, cerimônias em que a banalidade é variada, principalmente pela irrelevância".[18]

"Contudo", prossegue o citado economista, "tem havido grande relutância em admitir um significativo e duradouro deslocamento de poder dos donos do capital. Alguns observadores procuram manter o *mito do poder do acionista*".[19]

Entre nós, porém, a realidade do controle gerencial, como será melhor demonstrado no item posterior, está longe de ser um fato recorrente, dada à insipiência de nosso mercado de capitais, chegando-se mesmo a afirmar que "ninguém ainda assinalou, no Brasil, a existência de companhias controladas, exclusivamente, pelos seus próprios administradores, como órgão autoperpetuante".[20]

Todavia, tal afirmação não afasta a necessidade de estudo e normatização do fenômeno do controle gerencial, que, bem entendido, constitui apenas uma evolução (não necessariamente no sentido positivo do termo) das formas de controle acionário ocasionada pela acentuação da dispersão acionária. Num e noutro caso, o problema, em sua essência, é o mesmo: a dissociação entre propriedade e controle (e a potencial distorção decisória disto decorrente), que, entretanto, apresentar-se-á em graus diferentes em cada um das aludidas formas de configuração do controle.

Precipitada, portanto, a posição firmada por Eizirik, em artigo intitulado "O mito do controle gerencial — Alguns dados empíricos",[21] título que talvez faça alusão à citada expressão de Galbraith ("*mito do poder do acionista*"[22]).

No citado artigo, após observar, à luz de dados estatísticos, que "não existe, no Brasil, nenhum caso de empresa que possa ser classificada como controlada pela direção", sustenta Eizirik que "não cabe, portanto, entre nós, cogitar-se da efetiva ocorrência de uma separação entre propriedade e controle na companhia aberta".[23]

Tal afirmação, a nosso ver, só pode ser tida como verdadeira caso se refira a uma situação de separação total entre propriedade e controle. Esta, de fato, só ocorre na hipótese de controle gerencial (e na hipótese de controle externo, adiante analisada).

16. O quadro apresentado por Berle e Means aponta que 44% das duzentas empresas investigadas apresentam situação de controle gerencial; 21%, de controle decorrente de mecanismo legal (v. nota 26, *infra*); 23%, de controle minoritário; 5% de controle majoritário; 6% de controle quase totalitário (hipótese que, à guisa das observações do Prof. Comparato, entendemos inserida na hipótese de controle majoritário); estando o 1% restante em mãos de curadores.

17. Cf. Comparato, cit., p. 52.

18. Cit., p. 49.

19. *Ibidem*.

20. Cf. Comparato, cit., p. 56.

21. Nelson Eizirik, "O mito do controle gerencial — Alguns dados empíricos", *RDM* 66/103 e ss., abr.-jun. 1987.

22. Ob. cit., p. 50.

23. Ob. cit., p. 106.

Todavia, deve restar claro que a situação de controle gerencial é apenas o ponto extremo da dissociação propriedade/controle, que, inobstante, ocorrerá, também, embora em níveis menos acentuados, nas hipóteses de controle acionário, seja ele majoritário ou minoritário.[24]

Tomar-se por verdadeira a afirmação de Eizirik, sem atentar-se para a observação aduzida no parágrafo anterior, seria admitir que inexiste a possibilidade de refração decisória intrasocietária fora das hipóteses de controle gerencial, o que, não fosse uma tese inadmissível, certamente simplificaria em muito a tarefa do legislador no sentido de balizar a conduta do controlador da sociedade anônima.

Curioso, também, que o mencionado autor relacione, em uma aparente relação de causa e efeito, o fenômeno do controle gerencial à idéia de "democratização" do capital.

Em primeiro lugar, a tese da "democratização" do capital através do modelo das sociedades anônimas, embora simpática em sua eloqüência, "em momento algum correspondeu à realidade",[25] como bem lembra Cunha Pereira.

Ademais, se é aceitável qualquer analogia entre modelos de controle de unidades econômicas e estruturas políticas de governo, a única aproximação razoavelmente sustentável seria a comparação da situação de controle gerencial com o modelo de governo tecnocrático, mas nunca com o democrático.

O mérito da dispersão acionária está na viabilização de uma alternativa adicional de captação de recursos pelas empresas, e não em uma supostamente visada "democratização" do capital, tese, há muito, superada. Uma coisa, a rigor, não guarda relação com a outra. Ao contrário, admite-se que a pulverização acionária não conduz a uma democracia, mas a uma tecnocracia empresarial, potencialmente danosa aos próprios acionistas se não for adequadamente normatizada.

E não há nesta afirmação nada de novo. Concentração ou pulverização acionária nada tem a ver com democratização do capital. Haverá, em qualquer caso, centros de poder, sejam eles gerenciais ou acionários, inacessíveis à massa dos acionistas e, portanto, objeto de necessária normatização.

Inobstante a relativa impropriedade de suas conclusões, o trabalho de Eizirik é valioso ao apresentar dados estatísticos que demonstram o perfil acionário das companhias abertas brasileiras, dados que apontam para uma tendência à concentração acionária e, portanto, à configuração de controle majoritário. Embora óbvia tal constatação, não é de todo irrelevante o domínio estatístico do óbvio.

É de se ressaltar, de mais a mais, que os mencionados dados dizem respeito à concentração de ações votantes. Veremos, mais adiante, que a consagração, em nosso ordenamento, do instituto das ações preferenciais sem direito a voto[26] cria uma situação de controle bastante peculiar, na qual se somam dispersão de ações preferenciais (e, portanto, alto grau de separação entre propriedade e controle, o que significa elevação da potencialidade de refração decisória intrasocietária) e controle majoritário estável.

Note-se, portanto, que, embora, de fato, o controle gerencial não seja, por ora, uma realidade recorrente em nosso país,

24. Cf. Berle e Means, ob. cit., p. 35.

25. Guilherme Döring Cunha Pereira, *Alienação do Poder de Controle Acionário*, São Paulo: Saraiva, 1995, p. 4.

26. O mecanismo da emissão de ações sem direito a voto é apontado por Berle e Means (ob. cit., p. 89) como hipótese de configuração do "controle por meio de mecanismo legal". Não entendemos que essa ou as demais hipóteses descritas pelos citados autores na mencionada rubrica constituam hipóteses diversas das situações de controle até aqui analisadas, mas tão-somente artifícios que facilitam a configuração das mesmas. Assim, valendo-nos dessa ressalva, à qual acrescemos as observações de Comparato (ob. cit., p. 47), prescindiremos da análise das hipóteses de configuração de controle *through a legal device* apresentadas por Berle e Means.

algumas companhias abertas brasileiras apresentam, sim, elevado grau de dissociação propriedade/controle, em perspectiva, aliás, bem mais preocupante se comparada, por exemplo, à situação norte-americana. Lá, a acentuação desta dissociação ocorre com a contrapartida do aumento da instabilidade do poder (o que implica na necessidade natural de maior cuidado por parte do controlador no exercício de suas prerrogativas decisórias). Aqui, a dissociação propriedade/controle não implica necessariamente a impossibilidade de manutenção do controle majoritário estável, uma vez ser este assegurável pela propriedade de pouco mais de 1/6 do capital total, dada a possibilidade de emissão de ações sem direito a voto até o limite de 2/3 do capital total.

Pouco importa, portanto, que inexista, no Brasil, dispersão acionária tal a viabilizar a ocorrência do fenômeno do controle gerencial. Importa que existem, sim, situações de acentuada dissociação entre propriedade e controle que apresentam potenciais de refração decisória semelhantes à hipótese de controle gerencial, requerendo, portanto, mecanismos normativo-corretivos tão ou mais rígidos quanto os aconselháveis àquelas hipóteses.

2.2.3 Controle externo

Além das já aduzidas formas de configuração do poder de controle (que, na verdade, reduzem-se, em sua essência, a duas, i.e., controle derivado do mecanismo acionário, que pode ser estável ou eventual, e controle gerencial), a realidade aponta para uma terceira forma, típica de mercados em que a cultura de financiamento a investimentos produtivos baseia-se na captação via sistema financeiro, em detrimento da captação via emissão de ações. Trata-se da hipótese conhecida como *controle externo*.

Tal hipótese, ainda pouco estudada entre nós,[27] caracteriza-se quando, conforme aponta Cunha Pereira, "a última palavra na orientação da empresa não procede de um acionista nem dos administradores da sociedade",[28] mas de centro decisório estranho à estrutura da empresa, que pode ser representado, *v.g.*, por grandes credores da mesma, fornecedores em situação de oligopólio ou monopólio, franqueadores, compradores em situação de oligopsônio ou monopsônio,[29] dentre tantas outras hipóteses.[30]

A primeira questão que se coloca na análise do controle externo concerne à sua natureza, havendo quem sustente que esta seja diversa da natureza das demais situações de configuração do poder controle.

A dúvida suscitada parece decorrer da expressão utilizada pela legislação de alguns países europeus[31] para designar as situações de controle externo, na acepção acima descrita. Referem-se tais legislações à existência, nestes casos, de uma "influência dominante"[32] de uma sociedade sobre

27. Merecem destaque os trabalhos de Orcesi da Costa ("Controle externo nas companhias", *RDM* 44/70 e ss.) e de Comparato ("Grupo societário fundado em controle contratual e abuso do poder do controlador", *Direito Empresarial — Estudos e Pareceres*, São Paulo: Saraiva, 1995, pp. 270 e ss.).

28. Ob. cit., p. 14.

29. Hipótese comum, p. ex., no mercado de autopeças.

30. Hipótese interessante e claramente demonstrativa de situação de controle externo bastante comum em nosso país é aquela decorrente do contrato de "afiliação" entre estações de televisão, contrato que, inobstante seu aparente sinalagma, enseja clara situação de subordinação empresarial. A hipótese é analisada por Comparato no citado parecer "Grupo societário ..." (art. cit.).

31. A questão do controle externo ganhou, no direito europeu continental, relevância consideravelmente maior do que no direito anglo-saxão, evidentemente porque a cultura de financiamento empresarial européia (como ocorre, outrossim, no Japão e mesmo no Brasil) é baseada na captação via mercado financeiro, fato que enseja o constante endividamento das empresas para com os bancos, que, neste passo, encontram-se aptos a exercer pressão sobre a condução das atividades destas empresas. Nos EUA, por outro lado, a cultura de financiamento baseia-se na captação via mercado de capitais, razão pela qual, como apontam os dados estatísticos trazidos por Berle e Means, as empresas norte-americanas tendem mais à situação de controle gerencial.

32. O conceito de "influência dominante" encontra-se inserido nas legislações acionárias alemã

outra, conceito que, conforme ensina a ciência política moderna, é qualitativamente diverso da noção de "poder", uma vez que esta seria, diferentemente daquela, caracterizada pela existência de sanção imponível à entidade dominada pela entidade dominante.[33]

Não entendemos cabível a transposição de tal diferenciação à questão ora analisada. Com efeito, sem embargo das preferências terminológicas do legislador europeu, não é sustentável que a relação entre sociedade controlada e controlador externo não seja uma relação de poder/dominação, uma vez que há, na estrutura dessa relação, um aparelhamento de sanções, de cunho econômico, imponíveis à empresa subordinada na hipótese de desatendimento das decisões tomadas pelo controlador externo.

Tal constatação é intuitiva. No caso de o controle externo ser exercido por um grande credor da empresa controlada, a esta cabe a escolha entre sujeitar sua esfera decisória à vontade daquele credor ou, por exemplo, submeter-se a um processo de falência intentado pelo mesmo, o que pode significar o fim de sua atividade. Da mesma forma, no contrato de franquia, à franqueada cabe a escolha entre sujeitar-se à vontade diretiva da franqueadora ou ver rompido seu contrato de *franchising* e conformar-se com uma eventual reparação por perdas e danos.

Esta situação foi bem descrita por Pasteris, que, analisando a situação de *controllo mediante influenza dominante*, aduz que

> "la soggezione all'altrui controllo deriva da un giudizio di convenienza economica fra il ribellarsi alla influenza, e risentirne conseguentemente un pregiudizio economico, o il sottostare all'influenza stessa".[34]

(1965) e sueca (1944), e no Código Civil italiano (1942).

33. Cf. Comparato, *O Poder*, cit., p. 69.

34. Ob. cit., p. 31.

O fato de a sujeição ao controle externo derivar de um "juízo de conveniência econômica" por parte da empresa subordinada em nenhum momento afasta a natureza da relação de subordinação, vez que a opção que lhe cabe, no mais das vezes, resume-se a submeter sua direção à vontade do controlador ou fechar as portas.

Há, portanto, relação de poder no fenômeno do controle externo, tanto quanto há nas demais situações de controle e, tanto quanto nessas situações, o controle externo constitui fenômeno sujeito a gradações, ou nos termos utilizados nos itens anteriores, sujeito a hipóteses de instabilidade[35] e mesmo de deslocamentos de centro decisório.[36]

Outro fundamento da insistência da doutrina na diferenciação das naturezas do controle interno (acionário e gerencial) e do controle externo reside em um excessivo apego à tese de Champaud no sentido de que "contrôler une société c'est détenir le contrôle des biens sociaux (droit d'en disposer comme un propriétaire), de telle sorte que l'on soit maître de l'activité économique de l'entreprise sociale".[37]

A idéia, divulgada pelo prestigioso autor, de que o controle sobre uma sociedade decorre do poder de disposição sobre seus bens deve ser bem compreendida, fato para o qual já havia atentado o próprio Pasteris: "Ocorre subito precisare, per chiarire fin dalle origini possibile equivoco, che il rapporto di controllo si pone solo e sempre fra due soggetti; il fatto che si possa comu-

35. A instabilidade do controle externo poderia surgir, por exemplo, a partir de uma renegociação da dívida da controlada para com a controladora, que por ventura reduza o poder desta sobre aquela.

36. O deslocamento do centro de exercício de controle externo poderia advir, *v.g.*, da obtenção de um financiamento junto a terceiro para pagamento da dívida da controlada para com a controladora, situação em que o centro de controle provavelmente deslocar-se-ia, passando a ser exercido pelo novo financiador da dívida.

37. Claude Champaud, *Le Pouvoir de Concentration de la Société par Actions*, Paris, Sirey, 1962, p. 161.

nemente parlare di dominio su azienda altrui non deve quindi portare a confondere il controllo con un diritto sull'azienda stessa; il rapporto non si pone infatti mai fra soggetto controllante e beni del controllato, ma sempre ed unicamente fra i due soggetti interessati".[38]

O poder de disposição sobre os bens da sociedade controlada é mera conseqüência do poder de direção sobre a atividade da mesma e é este poder (e não aquele) que caracteriza a relação de controle.[39]

De mais a mais, o poder de disposição sobre os bens de companhia controlada, mesmo que admitido como elemento essencial para a configuração da relação de controle, nunca, nem sequer na relação de controle majoritário, é exercido com conteúdo dominial.

Com efeito, o controlador acionário não é proprietário dos bens da controlada; seu poder de disposição sobre tais bens decorre do poder de imposição de sua vontade à assembléia geral e ao órgão de direção da sociedade, vale dizer, de seu poder de decidir acerca da atividade exercida pela sociedade.

O mesmo ocorre no caso do controle externo. O controlador não terá, nesta hipótese, poder direto de dispor sobre os bens sociais, mas terá condições de impor sua vontade quanto à destinação de tais bens na medida em que tenha poder para determinar as diretrizes da atividade da sociedade.

O poder de disposição é não-dominial em um caso, como em outro, não se prestando, portanto, a tese de Champaud a justificar inexistentes diferenças de natureza entre o poder de controle interno e o poder de controle externo. Não subsistem motivos, teóricos ou práticos, para tal diferenciação nem para os anacronismos doutrinários dela decorrentes, como as noções de "quase-controle" ou "quase-integração" advogadas por Paillusseau[40] e, entre nós, por Requião.[41]

O reconhecimento da situação de controle externo como típica relação de controle empresarial, ainda estranho ao nosso direito positivo[42] e ainda reticente em nossa jurisprudência, constitui uma necessidade premente em nosso ordenamento, no âmbito do qual a tutela aos abusos desta modalidade de controle ainda reside na mera possibilidade de reparação por perdas e danos sob a regência da lei civil.

A insuficiência desta tutela chega a ser óbvia. A existência de um foco de controle externo à sociedade controlada é a situação, ao menos no plano teórico-analítico, de maior potencialização do problema da refração decisória acima apontada (uma vez que, na hipótese, encontram-se plenamente dissociados os elementos propriedade e con-

38. Ob. cit., p. 29.

39. Cf, neste sentido, Cunha Pereira, ob. cit., p. 11.

40. Cf. Jean Paillusseau, *La Societé Anonyme — Technique d'Organisation de l'Entreprise*, Paris: Sirey, 1967, p. 116.

41. *Apud* Comparato, *O Poder*, cit., p. 76.

42. Faça-se, neste ponto, necessária referência à recente Resolução 101/99 da Agência Nacional de Telecomunicações (ANATEL), que aprovou o "Regulamento de Apuração de Controle e Transferência de Controle em Empresas Prestadoras de Serviço de Telecomunicações". O mencionado regulamento, em seu art. 1º, II, define o conceito de controle como "poder de dirigir, de forma direta ou indireta, interna ou *externa*, de fato ou de direito, individualmente ou por acordo, as atividades sociais ou o funcionamento da empresa". Não fosse, portanto, a escancarada extrapolação aos limites do poder regulamentar por parte da citada agência, poder-se-ia finalmente reconhecer como superada a lacuna que até hoje existe em nosso ordenamento em relação ao conceito de controle externo. Não bastasse, aliás, o desrespeito ao limite do poder regulamentar, a mencionada resolução peca por atecnias grosseiras, quando, por exemplo, aduz que "uma pessoa terá poder de controle quando verificada uma das seguintes situações: (...) tiver direito de veto estatutário em qualquer matéria ou deliberação" (art. 1º, § 1º, II). Ora, o direito de veto é um instrumento típico de proteção da minoria em uma sociedade. Igualá-lo a uma prerrogativa de controle é uma contradição em termos, para dizer o mínimo. Não sem motivos, portanto, sofreu a mencionada resolução duras críticas por parte de juristas como Bulhões, Caio Tácito e Lamy Filho por ocasião de sua submissão à consulta pública.

trole). A questão exige, pois, tutela no plano de outros ramos do direito e não apenas no âmbito da responsabilidade civil, como será melhor explicitado no item 2.3.3, *infra*.

2.3 Gradação da potencialidade de refrações decisórias intrasocietárias em cada uma das hipóteses de configuração do poder de controle

As apontadas formas de configuração do poder de controle empresarial, que se resume, pelo exposto, ao poder de imposição da vontade de alguém sobre as esferas decisórias de uma sociedade, determinando, assim, os rumos de sua atividade, apresentam (i) diferentes graus de dissociação entre propriedade e poder sobre o capital e, portanto, (ii) diferentes graus de potencialidade de refração decisória intrasocietária, no sentido acima aludido.

A relação direta entre grau de dissociação propriedade/poder e grau de potencialidade de distorções decisórias, como já dito, decorre do fato de que o controlador, quanto mais alheio for à propriedade do capital, mais indiferente será aos resultados decorrentes do emprego deste capital. Trata-se da dissociação entre poder e recompensa aludida por Galbraith,[43] que tende a distanciar as esferas de interesse do controlador e dos proprietários do capital.

Dentre as hipóteses de controle analisadas, *grosso modo* e admitindo por alguns instantes que o comportamento humano possa ser "econometrizado", seria lícito concluir que a potencialidade de refração decisória é menor na hipótese de controle acionário estável, acentuando-se gradativamente na situação de controle acionário eventual, maximizando-se, finalmente, nas hipóteses de controle gerencial e controle externo, nas quais seria, teoricamente, total a dissociação entre propriedade e controle.

Todavia, nem no plano analítico esta escala pode ser tomada como uma verdade absoluta, uma vez que a refração decisória será diversa, não só em seu grau, mas em sua própria natureza, nas diferentes hipóteses apresentadas, como se verá a seguir.

2.3.1 Refrações decisórias na hipótese de controle derivado do mecanismo acionário

Com efeito, nas hipóteses de poder de controle acionário, ao menos na normalidade dos casos, as decisões do controlador, que detém parcela considerável do capital da sociedade, dificilmente tenderão a uma direção que não vise a maximização de resultados no emprego do capital, já que tais resultados beneficiarão diretamente a esfera patrimonial do controlador, não só em termos de distribuição de dividendos, mas, principalmente, em termos de maximização do valor de mercado do bloco das ações de controle (sendo economicamente demonstrado que uma empresa que destrói o valor econômico de seu capital destrói inevitavelmente seu valor de mercado). Daí porque a refração decisória tende a ser mínima nas hipóteses de controle acionário, tanto no plano da conduta do controlador, como na dos órgãos de administração, que, como visto, nesta modalidade de controle, tendem a ser extensões operacionais da vontade do controlador, salvo nas hipóteses de conflito entre ambos ou de corrupção interna, estranhas ao objeto deste trabalho.

O plano de conflito entre controladores e não controladores (notadamente, preferencialistas) tende a restringir-se, então, a questões ligadas à distribuição de dividendos e ao valor das ações em caso de direito de recesso.

Na modalidade de controle acionário, os conflitos mais recorrentes parecem encontrar solução adequada nas medidas usualmente apontadas sob a já entediante rubrica da "proteção ao acionista minoritário".

Algumas hipóteses, excepcionais e patológicas, em que a conduta do controlador

43. Cf. item 1, *supra*.

acionário tende a se distanciar dos interesses da companhia, hipóteses de refração decisória, encontram-se elencadas no art. 117 da Lei das S/A, *v.g.*, "favorecer outra sociedade (...) em prejuízo (...) do acervo da companhia"; "promover a liquidação de companhia próspera" etc.

O mencionado dispositivo prevê a responsabilização do controlador por danos decorrentes das hipóteses que elenca, cominação que, a nosso ver, não elide a aplicação do dispositivo do art. 115, § 4º, do mesmo diploma legal, que prevê a anulabilidade de decisões tomadas em conflito de interesses e a obrigatoriedade de transferência à sociedade dos benefícios auferidos pelo acionista com a decisão tomada nessas condições.

Anulabilidade da deliberação e responsabilização por perdas e danos parecem ser soluções teoricamente adequadas à conduta do controlador acionário que tenda a distanciar os fins visados nas decisões empresariais dos interesses da companhia. Todavia, no item 2.4, procuraremos identificar os motivos pelos quais tais remédios têm se mostrado inefetivos.

2.3.1.1 A questão do controle majoritário somado à dispersão de ações preferenciais — Conforme aduzido no item 2.2.2, *supra*, a adoção, em nosso direito, do instituto das ações preferenciais sem direito a voto, cuja emissão é facultada até o excessivo limite de 2/3 do capital total, cria uma situação de controle bastante peculiar, na qual se somam dispersão de ações preferenciais (e, portanto, alto grau de separação entre propriedade e controle) e controle majoritário estável detido com a propriedade de pouco mais de 1/6 do capital total.

Nesta peculiar hipótese de controle majoritário estável, agrava-se tanto a potencialidade de refração decisória, quanto os conflitos relativos à distribuição de dividendos.

Por ser menor o bloco de controle nestes casos, as vantagens do *self-dealing* passam a ser ponderáveis do ponto de vista do controlador e, por ser maior a dispersão acionária, as dores do parto de uma deliberação de distribuição de dividendos também se acentuam.

Aos remédios apontados no item anterior, somam-se, na hipótese ora analisada, remédios legais de tutela específica do interesse dos preferencialistas, como aquele introduzido pela recente mudança no art. 17 da Lei das S/A, que passou a prever a obrigatoriedade de atribuição às ações preferenciais de dividendos, no mínimo, 10% maiores que os atribuídos às ordinárias, salvo nos casos de previsão de dividendos fixos ou mínimos para as preferenciais.

Esta mudança legislativa representa pouco mais que um estímulo à não distribuição de dividendos, estímulo que só é contido pela previsão do voto transitório atribuído às ações preferenciais na hipótese do art. 111, § 1º.

De qualquer sorte, a possibilidade de distorções decisórias gerada pela estrutura de capital tal qual facultada pela Lei das S/A, que viabiliza a manutenção do controle acionário estável mesmo em casos de grande dispersão acionária, não é passível de correção pela simples atribuição de privilégios às ações preferenciais, cominações legais facilmente contornáveis pelos controladores.

A necessidade que se impõe é a de alteração desta estrutura, reduzindo-se o limite de emissão de ações preferenciais sem direito a voto, porque se o estímulo a distorções decisórias decorrentes da dissociação entre propriedade e controle é naturalmente contrabalançado pela instabilidade do controle que a acentuação desta dissociação provoca, assegurar-se, legislativamente, a acentuação desta dissociação com a concomitante manutenção do poder de controle acionário estável significa aumentar, em muito, o estímulo às mencionadas distorções.

2.3.2 Refrações decisórias na hipótese de controle gerencial. Os problemas de *agency*

A situação de controle gerencial, por constituir, ao lado da situação de controle externo, hipótese de completa dissociação entre propriedade e controle, apresenta-se como das mais delicadas no que tange à problemática ora investigada.

O controlador acionário, conforme aduzido, no curso de seu exercício empresarial, ao deparar-se com situação de potencial conflito entre seus interesses pessoais e os interesses da empresa, tem sua conduta naturalmente (embora não suficientemente) balizada pela ponderação entre o benefício pessoal imediato (que seria atendido pela conduta não correspondente aos interesses da empresa) e um benefício pessoal mediato representado pelo futuro acréscimo de valor de mercado do bloco de controle (interesse que seria atendido pela conduta correspondente aos interesses da empresa, no sentido de maximização de seus resultados). As refrações decisórias são, nesta hipótese, naturalmente (reitere-se, porém não suficientemente) desestimuladas.

Já no caso do controlador gerencial, este natural desestímulo não existe, visto que este controlador é alheio à propriedade do capital e, conseqüentemente, às recompensas decorrentes de sua valorização.

Não se trata aqui apenas de situações de patente conflito de interesses entre administrador e companhia tal qual descritas no art. 156 da Lei das S/A, em que, por exemplo, o administrador é parte em um negócio a ser firmado com a própria companhia.

Trata-se aqui do próprio estímulo do administrador na busca da maximização de resultados para a companhia, ou, em termos mais atuais, na busca de criação de valor para o acionista.

O problema ora descrito, conhecido, inclusive entre os juristas, pela precisa denominação que lhe atribuiu a ciência das finanças, *agency problem*, em sua essência, diz respeito à constatação de que o administrador (*agent*) de uma sociedade não foge ao princípio hedonista de maximização do atendimento a seus próprios interesses, que podem ser conflitantes ou não totalmente compatíveis com os interesses dos acionistas (*principals*).

Enquanto aos acionistas interessa o acréscimo de valor às suas ações, ao administrador pode interessar, *v.g.*, estreitar seus contatos ou impressionar determinado *headhunter*,[44] favorecer aos interesses de determinada companhia com a qual possa vir a estabelecer futuro vínculo[45] etc.

Tal constatação não possui conotação descritiva ou prescritiva, isto é, não se sus-

44. Retrato bastante ilustrativo dos efeitos psicológicos da atuação dos *headhunters* ou *executive recruiters* sobre os *officers* de grandes companhias, especificamente na área financeira, é descrito no relato autobiográfico de Frank Partnoy, Prof. da University of San Diego e ex-operador de derivativos do Morgan Stanley (F.I.A.S.C.O. — *Blood in the Water on Wall Street*, New York, W. W. Norton & Company, 1997).

45. A expectativa de um cargo mais vantajoso em outra empresa tende a conduzir um executivo a condutas destoantes dos interesses da sociedade que administra. Este é um problema clássico de *agency* e a menção a ele não é aleatória, mas visa exatamente a induzir a extensão do raciocínio ora desenvolvido, mesmo que em breve digressão, ao âmbito do setor público, especialmente no que tange à atuação de altos funcionários das chamadas *agências governamentais*. Com efeito, se, por um lado, a regulação de mercados através de agências tem o mérito da especialização da normatização de setores cuja dinâmica e peculiaridades técnicas encontravam-se fora do alcance do legislador ordinário tradicional, por outro, a aproximação entre reguladores e regulados, operada pela instalação das mencionadas agências, pode ensejar a criação de verdadeiros mercados de ex-funcionários destas agências, que após deixarem seus cargos, passariam a ser acirradamente disputados pelas empresas do setor regulado. É o que já ocorre, ordinariamente, com ex-funcionários do Banco Central. Não que no mero fato da contratação de ex-funcionários de agências reguladoras resida uma patologia em si. O problema estaria, sim, nas negociações preliminares a essa contratação, que, geralmente, tendem a se travar antes de o funcionário deixar a agência, o que pode ensejar a tomada de decisões que visem favorecer sua futura empregadora. O problema de *agency* aqui apontado diz respeito a um potencial conflito de interesses entre o funcionário da agência reguladora e o interesse público a que esta deveria atender. Tal problema tem sido abordado, no âmbito do direito administrativo, pela chamada escola da *public choice*, que vem se dedicando à investigação das imperfeições das decisões econômicas tomadas pelo setor público.

tenta que a generalidade dos administradores ajam ou devam agir invariavelmente em interesse próprio. A constatação é aproximativa, ou seja, exprime uma tendência de conduta, que deve ser levada em consideração na regulação, tanto normativa quanto contratual, das relações de *agency*.[46]

Os problemas de *agency*, como se pode perceber, não são exclusividade das sociedades sujeitas a controle gerencial.[47] Entretanto, especificamente nessa situação de controle, a questão desperta maior preocupação, uma vez que, como visto, os próprios administradores adquirem o *status* de controladores, autoperpetuando-se na gestão e na definição de políticas estratégicas da sociedade, em virtude de sua intensa dispersão acionária que impossibilita o exercício efetivo do controle por qualquer dos *shareholders*.

Tendo em vista que as normas legais de balizamento da conduta dos administradores atingem apenas situações em que o conflito de interesses acarrete ou possa acarretar prejuízo à sociedade e tendo em vista que a problemática do *agency* diz respeito não apenas a tais situações, mas, também, a situações em que o *manager* simplesmente não atua visando a maximização de resultados para a sociedade (o que não significa, necessariamente, prejuízo, mas tão-somente redução de *performance*), recentes estudos, dentre os quais merece destaque o desenvolvido pelo *American Law Institute*,[48] vem apontando alternativas, em termos de revisão da estrutura interna das sociedades anônimas, para a equacionalização do referido problema.

Tais estudos, desenvolvidos principalmente nos Estados Unidos, colocam em evidência a importância do *board of directors* (órgão correspondente ao conselho de administração, em nossa legislação societária) em sua função de monitoramento da atuação dos *officers* (diretoria) no atendimento aos interesses da sociedade e dos acionistas.

Com efeito, sustenta-se que ao *board*, caracterizado como "the link between the people who provide capital (the shareholders) and people who use that capital to create value (the managers)", cabe a tarefa de monitorar a administração da sociedade "on behalf of the shareholders".[49]

A referida tarefa de monitoramento desdobrar-se-ia, *grosso modo*, segundo os citados estudos, nas seguintes funções, atribuídas ao conselho de administração: (i) eleger, avaliar e, quando apropriado, substituir os diretores da companhia, bem como

46. Tal constatação é observada, com precisão, pela Profa. Rachel Sztajn ao apontar que, "(...) sob o aspecto econômico, a busca do próprio interesse nas condutas humanas é admissível. Não se quer com isso dizer que o egoísmo absoluto seja desejável nem que deva ser premiado, mas sim que o interesse individual deve ser reconhecido e admitido, pois as pessoas reagem conforme os incentivos que lhes sejam oferecidos" ("Notas de análise econômica: contratos e responsabilidade civil", *RDM* 111/9). Da mesma forma, Cooter aduz que "the rational actor in economics treats law as an obstacle or an instrument, not a value (...). Wrong doing often yields an immediate benefit and risks future punishment. In balancing these considerations, a rational person must discount punishment for futurity and uncertainty" (cf. Robert D. Cooter, "Models of morality in law and economics: self-control and self-improvement for the 'bad man' of Holmes", in John M. Olin, *Working Papers*, UC Berkeley Program in Law, Economics & Instituitions, California, 1998, p. 3).

47. Aliás, os problemas de *agency* também não se resumem ao âmbito da administração das sociedades anônimas, mas estendem-se a toda relação jurídica em que exista, na precisa definição de Clark, "a person who acts on behalf of another, his principal, within the scope of his authority to so act and, even when granted discretion in carrying out his agency, is subject to the principal's control" (cf. Robert Charles Clark, *Corporate Law*, Boston, Little, Brown and Company, p. 114).

48. O mencionado estudo é citado por diversos autores que se dedicaram ao tema da *corporate governance*, dentre eles, Kose John (*Corporate Governance — A Packet of Readings*, Instituto Brasileiro de Mercado de Capitais, Seminar on Corporate Governance, 1997, p. 183). Entre nós, estudos semelhantes, embora ainda algo incipientes, vêm sendo realizados pelo Instituto Brasileiro de Governança Corporativa, que, recentemente, editou o "Código das Melhores Práticas de Governança Corporativa".

49. John, cit., p. 178.

deliberar sobre sua remuneração; (ii) acompanhar a condução dos negócios da companhia, com vistas a avaliá-la sob os prismas do ganho do acionista, da observância da lei e de considerações éticas; (iii) rever periodicamente e aprovar os planos estratégicos de atuação da companhia.[50]

E, visando o bom desempenho destas funções, recomenda-se, em primeiro lugar, a adoção de mecanismos internos que possibilitem um adequado fluxo de informações da diretoria ao *board*. A questão esbarra, evidentemente, no desinteresse e despreparo dos conselheiros e, de outro lado, na omissão dos *officers* em prestar informações.[51] Trata-se, contudo, de problema de política interna das sociedades, comportando, portanto, soluções neste mesmo nível, soluções, que, de qualquer sorte, tendem a ser estimuladas pela consagração de normas legais rígidas sobre a responsabilidade dos membros do *board* acerca dos negócios sociais. Tais normas tendem a estimular a busca por informações.

Além de uma adequada estrutura interna de fluxo de informações, outra questão recorrente, em termos de desempenho do conselho de administração em sua tarefa de monitoramento, refere-se à conveniência de membros da diretoria integrarem o conselho, situação facultada por nossa lei acionária (art. 143, § 1º) e bastante observada na prática (aliás, não só entre nós; em trabalho a respeito, Kose John, Prof. da NY University, aponta que, em 76% das grandes companhias norte-americanas, os cargos de CEO e *chairman* são ocupados pela mesma pessoa).[52]

A ocupação de uma cadeira no conselho de administração por diretor da companhia pode até chegar a ser benéfica, no sentido de propiciar uma maior aproximação entre esses órgãos. No entanto, na medida que esse diretor ocupe a posição de presidente do conselho (*chairman*) certamente comprometerá o desempenho da função de monitoramento, o que se deduz a partir do elementar princípio de que ninguém pode monitorar a si mesmo. Tal situação cria um sério problema de *agency* dentro do próprio *board*.

Outras questões são usualmente apontadas como requisitos de independência e garantia de *performance* de monitoramento por parte dos conselhos de administração. Todavia, não se pretende aqui um estudo exaustivo destas condições, mas apenas enfatizar a importância que vem sendo dada ao *board* no monitoramento da diretoria nos casos de pulverização acionária, vale dizer, nos casos em que nenhum dos *shareholders*, individualmente, terá interesse suficiente em monitorar tal atuação.

Entretanto, embora as aludidas medidas tendam a colaborar para a configuração de uma estrutura de monitoramento decisório teoricamente eficiente, minimizando potenciais distorções decisórias no âmbito da diretoria, restará, ainda, a questão de vinculação dos interesses dos próprios membros do *board* aos interesses dos acionistas, na medida que estes, pelas idênticas razões que os levam a se omitir na fiscalização dos *officers*, provavelmente omitir-se-ão também na fiscalização dos conselheiros de administração.

As soluções usualmente apontadas para a questão (que, reitere-se, não é solucionável apenas no âmbito das normas legais de responsabilidade dos administrado-

50. Idem, p. 183.

51. Um dos casos mais caricaturais de omissão do *board of directors* em grandes fracassos negociais ocorreu nos Estados Unidos. O fato envolveu a RJR Nabisco, cujo CEO, Tylee Wilson, despendeu cerca de US$ 68 milhões em um projeto de pesquisa de um novo produto sem comunicar seus objetivos ao *board*, que, por seu turno, também não se preocupou em inquirir tais objetivos. Após o fracasso da pesquisa, a única reação do *board*, além de demitir o CEO após o enorme prejuízo, resumiu-se na célebre frase de uma das conselheiras, Juanita Kreps: "why didn't you tell us about?". O caso é narrado no livro *Barbarians at the gate — The fall of RJR Nabisco*, de Bryan Burrough e John Helyar (New York, Harper Perenial, 1991).

52. John, cit., p. 189.

res, normas que tendem a atingir tão-somente situações de patente conflito de interesses ou improbidade na administração) são de ordem estrutural e contratual e consubstanciam-se na vinculação da remuneração, tanto dos *officers* quanto dos conselheiros, ao desempenho da sociedade no sentido de maximização dos resultados de sua atividade. Assim, a sistemática de atribuição de *bônus* ou opções de compra de ações a administradores serviria para fazer coincidir sua esfera de interesses com a esfera de interesses dos acionistas.

Em resumo conclusivo, a prevenção a refrações decisórias no âmbito da administração das sociedades anônimas, questão que, como já dito, adquire enorme relevância na hipótese de controle gerencial, embora não ocorra apenas nesta situação, dependerá da adoção conjunta de medidas que (i) minimizem a dissociação de interesses entre *managers* e acionistas[53] (*v.g.*, a utilização de opções como mecanismo remuneratório) e (ii) estruturem mecanismos de fluxo de informação e monitoramento interno minimamente adequados.

2.3.3 Refrações decisórias na situação de controle externo

O problema das refrações decisórias na hipótese de controle externo é questão de difícil solução, uma vez que o controlador externo visará sempre a maximização de seus resultados em sua relação com a sociedade controlada. Os interesses, de um lado, do controlador e, de outro, da sociedade controlada, tendem a ser, na hipótese, diametralmente conflitantes, notadamente nos casos em que o controle decorre de endividamento.

É forçoso admitir, *ab initio*, que não seria razoável exigir-se de um controlador externo que atue visando o atendimento dos interesses dos acionistas da sociedade controlada. Assim, as regras de balizamento de sua conduta hão de ser, naturalmente, diversas das regras de balizamento da conduta do controlador interno, seja ele acionário ou gerencial.

Todavia, o poder que a situação de controle externo confere ao controlador no sentido de pressionar a administração da sociedade e seu acionista majoritário na condução da empresa controlada não pode, como já dito, ser tutelado apenas no âmbito da responsabilidade civil por perdas e danos, embora a própria lei acionária alemã, talvez a mais avançada no tratamento da matéria, ao normatizar a hipótese de "aproveitamento de influência sobre a sociedade", preveja apenas a possibilidade de ressarcimento pelo controlador externo de danos causados à sociedade controlada.

Uma tutela efetiva da matéria requereria uma série de medidas legais que atenuassem, em cada hipótese de controle externo, tendo em vista, inclusive, as peculiaridades de cada uma delas, a possibilidade de ocorrência de tais situações. A solução mais adequada estaria, portanto, a nosso juízo, em sede preventiva e não reparatória.

Tais medidas deveriam abranger uma reforma nos institutos da falência e da concordata, na linha dos modernos estudos sobre o instituto da "recuperação econômica da empresa", que possibilite a revisão da arcaica concepção de que tais procedimentos centram-se na necessidade de satisfação dos credores da empresa em dificuldade (principalmente, dos maiores credores). Uma revisão de tais institutos com vistas a privilegiar o princípio da continuidade da empresa certamente atenuaria em grande parte o poder de pressão que enseja situações de controle externo.

53. Em sede das discussões acerca da necessidade de alinhamento entre as esferas de interesse do *board of directors* com a esfera de interesse dos acionistas, chega-se a sustentar a necessidade de adoção de regra no sentido de que os *directors* tenham de ser, obrigatoriamente, acionistas, regra, como se sabe, adotada entre nós (art. 146 da Lei das S/A). Todavia, a questão é de todo irrelevante, uma vez que o requisito é facilmente contornável pela atribuição de uma única ação à pessoa que se deseja no conselho de administração.

Outras medidas necessárias residiriam em uma melhor regulamentação de certos contratos que, por sua estrutura econômica, viabilizam a ocorrência de subordinação empresarial, *v.g.*, os contratos de representação com cláusula de exclusividade, os contratos ditos "de bandeira", os contratos de *franchising*, dentre outros.

Foge aos objetivos deste trabalho a análise dos mecanismos de prevenção à ocorrência de subordinação empresarial. O que se busca demonstrar é tão-somente a necessidade de tal prevenção, uma vez que, configurada a subordinação, não há mecanismos efetivos para a correção das refrações decisórias dela decorrentes.

Para a solução do problema da refração decisória em situações de controle externo, em conclusão, o direito societário terá de se servir de outros ramos do direito, em especial, do direito falimentar e do direito contratual.

2.4 O problema das refrações decisórias intrasocietárias no perfil das sociedades anônimas abertas brasileiras. Análise crítica dos mecanismos da vigente lei acionária para sua correção

Analisadas (i) a tipologia das formas de configuração do controle empresarial (item 2.2, *supra*) e (ii) a intensidade e natureza das refrações decisórias intrasocietárias em cada uma delas (item 2.3, *supra*), procuraremos, neste item, transpor tais considerações a uma análise do perfil acionário das companhias abertas brasileiras, de modo a constatar a adequação dos mecanismos previstos na vigente lei acionária na correção de tais refrações decisórias, da maneira e na intensidade que se apresentam em nossas companhias.

A partir de um levantamento realizado na segunda metade da década de 80 pela Superintendência de Projetos e Estudos Econômicos da Comissão de Valores Mobiliários, referente à estrutura acionária de 456 companhias abertas brasileiras, conclui-se que, na média destas companhias, o controle se configura mediante a propriedade de 69,8% das ações votantes. Em 18,64% das companhias, o controle é exercido mediante a propriedade de 90% a 100% das ações votantes, enquanto, em apenas 15,13% das companhias, o controle efetiva-se mediante a propriedade de menos de 50% do capital votante. Em nenhuma companhia o controle chega a ser exercido com menos de 10% das ações com direito a voto.[54]

Assim, *grosso modo*, analisando os dados de concentração acionária nas companhias abertas brasileiras, seria lícito concluir que cerca de 15% das mesmas apresentam situação de controle minoritário (ou, mais propriamente, controle majoritário eventual), enquanto os 85% restantes apresentam situação de controle majoritário estável, não havendo casos de controle gerencial.

Embora o mencionado levantamento date de mais de dez anos atrás, dificilmente uma pesquisa feita na data de hoje conduziria a resultados diversos. Como se disse, demonstrar estatisticamente dados referentes à concentração acionária das empresas brasileiras implica apenas apresentar um bom domínio do óbvio.

Com efeito, a cultura empresarial em nosso país, crítica talvez extensível à cultura empresarial latina de modo geral, ainda é centralizada na figura do "dono" da empresa, que, inobstante as vantagens, em termos de desenvolvimento econômico, apresentadas pela captação de recursos via pulverização acionária, dificilmente se vê disposto a abrir mão das ações que lhe asseguram, de modo estável, o poder de controle sobre *sua* empresa.

O perfil da sociedade anônima brasileira encontra-se, portanto, distante de um perfil institucional, por força do qual a empresa seria subtraída a qualquer vínculo

54. Cf. Eizirik, cit., p. 105.

dominial com os detentores do capital, aproximando-se, "até a confusão, de uma espécie de fundação-lucrativa", na eloqüente expressão de Comparato.[55]

Motivos culturais levam o empresário a procurar o financiamento bancário em detrimento do financiamento acionário, preferindo sujeitar-se à possibilidade de ter de submeter-se a um controle externo de seus credores do que a uma desestabilização imediata de seu controle acionário via pulverização.

As decorrências desta observação, no enfoque do presente estudo, foram antecipadas no item 2.3.1, *supra*.

Naquele item, verificou-se que, na hipótese em que o poder de controle é mantido com parcela substancial do capital, as decisões do controlador dificilmente tenderão a uma direção que não vise a maximização de resultados no emprego deste capital, já que tais resultados beneficiarão diretamente sua esfera patrimonial, não só em termos de distribuição de dividendos, mas, principalmente, em termos de maximização do valor de mercado do bloco das ações de controle. Disto decorre que a refração decisória tende a ser mínima nas hipóteses de controle acionário, tanto no plano da conduta do controlador, como na dos órgãos de administração, que, como visto, nesta modalidade de controle, tendem a ser extensões operacionais da vontade do controlador,[56] salvo nas hipóteses de conflito entre ambos ou de corrupção interna, estranhas ao objeto deste trabalho.

Assim, no perfil das empresas brasileiras, as refrações decisórias intrasocietárias tendem a centralizar-se não em questões de *performance* da atividade (já que a qualidade na *performance*, em tese, interessa tanto aos minoritários quanto ao controlador, na medida que este detenha parcela substancial do capital), mas em questões referentes a distribuição de resultados, questões que encontram particular agravante em virtude da consagração, em nosso sistema societário, do instituto das ações preferenciais sem direito a voto.

De qualquer sorte, a vigente lei acionária prevê mecanismos de correção de refrações decisórias tanto no plano das questões de *performance* (maximização de resultados no emprego do capital), quanto no plano das questões de distribuição de resultados.

No primeiro plano apontado, i.e., no que diz respeito à garantia de adstrição da conduta do controlador acionário e de seus braços operacionais, os administradores, à maximização de resultados no emprego do capital da empresa e, portanto, à repressão a situações de conflito de interesses, a lei confere aos acionistas alheios ao controle diversos mecanismos de que estes podem se valer, destacando-se os previstos nos arts. 109, III; 111, §§ 1º e 2º; 115, *caput* e §§ 3º e 4º; 116, parágrafo único; 117, § 1º, *a*, *b*, *d*, *f*, *g*, *h*; 153; 154; 155 e 156.

No segundo plano, i.e., no que diz respeito a questões de distribuição de resultados, a lei prevê, igualmente, diversos mecanismos como aqueles inseridos nos arts 17; 18; 111, § 1º; 198; 202; 203 e 205.

Os mecanismos legais conferidos aos acionistas não controladores no que tange à reparação de danos à sociedade decorrentes da conduta do controlador e dos administradores, ajam eles ou não com conflito de interesses, bem como à questão da distribuição de dividendos, parecem ser suficientemente amplos para abranger praticamente todas as condutas repreensíveis em termos de exercício do poder de controle.

O problema da efetividade de tais normas reside, portanto, não propriamente em seu conteúdo, mas na forma prevista para a operacionalização dos remédios nela previstos.

55. Cf. *O Poder*, cit., p. 54.

56. Referimo-nos aos dois níveis de administração da companhia, já que, mesmo com a adoção do voto múltiplo (art. 141), ao controlador sempre será assegurada a eleição da maioria dos membros do conselho de administração, que, por seu turno, conseqüentemente, elegerão, para a diretoria, pessoas indicadas pelo acionista controlador.

Independentemente das críticas naturalmente veiculáveis à limitação, à legitimidade para a propositura da ação de responsabilidade *uti singule* (art. 159, § 4º) e ao cinismo legislativo da ação *uti universe* (art. 159, *caput*), cuja propositura depende de deliberação assemblear (vale dizer, da vontade do controlador em demandar contra os administradores que ele mesmo indicou), críticas às quais nos furtaremos por sua obviedade, há de ser tecida uma crítica ampla à própria lógica do sistema de correção a refrações decisórias previsto na Lei das Sociedades por Ações.

Com efeito, a essência do problema da efetividade das normas ora analisadas, a nosso ver, encontra-se no simples fato de que lei prevê apenas remédios judiciais para sua operacionalização.

Além do evidente despreparo do Judiciário no que diz respeito a questões societárias, a centralização do sistema de correção de refrações decisórias em remédios judiciais, dado o princípio da inércia da jurisdição, pressupõe que o acionista não controlador, que, em geral, apresenta perfil de investidor, desinteressado, portanto, dos negócios sociais, arque com o ônus e com os custos de provocar o Judiciário para corrigir eventual situação de distorção decisória.

Tal pressuposição, em termos econômicos, não se apresenta razoável. A questão é bastante simples. Um acionista minoritário que supostamente tomasse a iniciativa de litigar contra o controlador ou administrador de uma sociedade, com vistas a buscar ressarcimento de lesão provocada ao patrimônio social pela conduta destes, criaria claramente uma situação de *free ride* em relação aos demais minoritários, i.e., uma situação de concentração de custos e desgaste na pessoa do minoritário que vai a juízo e uma dispersão de eventuais benefícios deste litígio entre todos os acionistas.

Esta situação econômica de concentração de custos e dispersão de benefícios (classicamente, uma situação de *externalidade*) é suficiente para inibir a aplicação judicial das normas tendentes a balizar a conduta do acionista controlador e dos administradores da sociedade. Vê-se, portanto, que a efetividade de tais normas resta comprometida pela questão de seus custos de aplicação, questão que não se resume à vultuosidade destes custos, mas ao apontado problema, mais sério, de sua alocação.

A aduzida observação se impõe não só no que tange à atuação dos minoritários em juízo, mas, também, à sua atuação na própria atividade de monitoramento da conduta do controlador e da administração. A situação é apontada por Black: "Each shareholder owns a small fraction of a company's stock, and thus receives only a fraction of the benefits of monitoring, but must bear the full cost of its own monitoring efforts".[57]

Tal crítica, de ordem sistêmica, impõe a necessidade de revisão do próprio modelo de *enforcement* adotado pela lei societária brasileira, principalmente se se pretende, no Brasil, um desenvolvimento em termos de mercado de capitais, uma vez que, quanto maior for a pulverização acionária, mais dispersos serão os benefícios da atuação de um minoritário em juízo e, portanto, maior será o desestímulo a essa atuação.

2.5 *Modelos alternativos de correção de refrações decisórias intrasocietárias*

2.5.1 Modelo de centralização da tutela dos interesses dos acionistas não controladores em agência reguladora

A situação aduzida no item anterior, que aponta para o natural desestímulo econômico à atuação dos minoritários em juízo no sentido de buscar a vinculação da orientação empresarial imprimida pelo controlador aos interesses de maximização de re-

57. Bernard Black, "Institutional investors and corporate governance: the case for institutional voice", in *Studies in International Corporate Finance and Governance Systems*, New York, Oxford Un. Press, 1997, p. 160.

sultados na atividade da sociedade, é ínsita a qualquer hipótese fática em que o interesse em jogo seja um interesse de titularidade dispersa.

Como se disse, a dispersão da titularidade de um interesse implica na dispersão dos benefícios (*free riding*) de eventual atuação que vise a preservação do mesmo, atuação que, por isso, tende a não se concretizar se houver concentração de custos.

Essa situação (econômica) não é estranha ao direito nem diz respeito exclusivamente à problemática das companhias abertas.

Com efeito, a ciência jurídica identificou, modernamente, a existência dos denominados interesses difusos, nos quais a situação de dispersão de titularidade atinge seu grau máximo, a ponto de admitir-se que tais direitos sejam de titularidade indeterminada.[58]

A tutela em juízo de direitos com tal característica depende da sistemática da substituição processual, conferindo-se legitimidade ativa, por exemplo, a organizações civis representativas de tais interesses, a órgãos ligados à Administração Pública ou ao próprio Ministério Público. Esta, a sistemática adotada, entre nós, *v.g.*, para a tutela dos interesses dos consumidores e dos interesses ligados ao meio ambiente.

Ao mecanismo da substituição processual soma-se, na proteção dos aludidos interesses de titularidade dispersa, a instituição de órgãos administrativos com competência regulamentar e sancionatória que atuarão no sentido de sua preservação. São exemplos de tais órgãos o Conselho Administrativo de Defesa Econômica, no caso do direito concorrencial, os Procons, no caso do direito do consumidor etc.

Estas duas linhas de solução (substituição processual e criação de órgãos administrativos regulamentares e sancionatórios) tendem a criar centros de gravidade para interesses que de outra forma permaneceriam dispersos.

Esta linha de considerações poderia conduzir à conclusão de que os interesses dos acionistas não controladores de companhias abertas, que apresentam um grau de dispersão de titularidade limitado, porém suficiente para criar a situação de desestímulo acima aduzida, deveriam ser objeto de tutela semelhante por parte da Comissão de Valores Mobiliários.

Em um primeiro momento, poderia parecer que o legislador chegou a atentar para isso. O inc. V do art. 8º da lei que institui a CVM (Lei 6.385/76) confere a essa autarquia competência para "fiscalizar e inspecionar as companhias abertas, dada prioridade às que não apresentem lucro em balanço ou às que deixem de pagar o dividendo mínimo obrigatório". A segunda parte do dispositivo parece evidenciar a atribuição da CVM no sentido de tutelar os interesses dos acionistas alheios ao controle.

Contudo, as atribuições da entidade restringem-se, basicamente, à fiscalização da qualidade das informações prestadas pela companhia ao mercado e da regularidade dos processos de emissão de títulos, não sendo-lhe dado, por exemplo, impor sanções ao controlador ou à administração da companhia, mesmo em hipóteses de clara refração decisória, i.e., de claro afastamento entre a orientação empresarial por eles imprimida e os fins a que tal orientação deveria visar, nos planos intra e extrasocietário.

Pelo perfil de suas atribuições, a atuação da CVM no âmbito das companhias abertas tende a ser meramente episódica, visando tão-somente a criar condições para que os acionistas minoritários obtenham informações precisas a respeito da companhia em que investiram seu dinheiro e dos resultados obtidos por ela, não havendo, portanto, pretensão de substitutividade na tutela dos interesses desses acionistas, como ocorre no âmbito dos interesses difusos.

Resta saber se tal substitutividade seria desejável como forma de superação das

58. Cf. art. 81 da Lei 8.078/90.

inoperalidades do modelo de *enforcement* adotado pela lei acionária.

A questão, desnecessário dizer, é bastante intrincada.

Embora possa parecer atraente a alternativa de se atribuir à CVM ou a qualquer outra agência reguladora especializada competência para, por exemplo, propor em juízo, em substituição processual aos minoritários de uma companhia, ação de responsabilidade em face do controlador ou administrador da mesma, ou mesmo para instaurar, *ex officio*, inquérito e processo administrativo para imposição de sanções nessa esfera, a adoção de tal modelo requereria um enorme amadurecimento institucional, que esbarraria, em primeiro lugar, na resistência, inclusive doutrinária, em atribuir-se aos conflitos intrasocietários caráter público.

Mas mesmo que se admita o caráter público dos interesses intrasocietários nas companhias abertas, sujeitar a tutela de tais interesses a uma agência reguladora significa conviver diariamente com os riscos decorrentes do *estímulo burocrático* que parece permear a cultura dessas agências, estímulo que tende a gerar uma situação de excesso de regulação.

A situação de *over-regulation*, por sua vez, tende, como aponta Teubner,[59] a criar uma situação de indiferença recíproca entre o sistema regulado e o sistema regulador, na medida que este impõe àquele uma lógica que não lhe é própria. Esta potencial indiferença se agrava sobremaneira quando se trata da regulação da conduta de agentes (controladores e administradores) cuja atuação sempre esteve alheia a interferências, em função da proteção que lhe confere a chamada *business judgment rule*.[60]

De qualquer sorte, a alternativa, em seus aspectos positivos e negativos, é merecedora de alguma atenção, principalmente porque uma agência reguladora com âmbito de competência mais abrangente, no sentido acima descrito, poderia constituir um centro de gravidade em torno do qual se agregariam não só os interesses dispersos de acionistas não controladores, mas também interesses extrasocietários (interesses da coletividade na qual se insere a empresa), os quais, como se verá, apresentam grande dificuldades de *enforcement*, mesmo no plano meramente analítico.

2.5.2 O modelo da *institutional voice*

2.5.2.1 Descrição do modelo — Partindo da mesma premissa aqui adotada, de que a passividade dos acionistas não controladores decorre, ao menos sob o ponto de vista econômico, de uma situação de concentração de custos de monitoramento (ou atuação judicial) em um único acionista ou grupo de acionistas e dispersão dos benefícios daí decorrentes entre todos os acionistas (ou até mesmo, entre todos os *stakeholders* da empresa), Bernard Black, Professor da Columbia Law School, propôs, em recente trabalho,[61] um modelo de *governance*, que denominou *institutional voice*, com vistas exatamente a superar a descrita situação de passividade decorrente da dispersão acionária.

O citado modelo baseia-se em uma pressuposição de que os chamados investidores institucionais, desde que adequadamente incentivados[62] a deter participações

59. Gunter Teubner, "Juridificação — Noção, características, limites, solução", trad. José Engracia Antunes, *Revista Direito e Economia* 14/17, Coimbra, 1988.

60. Cf., a respeito da questão da *business judgment rule*, Clark, cit., p. 123.

61. Cf. ob. cit.

62. Aponta o autor, como fator de inibição à adoção do modelo, o desestímulo causado pela legislação norte-americana, crítica, em certa medida, extensível ao caso brasileiro, à conservação, por parte de investidores institucionais, de participações consideráveis nas companhias abertas. Sumariando tais "barreiras legais", aduz o autor: "Banks, insurers and mutual funds face legal limits on their ability to hold large percentage stakes: banks and insurers are limited in their ability to own equity at all; banks are kept small by interstate banking restrictions; pension funds are encouraged by law to take diversification to ridiculous extremes. Active 5% shareholders must

consideráveis nas companhias em que se propõem a investir, estariam aptos a "superar os incentivos à passividade",[63] tornando-se acionistas influentes que exerceriam relevante papel de monitoramento da administração dessas companhias.

Para exercer o papel acima descrito, sustenta o mencionado autor que os investidores institucionais deveriam deter parcelas próximas a 5% do capital da companhia, sem que tal participação supere em muito a casa dos 10%.

O modelo proposto ocuparia, portanto, uma posição intermediária entre a situação de completa pulverização, em um extremo, e a situação de *institutional control* (controle exercido pelo próprio investidor institucional), em outro, de modo que "a half-dozen institutions can collectively influence major corporate actions (...), but any one institution can't do much on its own".[64]

Trata-se de um modelo, portanto, de divisão de poder tanto entre controladores e investidores institucionais, como entre investidores institucionais entre si.

2.5.2.2 *Adequação ao caso brasileiro* — A adequação do modelo acima descrito ao caso brasileiro passa pela análise de duas questões.

A primeira refere-se a um questionamento elementar: o perfil acionário das companhias abertas brasileiras, por sua nítida tendência à concentração, permite que acionistas minoritários, individualmente, detenham participações próximas à apontada por Black como ideal para a caracterização daquilo que denomina *influential shareholders*. Por que, então, acionistas minoritários nestas condições não estariam aptos a exercer tal papel no lugar dos investidores institucionais? O que justificaria a necessidade de atuação deste tipo de investidores?

A resposta é, da mesma forma, elementar.

Um investidor individual, seja ele pessoa natural ou jurídica, que detenha participação de 5% no capital de uma companhia aberta (e que, portanto, dificilmente, deterá participação semelhante em mais companhias) continuará tendo de arcar com a concentração de custos de monitoramento desta companhia, enquanto os benefícios desta prática dispersar-se-ão entre todos os demais *stakeholders*.

Um investidor institucional, por sua vez, tem condições de deter participações consideráveis em diversas companhias, o que lhe confere condições de criar verdadeira economia de escala na atividade de monitoramento, na medida em que a estrutura de fiscalização e análise de resultados necessária a este monitoramento será utilizada para exercê-lo em diversas companhias ao mesmo tempo. Ainda, portanto,

file a disclosure form under section 13(d) of the Securities Exchange Act. A 10% shareholder is subject to shortswing profit forfeiture under Exchange Act section 16(b). An influential shareholder may be considered a control person with severe consequences under security, bankruptcy and other laws" (cit., p. 163). Dentre as críticas apresentadas, há de ser assimilada por nosso legislador aquela atinente ao estímulo (entre nós, obrigatoriedade) de excessiva diversificação em determinados fundos. No Brasil, a questão apresenta-se de forma mais preocupante, uma vez que as normas concernentes à diversificação do *portfolio* dos fundos em nada parecem se basear em critérios atuariais (os únicos que justificariam exigências de tal ordem), mas em conveniência política de direcionar os recursos destes fundos à aquisição de certos títulos, em especial títulos da dívida pública. É verdade que a diversificação de *portfolio* (leia-se: diluição de risco de perda de capital) é requisito de segurança aos investimentos de fundos. Todavia, é injustificável a exigência de uma "hiperdiversificação", uma vez que, segundo aponta o mencionado autor, "about 95% of the risk redution benefits of diversification are captured if an investor owns 20 stoks; about 99% of the benefits are captured if the investor owns 100 stoks. The institutions don't need to hyperdiversify — to hold a thousand or more 'names' in their portfolios — as many do today" (Black, cit., p. 160).

63. Diz o mencionado Professor: "According to the new 'political' theory, institutional investors could overcome the incentives for passivity (...). They could become influential shareholders and monitor corporate managers" (Black, cit., p. 160).

64. Idem, p. 162.

que permaneça a dispersão de benefícios do monitoramento, os custos do mesmo, ainda que concentrados, renderão melhores resultados, quantitativa e qualitativamente.

A segunda questão diria respeito a um já apontado aspecto da cultura empresarial brasileira: por que razão o controlador de uma companhia aberta, que, normalmente, não dá voz aos acionistas minoritários, detenham eles 5%, 10% ou 20% do capital da empresa, sujeitar-se-ia à ingerência de um investidor institucional?

A resposta parece, mais uma vez, óbvia. A companhia aberta possui grande parte dos títulos representativos de seu capital dispersa no mercado de valores mobiliários (mesmo que a dispersão se limite às ações não votantes). Se um investidor institucional adquire parte razoável do capital disperso de determinada companhia, passará a ser, automaticamente, uma referência ao mercado em relação àquela companhia. Caso se descontente, então, com a orientação imprimida pela administração e retire seus investimentos daquela companhia, o investidor em questão dará um sinal qualitativo negativo ao mercado em relação a ela, provocando provavelmente uma situação de saídas simultâneas, acarretando, destarte, excesso de oferta das ações da referida sociedade e conseqüente queda no valor de mercado destas ações, perda de valor que se estenderia, inclusive, às ações que compõem o bloco de controle. Por esta razão, i.e., pelo fato de mudanças de posição dos investidores institucionais constituírem sinais qualitativos ao mercado, o controlador da companhia, para resguardo de seus próprios interesses, dará voz a esse investidor na condução da empresa.

Além das duas questões suscitadas, uma terceira poderia ser levantada: que segurança teriam os demais investidores da empresa de que o investidor institucional, no exercício de seu papel de *influential shareholder*, atuaria no sentido de manter a orientação dada à empresa no rumo na maximização dos resultados no emprego do capital?

A resposta seria, em princípio, simples: a garantia estaria no fato de que os interesses representados pelos investidores institucionais são, usualmente, *long term interests*,[65] tendendo, portanto, tais investidores a não buscarem resultados positivos decorrentes de oscilações do valor de mercado de suas participações, mas resultados de efetivo acréscimo de valor a estas participações.

Todavia, o simplismo desta resposta ignora que há potenciais problemas de *agency* também no âmbito interno da administração dos próprios fundos dos investidores institucionais. Tal problema é, em certa medida, solucionável com a vinculação da remuneração dos administradores de fundo aos ganhos de capital de seu *portfolio*.

O modelo parece, pois, de todo adequado ao caso brasileiro, ainda que tenha sido forjado com vista a padrões de dispersão acionária diversos do padrão vigente em nossa estrutura empresarial.

Entretanto, a insipiência de nosso mercado de capitais ainda é um fator de inibição à atuação, tal qual descrita acima, de grandes investidores institucionais em nosso país, cujas características ainda exercem mais atratividade sobre capitais internacionais voláteis do que sobre investimentos a longo prazo.

65. Grandes investidores institucionais, ao elaborarem seus *codes of best pratices* para as companhias que buscam seus investimentos, elencam a *long-term strategic vision* como requisito essencial à administração da companhia para que o investimento se efetive. O conhecido CalPERS (*California Public Employees' Retirement System*), maior fundo de pensão do mundo, que gera ativos no valor de mais de US$ 100 bilhões sugere, em seus *global principles for corporate governance*: "Corporate directors and management should have a long-term strategic vision which at its core emphasizes sustained shareholder value. Although different shareholders utilize different investment strategies and tactics, with differing investment horizons, investors should encourage corporate management to resist short-term behavior by supporting management at critical junctures and rewarding companies that successfully produce long-term superior returns".

Assim, a instituição de um modelo de adequada gestão empresarial no Brasil, vale dizer, um modelo com menor índice de refrações decisórias, passa, necessariamente, por medidas de política econômica que visem ao desenvolvimento de nosso mercado de capitais.

Os modelos teóricos que analisam o desenvolvimento de mercado de capitais ainda constituem matéria bastante controvertida entre os economistas. Desde a superação do modelo traçado por Modigliani e Miller, em 1958, que propunham uma simplista relação direta entre o grau de desenvolvimento do mercado de capitais e o PIB do país que abrigava tal mercado (relação que ignorava, entre outras coisas, a bifurcação no retorno da renda ao processo produtivo, que se dá tanto via mercado de capitais, como via mercado financeiro, conceito elementar da teoria do fluxo circular de renda), os economistas apontam as mais diversas variáveis como determinantes do desenvolvimento de um mercado de capitais.

Merece menção o recentíssimo trabalho de Burki e Perry,[66] que identificaram, através de estudos estatísticos abrangendo diversos países em diversos graus de desenvolvimento, como variáveis determinantes do desenvolvimento dos mercados de capitais nos países analisados, fatores como eficiência dos mecanismos jurídicos vigentes à proteção de direitos de credores, eficiência do Poder Judiciário, nível de corrupção, padrões contábeis vigentes, eficiência da estrutura legal de proteção aos acionistas minoritários, entre outros.

Note-se, portanto, que, segundo o modelo de Burki e Perry, a existência de mecanismos efetivos de tutela dos interesses de acionistas minoritários é pressuposto do desenvolvimento do mercado de capitais, enquanto que, segundo a transposição do modelo de Black ao caso brasileiro, o desenvolvimento do mercado de capitais é condição essencial para a atuação dos investidores institucionais no sentido da implementação do modelo da *institutional voice*, que parece ser o mais adequado à tutela dos interesses dos acionistas não controladores.

A relação, pois, entre o desenvolvimento do mercado de capitais e o desenvolvimento do mecanismo de tutela dos acionistas minoritários é uma *relação de causa e efeito recíproca* e, como tal, deverá ser encarada pelo legislador e pelos responsáveis pelo planejamento de nossa política econômica.

Analisadas as questões referentes às distorções decisório-empresariais no plano intrasocietário (nas diversas formas de configuração da situação de controle, com especial ênfase à situação típica do perfil acionário brasileiro, qual seja, a situação de controle majoritário estável com concomitante dispersão de ações preferenciais), passamos ao estudo das possíveis distorções no plano extrasocietário, vale dizer, das refrações decisórias que tendem a afastar a orientação da atividade da empresa dos interesses da coletividade na qual se insere.

3. Refrações decisórias no plano extrasocietário. O princípio da função social da propriedade e sua aplicabilidade no plano empresarial

3.1 Algumas considerações preliminares

Como se disse acima, a conduta decisória do controlador de uma empresa, qualquer que seja a forma de configuração da situação de controle, deve orientar-se não apenas no sentido de sua adstrição aos interesses dos proprietários do capital alheios ao controle (plano intrasocietário), mas, também e primordialmente, aos interesses da coletividade na qual se insere a empresa (plano extrasocietário), por força da consagração, tanto no plano constitucional como no plano ordinário, do princípio da função social da propriedade.

66. Shahid Javed Burki e Guillermo E. Perry, *Beyond the Washington Consensus — Institutions Matter*, Washington, Word Bank Latin American and Caribean Studies, 1999.

O aludido princípio, e aqui requeremos vênia para apontar algumas necessárias obviedades, é encarado com elegante indiferença por parte dos juristas, porque o legislador não se preocupou em conferir contornos de maior precisão ao princípio, e, por parte dos empresários, em virtude do caráter dominial que orienta, até hoje, a cultura empresarial latina, no âmbito da qual prevalece a insistência na admissão da intangibilidade da relação de pertinência controlador/empresa.

Entretanto, não nos é lícito ignorar um princípio constitucional vigente, que, ademais, é fruto da evolução histórica do instituto da propriedade privada dos bens de produção, que, em seu aspecto funcional,[67] deixou de justificar-se simplesmente "como modo de proteger o indivíduo e sua família contra as necessidades materiais, ou seja, como forma de prover à sua subsistência",[68] passando a justificar-se, na acepção pós-liberal, como instrumento de consecução do desenvolvimento econômico e social.

Ignorar o princípio é, desta forma, comprometer a própria evolução representada pela superação do modelo liberal de Estado.

3.2 O conteúdo do princípio e o problema de sua indeterminação

O problema da aludida indeterminação do princípio da função social da propriedade apresenta-se desde o delineamento de seus contornos teóricos mais elementares.

Em primeiro lugar, como lembra Comparato, "quando se fala em função social da propriedade não se indicam as restrições ao uso e gozo dos bens próprios".[69] Tais restrições, concernentes aos limites negativos do direito de propriedade, decorrem do secular princípio *neminem laedere* e em nada dizem respeito à revisão do conceito de propriedade operada pela consagração de sua função social.

Assim, é inadmissível, a não ser no plano retórico, a justificação de medidas restritivas pelo princípio da função social da propriedade, como ocorreu por ocasião da adoção, na cidade de São Paulo, do rodízio de automóveis.

O princípio ora analisado não vem, com efeito, somar-se ou sobrepor-se às limitações naturais ao instituto da propriedade privada, mas, sim, operar verdadeira reformulação desse instituto, afastando-o de sua concepção de direito subjetivo e atribuindo-lhe uma conotação de poder-dever,[70] i.e., situação jurídica ativa cujo exercício deve atender a interesses que não são (ou não são exclusivamente) os de seu titular, mas, sim, a interesses aos quais, previamente, o legislador vincula o exercício desse poder.[71]

Destarte, o feixe de prerrogativas atribuídas ao titular da propriedade,[72] assim

67. O desenvolvimento da chamada análise funcional do direito, extraordinária contribuição de Karl Renner à ciência jurídica, através de sua clássica monografia *Die soziale Funktion der Rechsinstitute*, chamou a atenção dos juristas, já no início deste século, para a óbvia constatação de que a análise dos institutos jurídicos não pode prescindir da apreensão de sua finalidade (função) no plano sócio-econômico, vale dizer, do fundo teleológico em que se baseia a sua existência. Prescindir de tal abordagem significa, no limite, condenar direito e realidade a uma inadmissível situação de impermeabilidade, que constitui o primeiro passo para a ineficiência das normas jurídicas que visam regular esta realidade.

68. Fábio Konder Comparato, "Função social da propriedade dos bens de produção", *Direito Empresarial — Estudos e Pareceres*, p. 30.

69. Idem, p. 32.

70. Ibidem.

71. Assim ocorre, por exemplo, com pátrio poder, com o poder do curador sobre o curatelado etc.

72. Não se trata aqui de qualquer espécie de propriedade, mas tão-somente da propriedade dos bens de produção, uma vez que os bens de consumo não se vocacionam à função social, na medida em que sua utilização e as decisões acerca desta utilização têm reflexos apenas na esfera de interesses de seu titular e não na esfera de interesses da coletividade. Apenas os bens de produção, cuja propriedade confere a seu titular o poder de influenciar na determinação do fluxo qualitativo e quantitativo de bens e serviços a serem oferecidos à sociedade, gozam de relevância sócio-econômica apta a justificar a socialização de sua função.

como o feixe de prerrogativas atribuídas ao titular do pátrio poder, por exemplo, não pode, licitamente, ser utilizado no interesse exclusivo de seu titular, mas deve atender, primordialmente, aos interesses aos quais o ordenamento jurídico vincula o exercício destas prerrogativas. No caso da propriedade privada, a adoção do princípio da função social vincula o exercício de suas prerrogativas aos interesses da coletividade.

A noção de poder-dever é, portanto, essencialmente positiva. Não basta ao titular do pátrio poder agir no sentido de não lesar as pessoas sujeitas ao seu poder, devendo, sim, agir, ao exercer suas prerrogativas, no interesse destas pessoas. Da mesma forma, não basta ao titular do direito de propriedade agir de forma a não lesar os interesses da coletividade, devendo, sim, agir em atendimento aos interesses desta coletividade.

No plano da propriedade produtiva organizada sob forma de sociedade anônima, os deveres atribuídos ao proprietário transferem-se (se não em virtude da própria natureza das coisas, ao menos em virtude do disposto no art. 116, parágrafo único, da Lei das S/A) ao controlador da empresa e a seus braços operacionais, os administradores (art. 154).

Estes, os contornos teóricos do princípio da função social da propriedade, cuja identificação, contudo, não resolve o problema de seu alcance, vale dizer, do conteúdo dos deveres (positivos) dele decorrentes.

A indeterminação do conteúdo destes deveres não é privilégio do ordenamento brasileiro. A própria Constituição de Weimar, pioneira na positivação do estudado princípio, consagrou-o de forma genérica, sem precisar seu alcance, fórmula mantida, ademais, pela Constituição alemã de 1949.[73]

Embora o direito brasileiro, e esse mérito deve ser reconhecido, tenha fugido a essa indeterminação no que tange à propriedade imobiliária, vez que, em dois dispositivos de nossa Constituição,[74] a função social desta propriedade é encarada a partir de uma perspectiva ativa e determinada, impondo-se uma adequada utilização destes bens em proveito dos interesses da coletividade e cominando-se sanções ao descumprimento do preceito, sanções estas cuja aplicação, como bem observa Comparato, constitui "autêntico dever imposto ao Estado, sob pena de inconstitucionalidade por omissão administrativa",[75] o princípio, no plano empresarial é, entre nós, ainda adotado de forma vaga e indefinida.

Tal indeterminação, antes de constituir um demérito técnico do legislador, constitui um demérito político.

A vinculação das decisões empresariais aos interesses da coletividade pressupõe, evidentemente, a exata definição normativa desses interesses, tarefa imposta ao Estado pelo art. 174 da Constituição.[76]

Entretanto, em uma patente situação de inconstitucionalidade por omissão, as leis que deveriam abrigar o planejamento econômico, i.e., as diretrizes que deveriam orientar a atividade econômica no sentido do desenvolvimento nacional, reduziram-se, entre nós, a "um programa de boas intenções para fins de autopropaganda governamental".[77]

73. Diz o texto alemão: "Eigentum verpflichtet. Sein Gebrauch soll augleich dem Wohle der Allgemeinheit dienen".

74. Os arts. 182 e 186, fixam, respectivamente, os requisitos necessários ao cumprimento da função social da propriedade imobiliária urbana e rural, cominando sanções para o descumprimento destes requisitos, a saber, o parcelamento ou edificação compulsórios, a imposição de imposto territorial progressivo no tempo e desapropriação com pagamento mediante títulos da dívida pública (no caso da propriedade urbana) e a desapropriação para fins de reforma agrária (no caso da propriedade rural).

75. Fábio Konder Comparato, "Estado, empresa e função social", *RT* 732/43, out. 1996.

76. Reza o mencionado dispositivo: "Art. 174. Como agente normativo e regulador da atividade econômica, o Estado exercerá, na forma da lei, as funções de fiscalização, incentivo e planejamento, sendo este determinante para o setor público e indicativo para o setor privado".

77. Comparato, "Função social...", cit., p. 36.

Persistindo a omissão na tarefa que incumbe ao Estado no sentido de planificar a atividade econômica, não há, tecnicamente, deveres jurídicos positivos imponíveis ao controlador empresarial no sentido de adstrição de suas decisões ao interesse da coletividade. Há, apenas, os deveres negativos, que, como se disse, são meras decorrências do princípio *neminem laedere*, cuja inobservância é coibida pelo simples recurso ao art. 159 da Lei Civil.

E, se é incontornável a conclusão de que não há deveres positivos imponíveis ao controlador empresarial por força do princípio da função social da propriedade, não há de se falar, ao menos enquanto persistir a omissão política no que tange ao planejamento econômico, da criação de mecanismos de correção de refrações decisórias extrasocietárias, uma vez que sequer há referências para a identificação destas refrações.

3.3 Mecanismos indutivos à observância do princípio da função social da propriedade

Inobstante a impossibilidade de identificação normativa daquilo que seja o interesse da coletividade no que tange ao direcionamento das decisões empresariais (impossibilidade que, como visto, inviabiliza a definição do conteúdo de deveres jurídicos positivos imponíveis aos controladores empresariais por força do princípio da função social da propriedade), existem noções difusas do que seja tal interesse.

Evidentemente, a observância disso que a sensibilidade comum identifica como interesse da coletividade não pode ser exigida por mecanismos coercitivos, por tudo quanto observado no item anterior e por necessária reverência ao princípio da legalidade.

Entretanto, existem mecanismos indutivos, normativos e extranormativos, que vêm se prestando a suprir a omissão do legislador no que tange à precisão do princípio da função social da propriedade, mecanismos que vêm se mostrando aptos a estimular os empresários a adotar condutas que, se não atendem por completo às exigências do interesse coletivo, ao menos prestam-se a reduzir a distância entre este interesse e os interesses ligados meramente à maximização dos resultados no emprego do capital.

No plano normativo, identifica-se mecanismos como o dos incentivos fiscais a investimentos em regiões menos desenvolvidas ou com maior índice de desemprego, a financiamentos de atividades culturais e desportivas e a outras condutas tidas, genericamente, como de interesse da coletividade.

Tais mecanismos apresentam uma lógica indutiva bastante simples e eficiente, uma vez que tendem a fazer coincidir os interesses hedonistas do capital (redução da carga tributária que onera a atividade) com os interesses da coletividade (patrocínio a atividades artísticas, por exemplo).

No plano extranormativo, identifica-se mecanismos mercadológicos de sanção a empresas que não atendam a determinados padrões de conduta. Veja-se, por exemplo, a recente situação de boicote do mercado consumidor norte-americano a uma grande empresa de calçados que utilizava, na fabricação de seus produtos, mão-de-obra infantil em determinado país da Ásia. A preferência dos consumidores a produtos de empresas que utilizam embalagens recicláveis ou que ostentem um selo comprobatório de ajuda a determinada fundação ou um selo que indique a observância de padrões internacionais de qualidade também são exemplos dos aduzidos mecanismos indutivos extranormativos.

A apontada eficiência sancionatória dos consumidores pressupõe, todavia, a existência de mercados concorrenciais, cuja preservação é, também, tarefa que incumbe ao Estado.

Assim, seja por um eficiente manejo da extrafiscalidade de alguns tributos, seja pela preservação de estruturas concorrenciais no mercado, o Estado pode criar condições indutivas, embora não coercitivas, eficientes para a observância à função social da empresa, o que, todavia, não o exime de sua obrigação constitucional de planejamento da atividade econômica.

4. Conclusões. Da necessidade de construção de um direito empresarial público

A análise da questão do balizamento do poder de controle empresarial na sociedade anônima, tanto no que diz respeito à sua adstrição aos interesses dos acionistas não controladores (plano intrasocietário), como no que diz respeito à sua vinculação aos interesses da coletividade (plano extrasocietário), deve superar sua tradicional tangencialidade.

Os interesses em jogo no âmbito de uma companhia, nos dois planos *retro* apontados, não podem ser equacionados a partir da ingenuidade analítica que os reduza à tradicional polarização minoritários *versus* controlador ou a partir de uma postura conformada acerca da indeterminação do princípio da função social da propriedade e dos interesses que abriga.

A malha normativa incidente sobre a atividade empresarial não deve visar a maximização de interesses isolados, sob pena de condenar sua própria efetividade a um movimento pendular, que ora enfatizará a proteção de um grupo de interesses, ora a de outro.

A lógica de composição destes interesses, tanto intra como extrasocietários, não deve nem pode partir de uma prévia polarização ou contraposição dos mesmos. Ao contrário, tanto quanto possível, os interesses devem ser internalizados aos centros de poder das companhias (o que se pode obter através da adoção de institutos como o da co-gestão laboral, apenas para citar o exemplo do interesse dos trabalhadores da companhia) e devem compor a lógica decisória destes centros. Tal internalização conferiria à lei societária papel subsidiário, tendente apenas à manutenção da normalidade desta lógica decisória e à tutela dos interesses naturalmente não internalizáveis e dos interesses cuja internalização comprometeria a higidez decisória da sociedade (*v.g.*, o interesse dos credores, que, por sua própria vetorização, implicaria em inevitável situação de refração decisória).

Ao Estado caberia, ademais, o primordial papel de manutenção de estruturas concorrenciais nos mercados de bens e serviços e de implementação de políticas econômicas visando o desenvolvimento do mercado de capitais, de modo a viabilizar a atuação, no âmbito dos mesmos, dos chamados investidores institucionais, agentes, como se disse, aptos a exercer papel fundamental na preservação de uma orientação desejável à atividade empresarial. A implementação de políticas públicas que atribuam maior *eficiência punitiva* ao mercado consumidor e ao mercado de capitais induziria, com efeito, os controladores das companhias a adotarem condutas com menor índice de refração, tanto no plano intrasocietário, como no plano extrasocietário.[78]

O que importa, por fim, ressaltar é que o direito empresarial, em sua tradicional concepção privatista, atingiu o limite de sua efetividade. A ampliação desta fronteira dependerá, pois, de um movimento de crescente publicização[79] deste ramo do direito, através do aumento de sua permeabilidade a outros setores da ciência jurídica, notadamente o direito econômico. Planejamento econômico, implementação de políticas públicas, preservação de estruturas concorrenciais e balizamento do poder de controle empresarial são, hoje, fatores ligados por indissociável relação de interdependência lógico-econômica, devendo ser encarados, pelo legislador e pelo jurista, precisamente a partir dessa relação.

78. Não se sustenta aqui nenhuma versão atualizada da tese da auto-suficiência regulatória do mercado. O que se sustenta é uma visão de atuação conjunta que vise a soma da eficiência indutiva das leis que naturalmente regem a lógica econômica do mercado com a eficiência coercitiva das normas jurídicas.

79. Cf., a esse respeito, Calixto Salomão Filho, "Direito Empresarial Público", *RDM* 112/10 e ss., out.-dez. 1998.

Espaço Discente

CONCORDATA PREVENTIVA E SUSPENSIVA (ALGUNS ASPECTOS ECONÔMICOS E CONTÁBEIS)

SANDRA DE MEDEIROS NERY

I — Introdução: A. Justificativa; B. Proposta de desenvolvimento. II — Economia e crédito. III — Breve histórico do Direito Concursal: A. Primeira fase — O objetivo liquidatário-solutório; B. Segunda fase — A viabilidade da recuperação de empresas; C. Terceira fase — O aperfeiçoamento do instituto da recuperação. IV — A concordata no Direito brasileiro. V — A concordata no sistema do Decreto-lei 7.661/45: A. Concordata preventiva; B. Concordata suspensiva. VI — Algumas críticas ao instituto da concordata: A. Não separação entre empresa e dirigentes; B. A concordata e a viabilidade econômico-financeira da empresa; C. Exemplo prático. VII — Conclusão. VIII — Bibliografia.

I — Introdução

A. Justificativa

Desde há algum tempo, a atual lei falimentar brasileira (Decreto-lei 7.661/45) tem sofrido diversas críticas por ter objetivo liquidatário não mais condizente com a realidade atual, que prima pela concepção da preservação da empresa. Assim, desde 1993, está tramitando no Congresso Nacional um projeto de lei que revoga a atual lei de falências e que regulamenta a recuperação e a liquidação judicial das empresas em crise.

Porém, como o referido Decreto-lei ainda está em vigor, é oportuno efetuar uma análise do instituto da concordata sob o ponto de vista econômico-contábil, em especial, demonstrando que, com base nos documentos que a lei exige que sejam entregues por ocasião do pedido do favor legal, existem meios de se avaliar se a concessão da concordata irá, possivelmente, evitar a falência da empresa, ou se será apenas um instrumento que irá adiar o fim desta última, implicando gastos desnecessários.

B. Proposta de desenvolvimento

Inicialmente, será abordada importância do sistema de crédito para a economia de um país, inserindo-se o direito concursal nesse contexto.

A seguir, será apresentado um esboço da evolução histórica do instituto no mundo, a saber, no período anterior à Primeira Guerra Mundial, no período entre as duas guerras mundiais e a situação atual.

Na seqüência da apresentação da evolução histórica da concordata no direito brasileiro, encontra-se a análise de alguns pontos do Decreto-lei 7.661/45, no tocante à concordata preventiva e à suspensiva.

Em seguida, serão abordadas as críticas ao sistema atual, no que diz respeito aos reflexos da conduta dos dirigentes sobre a sorte da empresa e, também, se a viabilidade econômico-financeira da empresa se insere no instituto da concordata, nos moldes atuais.

Será apresentado um exemplo prático, demonstrando que, a partir das demonstrações financeiras obrigatórias, é possível verificar se a empresa apresenta ou não alguma viabilidade, seguindo-se a conclusão e a bibliografia.

II — Economia e crédito

Em regra, uma pessoa não pode produzir tudo o que precisa para sobreviver. Dessa forma, a troca de bens é necessária para a sobrevivência de uma sociedade. Segundo Hilferding, "qualquer que seja a forma de realização de troca, ela será necessariamente uma troca em base de equivalentes de valor, quer a troca de mercadoria se processe diretamente, quer seja mediada através de dinheiro".[1] Quando predomina a mediação através de dinheiro, tem-se a economia monetária que é o modelo seguido atualmente pelas economias não primitivas.

A economia monetária permite o surgimento de poupadores, que não desejam adquirir bens imediatamente e emprestam o dinheiro que acumulam. Esses recursos são emprestados a quem se compromete a pagar não somente a quantia emprestada mas também um montante adicional de juros, de forma a compensar a desvantagem da perda do direito sobre bens e serviços.[2]

Quando o pagamento dos bens adquiridos só é feito algum tempo depois do recebimento da mercadoria, diz-se que existe uma relação débito-crédito.

Hilferding observa que um "aumento de produção significa, ao mesmo tempo, aumento da circulação; a multiplicação dos processos de circulação torna-se possível, por sua vez, pelo maior volume de dinheiro creditício".[3]

Assim, é possível afirmar, de forma simplificada, que a economia de uma nação tem como lastro a produção e a circulação de bens e serviços, as quais são financiadas por um sistema de crédito.

Existem, porém, limitações financeiras à produção e circulação, de três ordens: a primeira diz respeito à impossibilidade de que os agentes econômicos possam fabricar dinheiro para suprir suas necessidades; a segunda, à capacidade de endividamento dos tomadores de recursos; e a terceira, aos padrões de prudência financeira estabelecidos pelos que emprestam os recursos.[4]

Ao longo do tempo, foram efetuadas diversas tentativas para atenuar essas restrições, dentre as quais, a criação de mais moeda, pelos governantes, e o desenvolvimento de novos ativos financeiros.

Como a situação de crise de um devedor tem conseqüências na economia, gerando uma ruptura no sistema de crédito, a qual, por si, tende a afetar a cadeia produtiva e de circulação, "uma terceira forma de reduzir tais restrições é de o governo ou as organizações econômicas privadas tomarem medidas para ampliar a segurança dos empréstimos e ativos financeiros. Os governos podem criar novos trâmites legais para assegurar que a existência do débito possa ser imediatamente provada, ou a segurança dos empréstimos garantida".[5]

Nesse contexto, que é a garantia geral do crédito, situa-se o direito falimentar ou concursal, que tem como princípios básicos a igualdade entre os credores de uma mesma classe (*par conditio creditorum*) e o saneamento do meio empresarial.

1. Rudolf Hilferding, *O Capital Financeiro*, p. 38.

2. Jon D. Stanford, *Moeda, Bancos e Atividade Econômica*, p. 46.

3. Rudolf Hilferding, *O Capital Financeiro*, p. 86.

4. Jon D. Stanford, *Moeda, Bancos e atividade econômica*, pp. 47-48.

5. Jon D. Stanford, *Moeda, Bancos e atividade econômica*, pp. 48-49.

III — Breve histórico do Direito Concursal

Gerardo Santini, citado por Nelson Abrão,[6] reconheceu três fases na evolução histórica do direito concursal: a primeira fase compreende o período entre o surgimento do instituto da falência até o final da Primeira Guerra Mundial; a segunda fase abrange o período entre as duas guerras mundiais, e o terceiro período tem início após a Segunda Guerra Mundial. Para Nelson Abrão, a terceira fase apresenta dois marcos fundamentais, representados, respectivamente, pelo relatório da Inspetoria-Geral de Finanças, de 1965, que deu origem à lei de 1967, e à lei francesa de 1985.

A. *Primeira fase — O objetivo liquidatário-solutório*

Durante longo tempo, entendeu-se que os distúrbios econômicos causados pela situação de crise de um devedor estavam unicamente relacionados ao ferimento do interesse dos credores em receber aquilo que lhes era devido. Surgiram, assim, os procedimentos concursais de orientação liquidatária, ou seja, que visavam à liquidação do patrimônio do devedor para a satisfação de seus débitos junto aos credores. É nesse contexto que se encontra o instituto da falência. Tais procedimentos admitiram, também, a possibilidade de um acordo entre devedor e credores, visando a uma dilação de prazo, alternativa ou cumulativamente a uma remissão de dívidas, que deu origem ao instituto da concordata.

Na antigüidade, a solução encontrada para que um devedor pagasse suas dívidas consistia no poder de coação dado ao credor sobre a pessoa do devedor. Se deixasse de honrar suas dívidas, este último poderia ser coagido fisicamente pelo credor, que também poderia aprisioná-lo, escravizá-lo e até matá-lo, caso não pagasse o devido.

6. Nelson Abrão, *Curso de Direito Falimentar*, p. 20.

Um longo caminho foi trilhado até que os bens, e não o corpo do devedor, se tornassem a garantia dos credores. Somente no ano 430 a.C. foi instituída, no Império Romano, a execução eminentemente patrimonial do devedor, por meio da lei *poetelia papiria*.

Na Idade Média, o devedor comerciante e o devedor não-comerciante insolventes recebiam o mesmo tratamento. O traço característico era a repressão penal, com a prisão do devedor insolvável e a aplicação de penas vexatórias e degradantes.

O instituto da falência, delineado como processo de execução coletiva contra o devedor foragido ou insolvente, surgiu no direito das cidades medievais italianas. O devedor era coagido, por meio de castigos, torturas físicas ou prisão, a pôr todo seu patrimônio à disposição dos credores, que se pagavam com o produto da venda dos bens componentes. Se o devedor fugisse, a autoridade pública seqüestrava a sua fortuna. O processo executivo seguia perante o juiz, que tinha por função essencial punir os responsáveis pela falência, à qual estavam sujeitos comerciantes e não-comerciantes. Os credores, por meio de seus representantes e sob a fiscalização do juiz, administravam os bens do devedor. Competia ao síndico, eleito pelos credores ou nomeado pelo juiz, verificar os créditos, vender os bens e repartir o produto entre os primeiros.

As cidades medievais italianas, contudo, eram verdadeiras cidades-estado e, dessa forma, a fuga do devedor falido de uma para outra cidade reduzia grandemente as chances de os credores chamarem-no a juízo e apresentarem seus bens. Surgiu, então, a prática da concessão de salvo-conduto para que o devedor falido foragido voltasse à sua cidade e se compusesse com os credores, a qual deu origem à concordata, que resultava na suspensão de um estado falimentar e foi, posteriormente, inserida nos estatutos dessas cidades.

Tal acordo, efetuado entre o falido e seus credores, apresentava as característi cas de uma concordata suspensiva. Sua aplicação iniciou-se em fim do século XIII, tendo se aperfeiçoado em fins do século XV. Em regra, nas legislações estatutárias das cidades medievais italianas, a concordata, como "solução negocial entre falido e credores, era reconhecida e declarada eficaz em determinadas circunstâncias, mesmo em relação aos credores que tivessem dissentido, contanto que os concordantes representassem uma maioria, habitualmente bastante qualificada, da massa passiva", como em Florença.[7] Em Veneza, porém, se fossem preenchidos determinados requisitos e não se chegasse a um acordo entre falido e credores, a autoridade, na pessoa dos supracônsules, intervinha e impunha seu poder para chegar a um acordo.

A concordata preventiva surgiu apenas na segunda metade do século XVI, nessas mesmas cidades. O devedor deveria dirigir-se aos juízes da Corte dos Mercadores "e pedir a convolação de seus credores, apresentando contemporaneamente seus escritos".[8] Era-lhes concedido um salvo-conduto de um mês e ordenada a citação de todos os credores diante da Corte para procederem à concordata, que seria válida apenas se houvessem consentido 3/4 dos credores que detivessem, pelo menos, metade dos créditos.

O instituto migrou para outros países da Europa e foi regulamentado na França pela Ordenança de 1.673 e pelo Código Comercial de 1807. Todavia, conforme anota Trajano de Miranda Valverde, "o espírito de severidade, que predomina na regulamentação da falência, se reflete no tratamento da concordata".[9]

O Código Comercial francês vigente em fins do século XIX acolheu a concordata como forma de suspender a falência. Em 1899, Lyon-Caen e L. Renault assim definiram o instituto: "a concordata é um acordo em virtude do qual o falido é recolocado à frente de seus negócios, com seus credores lhe concedendo prazos e, mais freqüentemente, um perdão parcial das dívidas. (...) A concordata constitui um favor aos comerciantes em falência, pois a maioria dos credores, a aprovando, vincula a minoria. A lei, para proteger estes últimos, requer apenas que a concordata reúna certas condições, a saber, que a assembléia dos credores a tenha votado nas maiorias fixadas pelo código, que haja homologação judicial e que o falido não tenha sido condenado por falência fraudulenta".[10]

O desenvolvimento histórico do direito concursal até o século XIX demonstra que os institutos da falência e da concordata sempre tiveram como objetivo a satisfação do direito dos credores, ou, pelo menos, reduzir ao máximo suas perdas, de duas formas. A primeira, mediante a arrecadação dos bens do devedor e o rateio do seu produto entre os credores, que é o objetivo do processo falimentar. A segunda, mediante a oportunidade que se dá ao devedor para "tomar fôlego" antes de pagar suas dívidas, que é o objetivo do instituto da concordata.

B. Segunda fase — A viabilidade da recuperação de empresas

É somente após a Primeira Guerra Mundial que começa a surgir o entendimento de que a situação de crise de um devedor pode ferir o interesse da coletividade e que este interesse nem sempre será melhor atendido pela simples liquidação do patrimônio da empresa em dificuldades.

A grande depressão, considerada até hoje como "o evento econômico mais importante da história americana",[11] foi conseqüência da crise que se iniciou com a

7. Nelson Abrão, *Curso de Direito Falimentar*, p. 302.
8. Nelson Abrão, *Curso de Direito Falimentar*, p. 303.
9. Trajano de Miranda Valverde, *Comentários à Lei de Falências*, p. 103.
10. Ch Lyon-Caen e L. Renault, *Manuel de Droit Commercial*, pp. 618 e 709.
11. Robert J. Samuelson, "Great depression", *The Fortune Encyclopedia of Economics*, p. 196.

Primeira Guerra Mundial e teve como marco o grande *crash* da bolsa de valores de Nova York, em outubro de 1929. Seus efeitos se prolongaram até os anos 30 e causaram grande dificuldade para dezenas de milhões de pessoas e a falência de grande parte dos bancos e empresas industriais, comerciais e agrícolas. Conforme a depressão aumentava, os governos tentavam proteger suas reservas de ouro através da manutenção, por longo período de tempo, de elevadas taxas de juros e fortes restrições ao crédito. Tal atitude teve um impacto devastador no crédito, no consumo e nos preços e, em 1933, culminou com o abandono, pelos EUA, do padrão-ouro.[12] A partir de então, foi adotado um amplo programa econômico, conhecido como *New Deal*, que, consubstanciado numa legislação de emergência, que visava à recuperação das empresas, então combalidas pela crise, contemplou grande intervenção estatal na economia. Consistiu num esforço para inverter a espiral descendente da Grande Depressão e estabeleceu um novo conceito de intervenção governamental e o fim efetivo da filosofia do *laissez-faire*.[13] Com a criação, nos cem primeiros dias do governo Roosevelt, da *National Recovery Administration* (NRA) e do *Agriculture Adjustment Act* (AAA), esperava-se promover a recuperação por meio de escoras nos preços. A idéia era aumentar receitas a fim de interromper as falências.[14]

Nesse contexto, em 1933 e 1937, foram editadas leis que alteraram o texto da *Bankruptcy Act*, isto é, da lei falimentar americana vigente desde 1898. Foi, assim, introduzida a possibilidade de acordos do devedor com a coletividade de credores, de prorrogação do prazo de vencimento das obrigações, e, principalmente, da reorganização das companhias de estradas de ferro e de outras grandes empresas. Todavia, tais dispositivos foram inseridos em uma legislação que apresentava nítida filosofia liquidatária e, assim o instituto da reorganização foi pouco aplicado.

Em 1938, os procedimentos de orientação para a recuperação de empresas viáveis ganharam força com o *Chandler Act*, que modificou a lei americana de 1898, mas ratificou as novas disposições de recuperação introduzidas em 1933 e 1937.

Em linhas gerais, na reorganização societária introduzida pelo *Chandler Act*, a administração da empresa, que deveria ser uma sociedade anônima, passava para um terceiro denominado *trustee*, que elaborava um plano de reorganização, submetendo-o ao juiz, após aprovado pelos credores e acionistas. Executado o projeto e reorganizada a sociedade, a companhia deveria requerer que o juiz declarasse o encerramento do processo. Se o plano não fosse homologado ou, se homologado, não fosse cumprido, a reorganização se transformava em liquidação.

Segundo Fábio Konder Comparato, a reorganização instituída nessa época "não se trata de procedimento substitutivo da concordata, ao arbítrio do devedor mas de uma solução aplicável apenas nas hipóteses em que a simples concordata (*arrangement preceeding*) se revela uma medida insuficiente para conjurar a crise empresarial. Por isso mesmo, em sua petição inicial de *corporate reorganization*, a companhia deve demonstrar porque a concordata não se aplica a seu caso", porque a lei considerava como de má-fé o ajuizamento de pedido de reorganização societária quando a concordata fosse um procedimento mais adequado ao caso.[15]

C. Terceira fase — O aperfeiçoamento do instituto da recuperação

Da mesma forma que nos Estados Unidos, também na França buscou-se aper-

12. O padrão-ouro significava que os governos eram obrigados, se requisitados, a entregar em ouro o valor do papel-moeda.

13. Robert J. Heilbroner, *A Formação da Sociedade Econômica*, p. 223.

14. Robert. J. Samuelson, "Great depression", *The Fortune Encyclopedia of Economics*, p. 201.

15. Fábio Konder Comparato, *Aspectos Jurídicos da Macro-Empresa*, pp. 108-109.

feiçoar o procedimento concursal, pois, já a partir de 1807, desenvolveu-se grande reação contra o rigor do Código Comercial implantado naquele ano.[16]

O primeiro grande marco desse aperfeiçoamento foi a Ordenança 67-820, de 23 de setembro de 1967, que se seguiu à Lei 67-853, de 13 de julho do mesmo ano.[17] Até a lei de 1967, o devedor sujeitava-se à falência ou ao regulamento Judiciário (que, em 1955, sucedera a liquidação judiciária), sendo que ambos os procedimentos traziam sanções ao falido.

A Lei de 1967 instituiu a separação entre empresa e dirigentes, com o fim de assegurar condições de recuperação das "empresas competitivas vítimas de uma falta acidental imputável a seus dirigentes ou provocada por circunstâncias excepcionais",[18] e a Ordenança 67-820 criou um procedimento especial aplicável às pessoas jurídicas de direito privado organizadas sob a forma de empresa "cujo desaparecimento poderia causar grave perturbação à economia nacional ou regional e poderia ser evitado em condições compatíveis com o interesse dos credores".[19] Tal procedimento permitia que o juiz concedesse a suspensão provisória de demandas e a adoção de um plano coletivo de apuração do passivo.[20]

O segundo marco do aperfeiçoamento pelo qual passou a legislação francesa sobre o assunto é constituído pela Lei 85-98, reformada pela lei de 10 de junho de 1994, a qual estabelece o *redressement* (reerguimento) de empresas viáveis. Se, desde logo, se verificar a inviabilidade da empresa, é decretada sua liquidação judicial. Caso contrário, a empresa passa por um período de observação, ao fim do qual é apresentado um plano de recuperação, que pode visar à continuação da empresa ou à sua cessão, total ou parcial.

O procedimento adotado pelo atual sistema francês tem três objetivos, expressos no art. 1º da Lei 85-98, em ordem de prioridade: a salvação da empresa, a manutenção da atividade e do emprego e a satisfação do passivo.[21] Como características principais do modelo adotado pelo direito francês, pode-se destacar:

• grande participação dos empregados, por meio de representantes, mas quase nenhuma participação dos credores, que são representados por um funcionário do governo;

• a partir de 1985,[22] as funções anteriormente desempenhadas pelo síndico foram divididas entre o administrador judicial, que deve administrar os bens do devedor, e o mandatário-liquidante, que tem por função representar os credores e, eventualmente, proceder à liquidação dos bens do devedor;

• a continuação da empresa impõe aos credores titulares de garantia real e aos credores quirografários as mesmas dilações nos prazos de pagamento;

• somente as empresas que se demonstrem viáveis e com possibilidade de continuar sua atividade estão sujeitas a um procedimento de reerguimento. As inviáveis são, desde logo, liquidadas;

• as condutas dolosas do dirigente não se comunicam às empresas e, assim, não impedem que estas últimas participem de um procedimento de reerguimento.

O direito americano, que desde a década de 30 já previa a hipótese de reorga-

16. Jorge Lobo, "A crise da empresa: a busca de soluções", *RT* 668/40.

17. Na França, os dois primeiros algarismos referem-se ao ano e, os demais, ao número da lei.

18. Conforme a exposição de motivos da Lei 67.853, citada por Jorge Lobo no artigo "A crise da empresa: a busca de soluções", *RT* 668/40.

19. Jorge Lobo, "A crise da empresa: a busca de soluções", *RT* 668/40.

20. Georges Ripert e René Roblot, *Traité de Droit Commercial.*

21. "Art. 1º. Il est institué une procedure de redressement judiciaire destinée à permettre la sauvegarde de l'enterprise, le maintien de l'activité et de l'emploi et l'apurement du passif".

22. Lei 85-99, de 25 de janeiro de 1985, conhecida por "2ª lei de 25 de janeiro de 1985".

nização empresarial, também foi aperfeiçoado, pela instituição, em 1978, do *Bankruptcy Code*, que constitui o Título 11 do *US Code*, e suas alterações, em especial, a de 1994. As razões para a mudança na legislação foram, principalmente, as grandes mudanças sociais e econômicas, bem como o aumento da população, das concessões de crédito e do número da falências.[23]

No atual sistema norte-americano, foram consolidadas as normas sobre reorganização previstas no *Chandler Act*, estabelecendo-se um sistema de reorganização para as companhias de estrada de ferro e um sistema de reorganização empresarial, flexível e sistemático, para as demais empresas, inclusive aquelas que não são constituídas sob a forma de sociedades anônimas.

Destacam-se as seguintes disposições do sistema americano quanto à reorganização:

• o plano de reorganização abrange todos os ativos e todos os passivos, bem como todos os credores e todos os acionistas (ou sócios);

• as disposições do plano, após aprovado, é que vão reger a atividade empresarial, ou seja, há um *fresh start*, um recomeço. As dificuldades de pagamento havidas anteriormente são, a partir de então, "esquecidas", pois foram substituídas pelos dispositivos do plano de reorganização;

• num plano de reorganização, o mínimo que os credores deverão receber é a quantia equivalente ao que obteriam no caso de liquidação da empresa devedora;

• ao contrário do *Chandler Act*, em que predominava o desapossamento do devedor e sua substituição por um terceiro, denominado *trustee*, atualmente, em regra, os antigos dirigentes continuam à frente do negócio. Só há substituição pelo *trustee* nos casos de fraude, desonestidade, incompetência ou evidente má gestão;

• os credores têm grande poder de influência na reorganização empresarial;

• o pedido de reorganização pode ser feito pelo próprio devedor (*voluntary case*) ou por um credor (*involuntary case*);

• não existem regras preestabelecidas para a elaboração do plano. Assim, a ordem de preferência dos credores será fruto de uma negociação, visto que a aprovação do plano cabe às classes de credores. Vigora o princípio do *disclosure*,[24] ou seja, no plano, o devedor faz uma proposta de pagamento aos credores, por ele divididos em classes, apresenta os critérios para o financiamento da reorganização e fá-lo acompanhar de uma declaração contendo as mesmas informações que seriam adequadas para que um investidor tomasse decisões a respeito do negócio.

Observa-se, assim, que, a partir da década de 30, houve uma preocupação com a recuperação das empresas, seriamente afetadas pela crise econômica de então. Tal preocupação acentuou-se após a Segunda Guerra Mundial, com a busca de soluções que, ao invés de procedimentos meramente protelatórios ou de liquidação, visavam à manutenção da atividade econômica empresarial. Partiu-se do princípio de que, se uma empresa economicamente viável, mas que esteja com problemas de liquidez, for mantida em funcionamento, mais postos de trabalho serão mantidos, bem como será aumentada a possibilidade de que os credores recebam uma parte maior de seus créditos do que receberiam com a liquidação da empresa devedora.

A situação foi resumida com propriedade por Rubens Requião quando afirmou que "na verdade, os institutos da falência e da concordata se revelam estreitos para atender aos vultosos interesses, privados e públicos, envolvidos nas grandes empresas

23. Edward I. Altman, *Corporate Financial Distress and Bankruptcy. A Complete Guide to Predict & Avoiding Distress and Profiting from Bankruptcy.*

24. Segundo o *Black's Law Dictionary*, "disclosure" é a revelação de informações que se acredita serem relevantes para os investidores, de forma que estes possam efetuar uma avaliação inteligente de um valor mobiliário.

modernas, que manipulam poderosos valores econômicos e sociais. O conceito moderno de empresa, como atividade do empresário destinada à produção ou circulação de bens ou de serviços, fatalmente acarretaria a tomada de outras posições do direito falimentar. Vivemos, assim, em pleno terceiro estágio, no qual a falência passa a se preocupar com a permanência da empresa e não apenas com sua liquidação judicial".[25]

Veremos, a seguir, qual é o posicionamento do direito brasileiro atualmente em vigor.

IV — A concordata no Direito brasileiro

O direito concursal brasileiro tem se caracterizado por uma ênfase na liquidação das empresas insolventes, que se dá pela falência. Nesse sistema, inspirado no modelo francês do século XIX, a concordata configura-se como uma oportunidade que se dá ao devedor para "tomar fôlego" antes de pagar suas dívidas.

Sampaio de Lacerda, citando Nabuco de Araújo, relata que, por resolução de 4 de abril de 1818, "D. João VI mandava que se considerasse firme e efetiva por cinco anos a concordata a certo devedor".[26]

Após a Proclamação da Independência, a lei de 31 de outubro de 1823 mandou observar a Lei da Boa Razão, ou seja, o Alvará de 18 de agosto de 1769, "segundo a qual deviam ser aplicadas subsidiariamente as leis das nações civilizadas", tendo, assim, predominado o Código Comercial francês de 1807.[27]

Na legislação brasileira, o direito concursal foi regulado pela primeira vez no Código Comercial de 1850, cuja terceira parte era dedicada às "quebras". O instituto da concordata, regulado pelo mencionado código, teve por modelo os códigos francês, espanhol e português.[28] Para a obtenção da concordata suspensiva da falência, era necessária a inexistência de culpa ou fraude, exigência que permaneceu nas leis posteriores. Vale observar que, em seu art. 898, o código também regulou o instituto da moratória. Esta medida, de caráter dilatório, poderia ser concedida pelo tribunal ao comerciante que provasse que sua impossibilidade de satisfazer de pronto as obrigações contraídas decorria de acidentes extraordinários imprevistos ou de força maior e que ao mesmo tempo demonstrasse por um balanço, exato e documentado, que tinha fundos bastantes para pagar integralmente a todos os seus credores mediante alguma espera, que não poderia passar de três anos.

Segundo o art. 847 do Código Comercial, eram requisitos de validade para a concessão da concordata supensiva da falência a concessão "por um número tal de credores que represente pelo menos a maioria destes em número, e 2/3 no valor de todos os créditos sujeitos aos efeitos da concordata". O art. 848 trazia a seguinte disposição: "não pode dar-se concordata no caso em que o falido for julgado com culpa ou fraudulento e, quando anteriormente tenha sido concedida, será revogada".

Para Fábio Konder Comparato,[29] o processo falimentar do Código de 1850 realizou "a proeza de ser inconveniente para todas as partes", ou seja, para o falido e para os credores. As exigências impostas pelo Código Comercial relativas ao quórum de credores necessário para a aprovação da concordata impediram que o Visconde de Mauá, à época, o maior empresário brasileiro e dono de um considerável império econômico, obtivesse concordata de seus credores. Tal fato o levou, em 1879, a efetuar uma representação no Parlamento, a qual desencadeou o movimento que resul-

25. Rubens Requião, *Curso de Direito falimentar*, p. 12.

26. José Cândido Sampaio de Lacerda, *Manual de Direito Falimentar*, p. 241.

27. Rubens Requião, *Curso de Direito falimentar*, p. 21.

28. Trajano de Miranda Valverde, *Comentários à Lei de Falências*, p. 103.

29. Fábio Konder Comparato, *Aspectos Jurídicos da Macro-Empresa*, p. 98.

tou na Lei 3.065, de 1882, que reformou a terceira parte do Código e determinou que era suficiente a aprovação da maioria dos credores que comparecessem à assembléia para que fosse concedida a concordata.[30] Esta lei também regulou o instituto da cessão de bens, que consistia "na entrega da todos os bens ou parte do ativo da massa aos credores, para que o realizassem e pagassem o passivo".[31]

Trajano de Miranda Valverde relata que a concordata preventiva somente foi instituída no Brasil pelo Decreto 917, de 1890, como um "autêntico favor concedido ao comerciante honesto em dificuldades".[32] Em 1902, a Lei 859 aboliu a moratória, a cessão de bens e a liquidação judicial. A Lei 2.024, de 1908, regulou a concordata suspensiva e a concordata preventiva da falência, tendo sido reformada pelo Decreto 5.746, de 1929.[33]

O mencionado decreto tornou as concordatas mais difíceis, pois foram elevadas as taxas mínimas de pagamento oferecidas no pedido e passaram a ser exigidas do concordatário o oferecimento de garantias reais ou fidejussórias.[34] Outras regras que, nesse momento, norteavam o instituto da concordata no direito brasileiro eram:[35]

- era impossível haver concordata quando o devedor agiu com culpa ou fraude;
- a proposta de concordata deveria ser apoiada por uma maioria de credores e de créditos;
- os dissidentes poderiam se opor à homologação da concordata;
- a sentença homologatória do juiz era condição essencial para a eficácia da concordata perante os interessados;
- com a homologação, a concordata tornava-se obrigatória para todos os credores, exceto para os credores privilegiados e os detentores de garantia real, é
- havia a possibilidade de rescisão, em determinados casos.

V — A concordata no sistema do Decreto-lei 7.661/45

Embora tenha sido promulgado em meados da década de 40, o Decreto-lei 7.661, de 21 de junho de 1945, seguiu a mesma estrutura liquidatária predominante até fins do século XIX. A denominada "Lei de Falências" brasileira tem um caráter material e processual, predominando este último.

Nesse diploma legal, nenhuma menção foi feita à recuperação da empresa, embora a intervenção estatal do governo Vargas tivesse permitido, desde meados da década de 30, a montagem de uma infraestrutura econômica.[36] Por sua vez, a necessidade de grandes capitais levara ao surgimento de sociedades anônimas, regulamentadas já em 1940 pelo Decreto-lei 2.627.

Todavia, a relevância sócio-econômica da empresa, que despontava em nosso país, não foi contemplada pela lei que, em

30. Segundo relata Jorge Caldeira, "como acreditava ter se portado com lisura nos três anos em que teve poderes para dirigir seus negócios, o visconde (...) poderia evitar que fosse decretada a falência. O pedido era perfeitamente legal, e seria aceito se dois terços dos credores concordassem com ele. Porém, (...) a lei também exigia que eles dissessem isto de viva voz durante a sessão de julgamento. Com credores espalhados por vários países, ele acreditou que a questão poderia ser contornada se eles mandassem uma carta de anuência com a proposta, com os devidos registros legais (...) Parecia ser o mais indicado nas circunstâncias, mas imediatamente a questão se levantou. Os adversários de sempre vieram com as ressalvas: a lei poderia ser bizantina mas era a lei, e leis existem para serem cumpridas" (*Mauá, Empresário do Império*, pp. 523-524).

31. Rubens Requião, *Curso de Direito Falimentar*, p. 10.

32. Fábio Konder Comparato, *Aspectos Jurídicos da Macro-Empresa*, p. 98.

33. Trajano de Miranda Valverde, *Comentários à Lei de Falências*, p. 104.

34. Fábio Konder Comparato, *Aspectos Jurídicos da Macro-Empresa*, p. 99.

35. Trajano de Miranda Valverde, *Comentários à Lei de Falências*, pp. 104-105.

36. Nelson Abrão, *O Novo Direito Falimentar: Nova Disciplina Jurídica da Crise Econômica Brasileira*, p. 161.

1945, regulamentou o direito concursal brasileiro, a qual visou ao comerciante individual, deixando em segundo plano as sociedades mercantis.[37]

Outro pilar de nossa legislação é a intenção de solucionar a situação entre devedor e credores. Assim, no tocante à falência, que pode ser requerida tanto em função da impontualidade do devedor em saldar suas dívidas, como em decorrência da prática de um dos atos relacionados no art. 2º do Decreto-lei, em linhas gerais, o procedimento resume-se a arrecadar os bens, que, após vendidos, têm seu valor rateado entre os credores, divididos em classes rígidas, que obedecem às diretrizes da própria legislação. Contudo, a aparente simplicidade oculta um processo complexo e moroso, em razão dos inúmeros atos processuais envolvidos. Desta forma, o processo falimentar nem sempre atinge o objetivo de pagar os credores com o produto dos bens arrecadados do devedor falido.

Como alternativa à liquidação da empresa em dificuldades, ofereceu-se o instituto da concordata. Sob a égide do Decreto-lei 7.661, de 1945, a concordata deixou de ser um contrato para se tornar um benefício concedido ao devedor. Desde então, sua concessão não mais depende de aprovação da maioria dos credores, tornando-se um "favor que o Estado, através do Poder Judiciário, concede ao devedor comerciante, infeliz e de boa-fé".[38] Assim, no sistema brasileiro, a concordata, apesar do nome, não apresenta as características de um acordo coletivo, pois não requer a concordância dos credores e, segundo dispõe o art. 147, obriga a todos os credores quirografários, comerciais ou civis. Constitui, portanto, uma solução judicial da situação do devedor comerciante que preencher os requisitos determinados pela lei.

A concordata consiste no direito que tem o empresário comercial que estiver em dificuldades de requerer ao juiz que conceda um maior prazo para pagamento de suas dívidas quirografárias, prazo esse que pode ou não ser cumulado com uma redução no montante do passivo. Observa-se que os créditos com garantia real não são objeto de concordata.

Têm direito à concordata somente as empresas comerciais ou comerciantes individuais, com situação regular perante o registro do Comércio, com exceção das companhias aéreas, que não podem pedir concordata,[39] e das instituições financeiras e companhias seguradoras, sujeitas a regime disciplinar próprio.[40] Nota-se, portanto, que o benefício não é estendido ao devedor civil e ao comerciante que tiver deixado de arquivar, no Registro do Comércio, os documentos indispensáveis à regularização de sua atividade comercial.[41]

Durante a concordata, a administração da empresa cabe aos próprios dirigentes, apenas sob a fiscalização de um comissário, ao qual incumbem os deveres constantes do art. 168 e que, conforme será visto mais adiante, consistem no exercício de uma fiscalização passiva, sem interferência na administração.

Os administradores da empresa em dificuldades ficam à frente dos negócios, mesmo que possuam atributos negativos, tais como a condenação em crimes não relacionados no art. 140 e que colocariam sua idoneidade sob suspeita, ou que já tenham descumprido seus deveres e responsabilidades para com sociedades por eles diri-

37. Como colocou Nelson Abrão, "ora, legislando-se para o indivíduo, evidentemente não se tem a visão da importância do organismo economicamente organizado, e que se sobrepõe à pessoa física de seu titular ou titulares, que é a empresa" (*O Novo Direito Falimentar*, p. 163).

38. Trajano de Miranda Valverde, *Comentários à Lei de Falências*, p. 264.

39. O Decreto-lei 669/69 exclui do benefício da concordata as empresas que exploram os serviços aéreos ou de infra-estrutura aeronáutica.

40. A Lei 6.024/74, em seu art. 53, proíbe que as instituições financeiras impetrem concordata. Da mesma forma, o Decreto-lei 73/66, em seu art. 26, dispõe que "as sociedades não poderão requerer concordata".

41. Decreto-lei 7.661/45, art. 140, I.

gidas.[42] As únicas restrições são a necessidade de oitiva do representante do Ministério Público e aprovação do juiz para a alienação de bens imóveis ou outros sujeitos às cláusulas da concordata, e a necessidade de consentimento de todos os credores para a venda ou transferência de estabelecimento comercial.

Em resumo, a concordata apresenta as seguintes características:

• é um benefício ao devedor comerciante;

• obriga a todos os credores quirografários até a data da distribuição do pedido;

• não produz novação, não desonera os coobrigados com o devedor, fiadores ou responsáveis por via de regresso;

• os credores posteriores podem pedir a falência do concordatário;

• a administração da empresa continua com o concordatário, sob a fiscalização de um comissário, e

• a sentença que julgar cumprida a concordata declarará a extinção das responsabilidades do devedor.

A lei brasileira prevê dois tipos de concordata: preventiva, se pedida em juízo antes da declaração da falência, ou suspensiva, se pedida em juízo depois da declaração de falência.

A. Concordata preventiva

Trajano de Miranda Valverde[43] define a concordata preventiva como uma demanda que tem por objeto a regularização das relações patrimoniais entre o devedor e seus credores quirografários e por fim evitar a declaração da falência. Assim, ganhando prazo, abatimento, ou as duas vantagens simultaneamente, o devedor poderá recuperar-se e obter, com o prosseguimento da atividade empresarial, os recursos indispensáveis à solução dos seus débitos.[44]

Segundo dispõe o Decreto-lei 7.661/45, em seu art. 158, são condições para que o devedor possa requerer concordata preventiva: exercer regularmente o comércio há mais de 2 anos, possuir ativo em valor superior a 50% do passivo quirografário, não estar falido ou se já foi falido, estarem extintas as responsabilidades.

É necessário, ainda que não ocorram nenhum dos impedimentos relacionados no art. 140 do mencionado decreto-lei, ou seja, o devedor deve exercer regularmente a atividade mercantil, não pode ter sido condenado em nenhum dos crimes relacionados no art. 140, III, do Decreto-lei 7.661/45, não pode ter pedido concordata há menos de cinco anos e não pode ter descumprido uma concordata eventualmente requerida há mais tempo.[45]

A petição inicial deve ser elaborada segundo as regras do Código de Processo Civil e explicar minuciosamente o estado econômico do devedor e as razões que justificam o pedido de concordata.

O Decreto-lei 7.661/45 dispõe, desde sua promulgação, que a petição inicial deve ser instruída com a prova de que não ocorre o impedimento do inc. I do art. 140, ou seja, com a prova da regularidade do exercício da atividade mercantil e de que o devedor exerce o comércio há mais de 2 anos, bem como com o contrato ou estatuto social e vigor. Junto com a petição inicial, devem

42. Os arts. 153 a 160 da Lei 6.404/76 dispõem sobre os deveres e responsabilidades dos administradores e membros do conselho consultivo e fiscal das sociedades anônimas. O art. 11, do Decreto 3.708/19, que regula a constituição de sociedade por quotas de responsabilidade limitada, dispõe que "cabe ação de perdas e danos, sem prejuízo da responsabilidade criminal, contra o sócio que usar indevidamente da firma social ou que dela abusar".

43. Trajano de Miranda Valverde, *Comentários à Lei de Falências*, p. 183.

44. Nelson Abrão, *Curso de Direito Falimentar*, p. 327.

45. Cumpre observar que a lei também impede a concessão de concordata para o devedor que deixou de requerer a falência no prazo de 30 dias a contar do vencimento de obrigação líquida, bem como a quem tenha título protestado por falta de pagamento. Tais hipóteses, porém, foram bastante atenuadas pela jurisprudência

ser apresentados os livros obrigatórios, ou seja, o livro diário e o livro de registro de duplicatas, para serem encerrados pelo juiz.

Em sua redação original, exigia-se, ainda, que o interessado apresentasse "o último balanço e o levantado especialmente para instruir o pedido, inventário de todos os bens, relação das dívidas e demonstração da conta lucros e perdas", bem como, "a lista nominativa de todos os credores, com o domicílio e a residência de cada um, e a natureza e importância dos respectivos créditos".

Na redação dada pela Lei 7.274, de 10de dezembro de 1984, foi determinado que, além dos demais documentos, o interessado deveria apresentar não uma, mas duas listas de credores. A primeira deveria conter o nome de todos os credores não sujeitos à concordata, especificando o domicílio e a residência de cada um, assim como a natureza e a importância dos créditos, e a segunda deveria trazer o nome de todos os credores sujeitos à concordata, especificando o domicílio e a residência de cada um, bem como a natureza e a importância dos créditos, além da "indicação do registro contábil da operação creditícia, assinada também pelo encarregado da contabilidade do devedor".

No tocante à identificação dos credores e às demonstrações financeiras necessárias para o requerimento da concordata, o art. 159 do Decreto-lei 7.661/45 foi profundamente alterado pela Lei 8.313/90, devendo instruir a petição inicial a partir de então:

• demonstrações financeiras referentes ao último exercício social e as especialmente elaboradas para instruir o pedido de concordata, elaboradas com estrita observância aos critérios previstos na Lei de Sociedades por Ações (Lei 6.404/76) e compostas obrigatoriamente de balanço patrimonial, demonstração de lucros ou prejuízos acumulados e demonstração do resultado desde o último exercício social. As demonstrações especiais têm por objetivo apresentar a situação da empresa na data do ajuizamento do pedido. Antes de 1990, as demonstrações financeiras especiais tinham forma livre e, assim, eram pouco informativas;

• inventário de todos os bens e relação das dívidas ativas;

• lista nominativa de todos os credores, apresentando o domicílio e residência de cada um e o valor dos respectivos créditos;

• outros elementos de informação, a critério do Ministério Público.

Os créditos sujeitos à concordata são atualizados monetariamente, acrescidos de juros calculados à taxa de 12% ao ano em relação às obrigações vencidas.

Concedida a concordata, o devedor continua na posse e na administração dos bens. Todavia, a lei determina a nomeação de um comissário, cujas funções consistem na fiscalização da conduta do devedor. A nomeação do comissário deve obedecer aos mesmos trâmites e requisitos para a nomeação do síndico (arts. 161, § 1º, IV, e 60 e seus §§). É desnecessário nomear o maior credor para o cargo de comissário, desde que escolhido dentre os credores quirografários, os únicos abrangidos pela concordata. Pode, ainda, haver a nomeação de um comissário "dativo", se houver recusa dos credores para exercer a função.

Segundo Waldemar Ferreira, o comissário é fiscal da concordata, caracterizando-se como auxiliar do magistrado, tanto que a "sua missão é a de examinar e informar o Juiz sobre o pedido do devedor, de molde a evitar que se frustrem os fins da lei e que consiga o benefício por ela outorgado o que dele for indigno".[46] Assim, o comissário é tão-somente fiscal dos atos do concordatário, não lhe cabendo a representação deste, já que o poder de fiscalizar emana da lei e é função exercida pelo comissário em *jure* próprio, e não em nome dos credores.

46. Waldemar Ferreira, *Tratado de Direito Comercial*, p. 314.

B. Concordata suspensiva

Foi a primeira modalidade de concordata a ser introduzida no direito brasileiro, sendo aquela concedida no decorrer do processo falimentar, tendo como conseqüência a restituição ao falido da livre administração dos seus bens, com algumas restrições. Sampaio de Lacerda a define como "o ato processual pelo qual o devedor propõe em Juízo melhor forma de pagamento a seus credores, a fim de que, concedida por sentença judicial, suspenda o processo falimentar".[47]

Objetiva sustar os efeitos danosos da falência, ensejando melhor forma de pagamento aos credores (em lugar da venda dos bens pela melhor oferta ou em leilão), ao mesmo tempo que, evitando a liquidação do estabelecimento, possibilita a sobrevivência da empresa.

Desde que não ocorram os impedimentos relacionados no art. 140, o devedor falido pode requerer a concordata suspensiva e a conseqüente suspensão da falência se oferecer aos credores quirografários, por saldo de seus créditos, o pagamento mínimo de 35% à vista ou 50% a prazo, que não poderá exceder 2 anos, sendo que 2/5 devem ser pagos no primeiro ano.

O pedido de concordata suspensiva deverá ser feito nos cinco dias seguintes ao vencimento do prazo para a entrega, em cartório, do relatório do síndico, e depende do consentimento, no caso de sociedade anônima, da assembléia dos acionistas (Lei 6.404/76, art. 122, IX e parágrafo único), de todos os sócios de responsabilidade solidária, nas sociedades em nome coletivo ou em comandita, e de todos os sócios, nas sociedades por cotas de responsabilidade limitada e nas de capital e indústria.

Passada em julgado a sentença que conceder a concordata suspensiva, os bens arrecadados serão entregues ao concordatário, que readquirirá direito à sua disposição. Tem-se como exceção a alienação ou oneração dos bens imóveis ou de outros bens sujeitos às cláusulas da concordata, as quais dependem de autorização do juiz, após ouvido o representante do Ministério Público, e a venda ou transferência de estabelecimento comercial, que depende do consentimento expresso de todos os credores admitidos e sujeitos aos efeitos da concordata.

Observa-se, portanto, que, no direito concursal brasileiro, o instituto da concordata se insere num contexto liquidatário-solutório proveniente do século XIX, mas que, como um favor legal que é, também não cumpre a contento sua função de pagamento dos credores.

VI — Algumas críticas ao instituto da concordata

Dentre críticas efetuadas contra a atual lei falimentar brasileira, podem ser destacadas a falta de separação entre a empresa e seus dirigentes e a concessão do benefício sem que se faça uma análise da viabilidade econômica da empresa.

A. Não separação entre empresa e dirigentes

Embora, no Brasil, já existissem alguma infra-estrutura econômica desde a década de 30, e uma legislação que regulamentava as sociedades anônimas, o Decreto-lei 7.661/45 foi voltado para um país de economia predominantemente agrária, em que ainda predominava a pequena empresa individual ou as sociedades em nome coletivo. Dessa forma, nada mais natural que o destino da empresa estivesse intimamente ligado à conduta de seus dirigentes. Nesse contexto, a liquidação da empresa também pode ser vista como uma penalidade ao dirigente que pratica determinados atos.

Segundo Trajano de Miranda Valverde, "a vida pregressa do requerente da concordata, ou suspensiva, ou preventiva da falência, há de apresentar-se isenta da má-

47. José Cândido Sampaio de Lacerda, *Manual de Direito Falimentar*, p. 293.

cula de certos crimes que atacam a honorabilidade do indivíduo e o tornam indigno, se comerciante, do favor legal".[48] Assim, conforme dispõe o art. 140, III, do Decreto-lei 7.661/45, "o devedor condenado por crime falimentar, furto, roubo, apropriação indébita, estelionato e outras fraudes, concorrência desleal, falsidade, peculato, contrabando, crime contra o privilégio de invenção ou marcas de indústria e comércio e crime contra a economia popular" não podem impetrar concordata.

Ainda consoante o ensinamento de Trajano de Miranda Valverde "equiparados, como se acham, os diretores, administradores, gerentes ou liquidantes das sociedades ao devedor ou falido, para todos os efeitos penais previstos na lei (art. 191), é claro que o impedimento legal funcionará no caso de caber a representação da sociedade a pessoa condenada por qualquer dos crimes enumerados no dispositivo".[49] Nota-se, assim, que os atos enumerados no Decreto-lei 7.661/45, em seu art. 140, III, praticados por diretores, administradores ou gerentes, prejudicam a sociedade, visto que a condenação dos dirigentes em um dos crimes relacionados no mencionado dispositivo legal a impede de obter o benefício da concordata.[50]

Por outro lado, a concordata brasileira é um benefício que, ao dilatar prazos e remir dívidas, visa, apenas, a afastar da falência o devedor comerciante individual ou não, regularmente inscrito no Registro de Comércio, sem nenhuma preocupação em recuperar a empresa. A concessão da concordata não requer a aprovação dos credores, sendo necessário que sejam atendidos alguns pressupostos formais. Não se examina, portanto, a viabilidade da empresa ou as causas que levaram esta última ao pedido de concordata, nem, tampouco, se estuda a conduta dos administradores na gestão dos negócios.

Segundo reza o art. 167 do Decreto-lei 7.661/45, na concordata preventiva a administração da empresa prossegue com os próprios dirigentes, apenas sob a fiscalização de um comissário, ao qual incumbem os deveres constantes do art. 168. Nota-se que os administradores da empresa em dificuldade não são afastados, mesmo que possuam atributos negativos, tais como a condenação em crimes não relacionados no art. 140 e que colocariam sua idoneidade sob suspeita, ou que já tenham descumprido seus deveres e responsabilidades para com sociedades por eles dirigidas".[51] Assim, no Brasil, o administrador permanece sempre à frente dos negócios na concordata, visto que a função do comissário é a de fiscalização passiva, quase como um observador, que não pode interferir.

Pode-se concluir, portanto, que a lei brasileira, ao deixar de acolher uma solução que buscasse a incomunicabilidade de eventuais condutas dolosas dos dirigentes às empresas, faz com que tanto as sociedades devedoras como seus credores sofram conseqüências adversas decorrentes da equiparação entre dirigentes e sociedade, pois:

• as sociedades devedoras não podem obter o benefício da concordata caso seus

48. Trajano de Miranda Valverde, *Comentários à Lei de Falências*, pp. 119-120.

49. Trajano de Miranda Valverde, *Comentários à Lei de Falências*, p. 120.

50. O Prof. Waldemar Ferreira concluiu que "há que se examinar o impedimento, de que se trata, pelo âmbito da pessoa jurídica. Tem esta, sabidamente, existência distinta da de seus membros. (...) Eis porque insta meditar sobre o caso, para a propositura de concordata preventiva por sociedades de pessoas", mas, interpretando o Decreto-lei 2.527/40, era de opinião que "a atividade criminal dos órgãos administrativos das sociedades mercantis refletirá sobre elas, de molde a impedir-lhes a interpretação da concordata preventiva" (*Tratado de Direito Comercial*, pp. 276-278).

51. Os arts. 153 a 160 da Lei 6.404/76 dispõem sobre os deveres e responsabilidades dos administradores e membros do conselho consultivo e fiscal das sociedades anônimas. O art. 11, do Decreto 3.708/19, que regula a constituição de sociedades por quotas de responsabilidade limitada, dispõe que "cabe ação de perdas e danos, sem prejuízo da responsabilidade criminal, contra o sócio que usar indevidamente da firma social ou que dela abusar".

diretores, administradores ou gerentes tenham praticado alguma das condutas relacionadas no inc. III do art. 140, ou seja, a empresa, mesmo que apresente alguma viabilidade econômica, pagará por um crime cometido por terceiro, e

• se os administradores da empresa devedora exercerem má administração, ou mesmo se tiverem praticado condutas que, embora criminosas, não estejam relacionadas no Decreto-lei 7.661/45, em seu art. 140, III, os credores são prejudicados, pois são forçados a aceitar uma forma diferente da combinada para o pagamento de seus créditos, sem que os antigos administradores deixem de estar à frente dos negócios da sociedade devedora.

B. A concordata e a viabilidade econômico-financeira da empresa

O Decreto-lei 7.661/45 dispõe em seu art. 158, II, que é condição para pedir concordata que o devedor possua ativo superior a 50% de seu passivo quirografário. Na lição de Waldemar Ferreira, "tem-se, nessa condição legal, o ponto saliente da proposta concordatária, pois que é necessário que o ativo seja idôneo para a cobertura da porcentagem oferecida aos credores quirografários... (...) Deverá o patrimônio do concordatário, por si só, bastar para a segurança dos interesses dos credores; mas para que tal suceda, é essencial que o inventário do ativo (o *inventário físico*, como os contabilistas o chamam), seja exato e perfeito, assim nas existências, quanto em sua avaliação, o que não ocorre na generalidade dos casos. (...) Quando a concordata não é cumprida e se rescinde; ou quando o pedido se converte em falência é que se apura a imprestabilidade dos inventários oferecidos pelos concordatários".[52]

Conforme ensina Oscar Barreto Filho, "chama-se de patrimônio ao complexo das relações jurídicas de uma pessoa, que tivesse valor econômico. A significação econômica do patrimônio faz com que nele se compreendam tanto os elementos ativos (os bens econômicos) quanto os passivos (as dívidas, que também constituem bens do ponto de vista dos credores)".[53] O balanço patrimonial retrata qual é o patrimônio de uma empresa numa determinada data, ou seja, qual é o ativo e qual é o passivo. Por isso, é uma demonstração financeira estática, como se fosse a "fotografia do patrimônio" num determinado instante.

Segundo o art. 178 da Lei 6.404/76, tanto o ativo como o passivo se classificam em grupos de contas, a saber:

• **ATIVO**:

Circulante — disponibilidades e direitos realizáveis em prazo inferior a um ano ou um ciclo operacional.

Realizável a longo prazo — direitos realizáveis em prazo superior a um ano ou um ciclo operacional.

Permanente — investimentos, ativo imobilizado (envolvido na atividade operacional) e ativo diferido (despesas que contribuirão para a formação do resultado de mais de um exercício social, tais como gastos pré-operacionais e despesas com pesquisa e desenvolvimento de produtos).

• **PASSIVO**:

Circulante — obrigações, encargos e riscos conhecidos ou calculáveis cuja exigibilidade se dê em prazo inferior a um ano ou um ciclo operacional.

Exigível a longo prazo — obrigações, encargos e riscos conhecidos ou calculáveis exigíveis em prazo superior a um ano ou um ciclo operacional.

Patrimônio líquido — diferença entre ativo e passivo.

Para que a concordata seja concedida, a lei falimentar requer, apenas, que o ativo seja superior à metade do passivo quirografário, porém nenhuma exigência é

52. Waldemar Ferreira, *Tratado de Direito Comercial*, pp. 291-293.

53. Oscar Barreto Filho, *Teoria do Estabelecimento Comercial*, p. 48.

feita quanto à qualidade desse ativo. A sociedade pode possuir ativos cujo valor existe apenas enquanto integrados à atividade produtiva e, que, ao serem separados desta última, perdem quase totalmente seu valor. Pode acontecer, também, que os ativos sejam de baixíssima liquidez e que uma eventual venda ocorra, somente, em prazos não compatíveis com a concordata. Pode ocorrer, ainda, que uma eventual venda de ativos para pagar parcela da concordata inviabilize a atividade empresarial e o cumprimento do compromisso restante.

Apesar de, conforme exposto anteriormente, a lei requerer a apresentação de demonstrações financeiras com estrita observância da lei societária, não se exige uma análise do conteúdo desses demonstrativos.

Segundo Eliseu Martins,[54] há duas formas de se avaliar uma empresa em circunstâncias normais, a saber, (1) "pelo seu valor de liquidação ordenada", ou seja, pelo que valem seus ativos avaliados a preço de venda, diminuídos dos gastos para se efetuar essa venda (comissão, impostos, transportes etc.) e o valor necessário para saldar seu passivo para com terceiros, e (2) pelo seu valor de "funcionamento" que depende basicamente dos futuros benefícios econômicos que ela é capaz de produzir.

Ora, não faz sentido que, para fins de concordata, entendida como um instituto que visa a evitar ou suspender a falência, seja utilizado como critério de avaliação da empresa o valor de sua liquidação.

Uma empresa não é apenas um conjunto de bens e pessoas, é mais do que isso. Quando em funcionamento, ela tem um agregado imponderável que lhe dá um valor a mais específico, próprio e efetivo.[55] O valor da empresa em funcionamento, conhecido por *going concern value*, embute uma sinergia que não é captada pelas demonstrações financeiras obrigatórias.

Dessa forma, é muito pertinente o comentário do Prof. Rubens Requião quando diz que "os balanços que refletem a contabilidade não consignam os valores reais, mas os valores históricos, sobretudo dos bens imóveis, com as reavaliações periódicas e relativas, admitidas pelas leis fiscais".[56]

O valor de uma empresa em funcionamento, em regra, não corresponde à soma de seus ativos, podendo ser maior ou menor e, em princípio, assim como o valor de qualquer bem econômico, está associado ao desempenho empresarial no futuro. Não interessam os rendimentos que já foram gerados, mas o potencial de renda. Por envolver variáveis desconhecidas, o processo de avaliação não é exato, objetivo ou definitivo.

Conclui-se, portanto, que o valor de uma empresa está relacionado à sua viabilidade, que pode ser vista sob a ótica econômica e financeira.

A viabilidade econômica refere-se a uma perspectiva de médio e longo prazos e está relacionada ao potencial de crescimento da própria empresa e à existência de mercado para os produtos ou serviços por ela produzidos. Relaciona-se, portanto, ao ambiente em que a empresa se insere, o qual apresenta características políticas, econômicas e sociais determinadas, as quais influenciam o desempenho da empresa e seus componentes. A elaboração de hipóteses a respeito do ambiente (cenários) é uma das formas de se obter as variáveis componentes desse desempenho.

A viabilidade financeira relaciona-se à capacidade de pagamentos da empresa. É importante salientar que uma empresa pode ter sua capacidade de pagamentos temporariamente reduzida, em função de

54. *Apud* Antonio Lopo Martinez e Lauro Brito de Almeida, "Avaliação de empresas", trabalho apresentado para conclusão da disciplina "Teoria da Avaliação Patrimonial", ministrada pelo Departamento de Contabilidade e Atuária da Faculdade de Economia, Administração e Contabilidade da USP em 1998.

55. Paulo Fernando Campos Salles de Toledo, "A reforma da Lei de Falências e a experiência do Direito Estrangeiro", *Revista do Advogado* 36/84.

56. Rubens Requião, *Curso de Direito Falimentar*, p. 82.

problemas conjunturais específicos, que podem ser passageiros, ou, então, à má gestão do empreendimento.

Dessa forma, uma empresa pode ser economicamente viável, mas ter sua viabilidade financeira comprometida. Deve-se avaliar a causa de tal comprometimento, se foi decorrente de má gestão, de fraude, ou de mudanças na conjuntura econômica que afetam o planejamento da empresa.

Dentre os pressupostos legais enumerados no Decreto-lei 7.661/45 para que uma concordata seja concedida não está incluída a viabilidade econômico-financeira da empresa. Por essa razão, é comum ler nos jornais matérias sobre a decretação da falência de empresas em concordata que não conseguiram pagar a primeira parcela devida.

C. Exemplo prático

Os estudos recentes sugerem que o valor da empresa em funcionamento deveria ser medido pela sua capacidade futura de geração de caixa e, portanto, de pagamentos.[57] Contudo, uma análise, ainda que superficial, das demonstrações financeiras que a atual lei de falências exige que sejam entregues permite que o interessado tire conclusões importantes sobre a capacidade de pagamentos, a curto prazo, do devedor que está requerendo concordata.

Vejamos, como exemplo, as seguintes demonstrações financeiras resumidas, da "Cia. Alfa" (nome fictício), que pediu concordata preventiva em junho de 1993. Os valores originais, em cruzeiros reais, foram divididos pela cotação do dólar, para melhor noção dos valores envolvidos.

CIA. ALFA
Balanço Patrimonial (resumido) em 30.6.1993 — Ativo

	Valor-US$ mil	**Particip. %**
ATIVO CIRCULANTE	**3.084**	1,2
Débitos de empresas coligadas/controladas[1]	2.554	
REALIZÁVEL A LONGO PRAZO	**10**	-
ATIVO PERMANENTE	**248.136**	98,8
Participações em coligadas/controladas[1]	137.181	54,6
Ativo imobilizado[2]	76.666	30,5
Ativo diferido	41.934	16,7
Despesas financeiras	20.483	
Pesquisas/Desp. pré-operacionais	24.682	
TOTAL ATIVO	**251.230**	100,0

... continua

Observações:

1. As empresas coligadas e controladas desenvolvem atividades relacionadas à atividade da Cia. Alfa.
2. Do valor registrado em imobilizado, aproximadamente 50% correspondem a Marcas e Patentes.

57. No trabalho intitulado "Avaliação de empresas", apresentado no curso de pós-graduação em Contabilidade da Faculdade de Economia, Administração e Contabilidade da Universidade de São Paulo, Antonio Lopo Martinez e Lauro Brito de Almeida discorreram, de forma clara e concisa, sobre os diversos modelos de avaliação de empresas atualmente existentes.

CIA. ALFA Balanço Patrimonial (resumido) em 30.6.1993 — Passivo		
	Valor-US$ mil	**Particip. %**
PASSIVO CIRCULANTE	**24.706**	9,8
Instituições Financeiras	21.229	
EXIGÍVEL A LONGO PRAZO	**4.198**	–
PATRIMÔNIO LÍQUIDO	**222.326**	88,5
Correção monetária do capital realizado	91.886	36,5
Reavaliação do ativo permanente	134.617	53,6
Prejuízos acumulados	(5.977)	(2,4)
TOTAL DO PASSIVO	**251.230**	100,0

Demonstração do resultado do exercício até junho 1993	
	Valor-US$ mil
Receita operacional líquida (vendas)	261
(-) Custo dos produtos vendidos	(1.086)
(=) Prejuízo bruto	(825)
(-) Despesas operacionais[3]	(20.714)
(+) Receitas eventuais	2
(=) Resultado operacional	(21.537)
(+) Correção monetária	22.087
(+) Receitas não operacionais	67
(=) Lucro do exercício	617

Observação:
3. Do total apresentado em despesas operacionais, 99,6% correspondem a despesas financeiras.

No pedido de concordata preventiva, a devedora alegou possuir patrimônio no valor equivalente a US$ 150 milhões e dívidas correspondentes a US$ 30 milhões. Com efeito, observa-se que o ativo total da empresa é, aproximadamente, oito vezes maior do que o valor total de suas dívidas, registradas no passivo circulante e no passivo exigível a longo prazo. Dessa forma, estavam plenamente atendidos os requisitos exigidos pelo art. 158 do Decreto-lei 7.661/45 para a concessão da concordata preventiva, o que foi feito.

Todavia, a capacidade de pagamento da Cia. Alfa era extremamente pequena. Praticamente não existia dinheiro em caixa ou créditos a receber no prazo de um ano. Mais da metade do ativo permanente compunha-se por investimentos em empresas coligadas ou controladas, que dificilmente poderiam ser convertidos em dinheiro, pois as referidas empresas desempenhavam atividade dependente daquela realizada pela Cia. Alfa. O ativo imobilizado compunha-se, em grande parte, por marcas e patentes associadas ao produto fabricado pela Cia. Alfa, além de ter sofrido uma reavaliação.[58]

Aparentemente, o patrimônio líquido, que corresponde à diferença entre ativo e

58. Veja a observação de Rubens Requião, constante do *Curso de Direito Falimentar*, p. 82, a respeito das reavaliações, já citada no presente trabalho.

passivo, ou seja, "é o que resta depois de solvido o passivo, e constitui e expressão econômica atual do patrimônio",[59] era extremamente superior ao valor das dívidas da Cia. Alfa. Porém, era composto por prejuízos acumulados, além de correção monetária e da reserva de reavaliação do ativo permanente, refletindo, portanto, a total ausência de liquidez da Cia. Alfa.

A péssima situação econômico-financeira da Cia. Alfa também aparecia claramente na Demonstração do Resultado. O custo dos produtos vendidos era cinco vezes superior às receitas obtidas com as vendas. As despesas operacionais, em sua quase totalidade, consistiam em despesas financeiras, ou seja, em juros sobre os empréstimos junto às instituições financeiras. O valor de tais despesas era oitenta vezes maior do que as receitas de vendas. O pequeno lucro apresentado pela Cia. Alfa decorre da receita com a correção monetária do ativo permanente, cuja composição já foi analisada.

Dessa forma, era óbvio que, mesmo num cenário econômico favorável, uma empresa nas condições da Cia. Alfa somente seria viável se houvesse um grande aporte de capital, não só para pagar as dívidas mas, também, para financiar o próprio ciclo operacional da empresa. Todavia, nos termos do Decreto-lei 7.661/45, a concordata foi concedida, a administração continuou com os antigos dirigentes e a Cia. Alfa não se recuperou, terminando por ter a concordata convertida em falência.

O exemplo apresentado demonstrou que, como a viabilidade econômico-financeira do empreendimento não se inclui dentre os pressupostos legais enumerados no Decreto-lei 7.661/45 para que uma concordata seja concedida, muitos processos de concordata constituem, apenas, uma forma de protelar a extinção da empresa, ou então, de impedir que se torne viável por outro método, tal como a aquisição por outros interessados.[60]

VII — Conclusão

O direito concursal brasileiro atual, representado pelo Decreto-lei 7.661/45 e suas alterações posteriores, não acompanhou as tendências mais modernas de recuperação empresarial, tais como o direito francês e o direito americano, mas contempla o objetivo liquidatário-solutório do século XIX e que se consubstancia nos institutos da falência e da concordata.

No Brasil, atualmente, a concordata é a alternativa oferecida à liquidação das empresas em dificuldades, mas não se revela um instrumento eficiente para a recuperação de empresas, servindo, apenas, para que o devedor "tome fôlego". Consiste em um favor concedido ao comerciante de boa-fé que preencha determinados requisitos legais.

Como não há uma separação entre a sociedade e seus dirigentes, a conduta destes últimos determina a sorte da empresa. Assim, esta última será penalizada, e não poderá obter o favor legal, se seus dirigentes cometerem algum dos atos relacionados no art. 140, III, do Decreto-lei 7.661/45. Por outro lado, quando a concordata é concedida, os dirigentes não são afastados, mesmo que tenham sido incompetentes ou praticado condutas não compatíveis com o bom andamento da atividade empresarial, o que prejudica os próprios credores.

Embora a petição do pedido de concordata deva estar acompanhada das demonstrações financeiras elaboradas segundo a Lei 6.404/76, não é exigida uma análise do seu conteúdo, requerendo-se, apenas, que o ativo seja superior à metade das dívidas quirografárias. Todavia, faz-se necessária uma análise das referidas demonstrações financeiras para que se tire conclusões importantes sobre a capacidade de pagamen-

59. Oscar Barreto Filho, *Teoria do Estabelecimento Comercial*, p. 48.

60. É comum que os controladores se recusem a transferir o controle de empresas em situação financeira difícil, ainda que existam compradores.

tos, a curto prazo, do devedor que está requerendo concordata. Do contrário, o instituto da concordata, que já é objeto de tantas críticas, constituirá, apenas, uma forma de protelar a extinção da empresa.

VIII — Bibliografia

ABRÃO, Nelson. *Curso de Direito Falimentar*. 5ª ed., São Paulo, LEUD, 1997.

————. *O Novo Direito Falimentar: Nova Disciplina Jurídica da Crise Econômica Brasileira*. São Paulo, Ed. RT, 1985.

ALTMAN, Edward I. *Corporate Financial Distress and Bankruptcy. A complete guide to predict & avoiding distress and profiting from bankruptcy*. 2ª ed., New York, John Wiley & Sons, s/d.

BARRETO FILHO, Oscar. *Teoria do Estabelecimento Comercial*. São Paulo, Max Limonad, 1969.

BLACK, Henry Campbell. *Black's Law Dictionary Abridged*. 6ª ed., St. Paul, West Publishing Co., 1991.

CALDEIRA, Jorge. *Mauá, Empresário do Império*. São Paulo, Companhia das Letras, 1995.

COMPARATO, Fábio Konder. *Aspectos Jurídicos da Macro-Empresa*. São Paulo, Ed. RT, 1970.

FERREIRA, Robert L. *Tratado de Direito Comercial*. v. 15. São Paulo, Saraiva, 1966.

HEILBRONER, Robert L. *A Formação da Sociedade Econômica*. Trad. Álvaro Cabral. Rio de Janeiro, Ed. Guanabara, 1987.

HILFERDING, Rudolf. *O Capital Financeiro*. Trad. Reinaldo Mestrinel. São Paulo, Nova Cultural, 1985 (Os Economistas).

LACERDA, José Cândido Sampaio de. *Manual de Direito Falimentar*. 13ª ed., Rio de Janeiro, Freitas Bastos, 1996.

LOBO, Jorge. "A crise da empresa: a busca de soluções". *RT* 668/35-46, jun. 1991.

LYON-CAEN, Ch e RENAULT, L. *Manuel de Droit Commercial*. Paris, Librairie Cotillon, 1899.

MARTINEZ, Antonio Lopo e ALMEIDA, Lauro Brito de. "Avaliação de empresas", trabalho apresentado na disciplina "Teoria da Avaliação Patrimonial", ministrada pelo Departamento de Contabilidade e Atuária da Faculdade de Economia, Administração e Contabilidade da USP em 1998.

REQUIÃO, Rubens. *Curso de Direito Falimentar*. v. 1, 17ª ed., São Paulo, Saraiva, 1998 e v. 2, 14ª ed., São Paulo, Saraiva, 1995.

RIPERT, Georges e ROBLOT, René. *Traité de Droit Commercial*. 14ª ed., Paris, LJDJ, s/d.

SAMUELSON, Robert J. "Great depression". *The Fortune Encyclopedia of Economics*, ed. David R. Henderson, New York, Warner Books, 1993, pp. 196-202.

SIMIONATO, Frederico Augusto Monte. "A reforma da Lei de Falência frente à reorganização econômica da empresa", *RDM* 36/16-62, São Paulo, Malheiros Editores, out.-dez. 1997.

STANFORD, Jon D. Moeda, *Bancos e Atividade Econômica*. Trad. Luiz Fernando de Souza Aranha e Maria José Villaça. São Paulo, Atlas, 1976.

TOLEDO, Paulo Fernando Campos Salles de. "A reforma da Lei de Falências e a experiência do Direito Estrangeiro". *Revista do Advogado* 36/82-87, São Paulo, AASP, mar. 1992.

VALVERDE, Trajano de Miranda. *Comentários à Lei de Falências*. v. III. 2ª ed., Rio de Janeiro, Forense, 1995.

Pareceres

PRIVATIZAÇÃO PARCIAL DA CEMIG — ACORDO DE ACIONISTAS — IMPOSSIBILIDADE DE O CONTROLE SOCIETÁRIO SER COMPARTILHADO ENTRE O ESTADO DE MINAS GERAIS E O ACIONISTA ESTRANGEIRO MINORITÁRIO

LUCIA VALLE FIGUEIREDO

Consulta

Relata-nos a Sra. Procuradora-Geral do Estado de Minas Gerais que o Poder Executivo Estadual foi autorizado pela Lei 11.968/95 a alienar ações da Companhia Energética de Minas Gerais — CEMIG, desde que mantivesse participação majoritária no capital votante da citada companhia.

Esclarece, ainda, que a CEMIG, resultante da mudança de denominação de "Centrais Elétricas de Minas Gerais — CEMIG", pela Lei 8.655/84, é sociedade de economia mista, que tem o Estado de Minas Gerais como acionista controlador, por ter participação majoritária, desde sua criação pela Lei 828, de 14 de dezembro de 1951.

Nesta ocasião (Lei 8.655/84), seu objeto social foi ampliado, conforme os termos do art. 2º, que transcrevemos:

"Art. 2º. A CEMIG passará a desenvolver atividade nos diferentes campos da energia, em qualquer de suas fontes, com vistas à exploração econômica, construindo e operando, dentre outros, sistema de geração, transmissão e distribuição de energia elétrica.

"§ 1º. O prazo de duração da sociedade é indeterminado.

"§ 2º. *O Estado deterá sempre a maioria das ações com direito a voto*" (grifamos).

Ainda, nos termos do parágrafo único do art. 6º da mesma Lei, a CEMIG, como concessionária da União, deveria respeitar a regulamentação federal no tocante aos serviços e contratos, que alcançasse a empresa.

Diz, ainda, que o Estado, nos termos da autorização legislativa, transferiu para a MGI-Participações S/A 32,94% do capital votante da CEMIG, permanecendo ainda com a maioria das ações ordinárias.

A autorização legislativa está nos seguintes termos (Lei 11.968/95):

"Art. 1º. Fica o Poder Executivo autorizado a alienar ações preferenciais e ordinárias de propriedade do Estado que integram o capital social da Companhia Energética de Minas Gerais — CEMIG — e do Banco do Estado de Minas Gerais S/A — BEMGE.

"§ 1º. Excluem-se da alienação de que trata este artigo as ações que asseguram a participação majoritária do Estado do capital votante da CEMIG e do BEMGE.

"§ 2º. Os recursos obtidos com a venda das ações serão destinados ao pagamento da dívida pública e à execução de programas sociais previstos no Plano Plurianual de Ação Governamental."

A MGI de fato emitiu debêntures, que tiveram como garantia a participação acionária na CEMIG e foram integralmente subscritas pelo BNDES.

A MGI e o BNDES colocaram à venda, em leilão, as debêntures, "facultando" ao adquirente a transformação das debêntures da MGI em ações da CEMIG e, simultaneamente, a possibilidade de celebrar "Acordo de Acionistas" com o Estado de Minas Gerais, como previsto no art. 118 da Lei das S/A (Lei 6.404, de 15.12.1976).

Embora o Estado tenha mantido a maioria do capital votante, todavia transferiu indiretamente, por meio do dito "Acordo de Acionistas" parcela do controle, existindo, inclusive, direito de veto por parte dos "acordantes".

Alegou-se, ainda, em contestação na ação popular, instaurada com o objetivo de anular referido leilão e impedir a assinatura do Acordo de Acionistas (previsto no edital de leilão), segundo a Sra. Procuradora-Geral, "direito discricionário", pois o dito acordo trataria de questões pertinentes à gestão da companhia.

Em seguida formulou os seguintes quesitos:

1. Em face do princípio da legalidade aplicado à Administração Pública, e, portanto, às sociedades de economia mista com capital majoritário do Estado, se não for expressamente permitida a celebração do Acordo de Acionistas, é esse válido?

2. Qual a finalidade do "Acordo de Acionistas"?

3. A gestão compartilhada faz com que, efetivamente, o acionista controlador, que deve ser o Estado de Minas Gerais, perca os poderes reais de mando?

4. É possível prever-se, sendo o Estado o acionista majoritário, a arbitragem, afastando-se assim o Poder Judiciário, como expressa na cláusula 15.2 do mencionado "Acordo"?

5. Poderia ser invocada a boa-fé, princípio geral de direito, e, também princípio do direito administrativo pela empresa estrangeira, compradora das ações, boa-fé essa, de tal maneira forte, que impossibilitasse a anulação do contrato administrativo? Ou, então, que ensejasse a convalidação de contrato viciado?

Parecer

A análise da consulta feita leva à necessidade de se colocarem as diferenças dos regimes jurídicos de direito público e de direito privado, como, também, ao exame do regime das empresas estatais como administração indireta do Estado.

Deveras, deve acentuar-se o regime dessas empresas, que não se parifica ao regime de direito privado.

Note-se, todavia, que o exame será procedido, obviamente, sem levar em consideração a Emenda Constitucional 19, de junho de 1998, bastante posterior aos fatos trazidos à consideração.

Assim, devemos, inicialmente, ainda que sumariamente, trazer a contexto os traços essenciais dos dois regimes jurídicos: o de direito público e o de direito privado.

Regime de Direito Público e de Direito Privado

1. Desde o direito romano é feita a distinção entre direito público e direito privado. Embora tal divisão venha se esmaecendo, temos de reconhecer que os princípios informativos do chamado "direito público" são diferentes dos que norteiam o "direito privado".

Podemos dizer que o direito é uno, mas não podemos, de igual modo, afirmar que, quando o Estado está em campo (e obviamente estamos a falar de um Estado de Direito), não proceda diferentemente da atuação dos entes privados.

A aquisição da personalidade jurídica, na verdade, transforma as pessoas em centro de imputação e, assim entendido, quando este centro de imputação se coloca na relação jurídica direito-dever, ou seja, no exercício de função, e, em que uma das pontas do binômio está o Estado, determinados princípios afloram e, com estes, um conjunto de regras com características próprias. Em suma, a relação fundamenta-se em princípios diferentes.

2. Portanto, ter personalidade de direito público equivale, sem dúvida, a sujeitar-se à imputação do regime de direito público, cujos pontos nucleares estão na supremacia do interesse público e em sua indisponibilidade.

Se existem regimes jurídicos diversos, podemos dizer que a distinção formal entre direito público e privado é, pelo menos, útil, no sentido de que o intérprete, ao decodificar determinados conceitos, terá, evidentemente, de alargar ou estreitar sua "moldura", atendendo aos princípios basilares de um ou de outro regime, na análise dos institutos jurídicos.

O regime jurídico a que se submetem as pessoas de direito público, e que correspondem ao regime jurídico-administrativo, tem, em síntese, as peculiaridades que apontaremos a seguir, trazendo à evidência os princípios da legalidade e da supremacia do interesse público.

Princípio da legalidade

3. A Administração somente pode fazer o expressamente autorizado por lei, e, diríamos nós, na verdade, no ordenamento jurídico. A Administração deve agir absolutamente coarcta pelos termos da lei, ou seja, agir sempre *secundum legem*, jamais *praeter legem*.

De seu turno, os particulares podem fazer tudo o que a norma não proibir. Tal distinção será fundamental para o entendimento do tema a enfrentar, tal seja a possibilidade de pactuar o "Acordo de Acionistas", que, sem dúvida, constituiu-se em negócio jurídico, sem expressa autorização legal, se é que ela poderia existir.

Supremacia do interesse público

4. De logo, cabe-nos explicitar que, embora haja conceitos indeterminados, todavia, detêm eles núcleo mínimo de compreensão, sendo que sua conotação e denotação deverão ser extraídas das normas e dos princípios informadores do sistema.

Destarte, seu conteúdo será dado à luz do instituto que se examina, no caso concreto, em face do ordenamento jurídico.

"Interesse público", infelizmente, é um desses conceitos, ou termos, como preferem alguns, que são tratados como se fossem despidos de qualquer conteúdo e passíveis de receber aquele que se lhes queira emprestar.

Não se pode desconhecer que o sistema nos dá possibilidade de extrair os pontos nodulares necessários a confinar esse conceito.

Portanto, o "interesse público", que deve estar em jogo, é aquele que a lei, ou melhor dizendo, as normas legais, demarcaram para que fosse perseguido pelas pessoas de direito público.

Note-se e remarque-se: *as pessoas de direito público não têm vontade — como os particulares — mas, sim, competências a implementar*.

Indisponibilidade do interesse público

5. O corolário lógico do princípio da supremacia do interesse público é o da indisponibilidade desse interesse.

O administrador, a quem compete velar pelo interesse público, está, ao mesmo tempo, rigorosamente adstrito à regra de competência. É o poder-dever, como diz Renato Alessi.

De conseguinte, o administrador deve agir não apenas conforme à norma, mas numa "aderência capilar"[1] à determinação normativa.

1. Cf. Renato Alessi, *La Revoca degli Atti Amministrativi*, p. 47.

O ente público sem competência política, à diferença do privado, é constituído por lei e, também, por lei é desfeito. O mesmo acontece com as empresas estatais e fundações públicas.

Esta é a primeira distinção básica entre as pessoas ditas de direito público e as de direito privado.

6. Acentuando as características das pessoas privadas, Celso Antônio Bandeira de Mello,[2] em primoroso trabalho dá os traços tipificadores: a) origem na vontade do particular; b) fim geralmente lucrativo; c) finalidade de interesse particular; d) liberdade de fixar, modificar, prosseguir ou deixar de prosseguir seus próprios fins; e) liberdade de se extinguir; f) sujeição ao controle negativo do Estado ou a simples fiscalização; g) ausência de prerrogativas autoritárias.

De outra parte, ainda consoante o mesmo autor, caracterizam as pessoas públicas: a) origem na vontade do Estado; b) fins não lucrativos; c) finalidade de interesse coletivo; d) ausência de liberdade na fixação ou modificação dos próprios fins e obrigação de cumprir os escopos; e) impossibilidade de se extinguirem pela própria vontade; f) sujeição a controle positivo do Estado; g) prerrogativas especiais para satisfação dos interesses públicos.

Não seria demais afirmar que o ente público também pode praticar atos de direito privado, quando a isso estiver expressamente autorizado por norma de direito público, portanto, tais atos hão de sofrer, por esse fato, também o influxo do regime de direito público.

7. Deve-se enfatizar que o Estado só faz aquilo que a lei lhe permite, em oposição ao particular, que faz tudo aquilo que a lei não lhe proíbe.

A atividade administrativa é desenvolvida de maneira direta ou indireta, isto quer dizer, ou temos somente um centro investido de poderes, que apenas os desconcentra, ou seja, transfere funções dentro da mesma estrutura, ou temos pessoas distintas do centro, que desenvolverão também atividade administrativa.

Portanto, a Administração atuará diretamente por meio de seus órgãos e agentes, apenas desconcentrando o plexo de competências que são, por lei, atribuídas, ou determinadas competências, também, por lei, podem ser a ela negadas e cometidas a outros centros dotados de personalidade própria, quando, então, atuará indiretamente.

Nesse último caso, esses entes estatais, a quem também incumbirá a satisfação do interesse público, agirão em nome próprio, sob a tutela do Estado. O regime jurídico, a que se irão submeter, dependerá, efetivamente, da lei que os criar ou autorizar sua criação.

De toda maneira, se tais entes agem apartados do centro e com personalidade própria, portanto, como "centros" de imputação, podemos dizer que também praticam função administrativa,[3] em seu sentido mais amplo.

E, especificamente com relação às empresas estatais, durante anos foram elas fonte de perplexidade.

Jean Dénis Brédin,[4] estudando as empresas públicas e verificando a dificuldade de enquadrá-las adequadamente em determinado regime jurídico, fez a seguinte aver-

2. Celso Antônio Bandeira de Mello, "Personalidade de Direito Público", *RDP* 1/115-144.

3. Conceituamos função administrativa, como segue: "A função administrativa consiste no dever de o Estado, ou de quem aja em seu nome, dar cumprimento fiel, no caso concreto, aos comandos normativos, de maneira geral ou individual, para a realização dos fins públicos, sob regime prevalecente de direito público, por meio de atos e comportamentos controláveis internamente, bem como externamente pelo Legislativo (com o auxílio dos Tribunais de Contas), atos, estes, revisíveis pelo Judiciário" (Lucia Valle Figueiredo, *Curso de Direito Administrativo*, Malheiros Editores, 3ª ed., revista e atualizada, 1988, pp. 31-32).

4. Cf. Jean Denis Brédin, *L'Enterprise Semi Publique y Publique et de Droit Privé*, Librairie Générale de Droit et de Jurisprudence, Paris, 1957, pp. 129 e 5.

bação: "Nos confins do direito privado e do direito público, nesta zona movediça, indefinível".

E é nessa zona movediça que teremos de examinar a consulta.

Regime jurídico das empresas públicas e sociedades de economia mista

8. A importância de examinarmos, pelo menos, alguns traços do regime das empresas públicas e sociedades de economia mista, prende-se ao fato de que o suporte da classificação dessas entidades, sob o prisma de sua personalidade jurídica, ou seja, sua *forma de direito privado*, traz enormes repercussões jurídicas.

Por isso mesmo, Oswaldo Aranha Bandeira de Mello, ao tratar das empresas estatais, coloca, de maneira escorreita, que as pessoas jurídicas de direito privado, criadas pelo Estado, apresentam diferenças em relação às outras pessoas de direito privado, surgidas da vontade de particulares.

As empresas públicas e sociedades de economia mista são autorizadas por lei para se constituírem e se extinguirem.

Um de seus traços característicos é que devem, necessariamente, *perseguir o próprio escopo*: isto é, criadas pelo Estado para determinado fim, encontram-se coarctadas pela finalidade definida pela lei criadora.

O fenômeno é explicável. O Estado, por meio de seus entes políticos, pode autorizar a criação de sociedades de economia mista, empresas públicas, autarquias ou fundações, enfim de qualquer outro ente, apenas para a consecução de finalidades com características públicas.

Se não, vejamos. O texto constitucional, da Emenda 1, de 1969, já era bastante claro, ao fixar, no art. 170, que "às empresas privadas compete, *preferencialmente*, com o estímulo e apoio do Estado, organizar e explorar as atividades econômicas" (grifamos).

Demais disso, o § 1º do supra-referido artigo, reforçando a definição do *caput*, estabelecia que: "Apenas em caráter suplementar da iniciativa privada o Estado organizará e explorará a atividade econômica".

A Constituição de 1988, sob a égide da qual foi autorizada a venda das ações em questão, *desde que o Estado se conservasse majoritário*, não inovou grandemente sob esse aspecto, pois afirmou que:

"Art. 173. Ressalvados os casos previstos nesta Constituição, a exploração direta de atividade econômica pelo Estado só será permitida quando necessária aos imperativos da segurança nacional ou a relevante interesse coletivo, conforme definidos em lei.

"§ 1º. A empresa pública, a sociedade de economia mista e outras entidades que explorem atividade econômica sujeitam-se ao regime jurídico próprio das empresas privadas, inclusive quanto às obrigações trabalhistas e tributárias.

"§ 2º. As empresas públicas e as sociedades de economia mista não poderão gozar de privilégios fiscais não extensivos às do setor privado.

"§ 3º. A lei regulamentará as relações da empresa pública com o Estado e a sociedade.

"§ 4º. A lei reprimirá o abuso do poder econômico que vise à dominação dos mercados, à eliminação da concorrência e ao aumento arbitrário dos lucros.

"§ 5º. A lei, sem prejuízo da responsabilidade individual dos dirigentes da pessoa jurídica, estabelecerá a responsabilidade desta, sujeitando-a às punições compatíveis com sua natureza, nos atos praticados contra a ordem econômica e financeira e contra a economia popular" (redação sem a Emenda 19/98).

Todavia, a mudança foi razoavelmente grande, nesta Constituição de 1988, ao se inscrirem as empresas públicas e sociedades de economia mista no capítulo da Administração Pública, submetendo-se-as aos mesmos princípios imperativos a essa.

São eles, antes da Emenda 19/98, que a eles acrescentou o princípio da *eficiên-*

cia: legalidade, moralidade, impessoalidade, publicidade, princípio da licitação, da acessibilidade de cargos públicos e, ainda outros, embora não explícitos nesse art. 37, e de grande importância, como, por exemplo, motivação, razoabilidade, legitimidade, economicidade etc.

É verdade que, durante bom tempo, discutiu-se a possibilidade de Estados e Municípios criar empresas públicas e sociedades de economia mista, ainda se não fossem exclusivamente prestadoras de serviços públicos.

As empresas públicas e sociedades de economia mista, assim como as autarquias municipais e estaduais, devem ser criadas *por lei*, não porque seja esse o padrão referencial federal, definido pelo Decreto-lei 200/67, mas sim porque as competências a elas atribuídas são, originariamente, do Município e do Estado.

9. Isso porque tais serviços são cometidos a esses entes estatais por lei, uma vez que ao Executivo cabe, apenas, sua fiel execução (art. 84, IV, da Emenda 1, de 1969, e art. 84, IV, da Constituição de 1988).

Tudo aquilo que por lei, inicialmente, é atribuído, somente por lei poderá ser concedido ou transferido.

Assim, é o ente político que, por lei, constitui ou autoriza a criação de outro ente administrativo, retirando do centro, isto é, descentralizando, competências que, originariamente, eram detidas por ele.

10. Se de uma parte, cabe ao Estado, como uma de suas funções essenciais, a organização e prestação dos serviços públicos, é irretorquivelmente competência da iniciativa privada a exploração da atividade econômica com objetivo de lucro. Por isso mesmo, a interferência na ordem econômica somente encontraria guarida diante daqueles pressupostos constitucionais já citados (art. 173 da CF).

Por definição, aquele que empreende atividade econômica assim o faz com o fito inequívoco de lucro. O lucro não é proibido ao Estado, quando o serviço não é essencialmente público, porque possível de ser prestado mediante concessão ou permissão.

Claro é, entretanto, que essencialmente para prestação de serviço público, não haveria restrições.

11. Entretanto, a criação de entes descentralizados é feita de tal sorte, que estes não se separam completamente do centro, como se estivessem ainda unidos por um cordão umbilical representado pelos controles exercidos pelo "centro" de controles internos, feitos por meio de tutela *a priori* e *a posteriori*, e controles externos, executados pelos Tribunais de Contas, como auxiliares do Poder Legislativo — nos termos do art. 70, parágrafo único, do Texto Constitucional.

Convém enfatizar que, a nosso ver, só há sociedade de economia mista (*de interesse para o Direito Administrativo*), quando o Estado participa da sociedade, utilizando-se de prerrogativas especiais, *interferindo na gestão dessa sociedade e alocando recursos não apenas na qualidade de sócio, mas na de interessado pelo seu destino.*[5]

Assim, embora a mera conjugação de capitais públicos e privados, numa acepção

5. Neste mesmo sentido encontram-se as opiniões de Oswaldo Aranha Bandeira de Mello, Celso Antônio Bandeira de Mello, Hely Lopes Meirelles, A. B. Cotrim Neto, Eros Grau, José Cretella Jr. e Waldemar Ferreira, dentre outros. Essas opiniões podem ser colhidas nas seguintes obras dos autores, respectivamente: *Princípios Gerais de Direito Administrativo*, v. 1, Rio de Janeiro, Forense, 687 pp. e v. 2, 586 pp.; *Prestação de Serviço Público e Administração Indireta*, São Paulo, Ed. RT, 1973, 189 pp.; *Direito Administrativo Brasileiro*, 21ª ed. atualizada por Eurico de Andrade Azevedo e outros, São Paulo, Malheiros Editores, 1996, p. 333; "Teoria da empresa pública de sentido estrito", *RDA* 111/21-56; "Considerações a propósito das sociedades de economia mista", *RDP* 17/113-132; *A Sociedade de Economia Mista*, Max Limonad, 1956.

Aliás é praticamente coesa a doutrina brasileira no entendimento de que, se não houver traços peculiares, distintos dos traços comuns das sociedades por ações, não há sociedade de economia mista. Haverá, isto sim, mera conjugação de capitais públicos e particulares.

ao pé da letra, pudesse, aparentemente, constituir sociedade de economia mista, não seria dela que tratamos, porém, sim, de sociedade que é prestadora de serviço público, criada para esse fim específico[6] e, posteriormente, concessionária da União.

O problema da fiscalização dessas entidades governamentais

12. Por um lado, submetem-se esses entes estatais ao controle do Executivo da entidade que detém exclusiva (se empresa pública) ou majoritariamente o capital e, por outro, a fiscalização do Tribunal de Contas da respectiva entidade política.

É acentuada a interferência do setor público nesses elementos instrumentais de sua política de descentralização.

A classificação dessas entidades no direito privado deu a elas uma etiqueta, cujo conteúdo não está, na verdade, em exata correspondência com o regime jurídico-positivo em que vivem, pelo menos, no que concerne ao que conhecemos por regime de direito privado.

O fato de serem submetidos a uma fiscalização interna do Estado aparta esses entes da sujeição exclusiva a um regime de direito privado, pois, consoante observamos, uma grande margem de liberdade seria imanente a esse regime.

A par disso, a fiscalização do Tribunal de Contas, a que se devem submeter, ainda que colocada nos seus justos contornos, também constitui outro traço indicador da discrepância do regime de direito privado dessas entidades.

Waldemar Ferreira, ao se referir às sociedades de economia mista, averbou: "Interferindo nela o poder público como acionista, e acionista preponderante, ao lado dos acionistas comuns, pessoas naturais e pessoas jurídicas de direito privado, ela é, só quanto à forma, sociedade anônima (...)".

E mais adiante: "(...) O legislador pode dizer que uma pessoa é de direito privado mas, se, ao depois a regulamenta seguindo os princípios de direito *público* aquela declaração não terá efeito prático".[7]

Interessa assinalar que é competência da União explorar diretamente ou mediante autorização, concessão ou permissão (art. 21, *b*, da CF) os serviços e instalações de energia elétrica e o aproveitamento energético dos cursos de água, em articulação com os Estados onde se situam os potenciais hidroenergéticos.

E o art. 175 do Texto Constitucional dispôs: "Incumbe ao Poder Público, na forma da lei, diretamente ou sob regime de concessão ou permissão, sempre através de licitação, a prestação de serviços públicos".

13. Foi importante colocar os traços essenciais do direito público para que se possa, ao consultar a Lei das S/A, procurar os limites de interferência do direito administrativo e verificar as possibilidades de aplicação do direito privado nas sociedades de economia mista.

As sociedades de economia mista estão previstas na Lei das S/A em seu Capítulo XIX (arts. 235 a 242).

Dispõe o art. 235: "Art. 235. As sociedades anônimas de economia mista estão sujeitas a esta lei, sem prejuízo *das disposições especiais de lei federal*. § 1º. As companhias abertas de economia mista estão também sujeitas às normas expedidas pela Comissão de Valores Mobiliários" (grifamos).

6. Nesse mesmo teor, encontramos os seguintes acórdãos:

Supremo Tribunal Federal: RE 91.035, j. 26.6.1979.

"Ementa: *Sociedade* de *economia mista*. Com ela não se confunde a *sociedade* sob o *controle* acionário do poder público. É a situação especial que o Estado se assegura, através da lei criadora da pessoa jurídica, que a caracteriza como *sociedade* de *economia mista*. Legislação Federal — Decreto-lei 200/67, art. 5º, I e III; Decreto-lei 900/69, art. 5º, I. Obs.: votação unânime. Resultado: conhecido e provido. Veja RE 79.840-RJ, *RTJ* 75/208, j. 10.10.1979, *DJ* 15.10.1979, ement. v. 1.148-02/1.045, *RTJ* 96-3/1.323, rel. Soares Muñoz. No mesmo sentido: acórdão 95.554, rel. Rafael Mayer, v.u. Resultado conhecido e provido.

7. Waldemar Martins Ferreira, *A Sociedade de Economia Mista*, pp. 65 e 66.

Dispõe o art. 242: "Art. 242. As companhias de economia mista não estão sujeitas a falência mas os seus bens são penhoráveis e executáveis, e a pessoa jurídica que a controla responde subsidiariamente, pelas suas obrigações".

O art. 237, coerentemente com o Texto Constitucional e com o fato de que essas sociedades estão sob forte influxo do direito público, afirma: "Art. 237. A companhia de economia mista somente poderá explorar os empreendimentos *ou exercer as atividades previstas na lei que autorizou a sua constituição*" (grifamos).

Interessa-nos, sobremodo, o art. 238 que se refere ao acionista controlador. Traga-se-o a contexto: "Art. 238. A pessoa jurídica que controla a companhia de economia mista tem os deveres e responsabilidades do acionista controlador (arts. 116 e 117) *mas poderá orientar as atividades da companhia de modo a atender ao interesse público que justificou a sua criação*" (grifamos).

Veja-se que o próprio dispositivo da Lei abre exceção ao acionista controlador, deixando claro que, em hipótese de conflito com os interesses dos sócios, o controlador orientaria a companhia para os fins que justificariam sua criação.

Argumentando que a redação do dispositivo havia sido infeliz por força do "poderá", entendendo que o Estado estará sempre coarctado à finalidade que lhe teria feito criar a sociedade, Modesto Carvalhosa[8] resolve dar uma interpretação razoável do artigo da maneira que segue:

"Não obstante a infelicidade do legislador de 1976, ao tentar legislar sobre matéria de direito público na esfera privada, cabe à doutrina dar uma interpretação razoável ao artigo. Assim, entendemos que o Estado, ao operar a sociedade de economia mista, deve visar ao *interesse público primário*, qual seja, o *interesse da coletividade*, e não ao *interesse público secundário*, qual seja, o dos aparelhos estatais. Essa fundamental classificação, trazida por Alessi, é que pode dar sobrevida ao artigo ora comentado. Assim, o serviço público (o qual inclui a administração indireta e nela as sociedades de economia mista — Decreto-lei n. 200, de 1967, art. 4º) deve atender ao princípio da supremacia do interesse público. E, para que se entenda o sentido do interesse público, é necessário que se faça a distinção entre interesse público *primário* e *secundário*. O primeiro, como já dito, representa o interesse da coletividade; o segundo, o do aparelho estatal. Deve preponderar sempre o interesse *público primário* na atividade operacional das sociedades de economia mista".[9]

"(...)

"Como referido, o conceito fundamental, para se entender a função da sociedade de economia mista e sua forma capitalista, com a participação de acionistas privados minoritários, é de que ela precipuamente deve atender ao *interesse público primário*, não ao *interesse público secundário* ou à *finalidade de lucro*. Por outro lado, para que se concilie a atividade econômica com a finalidade pública, deve-se distinguir *atividade-fim* da *atividade-meio*. Assim, a atividade-fim visa à prestação de serviços no campo do interesse público primário. E a atividade-meio será a prestação de serviço de natureza econômica, que se faz através de meios empresariais que gerem *excedentes de capital*, ou seja, lucros. Esse excedente é pressuposto da eficiência dos agentes públicos que administram capitais mistos (públicos e privados). Desse modo, a lucratividade da sociedade de economia mista constitui *meio* necessário para a consecução de seu fim, que é o de prestação de serviço público do interesse público primário."

As sociedades de economia mista não se sujeitam à falência, embora seus bens

8. Modesto Carvalhosa, *Comentários à Lei de Sociedades Anônimas*, v. 4, Saraiva, 1998, pp. 386-387.

9. Traz o autor à colação a Renato Alessi, in *Principi*, cit., v. 1, pp. 226 e ss.

sejam penhoráveis e executáveis, respondendo a pessoa jurídica que a controla subsidiariamente pelas suas obrigações.

14. Nesse contexto de diferenças essenciais entre a sociedade privada *e a de forma privada, porém de economia mista*, deve ser colocado o "Acordo de Acionistas" pactuado.

Ou seja, a possibilidade de em sociedade de economia mista celebrar-se tal acordo, *não autorizado por lei*, que vai, sem dúvida alguma, alterar substancialmente o controle da empresa.

O "Acordo de Acionistas" está contemplado no art. 118 da Lei das S/A da seguinte forma:

"Art. 118. Os acordos de acionistas, sobre a compra e venda de suas ações, preferência para adquiri-las, ou exercício do direito de voto, deverão ser observados pela companhia quando arquivados na sua sede.

"§ 1º. As obrigações ou ônus decorrentes desses acordos somente serão oponíveis a terceiros, depois de averbados nos livros de registro e nos certificados das ações, se emitidos.

"§ 2º. Esses acordos não poderão ser invocados para eximir o acionista de responsabilidade no exercício do direito de voto (art. 115) ou do poder de controle (arts. 116 e 117).

"§ 3º. *Nas condições previstas do acordo, os acionistas podem promover a execução específica das obrigações assumidas*. (grifamos)

"§ 4º. As ações averbadas nos termos deste artigo não poderão ser negociadas em bolsa ou no mercado de balcão.

"§ 5º. No relatório anual, os órgãos da administração da companhia aberta informarão à assembléia geral as disposições sobre política de reinvestimento de lucros e distribuição de dividendos, constantes de acordos de acionistas arquivados na companhia."

Inicialmente devemos verificar o que a doutrina diz a respeito do acordo de acionistas, tal seja, a que figura jurídica corresponde.

15. Waldirio Bulgarelli, que trouxe breve histórico dos acordos de acionistas,[10] averba que tais acordos vão incidir sobre a compra e venda de ações, preferência para adquiri-las e exercício de direito de voto.

Chama a esses acordos de contratos parassociais e traz a pêlo a doutrina italiana que considera tais contratos como acessórios à relação social.

Colaciona, ainda, o autor, outros doutrinadores, no que tange ao entendimento dessa figura jurídica.

Assim diz: "Egberto Lacerda Teixeira e José Tavares Guerreiro após definirem os acordos de acionistas 'como ajustes parassociais, ou seja, celebrados sem a interveniência da sociedade e alheios a seus atos constitutivos e alterações posteriores, mediante os quais os acionistas livremente convencionam cláusulas relativas à compra e venda de suas ações, à preferência para adquiri-las ou ao exercício do direito de voto', e insistindo sobre o caráter convencional dos acordos, distinguem os acordos unilaterais dos plurilaterais. 'Os acordos unilaterais implicam em obrigações determinadas a apenas uma das partes contratantes, não se comprometendo as demais a qualquer prestação relativa ao exercício de seus direitos sociais. Já os acordos plurilaterais resultam em obrigações para todas as partes intervenientes'".

Fábio Konder Comparato[11] averbou, em sua tese específica sobre o poder de controle na sociedade anônima: "(...) Parece-nos, pois, que as convenções de voto não podem ser tratadas como um negócio jurídico *sui generis, mas devem submeter-se às normas comuns de validade de todo negócio jurídico privado*, em particular no que se refere à causa, enquanto elemento

10. *RDM* 40/88.

11. Fábio Konder Comparato, *O Poder de Controle na Sociedade Anônima*, Ed. RT, s/d, pp. 194-195.

objetivo, e aos motivos dos convenentes. A doutrina comercialista transviou-se nesse particular, do roteiro seguro dos princípios da teoria geral do direito"[12] (grifamos).

"(...)

"Restaria, para medir a utilidade de tais pactos na organização do poder de controle, determinar o grau de sua eficácia. Tem-se sustentado, em nosso Direito, a inexistência de execução judicial específica de tais estipulações, com a admissibilidade, não obstante, da ação de preceito comunitário".[13] "Em nosso entender, uma vez admitida a validade, em princípio, das convenções de voto, nada obsta à execução forçada específica de suas estipulações, como autênticas obrigações da fazer (Código de Processo Civil, arts. 632 e ss.); mas a utilidade prática desse remédio judicial é muito relativa".

"Mas importante se nos afigura o reconhecimento legal da eficácia desses acordos perante a sociedade."

Todas as transcrições que fizemos tem o claro objetivo de examinar o regime jurídico do "Acordo de Acionistas" para verificar se possível é à pessoa estatal, com capital majoritário em sociedade de economia mista, e, assim devendo permanecer por força da Lei autorizada e da própria Constituição do Estado de Minas Gerais,[14] celebrar tal ajuste.

16. Portanto, é possível verificar não dispor o Estado federado de qualquer parcela de vontade, mas de estar, como já exposto acima, atrelado à lei, e, obviamente, em primeiro lugar, à Constituição da República e a sua própria Constituição.

Como poderia, dessa forma, o Estado de Minas Gerais pactuar, como se tivesse vontade livre, uma das características dos negócios de direito privado, "Acordo de Acionistas", nivelando-se a qualquer pessoa privada, e, por via indireta, compartilhar o controle da sociedade que deve ser seu?

Em um dos "considerando" do referido acordo encontra-se: "Considerando-se que um dos pressupostos para a cessão em bloco de percentual acima mencionado de participação acionária do *Estado* no capital social da *Companhia* foi a celebração, entre o *Estado* e o adquirente do referido bloco, de um Acordo de Acionistas relativo ao exercício do direito de voto e aos princípios gerais de condução dos negócios da *Companhia*, cujo teor corresponde ao do presente instrumento" (grifamos).

Particularmente deve-se notar as cláusulas 3.2, "a" e "b", 4.2.1, 14.1, 15.2 para verificar o aduzido até agora:

"3.2 Nas assembléias gerais da Companhia, o Estado exercerá os direitos e terá os deveres atribuídos pela Lei de Sociedades por Ações ao acionista controlador. Não obstante, as Partes *votarão em bloco quando a Assembléia Geral deliberar sobre*:

"a) alterações do Estatuto no tocante a objeto social, capital social e ações (incluindo a emissão de novas ações sem direito de preferência), competência, composição e funcionamento dos órgãos da Companhia (Assembléia Geral, Conselho de Administração, Diretoria Executiva e Conselho Fiscal), apuração de resultados (incluindo reservas, fixação e distribuição de dividendos), e

"b) emissão de debêntures conversíveis em ações e bônus de subscrição, criação de partes beneficiárias, resgate e amortização de ações, *fusão, cisão, incorporação, dissolução ou liquidação da Compa-*

12. Cf. chama o autor à colação a Alberto Trabucchi, *Instituzioni de Diritto Civile*, 15ª ed., Pádua, ns. 73 e 74; F. Santoro-Passarelli, ob. cit., pp. 99 e ss. e 150 e ss.

13. Remete o autor a Pontes de Miranda, *Tratado*, cit., 1, § 5.323.

14. "Art. 14. A Administração pública direta é a que compete a órgão de qualquer dos Poderes do Estado. § 1º. A administração pública indireta é a que compete: (...) II — a sociedade de economia mista; (...) § 4º. Dependente de lei, em cada caso: (...) II — a autorização para instituir e extinguir sociedade de economia mista e empresa pública e para alienar ações que *garantam, nestas entidades, o controle pelo Estado*" (grifamos).

nhia (incluindo a eleição do liquidante e aprovação de suas contas), e distribuição em percentual diverso do obrigatório previsto no Estatuto" (grifamos).

"4.2.1 Cada Parte indicará à outra, com antecedência de 48 (quarenta e oito) horas da realização da assembléia, as pessoas por elas escolhidas, obrigando-se ambas a votar em bloco nas pessoas assim indicadas, cujos nomes não poderão ser recusados salvo na hipótese de desatendimento a prescrições legais.

"(...)

"Décima quarta vigência

"14.1 Este acordo vigorará *pelo prazo de 35 (trinta e cinco) anos*, a partir da data de sua assinatura" (grifamos).

"(...)

"15.2 As partes procurarão resolver amigavelmente suas diferenças relativas ao presente Acordo, dentro do espírito de boa-fé que as inspira. Não sendo possível, no entanto, a solução amigável das controvérsias que porventura surgirem na interpretação ou aplicação deste instrumento, serão elas *definitivamente resolvidas por meio de arbitragem, segundo as Regras sobre Conciliação e Arbitragem da Câmara de Comércio Internacional de Paris, por três árbitros nomeados de conformidade com as referidas regras.* A arbitragem terá lugar na cidade de Belo Horizonte, e será conduzida no idioma português" (grifamos).

17. Na verdade, estes "acordos de acionistas", como negócios jurídicos que são e não sujeitos ao direito comercial, submetem-se à autonomia da vontade (aliás é isso mesmo que consta do parecer do ilustre Dr. Arnoldo Wald, que nos foi dado a examinar, item 36 do parecer.

E, dissertando acerca do direito de voto ou de veto, averba ainda o mesmo ilustre autor:

"(...) 41. *A contrario sensu*, mesmo celebrando com o acionista controlador o acordo, o signatário de uma convenção de acionistas poderá não estar, de fato, no comando da sociedade em relação à qual o controle é exercido pela via de acordo de acionistas. O fato pode ocorrer porque, muito embora represente uma forma de organização do controle societário, as cláusulas contratuais do acordo de acionistas podem simplesmente estabelecer uma forma de conciliar os interesses do acionista controlador e dos sócios minoritários, atribuindo a estes o direito de voto ou de veto, em relação a certas matérias, especificamente previstas no instrumento contratual, mas não chegam a conferir a estes acionistas contratantes o comando efetivo da sociedade, que se configura, de fato, através da titularidade permanente de direitos de voto, capaz de determinar a condução das principais deliberações sociais e de eleger a maioria dos administradores.

"(...)

"44. As disposições do acordo de acionistas abrangem, na sua essência, matérias cuja aprovação possa vir a acarretar profunda mudança na estrutura de capital da companhia e nas normas relativas à distribuição de dividendos, além daquelas que resultem em reorganização societária (fusão, incorporação e cisão). Referem-se, assim, à estrutura da sociedade e aos direitos mínimos assegurados aos minoritários.

"(...)

"46. Vê-se, assim, que o instrumento contratual de avença entre os dois maiores acionistas da CEMIG tem por finalidade, tão-somente, *garantir ao acionista não controlador a possibilidade de interferir nas decisões da maior relevância social e que tenham o condão de afetar diretamente a sua parcela de patrimônio na sociedade, mantida a prevalência da vontade do acionista controlador nas decisões conjunturais que não afetem nem a estrutura societária nem os direitos essenciais dos minoritários*" (grifamos).

"(...)

"48. As propostas referentes a tais matérias, caso não obtido o consenso em reunião prévia dos acionistas acordantes, deverão ser rejeitadas, ou seja, é assegurada a manutenção do estatuto vigente do *status quo*, no que tange aos aspectos de estrutura societária e de capital, permanecendo inalterados os direitos dos acionistas à participação no lucro previstos estatutariamente."

Respondendo especificamente aos quesitos, o Dr. Arnoldo Wald, ao responder ao terceiro quesito, reproduzido juntamente com a resposta, averbou:

"(...)

"C) Terceiro quesito:

"*As normas que requerem quórum qualificado para aprovação de certas matérias pelo Conselho de Administração e pela Diretoria da CEMIG, constantes do novo Estatuto Social, acarretam a perda de controle da CEMIG pelo Estado?*" (grifos do original).

"Resposta ao terceiro quesito:

"Dentro do mesmo enfoque trazido na resposta aos quesitos anteriores, cabe afirmar que as disposições referentes à previsão de *quorum* qualificado para determinadas deliberações do Conselho de Administração e da Diretoria não *interferem, propriamente*, com a posição de controle societário ocupada pelo Estado de Minas Gerais, *mas apenas restringem, validamente, o exercício ilimitado do comando empresarial, através dos conselheiros eleitos pelo controlador, sempre que a matéria objeto de decisão apresente grande relevância no tocante à capitalização da companhia e à sua integridade societária ou ameace o direito dos acionistas aos dividendos*, alterando substancialmente a estrutura estatutária existente no momento do ingresso do acionista acordante no quadro de acionistas da *CEMIG*" (grifamos).

Como já enfatizado no início deste parecer, cumpre apenas lembrar que o Estado de Minas Gerais, representado pelo Chefe do Executivo Estadual, deve ser *o acionista controlador de direito e de fato*, porque não tem disponibilidade para transacionar.

O negócio jurídico, que é o "Acordo de Acionistas" presume *vontade livre* para pactuar, para provocar determinado efeito jurídico. Ainda mais, neste Acordo examinado, de efeitos plurilaterais.

Na verdade o "Acordo de Acionistas" visa a controle societário compartilhado, que é obtido por via transversa, já que a lei não autorizou, como aliás, parece-nos, não poderia ter autorizado.

E não poderia ter autorizado transação para quem não tem vontade, mas, sim, competência.

18. Além do controle compartilhado, na cláusula 14.1, já citada, há previsão de arbitragem para dirimir os litígios que porventura aconteçam.

Ora, a própria lei de arbitragem, Lei 9.307, de 23.9.1996, afirma em seu art. 1º que se destina "a litígios relativos a direitos patrimoniais disponíveis".

O patrimônio do Estado não é disponível, portanto, não seria suscetível de submissão à arbitragem, no que tange às controvérsias surgidas na interpretação do dito acordo (cláusula 15.2, portanto controvérsias do "Acordo de Acionistas") entre o Estado de Minas Gerais e a Southern Electric Brasil Participações Ltda.

Não desconhecemos que a Lei de Concessões de Serviços Públicos, Lei 8.997/95, em seu art. 23, XV, está a sugerir a arbitragem. Todavia, tal assunto tem sido objeto de estudos de juristas, para, inclusive, poder-se chegar à conclusão dos limites dessa possibilidade.

Marçal Justen Filho, em seu livro *Concessão de serviços públicos*,[15] afirma: "A questão de foro não desperta maiores indagações. Mas o contrato poderá determinar solução amigável de conflitos ou desavenças. A regra remete à matéria da arbitragem. Seria até ideal que os conflitos entre as partes fossem objeto de composição se-

15. Marçal Justen Filho, *Concessões de Serviços Públicos*, São Paulo, Dialética, 1997, pp. 272-273.

gundo a via de arbitragem. *É necessário ressaltar a natureza indisponível do interesse público, assim como a auto-executoriedade dos atos administrativos. Isso provoca dificuldades na adoção da arbitragem*" (grifamos).

Foi o autor cauteloso na medida em que lançou seu livro após à edição da Lei.

Nós, todavia, sem tal cautela, mas esforçados nos princípios do direito administrativo, ainda em plena vigência para as empresas estatais — pelo menos no que tange ao momento em que foi feito o "Acordo de Acionistas" — continuamos intransigentemente a dizer de sua inaplicabilidade quando em um dos pólos do litígio estiver a figura do Estado e não de serviço já privatizado, o que seria diverso, ao que nos parece.[16]

O "Acordo de Acionistas" celebrado entre o Estado de Minas Gerais e a Southern Electric Brasil Participações Ltda. não é negócio jurídico, contrato acessório ou ajuste parassocial, adote-se a nomenclatura que se queira, que poderia ter sido celebrado validamente, porque modifica, por *via transversa* o controle societário, desnaturando a sociedade de economia mista e desrespeitando a Lei 11.968/95.

Aliás, como assinalado, ao que entendemos, a submissão à arbitragem também estaria a extrapolar por falta de disponibilidade.

19. Quanto ao princípio da boa-fé:

O princípio da boa-fé, já o dissemos em alguns trabalhos, e, especialmente em nosso *Curso de Direito Administrativo*,[17] é de particular importância no direito e, também, no direito administrativo.

Já deixamos assentado: "O princípio da boa-fé encontra agasalho expresso no texto constitucional em seu art. 231, § 6º, como também em diversas leis regedoras da atividade administrativa. Exemplos podem ser colacionados nas Leis de Licitações, de Concessões e Permissões de Serviço Público etc., além de em diversas passagens do Código Civil.

"Na verdade, a boa-fé é conatural, implícita ao princípio da moralidade administrativa. Não poderá a Administração agir de má-fé e, ao mesmo tempo, estar a respeitar o princípio da moralidade. Deveras, não poderá a Administração desrespeitar a boa-fé do administrado, não lhe dar importância, ignorá-la.

"Mesmo no Direito Administrativo colacionam-se exemplos ilustrativos do princípio, quer seja na impossibilidade de a Administração invalidar atos administrativos que gerem direitos, sobretudo quando seus beneficiários estiverem de boa-fé, quer seja na anulação de contratos administrativos, indenizando-se aqueles que de boa-fé trabalharam para a Administração, portanto em pleno respeito, também, à vedação do enriquecimento sem causa, outro princípio geral latente a todo ordenamento jurídico.

"Por estar o princípio da boa-fé em restrita simbiose com o da moralidade, como já dito, há que se trazer a contexto Jesús Gonzales Perez:

"'O princípio geral da boa-fé não só tem aplicação no Direito Administrativo, senão que neste âmbito adquire especial relevância. Como disse Guasp, 'todos os campos do Direito estatal são clima propício, como qualquer outro, ao desenvolvimento desta patologia do jurídico'. E é mais, ela não se dá no seio dos principais elementos que conjuga a relação jurídica estatal: a autoridade e o súdito.

"'Porque, com efeito, a presença dos valores de lealdade, honestidade e morali-

16. Não ignoramos a existência de divergência entre os autores. Entendemos, todavia, que a arbitragem não poderá ser utilizada entre o Estado de Minas Gerais, pessoa jurídica de competência política, e a empresa privada. A jurisdição deve ser a estatal. Diferente seria se estivéssemos diante de um Tratado Internacional plurilateral, em que se decidisse que a questão seria resolvida por um Tribunal Arbitral.

17. *Curso de Direito Administrativo*, 4ª ed., Malheiros Editores, no prelo, Cap. I.

dade que sua aplicação composta é especialmente necessária no mundo das relações da Administração com os administrados'.

É ainda o autor: "(...) Confiança, legítima confiança de que se vai a impor uma prestação, quando, somente superando dificuldades extraordinárias, poderá ser cumprida. Nem, em um lugar, em que, razoavelmente, não cabia esperar nem antes de que o exijam os interesses públicos, nem quando já não era concebível o exercício da potestade administrativa.

"(...)

"A aplicação do princípio da boa-fé, por outra parte, comportará a confiança da Administração em que o administrado que com ela se relaciona, vai adotar um comportamento leal na fase de constituição das relações, no exercício de seus direitos e no cumprimento de suas obrigações em face da própria Administração e em face de outros administrados. Como disse Sainz Moreno: a boa-fé da administração em face do cidadão consiste na confiança que este não só vai ser desleal com o comportamento honesto da Administração, senão que tampouco vai utilizar a Administração para obter em seu benefício resoluções contrárias à boa-fé de outro cidadão"[18] (tradução nossa).

E ainda, Gonzales Perez, citando Sainz Moreno: "O princípio jurídico da boa-fé — disse Sainz Moreno — protege um bem, o valor ético social da confiança juridicamente válida em face de qualquer lesão objetiva que possa sofrer, haja sido ou não maliciosamente causado o ato é contrário à boa-fé quando produz uma lesão, qualquer que seja a intenção do causador".[19]

Por evidente, ao colocarmos o princípio da boa-fé como um dos princípios da Administração Pública, com isso, obviamente, não quisemos dizer que se possa impor sobre a legalidade, sobre a constitucionalidade e, sobretudo, possa se constituir a boa-fé em presunção *juris et de jure*.

É evidente que, ainda que pudesse ser totalmente existente a boa-fé, seu âmbito de aplicação não se poderá opor a legalidade e a constitucionalidade, *dever primacial da Administração Pública*.

Ainda, do mesmo emérito autor, por nós tantas vezes utilizado, e, quiçá, o melhor monografista que se possa encontrar sobre o tema, verifique-se a seguinte passagem:

"É indubitavelmente que também joga o princípio a respeito da atuação administrativa relacionada ao ato do qual nasceram as relações jurídicas. Pois seu âmbito de aplicação, *que se dará limitado pelo princípio da legalidade*, princípio que se bem não exclui a aplicação do princípio da boa-fé no Direito administrativo, como se assinalou, *comporta indubitáveis limitações*. Se a Administração pública no procedimento para o aperfeiçoamento do ato, incorre em conduta confusa, equívoca ou maliciosa, não poderá certamente beneficiar-se de sua conduta contra o administrado que atuou confiado nela. *Mas, **tampouco ver-se-á obrigada à manutenção de atos que, como conseqüência dela, tenham podido contravir ao ordenamento jurídico; poderá exercitar a potestade de revisão de ofício e somente em mínima medida; como veremos o princípio da boa-fé constituirá um limite ao exercício das potestades de revisão***"[20] (tradução e destaques nossos).

18. *El Principio General de la Buena Fe en el Derecho Administrativo*, 2ª ed., Madrid, Civitas, Real Academía de Ciencias Morales y Políticas, pp. 41, 53 e 54.

19. Idem, ob. cit., p. 43.

20. No original: "Es indudable que también juega el principio respecto de la actuación de la Administración pública conducente al acto del nacerán las relaciones jurídicas. Pero su ámbito de aplicación quedará limitado por el principio de legalidad, principio que si bien no excluye la aplicación del principio de la buena fe en Derecho Administrativo, como se señaló, comporta indudables limitaciones. Si la Administración pública, en el procedimiento para el perfeccionamiento del acto, incurre en una conducta confusa, equívoca o maliciosa, no podrá, ciertamiente, beneficiarse de su conducta en contra del administrado que actuó confiado en ella.

É, ainda, o mesmo autor que afirma:

"Certamente, o que trata de burlar uma norma amparando-se em um preceito de cobertura para lograr um resultado contrário ao Ordenamento jurídico, não atua de boa-fé. Mas, a fraude à lei é um conceito técnico perfeitamente delimitado na ciência do direito, que não cabe incluir entre *os supostos de infração do princípio geral da boa-fé.*

"(...)

"*Incorre-se sempre em fraude quando para elidir uma norma realmente aplicável, adotando-se a vestimenta de uma figura jurídica regulada por norma que responde à finalidade distinta, com independência do que seja ou não a conduta que logicamente caberia esperar de um comportamento leal e honesto proveniente das pessoas que conosco se relacionam.*

"(...)

"*Atenta-se contra a boa-fé ao exercitar um direito nascido 'com acomodação'*[21] *à norma aplicável; incorre-se em fraude à lei ao tentar o nascimento de um direito por meio de uma norma que não é a corretamente aplicável.*"[22]

Estas citações do autor foram indispensáveis para clarear nosso pensamento, nascido exatamente da leitura deste livro, de Sainz Moreno e de Wieacker.

Óbvio que se a boa-fé é importante, *mesmo quando sem sombra de qualquer dúvida existente*, não será por si só hábil a convalidar situações impossíveis de serem praticadas novamente sem vício.

É de estranhar o fato que estivesse de boa-fé o contratante estrangeiro, quando verdadeiro tumulto se fazia contra essa privatização e, inclusive, ações eram interpostas com várias liminares sendo concedidas.

De outro lado, dada à potência do Grupo comprador, por óbvio, deve ter sido — e certamente foi — bem assessorado por advogados brasileiros, portanto profundos conhecedores da legislação brasileira e, sobretudo das Constituições brasileira e mineira.

Ora, a alegação de boa-fé, de ignorância que o contrato estava a massacrar a Constituição de Minas Gerais, não me parece viável. E, ainda que assim fosse, como já salientado, não seria hábil a provocar uma convalidação, porque não surgiu de vício formal, mas de situação agressiva à ordem jurídica, aos *princípios da constitucionalidade e da legalidade.*

Ao falarmos sobre o princípio da boa-fé no direito administrativo, realmente quisemos mostrar sua aplicabilidade também ao direito público, que o ordenamento jurídico administrativo pode acolhê-lo, desde que, por tal fato, não se derrogue a Constituição do Estado, não se derrogue outros princípios especialmente caros ao direito público.

Pero tampoco vendrá obligada al mantenimiento de los actos que, como consecuencia de ella, hayan podido nacer contraviniendo el Ordenamiento jurídico: podrá ejercitar la potestad de revisión de oficio y sólo en mínima medida, como veremos, el principio de la buena fe constituirá un límite al ejercicio de las postestades de revisión".

21. A tradução foi livre, porque o autor utilizou a expressão *arreglo*, e na verdade, já deixara claro em outra passagem do livro, que se atenta contra a boa-fé quando se pratica ato possível, lícito, para certa finalidade, porém a intenção é, por via oblíqua, atingir-se desiderato proibido.

22. No original: "Ciertamente, el que trata de burlar una norma amparándose en un precepto de cobertura para lograr un resultado contrario al Ordenamiento jurídico, no áctua de buena fe. Pero el fraude de ley es un concepto técnico, perfectamente delimitado en la Ciencia del Derecho, que no cabe incluir entre supuestos de infración del principio general de la buena fe. (...) El fraude de ley al margen de todo criterio de reciprocidad. Se incurre en fraude siempre que se elude la norma realmente aplicable, adoptando la vestidura de una figura jurídica regulada por norma que responde a finalidad distinta, con independencia de que sea o no la conducta que lógicamente cabría esperar de un comportamiento leal y honesto hacia las personas que con nosotros se relacionan. Se atenta contra la buena fe al ejercitar un derecho nacido con arreglo a la norma aplicable; se incurre en fraude de ley al intentar el nacimiento de un derecho a través de una norma que no es la correctamente aplicable".

Todavia, não é disso que se trata na alienação das ações da CEMIG, passando-se o controle da Companhia, por forma dissimulada, ousaríamos dizer, formulando-se negócio diverso (*acordo de acionistas*) para conseguir fim não confortado pelo ordenamento jurídico pátrio, e, sobretudo, do Estado de Minas Gerais, *o controle acionário da companhia.*

Deveras, a única finalidade de se ter maioria acionária, postulada na Constituição do Estado de Minas Gerais, e, também na Lei que permitiu a venda, desde que se conservasse tal maioria, *é de manter sob o controle do Estado de Minas Gerais a empresa.*

Passamos às respostas aos quesitos.

Respostas aos quesitos

1. A resposta é negativa. Não é possível, em face do princípio da legalidade a que deve se submeter o Estado de Direito e a Administração Pública, extrapolar a Constituição do Estado de Minas Gerais e a própria Lei 11.968/95 que autorizou a alienação da ações da CEMIG, mas, desde que o Estado detivesse a maioria do capital votante. O princípio da legalidade, a que se submete a Administração, como dissertado no corpo do parecer, somente atribui competência ao que estiver estritamente autorizado. Esta a diferença fundamental entre as pessoas privadas e as públicas.

Quanto a estas últimas, as pessoas públicas, temos função, atividade daquele que não é senhor, que é titular de competência indisponível.

As pessoas privadas, de seu turno, podem praticar todas as condutas que não se encontram por lei proibidas, pois, têm, em regra, autonomia da vontade.

2. A finalidade do "Acordo de Acionistas" foi explicitada, nos itens 14, 15, 16 e 17 e, fundamentalmente, pretende-se que o minoritário possa compartilhar da gestão da companhia.

Na linguagem da própria Lei 6.404, de 15.12.1976 e suas modificações, em seu art. 118:

"Art. 118. Os acordos de acionistas, sobre a compra e venda de suas ações, preferência para adquiri-las, ou exercício do direito de voto, deverão ser observados pela companhia quando arquivados na sua sede.

"§ 1º. As obrigações ou ônus decorrentes desses acordos somente serão oponíveis a terceiros, depois de averbados nos livros de registro e nos certificados das ações, se emitidos.

"(...)

"*§ 3º. Nas condições previstas no acordo, os acionistas podem promover a execução específica das obrigações assumidas.*

"§ 4º. As ações averbadas nos termos deste artigo não poderão ser negociadas em bolsa ou no mercado de balcão" (grifamos).

Portanto, de forma indireta, foge-se da Lei e passa-se a regime jurídico diverso, não autorizado.

3. Evidentemente que sim. O acionista controlador, apesar de deter a maioria do capital votante, passa a não ter, *nem de fato nem de direito*, os poderes reais, efetivos de mando, o que, aliás, fica bastante claro pelos diversos itens do "Acordo de Acionistas" celebrado entre o Estado de Minas Gerais e a Southern Electric Brasil Participações Ltda., em 18.6.1997, estando ciente a Companhia Energética de Minas Gerais.

4. Também não se nos afigura lícita a previsão da arbitragem expressa na cláusula 15.2 do mencionado Acordo de Acionistas, porque isso faria com que o Estado de Minas Gerais se sujeitasse ao juízo arbitral, o que não é disponível à pessoa de direito público.

Deveras, a própria Lei 9.307/96, em seu art. 1º, afirma destinar-se a "litígios relativos a direitos patrimoniais disponíveis".

5. A boa-fé, *ainda que fora existente comprovadamente*, e não houve qualquer demonstração disso, não poderá ser invocada para obstaculizar a anulação de ato ilegal e lesivo ao Governo do Estado de Minas Gerais, sobretudo se praticado um ato para elidir-se proibição constitucional e legal.

De outra parte, não milita em favor do Grupo estrangeiro a alegação de desconhecimento da legislação brasileira. Deveras, se não foram assessorados por advogados brasileiros em negócio de tal vulto, não agiram como o *bonus pater familiae*, requisito indispensável também à caracterização da boa-fé.

É a nossa opinião *sub censura*.

São Paulo, 9 de Junho de 1999

Pareceres

AQUISIÇÃO DE ATIVOS E ASSUNÇÃO DE PASSIVOS EMPRESARIAIS

LUIZ GASTÃO PAES DE BARROS LEÃES

1. Exposição e consulta. 2. A transferência de elementos ativos e passivos de uma sociedade e o fenômeno da sucessão. 3. Aquisição de ativos e assunção de passivos do Banco B. 4. Não se caracteriza na espécie, direta ou indiretamente, negócio de incorporação. 5. Inexistência de solidariedade entre a Seguradora e as demais patrocinadoras.

1. Exposição e consulta

1.1 Somos honrados com a seguinte consulta formulada pelos Drs. Rubens Opice Filho e Maria Isabel de Almeida Alvarenga, de Machado, Meyer, Sendacz e Opice Advogados, na qualidade de advogados do *Banco A*. A *FMB* (*Fundação*) move ação declaratória contra o *Banco A* e a *BS* (*Seguradora*), em curso perante a 16ª Vara Cível da Comarca do Recife.

1.2 Mencionada demanda, na verdade, cumula duas ações distintas, sendo que na primeira, dirigida contra o *Banco A*, pleiteia a *Fundação* o reconhecimento de que o *Banco A* é sucessor do *Banco B*, e, nessa qualidade, responde pelas obrigações que o último assumiu perante a *Fundação*. A sucessão, nos termos da petição inicial, decorreria do instrumento particular de contrato de compra e venda de ativos e assunção de passivos e outras avenças celebrado entre o *Banco B* e outras empresas do Grupo *B* e o *A*, em 25.5.96.

1.3 Na segunda, envolvendo a *Seguradora*, está pleiteando o reconhecimento de que esta, por força do disposto no art. 34, § 2º, da Lei Federal 6.435, de 1977, responde solidariamente com as demais patrocinadoras pela integralidade das obrigações assumidas por cada uma delas perante a *Fundação*.

1.4 Diante da ação proposta pela *Fundação*, e em face dos documentos que nos foram presentes (cópia da petição inicial, acompanhada de todos os documentos que a instruem), somos consultados sobre as seguintes questões:

I — Com relação ao pedido de reconhecimento de que o *Banco A* é sucessor do *Banco B*:

1) O negócio de compra e venda de ativos e passivos celebrado entre o *Banco B* e outros e o *Banco A* em 25.5.96 caracteriza-se, direta ou indiretamente, como incorporação?

2) É o *Banco A* sucessor do *Banco B*?

3) Houve cancelamento da inscrição do *Banco B* como patrocinador?

4) Quem responde pelos encargos de patrocinador, durante o período de liquidação e/ou intervenção do *Banco B*?

5) Com a extinção do *Banco B*, ficará caracterizado o cancelamento da inscrição do patrocinador, de acordo com o regulamento da *Fundação*?

6) Não caracterizada a sucessão do *Banco B* pelo *Banco A* como entidade patrocinadora da *Fundação*, quem arcará com a eventual responsabilidade por cancelamento da inscrição da patrocinadora?

II — Com relação ao pedido de reconhecimento de existência de solidariedade entre a *Seguradora* e as demais patrocinadoras:

1) Em face da legislação vigente, em especial do art. 34 da Lei 6.435/77, e do Convênio de Adesão celebrado entre a *Fundação* e respectivas Patrocinadoras-Instituidoras, em 9.4.91, existe solidariedade entre as patrocinadoras pela integralidade das obrigações assumidas por cada qual perante a *Fundação*?

1.5 Para responder aos dois blocos de quesitos acima reproduzidos, iremos preliminarmente, antes de abordar cada um desses blocos, tecer em duas seções sucessivas algumas considerações sobre os dois tópicos em torno dos quais gravitam as referidas perguntas: sucessão e solidariedade empresariais.

2. *A transferência de elementos ativos e passivos de uma sociedade e o fenômeno da sucessão*

2.1 Em primeiro lugar, cumpre precisar o sentido do conceito jurídico de sucessão. Como se sabe, toda relação jurídica admite *alterações* na composição de seus elementos essenciais, no curso de sua existência, sem que lhes afetem a individualidade. Apesar das modificações efetuadas, o vínculo subsiste na sua identidade. Essas alterações podem ser introduzidas no elemento *pessoal*, material ou causal das relações jurídicas. Verifica-se a alteração do elemento pessoal quando se dá a substituição de um dos sujeitos da relação. A essa mudança do sujeito na posição ativa ou passiva de uma relação jurídica, dá-se o nome de *sucessão*: sucessão no poder, ou mais especificamente no direito, e sucessão no dever.

2.2 Não basta, porém, a mudança da pessoa para que ocorra a sucessão. Opera-se a sucessão quando, na relação jurídica, se substitui um sujeito por outro, sem alteração do vínculo, que permanece idêntico, ou seja, com os mesmos direitos e deveres, aplicando-se aqui, com sobradas razões, a regra do *nemo plus iuris*. O sucessor, ou *avente causa*, passa a ocupar a mesma posição concreta em que se encontrava o autor da transferência, ou *dante causa*. A identidade da relação jurídica, ao lado da diversidade dos sujeitos, constituem, portanto, os caracteres da sucessão.[1]

2.3 Ora, a sucessão pode ter lugar por negócios *inter vivos* ou *mortis causa*. A necessidade da sucessão para evitar que a relação jurídica se extinga com a morte de um dos sujeitos, explica, juntamente com outros fatores, a importância do fenômeno sucessório *mortis causa*, a ponto de, por antonomásia, ser encarado como direito sucessório exatamente o direito relacionado com a sucessão hereditária. Mas a sucessão ocorre também por atos *inter vivos*.

2.4 A substituição do credor, ou do devedor, na relação jurídica, por atos de vontade, entre vivos, é, aliás, conquista do Direito moderno. Enquanto se emprestou ao vínculo jurídico natureza pessoal, não era admitido que uma pessoa penetrasse na relação para tomar a posição de outra, a não ser no caso de falecimento. O Direito romano era inflexível nesse ponto, vendo a relação jurídica apenas entre pessoas determinadas e insubstituíveis. Natural, assim, que prevalecesse a intransmissibilidade dos direitos e das obrigações. O Direito moderno, porém, abandonou o primado do elemento pessoal em favor do patrimonial, consagrando, por conseqüência, a regra da transmissibilidade do vínculo, por declaração de vontade dos interessados.[2]

1. Cf. F. Santoro-Passarelli, *Teoria Geral do Direito Civil*, trad. port., Coimbra, 1967, p. 68.

2. Orlando Gomes, *Obrigações*, Rio, 1961, p. 223; Dimas de Oliveira César, *Estudo sobre a Cessão do Contrato*, São Paulo, 1954, pp. 18 e ss.; Rosario Niccolò, verbete "Sucessione nei diritti", in *Novissimo Digesto Italiano*, v. XVIII, pp. 605 e ss.

2.5 Na sucessão *causa mortis*, opera-se a transmissão a *título universal* da totalidade das relações jurídicas do *de cuius* para os seus sucessores, considerada essa totalidade na sua unidade patrimonial, abrangendo todos os direitos e obrigações da pessoa falecida. Com a extinção da sua personalidade, todo o patrimônio do pré-morto se transfere, destarte, para os seus herdeiros. Na sucessão *inter vivos*, opera-se a transferência *a título particular*, que ocorre quando o sucessor substitui alguém em uma ou algumas relações jurídicas, particularmente consideradas, conservando, porém, o autor — que não se extingue — o seu patrimônio, feixe de outras tantas relações jurídicas.

2.6 O Direito, contudo, prevê algumas hipóteses — especialíssimas hipóteses — de transmissão universal por atos *inter vivos*. São os casos, p. ex., da incorporação, fusão e cisão de sociedades. A Lei das Sociedades por Ações (Lei 6.404, de 15.12.76), em seu art. 227, disciplina a incorporação de uma sociedade em outra, na qual a incorporadora *sucede* a incorporada em todos os direitos e obrigações. O mesmo ocorre com a fusão de duas ou mais sociedades para formar uma sociedade nova, que lhes *sucederá* em todos os direitos e obrigações, conforme previsto no art. 228 do referido diploma. Também na cisão a sociedade, que absorve parcelas do patrimônio da sociedade cindida, *sucede* a esta nos direitos e obrigações relacionadas no ato de cisão (art. 229, § 1º). Há, em todos esses fenômenos societários, uma situação análoga à da sucessão *causa mortis*, pois a incorporação, a fusão e a cisão importam em extinção total ou parcial da sociedade transmissora do complexo bonitário.[3]

2.7 Advirta-se ainda que a sucessão universal se distingue da sucessão particular, não por razões quantitativas, mas por razões qualitativas. A sucessão universal não se dá apenas quando o sucessor recebe do autor uma pluralidade de relações jurídicas, mas quando recebe essa pluralidade encarada como um complexo unificado, ou seja, como uma universalidade (pois é como universalidade que o Código Civil, art. 57, define o patrimônio). A sucessão universal significa, portanto, *successio in universitatem*, no que se contrapõe à sucessão particular, que significa *successio in singula res*, pois diz respeito, não ao patrimônio como um todo, em sua configuração complexiva e unitária, mas aos elementos positivos ou negativos desse patrimônio, que dele se destacam para serem transferidos.

2.8 Por conseqüência, a sucessão universal é distinta da sucessão singular, na medida em que (1º) na primeira, a sucessão implica no desaparecimento do autor primitivo, já que não pode haver transmissão do patrimônio sem a extinção do respectivo sujeito, enquanto, na segunda, a sucessão nas posições ativas e passivas, singularmente consideradas, implica na permanência do autor da transmissão; e (2º), na primeira, ou seja, na sucessão universal, ocorre a transferência *uno actu* da totalidade do patrimônio (ou de uma cota-parte dele) para uma ou várias pessoas, enquanto, na segunda, ou seja, na sucessão particular, transfere-se ao sucessor uma ou várias relações jurídicas, isoladamente consideradas, em uma ou múltiplas transmissões.

2.9 Daí que pode haver a transferência de grande parte, senão mesmo da quase totalidade dos elementos patrimoniais ativos e passivos de um sujeito, sem que se opere a sucessão universal. Haverá aí a transmissão, *a título particular*, de uma multiplicidade de relações jurídicas, mas não a transmissão *do patrimônio*, inocorrendo, por conseqüência, a extinção do respectivo titular, que continua com o seu patrimônio próprio, composto de direitos e obrigações remanescentes — alguns desconhecidos e outros de algum modo supervenientes — não transferidos ao sucessor.[4]

3. Evaristo de Moraes Filho, *Sucessão nas Obrigações e a Teoria da Empresa*, v. I, Rio, 1960, p. 142; Cesare Ruperto, "La successione universale tra vivi nel nostro Diritto", in *Rivista del Diritto Commerciale*, ano XLVII (1950), parte prima, pp. 122 e ss.

4. Raul Ventura Fusão, *Cisão, Transformação de Sociedades*, Coimbra, 1990, p. 270; Pontes de

2.10 No Direito alemão, aliás, está previsto o exemplo extremo do contrato societário — *Vermögensübertragung* — através do qual uma sociedade por ações ou uma sociedade em comandita pode, sem se extinguir, transmitir a totalidade de suas relações ativas e passivas, sem que isso implique sucessão universal, mas sim em múltiplas sucessões singulares. Dispõe o § 361 do *AktG* que a transmissão *de todas* as relações jurídicas de uma sociedade — *Übertragung des ganzen Gesellschaftsvermögens* — difere da transmissão das relações jurídicas da sociedade consideradas *como um todo* — *Übertragung des Vermögens der Gesellschaft als Ganzes* — característica das incorporações, fusões ou cisões, que provocam a extinção do autor da transmissão (§§ 339 e 360).[5]

2.11 No primeiro caso, por importar num *contrato obrigacional* (*Ein Vertrag...*), a sucessão singular do lado ativo e do lado passivo resulta da vontade das partes; no segundo caso, a sucessão a título universal se opera *ex vi legis*.

3. *Aquisição de ativos e assunção de passivos do Banco B*

3.1 E aqui chegamos ao primeiro bloco dos quesitos que nos foram formulados. Em 24.5.96, foi decretada a intervenção do *Banco B*, por meio do Ato 531 do Banco Central do Brasil. No dia seguinte ao da decretação da intervenção administrativa, e dando prosseguimento às tratativas relativas à "aquisição de ativos e assunção de passivos", que vinham sendo mantidas com o próprio Banco Central do Brasil (a quem as partes interessadas haviam submetido formalmente a operação, por carta de 25 de abril), o *Banco B* celebrou com o *Banco A* um "Instrumento Particular de Contrato de Compra e Venda de Ativos e Assunção de Passivos e Outras Avenças".

3.2 Meses mais tarde, em 17.12.96, seria assinado pelas mesmas partes signatárias um "Instrumento Particular de Re-Ratificação" do contrato de compra e venda de ativos e assunção de passivos, acima referido. *Logo depois*, em 19.12.96, seria decretada a liquidação extrajudicial do *Banco B*, através do Ato 596 do Banco Central do Brasil, publicado no *DOU* de 20.12.96.

3.3 Ora, já na correspondência de 25.4.96, endereçada ao Banco Central, se esclarecia que "O *Banco A* dever(ia) adquirir ativos e assumir passivos do *Banco B*" objeto de uma "relação de ativos e passivos" a ser estabelecida na data da efetivação do negócio, ficando certo e ajustado, no seu item 5, que, *in verbis*:

"5. Com exceção dos passivos descritos e de outras obrigações especificamente assumidas nos contratos a serem assinados com o *Banco B* e outras empresas do Grupo, o *Banco A* não assumirá qualquer outra obrigação, responsabilidade, custo, despesa, encargo ou dívida do *Banco B* e/ou de outras empresas do Grupo, seja ou não a mesma conhecida na Data do Fechamento."

3.4 Celebrado o "Contrato de Compra e Venda de Ativos e Assunção de Passivos e outras Avenças" entre o *Banco B* — já sob intervenção — e o *Banco A*, em 25.5.96, foram listados nos Anexos I e II os ativos e passivos "objeto do contrato", ficando expressamente ajustado na cláusula terceira que:

"*Terceira*: Não estão incluídos no objeto deste contrato a transferência de outros passivos do *Banco B* e do *Banco B Leasing*, nem de outras sociedades controladas, que não aqueles listados, respectivamente, nos Anexos I e II, não assumindo o

Miranda, *Tratado de Direito Privado*, ts. V (pp. 51-52, 59-60) e XXIII, 3ª ed., Borsói, Rio, 1971.

5. "§ 361 (Vermögensübertragung in anderer Weise). (1) Ein Vertrag, duch den sich eine Aktiengesellschaft oder Kommanditgesellschaft auf Aktien zur Übertragung des ganzen Gesellschaflsvermögens verplifchtet, ohne dass die Übertragung unter die § 339 bis 360 fällt, wird nur mit Zustimmung der Hauptversammlung wirksam. § 339 (Wesen der Verschmelzung) [...] Die Verschmelzung kann erfolgen: 1. durch Übertragung des Vermögens der Gesellschaft (übernehmende Gesellschat) gegen Gewährung von Aktien dieser Gesellschaft (Verschmelzung durch Neubildung)."

Banco A qualquer responsabilidade pelos seguintes passivos: (i) referentes às ações trabalhistas em andamento; (ii) relativos ao Fundo de Pensão do *Banco B*; (iii) de natureza fiscal previdenciária decorrentes de atos ou fatos anteriores à efetiva transferência da atividade operacional bancária objeto deste Contrato; (iv) resultantes de ações de qualquer natureza que estejam em andamento; (v) perante o Banco Central do Brasil originários de assistência financeira, empréstimos de liquidez e saldo devedor na conta de reservas bancárias; (vi) perante o BNDES, FINAME e CEF."

3.5 Essa cláusula seria objeto da re-ratificação subscrita pelas partes em 17.12.96, ratificando-a em todos os seus termos, exceção feita à retificação do erro de concordância gramatical do início do parágrafo, excluindo-se a referência, *in fine*, ao BNDES e FINAME. Em 19.12.96, seria baixado o ato de liquidação coacta do *Banco B*.

3.6 Como se observa, não houve *in casu* uma sucessão a título universal dos créditos e dos débitos do *Banco B* pelo *Banco A*, mas sim *múltiplas sucessões, a título particular*, de elementos ativos e passivos listados no negócio, posto que não se extinguiu o *Banco B*, primitivo titular, que permaneceu com o patrimônio remanescente — inclusive com os passivos "relativos ao Fundo de Pensão do *Banco B*", objeto da presente consulta.

3.7 A sucessão a título universal — como vimos acima — está umbilicalmente ligada ao pressuposto de fato da morte de uma pessoa física ou, de um modo mais geral, ao pressuposto da extinção de um sujeito, pois não pode haver transmissão do patrimônio sem a extinção do respectivo sujeito, uma vez que o patrimônio é o conjunto de relações jurídicas de uma pessoa, suscetível de apreciação pecuniária.[6] A sucessão *inter vivos* a título particular prescinde da extinção do sujeito, pressupondo apenas um ato de disposição da parte do titular primitivo, e correlativamente um ato de vontade do sucessor.

3.8 Nem se diga (argumentando com os próprios termos do Instrumento Particular de Contrato de Compra e Venda de Ativos e Assunção de Passivos) que, "em razão da transferência de ativos e passivos objeto do presente contrato", teria o *Banco A* assumido "de imediato e sem solução de continuidade, diretamente ou através de sociedades controladas congêneres, os negócios bancários e financeiros delas decorrentes", passando "a operar todas as agências do *Banco B* localizadas no Brasil" (cláusula segunda) — o que equivaleria a dizer que teria havido, aí, a transmissão global do patrimônio de um para outro sujeito.

3.9 O estabelecimento não compreende elementos do passivo de seu titular, de modo que a transmissão dos débitos ao adquirente do estabelecimento não resulta, quer da natureza da obrigação, quer da lei. O estabelecimento comercial não é em nosso Direito uma *universitas iuris*, mas uma *universitas facti*, e, portanto, o seu passivo não se transmite automaticamente com o fenômeno da alienação da universalidade dos bens ativos, podendo resultar apenas da vontade das partes. E no caso *sub examine* as partes convencionaram expressamente a inclusão de determinados passivos, com a exclusão de outros tantos.

3.10 A sucessão nos débitos *ope legis* é um efeito necessário apenas nas hipóteses limitadas de sucessão a título universal, ou seja, nos casos de herança, incorporação, fusão e cisão de sociedades.[7] Exceção feita a essas hipóteses tópicas, prevalece a regra de que somente a vontade das partes pode estipular a assunção deste ou daquele débito do alienante, surgidos da exploração do estabelecimento alienado.

3.11 É exatamente dentro desses quadrantes que a Lei 9.447, de 15.3.97

6. Miguel Motos Guirão, *Fusión de Sociedades Mercantiles*, Madri, 1953, "La fusión forzosamente lleva consigo la extinción *de iure* de una sociedad por lo menos".

7. Oscar Barreto Filho, *Teoria do Estabelecimento Comercial*, São Paulo, 1969, pp. 221 e ss.

(oriunda da Medida Provisória 1.182, de 17.11.95), em seu art. 6º, incisos, autoriza o interventor ou liquidante da instituição financeira submetida ao regime de intervenção ou de liquidação extrajudicial, a realizar, como providências de socorro subministradas pelo PROER, as seguintes operações:

"I — transferir para outra ou outras sociedades, isoladamente ou em conjunto, bens, direitos e obrigações da empresa ou de seus estabelecimentos;

"II — alienar ou ceder bens e direitos a terceiros e acordar a assunção de obrigações por outra sociedade;

"III — proceder à constituição ou reorganização de sociedade ou sociedades para os quais sejam transferidos, no todo ou em parte, bens, direitos e obrigações da instituição sob intervenção, liquidação extrajudicial ou administração especial temporária, objetivando a continuação geral ou parcial de seu negócio."

3.12 No vertente caso, o *Banco B* optou, evidentemente, pela primeira alternativa, transferindo *isoladamente* (quer dizer, a título de sucessão particular) ao *Banco A* bens, direitos e obrigações da empresa ou dos seus estabelecimentos.

4. *Não se caracteriza na espécie, direta ou indiretamente, negócio de incorporação*

4.1 Nem há falar, no caso, em *negócio indireto*, como alegado na inicial da ação declaratória proposta. Há nessa alegação evidente confusão no que diz respeito ao conceito de negócio indireto, além de uma referência equivocada a passagens do notável estudo de Tullio Ascarelli sobre o referido tema.[8] De resto, o arrazoado em questão começa por abordar o assunto, com uma afirmação que, sinceramente, nenhum dos juristas que versaram a questão — inclusive Ascarelli — subscreveria, ou seja, de que os negócios jurídicos, quanto aos seus efeitos, se classificam em duas categorias: diretos e indiretos. O negócio indireto não dispõe de autonomia dogmática, mas apenas econômica, e pode ocorrer em toda hipótese negocial eleita para atingir outro fim, além do que lhe é típico. Como acentua Santoro-Passarelli, "porque se trata precisamente de um motivo, que permanece estranho ao negócio e à sua causa, o *negócio indireto não constitui uma categoria jurídica*" (ob. cit., p. 149).

4.2 Seria, na verdade, um contra-senso pudéssemos sistematizar a infinita variedade dos negócios que podem ser gerados pelo exercício da autonomia privada, subdividindo-os apenas nessas duas categorias: uma, dos negócios tendentes a alcançar o efeito jurídico que lhe é típico; e outra, dos negócios tendentes a alcançar, por via oblíqua, um escopo prático que os ultrapassa. Seria a própria negação da classificação jurídica que se pretende ensaiar.

4.3 O que vem a ser, afinal, o chamado negócio indireto? Pode um *negócio típico*, cujos efeitos são realmente queridos pelas partes, ser concluído por um *motivo* diverso daqueles que mais se afeiçoam à função econômica — ou seja, à *causa* — característica desse tipo negocial, via de regra correspondendo a uma finalidade econômica própria de outro negócio típico ou tipificável. Quando assim se passam as coisas, fala-se em negócio indireto. Quer dizer, temos um negócio indireto quando as partes, valendo-se de um negócio-meio, procuram, sem quebra de sua tipicidade ou de sua função econômica, atingir a consecução do escopo econômico de um determinado negócio-fim.

4.4 O exemplo clássico do negócio indireto é a venda, ajustada com a cláusula *de retrovendendo*, com fins de garantia. Não há aí nenhuma simulação. As partes querem verdadeiramente o negócio-meio (a venda com cláusula de retrovenda), com os efeitos que lhe são próprios (a translação de domínio), para conseguir indiretamen-

8. Tullio Ascarelli, "Negócio indireto", in *Problemas das Sociedades Anônimas e Direito Comparado*, São Paulo, 1945, pp. 101 e ss.

te, através dele, um resultado prático diverso do que lhe é normal (a garantia). Trata-se de negócio perfeitamente válido, só deixando de sê-lo na medida em que o objetivo último visado for ilegítimo.

4.5 O Ministro José Carlos Moreira Alves, na sua tese de concurso,[9] ao cogitar da venda com escopo de garantia, demonstra que o negócio em tela é válido se as partes quiseram efetivamente celebrar a retrovenda, embora com fins de garantia. Deixará de sê-lo, se as partes tão-somente o simularam, para ocultar o escopo ilícito realmente querido: a realização, p. ex., de um negócio usurário, com juros onzenários, além dos legalmente permitidos, embutidos no preço da venda efetivada.

4.6 Pois bem, é exatamente isso o que ensina Ascarelli no estudo citado (tomado como base da inicial em exame), como se pode constatar das passagens a seguir transcritas (ob. cit., pp. 103, 104, 120, 121):

"É muito freqüente encontrar, nos vários sistemas jurídicos, negócios indiretos; as partes recorrem a um determinado negócio jurídico, mas o escopo prático visado não é, afinal, o normalmente realizado através do negócio adotado, mas um escopo diverso, muitas vezes análogo àquele de outro negócio ou sem forma típica própria no sistema jurídico.

"Há, pois, um negócio indireto, quando as partes recorrem, no caso concreto, a um negócio determinado, para alcançar, consciente e consensualmente, por seu intermédio finalidades diversas das que, em princípio, lhe são típicas.

"Mas a adoção de determinado negócio, para escopos indiretos, não é feita por acaso: tem explicação no intuito de se sujeitarem as partes, não somente à forma, mas também à disciplina do negócio adotado.

"(...) o negócio indireto não é negócio simulado e não está, por conseguinte, sujeito ao regime da simulação. (...) As partes querem efetivamente o negócio que realizam; querem efetivamente submeter-se à disciplina jurídica dele, e não a uma disciplina jurídica diversa; querem também os efeitos típicos do negócio adotado, pois sem estes não alcançariam o objetivo a que visam, o qual, embora não se identifique com a consecução de tais efeitos, necessariamente os pressupõe."

4.7 Ora, à vista dessas considerações, não há como ver na aquisição dos ativos e assunção dos passivos do *Banco B* por parte do *Banco A* um "negócio indireto", já que na operação em pauta não está presente nenhuma das características que o singularizam. As partes contratantes quiseram efetivamente realizar o negócio que ajustaram, ou seja, a cessão de direitos e a assunção de débitos; e o quiseram justamente motivadas pelo desejo de alcançar *diretamente* os seus efeitos típicos, ou seja, a transmissão dos créditos e das obrigações a título de sucessão singular — sem provocar a extinção da parte alienante, nem a sucessão universal por parte da adquirente, conseqüências que sucederiam na incorporação.

4.8 Não foram elas, portanto, motivadas por nenhum escopo ulterior — ou *indireto* — que excedesse o escopo típico do negócio. Em outras palavras, o *Banco A*, através dessa operação, não quis "incorporar indiretamente" o *Banco B* (como se alega), mas apenas e tão-somente adquirir ativos e assumir dívidas da entidade então sob intervenção, e ora em liquidação. Até pelo contrário: as partes se utilizaram desse esquema negocial justamente porque não lhes interessava promover a incorporação do *Banco B* pelo *Banco A*, nem atingir os efeitos típicos das incorporações societárias. Em suma, trata-se de um negócio cuja motivação corresponde exatamente aos fins que lhe são típicos. Onde então o "negócio indireto"?

4.9 Sustenta-se que ao assumir o *Banco A* "os negócios bancários e financeiros" do *Banco B*, "em decorrência" da transfe-

9. José Carlos Moreira Alves, *A Retrovenda*, Rio, 1967, pp. 15 e ss.

rência de ativos e passivos, passando a operar "todas as agências deste localizadas no Brasil" — como expressamente está convencionado na cláusula segunda do Instrumento de 25.5.96 —, fica claro que o objetivo ulterior, ou oculto, buscado no negócio (e que permitiria enquadrá-lo como um negócio indireto), era, na realidade, a *incorporação das atividades* do *Banco B* por parte do *Banco A*. Haveria, nessa transferência de ativos e passivos, uma *incorporação societária dissimulada*, ademais viciada pela *intenção fraudulenta* de levar aos credores do *Banco B* um prejuízo, já que lhes estaria reduzindo a garantia geral que deveriam encontrar no patrimônio do devedor primitivo.

4.10 A argumentação pode, numa primeira vista, impressionar, mas não procede exatamente pelas razões acima alinhadas. Ao assumir as atividades desenvolvidas pelo *Banco B* nos estabelecimentos que lhes foram transferidos, o *Banco A* só responde pelos débitos que expressamente assumiu, remanescendo os demais débitos, não transferidos, de responsabilidade exclusiva do primitivo titular dos fundos, que aliás permanece vivo. É sabido que, como universalidade de fato, o estabelecimento comercial somente compreende elementos do ativo, não estando o sucessor obrigado às dívidas do seu antecessor, a não ser as que assumir.

4.11 E isso ocorre pela simples razão de que a transferência de estabelecimentos sempre se dá a título singular, não provocando a transmissão global do patrimônio, de um para outro sujeito. Por conseqüência, a referida "assunção das atividades do *Banco B*" não transforma o *Banco A*, *ipso facto*, em incorporador, ou seja, em sucessor universal do *Banco B*. Que de resto, repita-se, não se extinguiu, conservando patrimônio próprio e respondendo pelos débitos não transferidos, o que por si só é suficiente para negar a existência, na espécie, de incorporação de fato, ou de sucessão universal. O *Banco A* é, por conseguinte, apenas *sucessor a título particular* dos ativos e passivos *expressamente* transacionados, passando a exercer com eles as atividades antes desenvolvidas pelo *Banco B* em suas agências, sem que isso implique sucessão universal.

4.12 Nem se pode reputar como ato *in fraudem creditorum* a cessão de ativos e assunção de débito em tela, pelo fato de o negócio celebrado entre o *Banco B* e o *Banco A* haver provocado redução do ativo patrimonial do devedor transmitente. Primeiro porque não constitui fraude o fato em si de o devedor ter reduzido o seu ativo patrimonial, pela alienação de bens, posto que houve, no caso, troca econômica, e não desfalque. Segundo porque o devedor, pelo fato de o ser, não perde a disposição de seus bens, podendo aliená-los, no exercício de sua autonomia de vontade. O que se caracteriza como defeito do negócio e sofre a repressão da ordem legal é a *diminuição maliciosa* do patrimônio do devedor, furtando-se dos credores a garantia geral que nele devem eles encontrar.

4.13 Quer dizer, não configura nenhum *processo fraudulento* a redução do ativo, desde que acompanhada de equivalente redução do passivo. A subtração de uma parte dos ativos do *Banco B* foi *compensada* pela liberação de passivos de valor correspondente, como que *solvendo* os débitos preexistentes. A rigor, portanto, não se impôs qualquer prejuízo a terceiros. Não constitui "fraude contra credores" o fato de o devedor reduzir o seu ativo patrimonial, para solução de débitos.[10]

4.14 Na realidade, o negócio em tela se traduziu primordialmente em assunção, pelo réu, de passivos do *Banco B*, como se depreende dos termos dos *considerand*a e da cláusula primeira do contrato. A causa determinante da celebração do negócio foi a delicada situação do *Banco B*, que conduziu à intervenção do Banco Central do Brasil e aconselhou a operação como forma de evitar prejuízo aos depositantes e

10. Caio Mário da Silva Pereira, *Instituições de Direito Civil*, v. I, Rio, 1961, pp. 378 e ss.

investidores, dentro das finalidades do PROER. Tanto assim que há uma diferença significativa entre o passivo assumido (R$ 1.013.084.000,00) e o ativo adquirido (R$ 560.391.000,00), a ponto de o *Banco B* se comprometer a "pagar ao *Banco A* o valor relativo à diferença entre o total dos ativos e o total dos passivos listados" (cláusula primeira, § 2º).

4.15 Ademais, os atos fraudulentos, como se sabe, são atacáveis pela ação pauliana ou revocatória, prevista até no processo de liquidação extrajudicial de instituições financeiras (Lei 6.024, de 13.3.74, art. 34), tendo por objeto a nulidade do ato e a recuperação da coisa para o patrimônio do devedor. Deriva da abrangência de uma mera ação declaratória — como a que foi proposta — a pretensão de reconhecimento de vício no negócio jurídico e de sua anulabilidade.[11]

4.16 Isto posto, podemos responder ao primeiro bloco de quesitos da consulta da seguinte forma:

1) O negócio de compra e venda de ativos e passivos, celebrado entre o *Banco B* e outros e o *Banco A*, em 25.5.96, não se caracteriza, direta ou indiretamente, como incorporação, pois lhe faltam os pressupostos essenciais presentes em toda incorporação societária: a transmissão de todo o patrimônio e a extinção da sociedade transmitente;

2) Nessas condições, o *Banco A* não é sucessor universal do *Banco B*, pois só pode haver sucessão universal através da transferência de todo o patrimônio, com a subseqüente extinção do respectivo sujeito;

3.1) Por via de conseqüência, não houve, até o momento, o "cancelamento da inscrição" do *Banco B* como entidade patrocinadora da *Fundação*, já que, de acordo com o art. 11 do Regulamento aprovado pela Escritura de Constituição da *Fundação* (repisado pelo art. 13 do Regulamento, tal como resultou da reforma a que foi submetido em 9.4.91), esse cancelamento só se dará (*a*) a requerimento da patrocinadora, ou (*b*) por força de sua "extinção", considerada extinção "inclusive através de fusão ou incorporação a empresa não patrocinadora".

3.2) Ora, não consta que o *Banco B* tenha requerido esse cancelamento, e evidentemente o *Banco B*, até o presente momento, *não se extinguiu*, embora tenha passado por um processo de intervenção, decretada e efetuada pelo Banco Central do Brasil, desde 24.5.96, e ingressado num processo de liquidação extrajudicial, decretado em 19.12.96. A extinção de uma companhia em liquidação — extrajudicial ou ordinária — só acontece com o *encerramento* da liquidação (Lei 6.404/76, art. 219, I; Lei 6.024/74, art. 19), conservando a sociedade liquidanda personalidade jurídica até que ocorra a extinção (Lei 6.404/76, art. 207; Lei 6.024/74, art. 17);

4) Por conseguinte, durante o período de intervenção, e ora durante o período de liquidação, o *Banco B* — que não transferiu as obrigações relativas à *Fundação* ao *Banco A* e nem se extinguiu — não se exonerou dessas obrigações, continuando a responder pelos encargos de patrocinador *com o seu patrimônio* — ou seja, com a sua "massa", como por duas vezes a Lei 6.024, no seu art. 16, se refere ao patrimônio em liquidação (como se na liquidação extrajudicial houvesse a formação de massa, como a massa falida no processo falimentar, cuja administração é deferida ao liquidante);

5) Somente com o advento da extinção do *Banco B*, por força do encerramento da sua liquidação, é que se dará, portanto, o cancelamento da sua inscrição como entidade patrocinadora, nos exatos termos do Regulamento da *Fundação* acima referidos, não se cogitando aqui da aplicação das normas da Resolução MPAS/CPC 6.8.88 à espécie, visto que dispõem elas sobre a "retirada" ou a "saída" *voluntárias* da patrocinadora de uma entidade fechada de previ-

11. STJ-4ª T., RE 6.227-GO, rel. Min. Fontes de Alencar, j. 13.8 91, v.u., *DJU* 1.6.92, p. 8.048, 2ª col., em., in Theotônio Negrão, *Código de Processo Civil*, com. ao art. 4º.

dência social, e, no caso, se trata de exclusão *forçada* da patrocinadora por liquidação extrajudicial desta;

6) Evidentemente, eventuais responsabilidades por esse cancelamento só poderão ser imputadas ao *Banco B* e aos seus administradores, nos termos da legislação comum.

5. *Inexistência de solidariedade entre a Seguradora e as demais patrocinadoras*

5.1 Na ação declaratória movida pela *Fundação* contra o *Banco A* e o *Banco B Seguradora*, a autora pleiteia também o reconhecimento desta última como responsável solidária com o *Banco A*, na condição de sucessor do *Banco B* (que, como vimos, desenganadamente não é), e com as demais entidades patrocinadoras pela integralidade das obrigações assumidas por cada qual perante a *Fundação*, por força do disposto no § 2º do art. 34 da Lei 6.435, de 15.7.77, e em face do disposto no Convênio de Adesão. Ora, nada encontramos, nem no dispositivo citado, nem no Convênio, que nos autorizassem a dizer que existe *solidariedade passiva* entre as patrocinadoras da entidade, como passaremos a ver.

5.2 Dispõe o art. 34, § 2º, 2, da Lei 6.435/77, que, *verbis*:

"Art. 34. As entidades fechadas consideram-se complementares do sistema oficial de previdência e assistência social, enquadrando-se suas atividades na área de competência do Ministério, da Previdência e Assistência Social. (...) § 2º. No caso de várias patrocinadoras, será exigida a celebração de convênio de adesão, entre estas e a entidade de previdência, no qual se estabeleçam, pormenorizadamente, as condições de solidariedade das partes, inclusive quanto ao fluxo de novas entradas anuais de patrocinadoras."

5.3 Esse dispositivo seria repetido, *ipsis litteris*, pelo art. 5º, parágrafo único, do Decreto 81.240, de 20.1.78, que regulamentou as disposições da Lei 6.435, e enunciado na alínea 30 da Resolução MPAS/CPC 1, de 9.10.78.

5.4 Segundo a interpretação desenvolvida pela autora, o dispositivo transcrito teria instituído a *solidariedade legal* entre as diversas patrocinadoras das entidades de previdência privada, ao determinar, de maneira cogente, que, na celebração do necessário Convênio de Adesão, deverão ser pormenorizadamente convencionadas "as condições de solidariedade das partes", inclusive quanto ao fluxo de novas entradas anuais de patrocinadoras. Ao assim dispor, o legislador já estaria *presumindo* aí a existência de obrigações solidárias.

5.5 Não é correta a inteligência que a autora pretende imprimir à referida passagem da Lei 6.435. O aludido preceito não é, positivamente, um caso de solidariedade legal, ficando isso patente quando encarado dentro do contexto maior dos princípios que informam a teoria geral das obrigações solidárias, em nosso Direito. Com efeito, um dos princípios comuns às obrigações solidárias é o da *não presunção da solidariedade*, não admitindo o nosso ordenamento jurídico-civil a chamada solidariedade presumida, tácita ou implícita. É o que dispõe o art. 896 do nosso Código, mantendo-se assim fiel à doutrina tradicional: "A solidariedade não se presume, resulta da lei ou da vontade das partes".

5.6 Quer dizer, se a lei não a impuser, nem o contrato a estipular, não se terá a solidariedade. Entende-se assim, por importar a solidariedade um agravamento da responsabilidade dos devedores, que passarão a ser obrigados ao pagamento total, repelindo-se deste modo o princípio comum das obrigações de que *concursu partes fiunt*, ou seja, de que as obrigações se subdividem *pro parte*, de modo que cada credor só tenha direito a uma quota, ou que cada devedor só responda pela sua parte. Daí que a solidariedade é direito excepcional, *ius singulare*, devendo resultar de texto expresso de lei (solidariedade legal), ou claro ajuste entre as partes (solidariedade convencional).[12]

5.7 Com efeito, prevalecendo a presunção, prevista na lei, *contra a solidariedade*, para que essa desapareça é essencial que haja manifestação *expressa* da vontade da lei ou das partes. Embora independendo de palavras solenes e sacramentais, o que se exige é que sejam empregadas expressões que deixem manifestada claramente a intenção de se estabelecer a solidariedade. Se não houver menção expressa e clara no título constitutivo da obrigação, ou se a lei for omissa, prevalecerá presunção contrária à solidariedade.

5.8 Daí ser incabível sustentar que a solidariedade do *Banco B Seguradora* e das demais entidades patrocinadoras resulta da obrigação imposta pelo dispositivo legal citado, quando este determina se estabeleçam, pormenorizadamente, no Convênio de Adesão "as condições" de solidariedade das partes. Mais conforme com os princípios das obrigações solidárias em nosso ordenamento será deduzir que o dispositivo de lei em tela quis apenas dizer que, em sendo estabelecida *convencionalmente* a solidariedade, as suas *condições* deverão ser pactuadas *pormenorizadamente* no Convênio. Nada mais do que isso. Não institui, de maneira alguma, um novo caso de solidariedade legal. *Apenas estabelece que a solidariedade eventualmente pactuada no Convênio de Adesão deverá, para vencer a presunção legal em contrário, ter nesse documento as suas condições detalhadamente ajustadas.*

5.9 Ora, no Convênio de Adesão, subscrito pela *Seguradora*, não se encontra nenhuma passagem que nos leve a detectar a manifestação, explícita ou implícita, das partes signatárias em assumir qualquer obrigação solidária, cumprindo, assim, concluir, sem maiores cogitações, que prevalece, na espécie, a regra geral da não-solidariedade entre os pactuantes. A interpretação desenvolvida pela autora na inicial conspira, evidentemente, contra os termos da lei civil.

Com esta última resposta, ficam respondidos todos os quesitos que nos foram formulados.

São Paulo, 5 de março de 1998

12. J. M. Carvalho Santos, *Código Civil Brasileiro Interpretado*, v. XI, 12ª ed., Rio, 1988, pp. 182 e ss.

Impressão e acabamento:
GRÁFICA PAYM
Tel. (011) 4392-3344

RDM 118

DOUTRINA: O ESTABELECIMENTO COMERCIAL – Paula Castello Miguel • O PODER DE CONTROLE NA SOCIEDADE ANÔNIMA – ALGUNS ASPECTOS – Marcelo M. Bertoldi • ***ATUALIDADES***: AS RAZÕES DO DIREITO DA CONCORRÊNCIA – Luiz Fernando Schuartz • AGENTE FIDUCIÁRIO DO CONSUMIDOR EM COMPRAS PELA INTERNET: UM NOVO NEGÓCIO NASCIDO DA CRIATIVIDADE MERCANTIL – Haroldo Malheiros Duclerc Verçosa • NOVAS ALTERNATIVAS E DERIVAÇÕES JURÍDICAS PARA A AGREGAÇÃO EMPRESARIAL – João Luiz Coelho da Rocha • A OBRIGAÇÃO DO CONTRAFATOR DE MARCA FAMOSA EM RESSARCIR O LEGÍTIMO TITULAR DO REGISTRO POR PREJUÍZO À IMAGEM E CONSEQÜENTE DANO MORAL – Mauricio Lopes de Oliveira • UMA NOVA VISÃO DO DIREITO FALIMENTAR – Carlos Alberto Farracha de Castro • ACCIONES PREFERIDAS CON PAGO DE DIVIDENDO GARANTIZADO, INDEPENDIENTEMENTE DE LOS RESULTADOS – José Edwaldo Tavares Borba • O RESPEITO À MARCA SOB A PERSPECTIVA DO CONSUMIDOR – Roberto Benjó • CONCEITOS, REGRAS E SITUAÇÃO ATUAL DO "TRANSFER PRICE" NO BRASIL – Almir Rogério Gonçalves • O CHEQUE "PÓS-DATADO": A REALIDADE BRASILEIRA E A SOLUÇÃO LEGAL ARGENTINA – Roberta Nioac Prado • ASPECTOS ATUAIS DA DUPLICATA – Roberto Caldeira Barioni • ***ESPAÇO DISCENTE***: LIMITES DA EFETIVIDADE DO DIREITO SOCIETÁRIO NA REPRESSÃO AO USO DISFUNCIONAL DO PODER DE CONTROLE NAS SOCIEDADES ANÔNIMAS – Ricardo Ferreira de Macedo • CONCORDATA PREVENTIVA E SUSPENSIVA (ALGUNS ASPECTOS ECONÔMICOS E CONTÁBEIS) – Sandra de Medeiros Nery • ***PARECERES***: PRIVATIZAÇÃO PARCIAL DA CEMIG – ACORDO DE ACIONISTAS – IMPOSSIBILIDADE DE O CONTROLE SOCIETÁRIO SER COMPARTILHADO ENTRE O ESTADO DE MINAS GERAIS E O ACIONISTA ESTRANGEIRO MINORITÁRIO – Lucia Valle Figueiredo • AQUISIÇÃO DE ATIVOS E PASSIVOS EMPRESARIAIS – Luiz Gastão Paes de Barros Leães

MALHEIROS
EDITORES